青海师范大学"藏区历史与多民族繁荣发展研究协同创新中心"项目成果

光明社科文库
GUANGMING DAILY PRESS:
A SOCIAL SCIENCE SERIES

·历史与文化书系·

明代卫所与河西地区
社会变迁研究

张 磊 | 著

光明日报出版社

图书在版编目（CIP）数据

明代卫所与河西地区社会变迁研究 / 张磊著. -- 北
京：光明日报出版社，2021.4
ISBN 978 - 7 - 5194 - 5910 - 9

Ⅰ.①明… Ⅱ.①张… Ⅲ.①卫所制（明兵制）—研究
②社会变迁—研究—河西—明代 Ⅳ.①E294.8
②K294.2

中国版本图书馆 CIP 数据核字（2021）第 060872 号

明代卫所与河西地区社会变迁研究
MINGDAI WEISUO YU HEXIDIQU SHEHUI BIANQIAN YANJIU

著　者：张　磊

责任编辑：曹美娜　郭思齐　　　　责任校对：袁家乐
封面设计：中联华文　　　　　　　责任印制：曹　净

出版发行：光明日报出版社
地　　址：北京市西城区永安路 106 号，100050
电　　话：010 - 63169890（咨询），010 - 63131930（邮购）
传　　真：010 - 63131930
网　　址：http://book. gmw. cn
E - mail：caomeina@ gmw. cn
法律顾问：北京德恒律师事务所龚柳方律师

印　　刷：三河市华东印刷有限公司
装　　订：三河市华东印刷有限公司
本书如有破损、缺页、装订错误，请与本社联系调换，电话：010 - 63131930

开　　本：170mm×240mm
字　　数：295 千字　　　　　　　印　　张：17.5
版　　次：2021 年 4 月第 1 版　　　印　　次：2021 年 4 月第 1 次印刷
书　　号：ISBN 978 - 7 - 5194 - 5910 - 9
定　　价：95.00 元

摘　要

　　由于特殊的战略地位，在历史上，河西地区是中原王朝与西北少数民族政权争夺的要地，长期远离中原王朝的统治中心，处于中原汉族王朝的边疆地带。安史之乱后，河西地区为吐蕃所占据，其后又长期被吐蕃、甘州回鹘、西夏、元等少数民族政权所统治，使得河西地区的民族、语言、文字、文化等方面都受到了这一趋势的浸染。直到洪武年间，嘉峪关以东的河西地区才重新回归汉族王朝的版图。但由于北元的存在，河西地区一直处于明蒙对峙的前沿，是明朝的九边之一。为了更好地抵御和控制蒙古、吐鲁番、西蕃等周边少数民族政权、部落，明朝在河西地区设立了凉州卫、永昌卫、山丹卫、甘州前卫、甘州后卫、甘州左卫、甘州右卫、甘州中卫、肃州卫、镇番卫、镇夷守御千户所、古浪守御千户所、高台守御千户所等十卫三所，属陕西行都司管理，而不再设置属于民政系统的府州县，河西地区因此成为典型的军管型政区。卫所从此以军事单位的形式嵌入了河西地区，不仅成为河西地方社会重要的组成部分，更成为河西社会的主导性力量。卫所作为国家力量的代表深入河西地方社会，卫所军户构成了河西人口的主体，卫所军事屯田成为了河西经济的基础，甚至国家文化政策的推行实施也需以卫所为凭借。此后，随着边境军事形势的好转，民政事务的增多，以及军事指挥制度的变化，军管体制的弊端逐渐显现。明朝为加强对河西地区的控制，增设文官、改革管理体制，使得河西地区军政一体的管理体制出现了明显的行政化趋势。

　　经过北方少数民族政权数百年的统治，以及残酷的元明战争后，原本繁荣富庶的河西地区，在明初已是一幅地广人稀、残破颓败的景象。为巩固国防和恢复、发展河西地区的社会经济，移民实边就成为了明廷的重要举措。大量的汉族人口通过军士留戍、谪迁流放、行政安置、民间的自发流移等方式拥入河西地区。同时，在明朝招抚政策的吸引和军事打击下，还有大量的前元部众和嘉峪关以西的关西诸卫、吐鲁番乃至撒马尔罕的部众主动附明。为了便于管理，明朝将各族移民大多直接编入卫所，成为了明朝户籍体系中的军户。这些明初迁移到河西地区的军户随着世代繁衍，在明朝中期形成了庞大的军户群体。同时由于军制的改革，这些军户中除了袭替军役的正军外，其他军余都可以广泛地参与到各项社会活动中，除从军、务农外，还出现了在儒学、科举上积极进取的士子和投身贸易的商人。对于大量滞留和归附的少数民族，明廷采取寄住和直接编充入卫所的方式进行安置。其中被编入河西诸卫所，并担任各级职务的少数民族武官，即被称为"土司"。在河西地区频繁的战事中，能征善战的土司为明朝立下了汗马功劳，并涌现出了吴允诚、毛忠、达云等名震西陲的高级将领。同时，为了进一步提高家族地位，获得明朝的认可，在明朝民族同化政策的导向下，土司群体大多积极地向汉文化圈靠拢。

大量军队的驻防和人口的迁入，使得河西地区形成了庞大的军事消费圈，给原本贫瘠的河西地区带来了沉重的负担。为满足粮食的供给，明初逐渐形成了民运粮、纳粮开中、京运物料与屯粮一道构成的以征收实物为中心的边饷供给体系。此后，随着军事、政治形势的变化，以及白银货币化的发展，明朝不断对河西地区的军饷供应体系进行调整，呈现出了征收本色米粮—折征物料—折征白银的大体趋势。军马作为另一项重要的军需物资，明朝通过官牧军马、茶马贸易、官方购买、战争俘获等方式进行补充。以军粮、军马的供应为中心，明朝在河西地区形成了极为复杂的军需供给体系，对河西地区社会经济的发展与进步产生了深远影响。

由于长期为北方少数民族所统治，以儒家文化为代表的中原文化在河西地区的影响力也随之陷入低谷。明朝建立后，在思想文化领域实行汉族文化本位主义，通过发展学校教育、推行旌表制度、建立国家通祀体系以及对民间信仰进行改造等方式，促进了河西地区儒家文化的传播、儒家伦理道德价值观的构建。同时，根据汉传佛教、藏传佛教、道教以及伊斯兰教在河西地区社会生活中所承担的不同角色，明朝制定了不同的宗教政策，对其进行管理与控制，借助宗教在钳制思想、稳定社会秩序方面的强大力量来维护和巩固统治，从而使得河西地区在文化领域出现了多元文化和谐共生的局面。

明代河西地域社会变迁是在军管型政区这一特定辖治形态下北方边地社会发展演进的一个缩影，而其内地化的这一社会变迁过程，为清前期卫所改设州县的行政体制变革奠定了基础，是河西地域文化、社会结构最终定型的关键。

目 录
CONTENTS

绪　论

一、选题缘由与意义

中国历史悠久、幅员辽阔、民族众多，不同地区在自然条件、地理环境、族群结构以及社会经济发展水平上都存在着一定的差异。即使是在同一个历史时期，同一项政策在不同地区的落实，因其不同的社会特点，都会产生不同的效果。在这些差异的共同造就下，不同的地区又往往会形成各具特色的地域历史与地域文化。因此，我们只有对中国进行分区域的研究，并将不同区域的历史放进大历史的脉络中，才能更完整地理解中国的历史发展进程。在这一研究思路的引导下，自 20 世纪 80 年代以来，区域社会史伴随着社会史的复兴而兴起，取得了丰硕的研究成果，逐步成为史学界颇受关注的热点问题，并形成了注重文献研究与田野调查结合，注重历史学与民俗学、人类学、地理学等学科的交叉与互动的成熟的研究范式。然而与已取得丰硕成果的华南、华北地区的区域社会史研究相比，西北地区区域社会史的研究则处于起步阶段。西北地区在传统的政治史、经济史、文化史等研究领域，已经取得了相当丰硕的研究成果。但不可否认的是，面对新史学的研究态势，很多问题的研究尚处于起步阶段，某些问题也亟待深化。同时，在西方汉学研究的影响下，探讨中国复杂多样的边地社会在国家与地方的互动中所呈现出的变迁过程是国内区域社会史研究的最主要问题。本书的问题意识也是由此展开。

本研究所选择的区域是位于甘肃省西部的河西地区。河西地区，因地处黄河以西而得名，包括了河西走廊、北山山地、阿拉善高原南缘、柴达木盆地北部一隅和祁连山山地。但由于河西地区主要的政治、经济、文化中心都位于河西走廊境内，因此人们通常所指的河西地区即河西走廊，也就是本研究所涉及区域。河西走廊位于甘肃省西部，东起乌鞘岭，西至甘新交界处的星星峡，南北介于南山（祁连山和阿尔金山）和北山（马鬃山、合黎山和龙首山）之间，长约九百公里，南北宽五十公里到一百二十公里。因其地形狭长且直，形似走廊，又地处黄河之西，故而得名。从今天的行政区划来看，河西走廊包括了酒泉、嘉峪关、张掖、金昌、武威五市所辖地区，面积约占甘肃省总面积的60%。

在历史上，河西地处贯通东西的丝绸之路的主动脉，其西部与新疆相交可通往中西亚，东部连接黄土高原可通往关中平原，北部越过荒芜的北山山地可通往蒙古高原，南部越过祁连山脉又可到达青藏高原。自古就有"天下要冲，国家藩卫"，"欲保秦陇，必固河西；欲固河西，必斥西域"的说法。在酒泉市鼓楼重檐四面悬挂的匾额上，分别书写着的"东迎华岳""南望祁连""西达伊吾""北通沙漠"，十分贴切地反映了河西地区作为西北地理十字路口的特殊地位。由于得天独厚的地理位置与宜农宜牧的自然条件，河西地区在历史上一直是各方势力争夺的重点。河西地区在历史上既是中原王朝的边防带，又是汉族同北方民族的融合带；既是农、牧经济相互渗透的过渡带，又是农业文化与游牧文化的汇聚带。

从唐中后期到明朝建立的约六百年时间里，河西地区长时间处在吐蕃、甘州回鹘、西夏、元等少数民族政权的控制下，使得河西地区的社会进程被纳入少数民族政权的脉络，在语言、宗教、文化等方面都呈现出"北方民族化"的特点。在此期间，河西地区的农业生产、汉文化的影响力出现大幅的衰落，尤其是嘉峪关以西的河西地区，由于元代察合台系诸王及其部民的不断拥入，出现了蒙古化、部落化和游牧化的趋势。明朝建立后，以嘉峪关为界，在嘉峪关以西地区实行羁縻统治，事实上承认了河西走廊西段游牧化的事实。在嘉峪关以东地区，则陆续建立了凉州卫、永昌卫、山丹卫、甘州前卫、甘州后卫、甘州左卫、甘州右卫、甘州中卫、肃州卫、镇番卫、镇夷守御千户所、古浪守御千户所、高台守御千户所等十卫三所，确立了军政一体的行政管理制度。按照明代疆域管理体制，在人口较少、经济较为落后的偏远地区由军事系统的都司、卫所直接管理，而不再设置属于民政系统的府州县。嘉峪关以东的河西地区作为明代的"九边"之一，地处明王朝版图的最西端。为加强对这一地区的控制，国家借助卫所的管理将中原的制度、文化与礼仪在河西地区推广开来。在这个动态的过程中，国家制度与河西地方的历史文化传统、社会结构之间互相影响，使得河西社会在"内地化"的大趋势下，形成了独具特色的地域文化。

综上所述，笔者选取明代作为研究时段，以嘉峪关以东的河西地区作为研究的区域，研究内容涉及制度、人口结构、生产结构、宗教信仰、文化教育等方面，符合区域社会史关注社会下层的主旨。同时从区域社会史研究的角度和理念出发，以卫所对河西地区的管理作为切入点，将明代的河西地域社会作为研究的具体对象，以期揭示河西这样一个边地社会在明代国家发展的脉络里所呈现出的变迁过程。

二、研究现状概述

由于明朝在河西地区历史发展和地域文化形成过程中所起到的关键作用，明代河西地区社会史的研究已引起了众多学者的关注，取得丰硕的研究成果，为本书的研究奠定了重要的基础。同时，边地社会的"内地化"演变作为区域社会史研究的热点问题，也出现了一批较高水平的成果，拓展了笔者的研究视野，为笔者提供了研究思路和多重视角。

（一）边地社会变迁的研究

边疆地处中原王朝的统治边缘，其地理环境、族群关系与内地相比都有着显著的区别，国家在边地的控制力往往也更为薄弱。为加强在边地的统治，国家通过政治、经济、文化等措施不断向边地渗透，试图从制度、文化等层面将边疆完全纳入中原王朝的统治秩序。国家力量在进入边疆社会的过程中，与地方力量不断互动，使边疆社会形成了独具特色的演变过程。这一演变过程及其所产生的制度、人口结构、经济、文化等变化既是社会变迁类的研究的旨趣所在，也是国内区域史研究的热点问题。

20 世纪 70 年代，台湾学者李国祁的《清季台湾的政治及近代化——开山抚番与建省（1875—1894）》① 和《清代台湾社会的转型》② 两篇论文，以近代台湾社会为研究对象，梳理了近代台湾社会的变迁历程。指出台湾社会自 19 世纪以来出现了番民的汉化、宗族的发展、神祇信仰的统一、人口流动所导致的居民融合、行政体制的完善、文教的推广等一系列变迁，逐渐由"移垦社会"变成与中国大陆本部各省完全相同的社会。而这一社会变迁的过程被李国祁阐释为"内地化"。但在其文章中，作者更关注台湾社会的整合，而对台湾土著在社

① 李国祁. 清季台湾的政治及近代化——开山抚番与建省（1875—1894）[J]. 中华文化复兴月刊, 1975 (8).
② 李国祁. 清代台湾社会的转型 [J]. 中华学报, 1978 (3).

会变迁中所处的地位和作用并未过多关注。

蔚州长期处于中原汉族王朝的边疆地带，在后晋时割让于契丹，其后长期处于辽、金、元等少数民族政权的统治下，直到明朝洪武年间，复入明朝版图。明朝在蔚州地区设蔚州卫与蔚州两套行政管理体制。邓庆平就以明清时期的蔚州为研究对象，系统地梳理了明清两代蔚州地区行政管理体制的设立与变迁，特别对蔚州的基层管理系统进行了研究，关注了清初蔚州卫改县后，资源重新分配所产生的各种经济利益的纠纷及其他矛盾，揭示了蔚州从边疆军卫到腹里州县的变迁轨迹。[①]

温春来重点关注黔西北地区，以时间为序列，在传统汉文资料的基础上，结合彝文文献，以制度变迁为主线，兼顾经济开发与文化及身份认同，揭示了宋至清，黔西北地区从"异域"到"新疆"再到"旧疆"的变迁过程，这一过程即黔西北地区被整合进传统中国大一统结构的历史过程。[②] 张应强同样关注地处西南边疆的贵州，以黔东南的清水江流域木材采运活动为中心，探讨在清水江水道网络为基础的区域性市场网络的逐渐形成过程中，国家力量与地方力量之间的互动。同时，作者指出国家力量通过或依靠清水江市场网络的发展，进入或深入以木材采为主要经济活动的地方社会，从而使王朝国家的秩序渐次在清水江下游地方社会建构起来。[③]

粤、赣、闽、湘四省边区，虽然在地理上深处国家腹地，但因其多山的地势和潮湿的气候条件，在明代以前是士大夫眼中的"烟瘴之地"和"盗贼出没之地"，国家在这一地区的控制力十分有限。明朝建立后，随着社会经济的发展和大量移民的拥入，该地区盗匪活动更有愈演愈烈之势。为加强在这一地区的控制，明朝采取新设政区、推行保甲、发展文教等一系列措施，最终促进了该地区由"化外"到"化内"的转化。唐立宗对明朝粤、赣、闽、湘四省边区的盗贼活动产生的原因、特点进行了系统的分析，指出"盗区"是该地的地域特色，政府在"盗区"设立南赣巡抚，从而形成了巡抚"政区"，并进一步探讨

---

① 邓庆平. 州县与卫所：政区演变与华北边地的社会变迁——以明清蔚州为中心 [D]. 北京：北京师范大学，2006.

② 温春来. 从异域到旧疆：宋至清贵州西北部地区的制度开发与认同 [M]. 上海：上海三联书店，2008.

③ 张应强. 木材之流动：清代清水江下游地区的市场、权力与社会 [M]. 上海：上海三联书店，2006.

在"政区"的设置下，官方采取什么样的措施来终结"盗区"。① 黄志繁则以生态史为切入点，以地方动乱及其引起的社会变迁为主线，通过梳理赣南山区的地方动乱与社会变迁的历史进程，阐述了宋至清初赣南山区从强盗聚集的蛮荒之地，转变为儒家文化昌盛的礼仪之邦的历史过程。② 邹春生重点关注赣、闽、粤边区的移民活动，阐述了中原王朝和儒家主流文化对赣、闽、粤边区的渗透和传播的历史轨迹，论述了赣、闽、粤边区的社会变迁与客家族群文化形成的内在联系，以及赣、闽、粤边区社会变迁的过程中国家权力所起到的作用。③

在明代的边疆地区，因国家的边防需要而兴起了一批军城。这些城市随着政治、军事、经济形势的变化，都形成了各具特色的发展轨迹。何一民、付娟梳理了滇西的腾冲和直隶的张家口从"城因军兴"到"市缘路起"再到区域经济中心，完成从"军城"到"商城"的功能转变和社会变迁的过程。同时，分析了从军城到商城转型的原因，指出政治、军事、商业之间的互动以及特殊的地理位置和交通区位对军城的转型起着重要的作用。④ 张萍梳理了榆林在明清两代由小村庄成为军事驻所，再到三边雄镇，进而成长为地方行政中心，并最终成为地区的政治、经济与文化中心的发展过程，并指出榆林的城市发展轨迹在中国北边民族交错地带城镇的发展历程中具有典型意义。⑤ 张萍在另一篇文章中则以清代为研究时段，从人口、民族、经济结构、行政区划入手，探讨了清代边疆内地化过程中陕北沿边地区一系列的社会变迁，指出在北部农牧交错地带，社会的转型建立在民族人口、经济结构以及社会生产方式转变的基础之上。⑥

---

① 唐立宗. 在盗区与政区之间：明代闽粤赣湘交界的秩序变动与地方行政演化 [D]. 台北：台湾大学，2002.

② 黄志繁. 贼民之间：12—18 世纪赣南地域社会 [M]. 北京：生活·读书·新知三联书店，2006.

③ 邹春生. 王化和儒化：9—18 世纪赣闽粤边区的社会变迁和客家族群文化的形成 [D]. 福州：福建师范大学，2010.

④ 何一民，付娟. 从军城到商城：清代边境军事城市功能的转变——以腾冲、张家口为例 [J]. 史学集刊，2014（6）.

⑤ 张萍. 从"军城"到"治城"：北边民族交错带城镇发展的一个轨迹——以明清时期陕北榆林为例 [J]. 民族研究，2006（6）.

⑥ 张萍. 边疆内地化背景下地域经济整合与社会变迁——清代陕北长城内外的个案考察 [J]. 民族研究，2009（5）.

（二）明代河西地区卫所建置的研究

明朝在河西地区以嘉峪关为界，在嘉峪关以西设哈密卫、赤金卫等七卫，将察合台出伯系诸王集团转化为羁縻卫所；以东地区设立了属陕西行都司管辖的凉州卫、永昌卫、山丹卫等十卫三所，而不再设置属于民政系统的府州县，使得嘉峪关以东的河西地区确立了军政一体的行政管理制度。但长期以来，学界对河西地区行政建置的研究，多集中于嘉峪关以西的羁縻卫所，而对嘉峪关以东的陕西行都司及其下辖诸卫所的研究相对较少。

郭红完善了周振鹤先生提出的"军管型政区"的概念，全面系统地研究了全国范围都司的建置沿革、辖地变迁，并提出了"准实土卫"的重要概念。其中有专章对陕西行都司卫所的建置沿革进行了考证。[①] 梁志胜《洪武二十六年以前的陕西行都司》考察了洪武二十六年陕西行都司迁至甘州之前的历史。并提出庄浪时期的陕西行都司为虚置机构，"无官员，无下属机构，亦无所属卫所"。而这种情况的产生与洪武年间陕西行都司的职能转变以及当时西北和全国的形势变化息息相关。[②] 马顺平将地方卫所建置置于明朝整体战略格局背景下，依据正史和地方志资料，详细考证了明朝陕西行都司诸卫所的建置沿革及地域特征，是目前学界对陕西行都司建置沿革最为全面的考证。[③] 周松则从洪武朝对西北的经略入手，对武靖卫、高昌卫、岐山卫、西平卫、岐宁卫、甘肃卫、凉州土卫等明朝在河西、河湟较早建立的羁縻卫所的地望、行政沿革做了较为详尽的考证。他得出的甘肃卫的地点不在河西走廊腹地甘州的观点颇为新颖。[④] 李新峰对沿海、边地卫所政区的地理形态进行了归纳，对卫所政区体系的基本模式进行了勾勒。其中将甘州五卫作为同城实土卫的典型案例，将甘州五卫的边界进行了完整的勾勒。[⑤]

①　郭红. 明代都司卫所建制研究 [D]. 上海：复旦大学，2001.
②　梁志胜. 洪武二十六年以前的陕西行都司 [J]. 中国历史地理论丛，1999（3）.
③　马顺平. 明代陕西行都司卫所建置考实 [D]. 北京：中央民族大学，2005.
④　周松. 军卫建置与明洪武朝的西北经略 [J]. 中国边疆史地研究，2018（2）.
⑤　李新峰. 明代卫所政区研究 [M]. 北京：北京大学出版社，2016.

除上述研究外，彭勇①、肖立军②、刘景纯③、赵现海④、田澍⑤、毛雨辰⑥等学者在关注甘肃镇的军事防御体系的同时，对河西地区的卫所建置亦有所涉及。但由于研究的侧重点不同，他们对河西地区卫所建置的梳理大多比较简略。

（三）明代河西地区社会史的研究

1. 明代河西地区人口构成的研究

明初，由于战争的侵扰，河西地区人口凋敝。明朝为了稳定社会秩序，从中原将大量的汉族人口迁入河西地区。同时，在明朝的招抚政策的吸引下，大量的元代官兵和北方、西北的少数民族归附明朝，并被安置在河西地区的卫所之内，他们和原本生活在河西地区的土著共同构成了明初河西地区的非汉族群。唐景绅是较早对明清时期河西人口进行研究的学者，作者从方志资料入手对明代河西人口的数量进行了估计，并对方志所载嘉靖时期河西地区人口少于明初的问题进行了简要考证和说明。⑦ 马顺平对方志记载中洪武、嘉靖时期的人口数量进行比较，指出洪武末年的数据基本上可以反映明初陕西行都司的实际人口数量。而嘉靖时期的人口数据，则偏差较大，与明代中后期陕西行都司人口增长的趋势背离。实际上由于军户"生齿日繁"，以及大量少数民族内附等问题嘉靖年间陕西行都司人口总数要远多于洪武时期。⑧ 刘森则认为方志中记载的嘉靖年间张掖人口数量减少是符合事实的，外来人口聚居的主要地区是在肃州，造成张掖地区人口减少的原因是官员在人口统计工作中的漏报、瞒报，以及军事活动、国家政策、自然灾害、地理形势的影响。⑨

曹树基、吴松弟、葛剑雄共同主编的《中国移民史·第五卷：明时期》在

① 彭勇. 明代北边防御体制研究：以边操班军的演变为线索 [M]. 北京：中央民族大学出版社，2009.

② 肖立军. 明代省镇营兵制与地方秩序 [M]. 天津：天津古籍出版社，2010.

③ 刘景纯. 明代九边史地研究 [M]. 北京：中华书局，2014.

④ 赵现海. 明代九边军镇体制研究 [D]. 长春：东北师范大学，2005.

⑤ 田澍. 明代甘肃镇边境保障体系述论 [J]. 中国边疆史地研究，1998（3）.

⑥ 毛雨辰. 明代西北边镇边备及其得失研究 [D]. 兰州：西北师范大学，2005.

⑦ 唐景绅. 明清时期河西人口辨析 [J]. 西北人口，1983（1）.

⑧ 马顺平. 明代都司卫所人口数额新探——方志中两组明代陕西行都司人口数据的评价 [J]. 苏州科技学院学报（社会科学版），2011（4）.

⑨ 刘森. 千古金汤始多事：明代张掖人户数量问题透视——以重刊甘镇志为中心 [J]. 兰州文理学院学报（社会科学版），2016（2）.

《洪武大移民·边疆篇》一章从户籍的角度分别叙述了陕西行都司民户与军户的构成，指出军户是由当地征募的土著、故元降附的士卒、随军征战的士兵以及谪戍者构成，同时根据史料估算了民户的人口；在《民族人口的迁移》一章，作者从关西七卫和回族人的内迁，叙述了河西地区非汉族群的形成。但作为一部涉及全国范围的专门史著作，该书对河西走廊地区的移民活动只是勾勒性的描述。①

明朝在嘉峪关以西地区曾设立了多个羁縻卫所，这些卫所一般被统称为"关西七卫"或"关西八卫"。宣德以降，随着边疆局势的变化，关西诸卫陆续破败，并迁入嘉峪关以东。这一事件对河西走廊民族结构的形成有着深远的影响，学界对此问题多有关注。如高自厚、程利英等学者对关西七卫内迁后的去向、内迁的人数以及内迁经过进行了探讨。② 钱伯泉则专门关注了阿端、曲先、安定三个撒里畏兀儿卫的设置及迁徙，并指出三卫大众是裕固族的直接族源。③

还有学者直接以各民族为切入点探讨其族源、迁徙等问题。如胡小鹏、高自厚、高启安等都对裕固族的族源、形成等进行了有益的探讨。④ 张文德关注了西域入附回族这一群体，对明朝的安置政策，其迁入后的分布情况等问题作了探讨，指出河西走廊是明代西域入附回族居住的重要地区。⑤ 杜常顺从史料出发对明代西北地区的"土人""土达"等称谓的内涵进行了考证，并指出凉州、永昌、山丹地区的"土达"主要是明前期由塞外附居的蒙古部落。⑥

闫天灵从民族政策的角度，考释了寄住民族的内涵，明代关西诸卫和清代吐鲁番畏兀儿内迁后寄住城堡的情况，以及寄住政策的意义和效果等问题。⑦

---

① 曹树基，吴松弟，葛剑雄. 中国移民史·第五卷：明时期［M］. 福州：福建人民出版社，1997.
② 高自厚. 明代的关西七卫及其东迁［J］. 兰州大学学报，1986（1）；程利英. 明代关西七卫内迁去向和内迁人数探［J］. 贵州民族研究，2005（4）.
③ 钱伯泉. 明朝撒里畏兀儿诸卫的设置及其迁徙［J］. 西域研究，2002（1）.
④ 胡小鹏. 试揭"尧呼儿来自西至哈至"之谜［J］. 民族研究，1999（1）；高自厚. 明代中后期的撒里畏兀儿［J］. 西北民族研究，1999（1）；高启安. 肃州南山的"哈剌秃"——以裕固族研究为中心［J］. 西北民族研究，2005（1）.
⑤ 张文德. 明代西域入附回回人口及其分布［J］. 内蒙古社会科学，1990（2）；张文德. 入附明朝的撒马儿罕回回［J］. 西北民族研究，2003（3）.
⑥ 杜常顺. 史籍所见明清时期西北地区的土人与土达［J］. 青海社会科学，1998（2）.
⑦ 闫天灵. 明清时期河西走廊的寄住民族、寄住城堡与寄住政策［J］. 中国边疆史地研究，2009（4）.

周松以明初从塞外归附并被安置在河西走廊的蒙古人吴允诚（把都帖木儿）为个案，通过吴允诚及其家族成员在明朝的活动管窥明朝的内迁少数民族政策措施。① 陈亮则将视角转向归化回族达云，通过对达云生平的辑考和《达氏族谱序》的分析，从民族政策的转变和回族人心理素质的变化两个方面来揭示归化回族社会地位的变化。②

2. 明代河西地区社会经济的研究

（1）关于河西卫所军饷供给的研究

在经历了元末长期的战乱与动荡后，明初的河西地区社会经济一片凋敝。如何解决数以万计的军士及其家属的粮饷问题，成为摆在明政府面前的首要问题。经过长时间的探索，明朝在边疆逐渐形成了由屯田、民运、开中法、京运银所共同构成的军需供给体系。吴廷桢、郭厚安以屯田、茶马互市两个角度作为切入点，介绍了明朝在河西地区围绕国防所采取的经济措施。③ 田澍从财政体系的角度出发，将中央对河西走廊的财政政策分为中央政府的直接拨款、招商备边、地方政府的财政支持三个方面。对京运银、开中法在河西走廊的实施作出了简单的介绍。④ 苏明波将陕西三边军粮补给的主要来源分为"粮"和"钱"的补给，通过对相关文献的搜集、整理和分析，阐述了明代陕西三边的军粮补给体系，并对军粮补给体系的时空变化进行了探析，讨论了明代陕西三边军粮补给体系的变迁和内部差异。⑤ 除了上述论著外，学界关于北方边镇军饷供给体系的研究还有很多，这些论文中大多涉及了河西地区的军饷供给问题。

明代屯田是学界的传统课题，从中华人民共和国成立至今已取得了相当丰硕的成果。20世纪60年代，王毓铨先生的力作《明代的军屯》详细地考证了明代的军屯制度及其作用、生产关系，梳理了明代军屯从出现到衰落的历史过程。为河西走廊军屯的研究打下了坚实的基础。⑥ 唐景绅界定了河西的范围，详细考证了明代河西军屯的规模、组织、管理制度等基本情况，论述了河西军

① 周松. 入明蒙古人政治角色的转换与融合——以明代蒙古世爵吴允诚（把都帖木儿）为例 [J]. 北方民族大学学报（哲学社会科学版），2009（1）.
② 陈亮. 回族名将达云事辑 [J]. 回族研究，2014（3）.
③ 吴廷桢，郭厚安. 河西开发史研究 [M]. 兰州：甘肃教育出版社，1996.
④ 田澍. 明朝对河西走廊的财政政策 [J]. 甘肃社会科学，2001（2）.
⑤ 苏明波. 明代陕西三边军粮补给体系探析 [D]. 西安：陕西师范大学，2010.
⑥ 王毓铨. 明代的军屯 [M]. 北京：中华书局，2009.

屯衰败的原因和历史意义。① 左书谔以时间为线索，在大量史料的基础上将明代甘肃屯田的发展分为兴起、发展、持续发展、最终失败四个阶段。并详细考证了"屯田赏罚例""红牌事例""样田考较法"等甘肃屯田的重要制度。② 梁四宝从生态平衡的角度对明代包括河西在内的九边地区的屯田活动作出了评析。③ 赵俪生主编的《古代西北屯田开发史》一书全面梳理了汉代至清代这一长时段内西北各地的屯田状况及其相关问题。其中关于河西屯田的部分散落于各节中。④

由于自然条件的限制和战争的侵扰，只依靠屯田还难以维持卫所军饷的供给，民运、开中法、京运银就成了明政府解决粮饷问题的其他选择。日本学者寺田隆信对明朝北部边疆的经济结构、开中法的展开、北部边疆的粮食市场等问题展开了论述。⑤ 徐凯飞从实行海运、招募民运、囚徒力运、盐引开中四个角度对北方地区军粮的运输方式进行了介绍。⑥ 杨维论证了民运粮在明代中前期解决北部军饷问题的过程中所起到的重要作用，梳理了民运粮在明代发展的整条线索。⑦ 刘森、高春平则从纳粮体制的变化来研究明中期民运粮的制度问题。⑧

李三谋以食盐贸易与边防之间关系为切入点，指出明朝尝试通过控制食盐贸易以及盐商的纳税行为来减轻国家财政压力，并达到加强北部边疆和沿海地方的军事建设的目的。此外作者还指出，虽然从经济规律的角度看，开中法可能不代表商业经济、市场交易的发展方向。但在特定的政治环境和社会条件下，从国防建设的角度看，开中法的推行仍是较为成功的。⑨ 韩涛同样关注了明朝的食盐专卖制度，将其与边防建设联系起来，认为开中法是统治集团与商人进行博弈产生的均衡结果。这项制度的运行效率对社会经济、政治、国家安全都

---

①　唐景绅. 明代河西的军屯 [J]. 敦煌学辑刊, 1980 (1).

②　左书谔. 明代甘肃屯田述略 [J]. 西北史地, 1987 (2).

③　梁四宝. 明代"九边"屯田引起的水土流失问题 [J]. 山西大学学报, 1992 (3).

④　赵俪生. 古代西北屯田开发史 [M]. 兰州: 甘肃文化出版社, 1997.

⑤　寺田隆信. 山西商人研究 [M]. 太原: 山西人民出版社, 1986.

⑥　徐凯飞. 明初北方边粮的运输 [J]. 史学集刊, 1991 (2).

⑦　杨维. 明代北方五省民运粮研究 [D]. 长春: 东北师范大学, 2013.

⑧　刘森. 明代势要占窝与边方纳粮制的解体 [J]. 学术研究, 1993 (3); 高春平. 论明中期边方纳粮制的解体——兼与刘森先生商榷 [J]. 学术研究, 1996 (9).

⑨　李三谋. 明代食盐贸易与边防边垦 [J]. 盐业史研究, 2006 (1).

有着重要影响。①

范传南集中关注了明代九边军费中的京运年例银。一方面，作者纵向考察了九边年例银的发展进程，将其具体划分为初创、成型、年例、衰落四个时期，并考证了京运年例银的始创时间，及其在不同时期的数额变化情况；另一方面，作者详细分析了各边镇年例银在不同时期的具体增幅、主客兵年例份额，及其在各镇边饷中所占的比重。②

（2）关于粮食市场研究

随着屯粮、民运粮改为折色和纳粮开中改为纳银开中，明朝的九边地区逐渐出现了一个庞大的粮食购销市场。张正民的《明代北方边镇粮食市场的形成》是边镇粮食市场研究的力作，作者用表格的形式列出九边地区的官军和马匹数量，指出在明朝的"九边"地区存在着一个庞大的军事消费区。同时，进一步阐述了九边逐渐出现粮食购销市场的过程。但作者在文章中指出："屯田（军、民）的解体，最先是以民运粮来代替，后来又演变为民运粮改为折银。"此处所论与史料所载似乎并不相符，实际上民运粮是屯田的重要补充，而不是在屯田解体后才出现。③

梁淼泰从"九边"军饷的征收由实物向折银的转变出发，对粮草市场的形成进行了探究，并指出粮食市场的出现对于边地民户徭役的减轻，以及边地的开发等问题都有着积极的作用，但这些积极作用又受到恶劣的市场环境、粮价的腾升、交易的虚假等问题的限制。这种局限性反映了市场运作中存在商品经济准则与违背商品经济准则的矛盾。④

赵全鹏对明代北部兵镇的粮食消费规模、粮食市场的运行机制、粮食市场的社会功能等问题进行了分析。在文中作者指出北方边镇的粮食消费量远远超过当地农业的生产水平，供求关系的失衡使得当地的粮食价格大幅上涨。为满足北边兵镇的军需消费，明朝又必须将更多的银两投入市场。这样的供需矛盾就造成北边兵镇粮食市场上的恶性循环，一方面，大量白银的持续投放成了明

---

① 韩涛. 明代食盐专卖制度演进研究——历史的制度分析视角 ［D］. 沈阳：辽宁大学，2007.

② 范传南. 明代九边京运年例银及其经管研究 ［D］. 长春：东北师范大学，2011.

③ 张正民. 明代北方边镇粮食市场的形成 ［J］. 史学集刊，1992（3）.

④ 梁淼泰. 明代"九边"饷中的折银与粮草市场 ［J］. 中国社会经济史研究，1996（3）.

朝后期沉重的财政负担；另一方面，对北部地区正常的农业生产造成了严重干扰。①

（3）关于朝贡贸易与民族贸易的研究

河西地处东西交通的孔道，在明代是西域贡使前往明廷朝贡的必经之路。学界对于河西地区朝贡贸易的研究首推田澍先生。他的《明代甘肃镇与西域朝贡贸易》一文指出甘肃镇有确保丝路畅通和贡使安全，以及对西域贡使进行行为规范的职能，在对西域贸易中发挥着类似海关的作用。② 另一篇文章《明代河西走廊境内的西域贡使》指出西域诸国的贡使只有一小部分经河西走廊前往北京觐见明朝皇帝和从事商贸活动，大部分都是在河西地区从事商贸活动，因此河西地区是明代边疆贸易和民族融合的重要场所之一。同时作者叙述了存留贡使在河西地区的活动，及其对河西社会稳定与民族融合、贸易发展做出的重要贡献。③

除了朝贡贸易外，民族贸易亦是河西地区的重要贸易活动。余同元在《明后期长城沿线的民族贸易市场》一文中用图表的形式列出了东三边、中三边、西三边的共 63 处民族贸易市场，且对这些市场的贸易对象和市场的等级进行了分类。其中位于河西境内的有洪水堡市、扁都口市、高沟寨市、甘州市、凉州市。同时作者还论述了隆庆和议后长城沿线民族市场的性质变化及其历史背景，以及新兴市场发展的历史影响等问题。④ 曹永年利用扎实的史料和严密的逻辑推理，对余同元的《明后期长城沿线的民族贸易市场》所列的市场进行了重新考证，指出了其中一些基本史实的错误。⑤ 吕美泉论述了马市开设的过程、地点、形式、规模，以及马市的管理等情况。⑥ 姚继荣具体阐述了明代西北马市出现和形成的背景，并对明代西北马市的具体位置进行了考释，其中高沟寨、洪水堡、扁都口在河西境内。⑦

河西周边地区生活着大量的藏族部落，茶马互市亦是其民族贸易的重要内

---

① 赵全鹏. 明代北部地区粮食市场分析 [J]. 河南师范大学学报（哲学社会科学版），1996（1）.
② 田澍. 明代甘肃镇与西域朝贡贸易 [J]. 中国边疆史地研究，1999（1）.
③ 田澍. 明代河西走廊境内的西域贡使 [J]. 中国边疆史地研究，2001（3）.
④ 余同元. 明后期长城沿线的民族贸易市场 [J]. 历史研究，1995（5）.
⑤ 曹永年.《明后期长城沿线的民族贸易市场》考误 [J]. 历史研究，1996（3）.
⑥ 吕美泉. 明朝马市研究 [J]. 求是学刊，1999（5）.
⑦ 姚继荣. 明代西北马市述略 [J]. 青海民族学院学报，1995（2）.

容之一，明廷在甘州设立了茶马司作为茶马互市的管理机构。白坚以时间为线索，介绍了明代西北茶叶贸易的发展历程。① 王冰从明初汉藏茶马互市的背景、形式及影响等问题进行分析，指出茶马互市是大范围的经济交流，使得明朝将藏区纳入了帝国的经济体系之中。② 魏明孔对明代西北地区的茶马互市的机构、茶马互市中的茶叶走私及主要防范措施等问题进行了介绍。作者同时指出西北地区的茶马互市是一种特殊的民族贸易形式，除具有商贸意义外还渗透着政治、军事和国防的意义。③ 除上述文章外，学界还有大量对茶马互市的研究成果，但研究区域多数集中在茶马贸易规模更大的河湟洮岷地区，对于河西地区茶马贸易的情况，特别是甘肃茶马司的一些基本情况，囿于材料，还没有得到更深入的诠释。

（三）明代河西地区文化、宗教的研究

明代之前，河西地区政权更迭频繁，儒家文化在河西地区难以获得持续性的发展。明朝在河西地区的统治逐步稳定后，为了将河西地区完全纳入统治秩序，在河西地区推广以儒家文化为代表的正统思想就成为明朝的文化策略之一。大力发展学校教育是明朝推广儒家文化最直接的方式。明朝从教化百姓和培养人才的角度出发在河西走廊地区建立了卫学、书院、社学、义学等一批学校，为清朝河西地区教育事业的繁荣打下了坚实的基础。目前，学界对河西地区教育事业的研究已有较为丰硕的成果，但学者的研究视野大部分集中在清代，对明代河西地区教育的发展状况关注较少。《甘肃教育史》作为甘肃教育的通史类著作，对甘肃教育的发展脉络和发展状况进行了系统梳理。作者将元、明、清三朝作为整体，对甘肃学校的设立、发展进行了叙述。但作者的叙述重点在清朝，对元明两代的叙述较少。④ 陈尚敏从方志、金石录等材料入手考证出明代甘肃有书院 14 所，其中甘泉书院、酒泉书院、凉州书院在河西境内。他还进一步阐述了甘肃书院的发展历程，指出了甘肃书院发展落后的原因和明代甘肃书院官学化的特征。⑤ 胡睿介绍了明代卫学、书院、社学在河西走廊的设置和分

① 白坚. 明代西北茶禁与茶商的活动 [J]. 青海社会科学，1991 (4).

② 王冰. 明朝初期汉藏茶马互市的几个问题 [J]. 西北史地，1998 (3).

③ 魏明孔. 西北民族贸易述论——以茶马互市为中心 [M]. 北京：中国藏学出版社，2003.

④ 傅九大. 甘肃教育史 [M]. 兰州：甘肃人民出版社，2002.

⑤ 陈尚敏. 明代甘肃书院述略 [J]. 甘肃高师学报，2007 (3).

布，特别对卫学的生源、课程与考试、藏书情况、教官、经费、科贡等问题进行了考证。① 但内容稍显单薄，对材料的运用尚停留在解释、说明的阶段，诸如卫学在设立、发展的过程中与河西地方社会的互动等深层次问题没有得到揭示。

入明之前，河西地区长时间被吐蕃、西夏、元等崇佛政权所统治，因此佛教文化在河西地区有着举足轻重的地位，汉传佛教寺庙、藏传佛教寺庙都在河西地区有着广泛的分布。《西北通史》《河西通史》等通史类作品大都有对明代河西地区佛教文化发展的概述，但叙述都较为简单。杜斗城的《河西佛教史》是第一部河西地区的佛教通史，作者以黄河以西的广大地区作为其研究区域，所涉及的区域不仅限于河西走廊，有些章节的内容甚至涉及今宁夏、青海以及新疆东部地区。作者在文献资料的基础上结合考古材料，对黄河以西地区的佛教发展历程作出了梳理，对我们了解该地区佛教的发展脉络有着重要的意义。其中第十一章详细介绍了明清时期凉州、甘州、肃州地区佛教寺庙的概况，然而对官方对佛教的管理，以及佛教在河西地区发挥的作用等问题并未涉及。②

贾学锋阐述了藏传佛教在河西走廊传播的条件和基础，梳理了从西夏到清朝藏传佛教在河西走廊的发展历程，并指出藏传佛教在传入河西走廊后逐渐在当地的宗教文化中占据主导地位。但该文对河西走廊藏传佛教发展特点的总结稍显简略。③ 王军涛则关注了元明清时期河西地区汉传佛教寺院改宗藏传佛教的"藏化"的现象，还对这一特殊现象所产生的原因进行了分析。同时，他还指出这种"藏化"现象的背后实际是汉藏文化的交流和融合，河西地区还存在着汉传佛教与藏传佛教合一的特殊寺庙。④

民间信仰是活跃于民间、由物质生产决定的属于精神范畴的一种极为复杂的民俗现象。明代的河西地区广泛分布着如龙王庙、关帝庙、城隍庙等民间祠庙。张梦娇从历史地理学的角度对明清河西地区的民间祠庙进行了系统的研究。作者将河西地区的民间祠庙分为全区域级祠庙、次区域级祠庙、跨县级祠庙和县域级祠庙，并分别对其分布特点和功能进行了介绍。按照祠庙的功能，又将

① 胡睿. 明代河西走廊学校教育研究 [J]. 兰州：西北师范大学，2014.

② 杜斗城. 河西佛教史 [M]. 北京：中国社会科学出版社，2009.

③ 贾学锋. 藏传佛教在河西走廊的传播与发展 [J]. 西藏研究，2003 (2).

④ 王军涛. 元、明、清时期河西走廊汉传佛教"藏化"现象浅析 [J]. 西北民族大学学报（哲学社会科学版），2006 (1).

其分为农业保护类祠庙、护城护民类祠庙、生活保护类祠庙、行业保护类祠庙、纪念性祠庙。① 但这些民间祠庙与河西地方社会的互动关系，以及河西地区以军人为主体的特殊社会结构对民间信仰的影响等问题并没有得到深入挖掘。孟凡港则从金石材料入手，将张掖地区的 67 通祠庙碑刻绘成二表，分别对张掖祠庙的名称、主神、位置、建庙时间、职能等问题进行了统计。他认为张掖民间信仰的特点有三：第一，祠庙林立，神祇繁多，民间信仰兴盛；第二，职掌雨旸的神祇在张掖民间信仰中占有重要地位；第三，具有消除寇盗、保边安民功能的神祇信仰极其繁盛。这些特点的形成，既与当时政治背景有关，又与张掖的地理交通、自然气候和社会历史密切相连。② 崔云胜系统考证了河西地区平天仙姑和西夏土主信仰的源流，指出了其兴盛和发展的条件。③ 但作者并没有揭示出这两个民间信仰在明代的快速传播、发展与河西特殊的军管型政区之间的关系。

明清时期，河西地区存在着数量庞大的龙王庙，这些龙王庙在河西地区的灌溉活动中扮演着重要的作用。谢继忠利用方志及碑刻资料对张掖地区明清时期龙王庙的分布与数量进行了梳理，并论述了方志所记载的祭祀龙神的活动，提出自然条件是龙王信仰产生的根源以及龙王信仰具有保护生态环境的作用。④ 张景平、王忠静将明清以来河西地区龙王庙的发展演变进行了归纳，并指出国家通过引入、扶持龙王信仰与修建龙王庙，保持了对灌溉活动的适度介入，龙王庙作为灌溉活动中国家权威的代表符号而受到重视。⑤

综上所述，学界对明代河西地区社会史的研究已经取得了相当丰富的研究成果。总结其特点及不足之处如下。一方面，对明代河西地区社会史的研究偏重于某一方面，其中又以屯田、少数民族的形成、民族贸易等问题的研究最多，但是缺乏整体的把握。在卫所治下，河西社会的人口构成、社会经济、宗教文化等方面呈现出的面貌，及其之间的关系尚未得到学界的重视。另一方面，学

---

① 张梦娇. 明清时期河西走廊民间祠庙研究［D］. 兰州：西北师范大学，2015.

② 孟凡港. 从碑刻看明清时期张掖的民间信仰［J］. 世界宗教文化，2012（2）.

③ 崔云胜. 酒泉、张掖的西夏土主信仰［J］. 宁夏社会科学，2005（3）；崔云胜. 西夏黑河桥碑与黑河流域的平天仙姑信仰［J］. 宁夏社会科学，2006（4）.

④ 谢继忠. 明清以来张掖的龙王信仰研究——河西走廊水利社会史研究之四［J］. 河西学院学报，2013（6）.

⑤ 张景平，王忠静. 从龙王庙到水管所——明清以来河西走廊灌溉活动中的国家与信仰［J］. 近代史研究，2016（3）.

界对河西社会史的研究大多是整体性的概述，缺乏动态的研究。尤其是河西地区卫所管理制度的行政化、屯田的民田化、军户身份的民化、少数民族官员民族身份的变化等问题都没有获得足够关注。因此，明代卫所治下河西地区社会变迁研究这一问题尚有进行深入研究的空间。

三、研究的创新之处

本书侧重的是在制度层面下，明代河西地区的社会结构、人口构成、人类的行动及其变迁，更多关注的是农业、商业、文化、教育、信仰等与人类生活息息相关的问题。具体而言，本书的研究特色与创新之处体现在以下两个方面。

一方面，从研究内容上看，本书对明代卫所治下河西地区社会变迁的研究不仅要揭示社会结构、人类活动等问题，更要展现出河西地区社会发展的动态过程。因此，本书是对明代河西地区社会史研究的一个重新整合，亦是对河西区域史研究和断代史研究的重要补充。同时，明代河西地区地处边境，又是实土卫治下的军管型政区，在行政管理体制、人口构成、经济结构等方面与内地多有不同。本书对军管政区在长时段内的社会变迁进行整体考察，特别是卫所管理的"有司化"、卫所军户家族的转变、文化整合、军需供应与河西社会经济发展等问题，都是对明代实土卫所研究的一种尝试。

另一方面，从材料的收集来看，本书所涉及的史料包括了官方典籍和民间文献两个部分。笔者对《明实录》《明史》《明经世文编》等官方典籍，以及档案材料《镇番卫武职选簿》进行了整理。同时，笔者还采用了方志、碑刻、族谱、文集、民间传说等民间文献。尤其是档案材料《镇番卫武职选簿》对研究明代河西地区卫所军户的来源、军户家族的变迁等问题都有着重要的价值，但目前尚未引起学界的重视。通过对正史、地方志碑刻、族谱等各类文献的搜集、整理与解读，以期能够将明代河西地方社会的变迁轨迹勾勒出来。

第一章

卫所在河西地区的设立与变迁

　　明朝的疆域管理体制分为行政系统和军事系统两大组成部分。① 行政系统，即六部—布政使司（直隶府、州）—府（直隶州）—县（府属州）。军事系统即五军都督府—都指挥使司（行都指挥使司、直隶都督府的卫）—卫所（直隶都司的守御千户所）—千户所。都司—卫所制是明代基本的军事制度，卫所以军事组织的形态遍布全国。明王朝建立之初，"革元旧制，自京师达于郡县，皆立卫所"②。据《明史·兵志》载，经永乐时期对卫所建置的调整，明朝在全国范围共设"都司二十一，留守司二，内外卫四百九十三"③。绝大部分的都司卫所除了是军事机构外，同时也是一种地理单位。各卫所一般都辖有一定人口和土地。《明史·地理志》将卫所分成"实土"与"非实土"两种。所谓实土卫所，即指在没有设立属于行政系统的府、州、县的地区，单独设立的卫所。这些卫所有一定范围的辖区，在辖区内管军治民。除军事职能和上下隶属系统的不同外，其他功能与府州县相似。周振鹤先生在《体国经野之道——新角度下的中国行政区划沿革史》中将其称为"军管型的特殊地方行政区划"④。郭红在"军管型政区"的概念下，从地方行政区划的角度，又将卫所进一步分为实土卫、准实土卫、非实土卫三类。⑤

　　明代的河西地区，地处明朝的国防前线，经济落后，人口稀少。明朝在此设十卫三所，不再设立府、州、县。这些卫所负责守御疆土，全面统辖界内的

---

① 顾城. 明帝国的疆土管理体制［J］. 历史研究，1989（3）.
② 明史［M］. 卷89，兵志一.
③ 明史［M］. 卷90，兵志二.
④ 周振鹤在《体国经野之道——新角度下的中国行政区划沿革史》一书中首先提出"军管型政区"这一概念.
⑤ 郭红. 明代的都司卫所与军管型政区［J］. 军事历史研究，2004（4）.

人口、田地，是典型的军管型政区。作为军事组织的实土卫，其职官和机构的设置具有较强的军事性色彩。随着边境军事形势的好转以及民政事务的增多，卫所在具体的政务管理中显现出了诸多弊端。为加强边境地区的管理和控制，明朝在河西地区对卫所的机构和职官进行了一系列修正，使河西地区的地方管理体系出现了明显的有司化趋势。

第一节　河西地区的自然环境与行政沿革

一、河西地区的自然环境

河西地区，因地处黄河之西而得名。广义上的河西地区包括了河西走廊、北山山地、阿拉善高原南缘、柴达木盆地北部一隅和祁连山山地。而狭义上的河西地区则特指河西走廊。河西走廊位于甘肃省西部，东起乌鞘岭，西至甘新交界处的星星峡，南北介于南山（祁连山和阿尔金山）和北山（马鬃山、合黎山和龙首山）之间，长约九百公里，南北宽五十公里到一百二十公里。在南北两山之间，形成了一条呈西北—东南走向的狭长平地，形似走廊，同时又地处黄河之西，故而得名。从今天的行政区划来看，河西地区包括了酒泉、嘉峪关、张掖、金昌、武威五市所辖地区，面积约占甘肃省总面积的60%。

（一）河西地区的自然地理条件

在河西境内，戈壁、沙漠、山地占据了大部分地区，生态条件较差，适宜耕种土地面积仅占总面积的百分之五。① 在气候条件上，河西走廊受大陆性气候和青藏高原的综合影响，属于典型的温带和暖温带荒漠气候，降水量和湿度从东到西递减，大部分地区年降水量在200毫米左右，但年蒸发量却可达2000～3000毫米。② 降水量与蒸发量之间的矛盾，使得河西走廊空气极端干燥，水资源奇缺。但幸运的是，位于河西走廊南部的祁连山脉山体高大，截留了从太平洋吹来的东南季风所携带的水汽和云团，在海拔4000米以上的山体中，孕育了2859条冰川和皑皑雪峰，整个冰川的面积达到1972.5平方公里，贮水量1200

---

① 李并成. 河西走廊历史时期沙漠化研究 [M]. 北京：科学出版社，2003：6 – 10.
② 骆惠琴. 甘肃土地资源 [M]. 兰州：甘肃科技出版社，2000：24.

亿立方米，有"万年雪原"之称。① 源源不断的祁连山雪水，在河西走廊汇集成了大小河流 57 条，并构成了石羊河、黑河、疏勒河三大水系。②

石羊河，地处河西走廊东段。汉代称"谷水"，唐代又称马城河、五代十国时改称白亭河。相传流域内常有石羊出现，故而得名。石羊河汇集了祁连山东段冷龙岭、乌鞘岭、毛毛山以北山区的冰雪融水和降水，从东向西由大靖河、古浪河、黄羊河、杂木河、金塔河、西营河、东大河、西大河及多条小沟小河构成。石羊河干流长 300 余公里，水量丰富，出山径流量达 15.11 立方米，仅流入民勤绿洲的水就有 5 亿立方米。③

黑河，亦称张掖河，古称"弱水"，因发洪时挟带黑沙滚滚而来而得名，是河西走廊最大的河流，也是中国第二大内陆河。黑河发源于祁连山北麓中段，流经张掖、临泽、高台等县，终端流入居延海。黑河干流长 821 公里，有大小支流 35 条，其流域范围包括青海、甘肃、内蒙古三地。黑河是河西走廊中部的张掖市、临泽县、高台县及下游金塔东部和额济纳旗等地的生命线，正所谓"黑河汪洋澎湃，曲折数州县皆成膏腴"④。

疏勒河，为蒙古语音译名，意为多水，古名"籍端水""冥水"，是河西走廊第二大河。以昌马河为干流，主要支流有小昌马河、石油河、白杨河、榆林河和党河。水系所覆盖的流域包括走廊西段的玉门、瓜州及敦煌三地。疏勒河发源于祁连山西段疏勒南山和托来南山之间的沙果林那穆吉木岭。疏勒河全长约 670 公里，流域面积 4.13 万平方米⑤，流经肃北、玉门、安西、敦煌，汇入党河后西流，在史前疏勒河曾注入新疆罗布泊，由于气候变化和人类活动的影响，今已退缩到安西西湖一带。

在众多河流的滋润下，河西走廊形成了三块较大的绿洲，自东南到西北，依次为石羊河流域的武威、永昌平原，黑河流域的张掖、肃州平原及疏勒河流域的瓜州、玉门平原。这三块绿洲由于特殊的自然条件，自古以来就是宜农宜牧的丰饶之乡，有着"金张掖，银武威"的美誉。直到今天，河西地区仍然是

①　黄正林. 农村经济史研究：以近代黄河上游区域为中心［M］. 北京：商务印书馆，2015：253.

②　潘春辉. 西北水利史研究：开发与环境［M］. 兰州：甘肃文化出版社，2015：78.

③　余承君，黄文浩. 河西走廊［M］. 广州：世界图书出版公司广东有限公司，2015：24.

④　［清］钟赓起. 甘州府志［M］. 卷16，杂纂.

⑤　贾芳，陈钰业. 文明的兴衰：疏勒河流域历史文化解读［M］. 兰州：甘肃文化出版社，2014：5.

甘肃农牧业的主要产区。正如《甘州府志》所称："甘州不甘，缘天山"①，水对于河西地区的生态环境状况起着决定性的作用。可以说"没有祁连山，没有祁连山的雪水，也就没有河西的繁荣，没有河西的历史"②。

(二)"边陲锁钥"

从地形上看，河西走廊南边的祁连山、阿尔金山大多海拔在 5000 米以上，终年积雪，不易翻越。祁连山以南的达板山、大通山、宗务隆山、柴达木山等，更是人烟稀少，道路艰险。北边的马鬃山、合黎山和龙首山（合称北山）海拔大多在 2000~2500 米，虽然不似祁连山、阿尔金山高峻陡峭，但北山以外的腾格里沙漠和巴丹吉林沙漠渺无人烟，一片荒凉。东边的乌鞘岭属祁连山脉，主峰 3405 米，以山势峻拔、地势险要而驰名。但只要翻越乌鞘岭，就可以沿陇中高原直抵关中。西边则与地势平坦的吐哈盆地、塔里木盆地相接，通往南北疆。特殊的地形条件，使得河西地区成为东西交通的要道。对往来于新疆与内地的使者、商旅以及军队而言，平缓易行、水草丰美、人烟密集的河西走廊无疑是理想的行进路线。因此，自汉武帝开置河西四郡以来，河西走廊就在东西方交通、贸易史上占据显要地位，闻名于世的"丝绸之路"即穿越河西走廊全境。

由于南北两山的阻碍，河西走廊与青海和内蒙古之间的交通远不如与新疆、陇中之间便利。但在这些广袤绵延、蜿蜒曲折的深山中，仍然存在天然的隘口可通往青藏高原和蒙古高原。这些隘口在历史上对汉、藏、蒙等各族人民之间政治、经济、文化上的交流都发挥了重要的作用，比较重要的有扁都口、白石崖口、平羌口、大都麻口、小都麻口、酥油口、大河口、大口子、观音山口、东小口子、人宗山口、红寺湖山口、大蜡口、山丹小蜡口、羊台口、鹿泉口等。

扁都口，又称"大斗拔谷"，位于民乐县城以南 30 公里处。扁都系藏语音译，意为金露梅沟口，因此地盛产金露梅而得名。扁都口是河西走廊至青海的最大隘口，是丝绸之路"青海道"与"河西道"南北联结的要冲，"汉唐以来，番夷内犯，王师于征，多由此道，今商贾亦间由之"③。历史上，扁都口是中原王朝与西域的交通要道，汉、羌、匈奴、回鹘、突厥、吐蕃、蒙古等部族利用此通道进出河西、河湟之间的记载不绝于册。清初学者梁份在《秦边纪略》中

---

① ［清］钟赓起. 甘州府志 [M]. 卷16，杂纂.
② 宁可. 河西怀古 [M] //丝路访古. 兰州：甘肃人民出版社，1983：258.
③ ［清］钟赓起. 甘州府志 [M]. 卷8，戎兵.

称："出入扁都口者，马相接，肩相摩矣。"① 扁都口作为"丝路咽喉"的繁荣景象可见一斑。直到今天，随着现代化交通工具的发展，扁都口仍然在甘青交通中承担着重要的角色，是宁张公路（西宁至张掖）的必经之地。

白石崖口，又称"白舌口"，位于山丹县城东南 90 公里处，在今山丹军马场二场境内。白石崖口"峭壁攒峰，下有涧谷，曲折可以通行。口外五十里许，出幽郁，高者忽平，隘者忽豁，水清草茂，四通八达。口北甘、凉，南青海、大通虽险，皆可逾越而至也"②。明清时期，白石崖口是与扁都口齐名的甘青孔道，常有藏族部落从此口游牧于甘青两地，其通往青海的道路情况据《山丹县志》载，"初入较险狭，鱼贯拔援。约四十五里，乃垣夷，与扁豆口同"③。

大都麻口，位于甘州东南，在今肃南裕固族自治县马蹄藏族乡境内。大都麻口深处祁连山中部腹地，古为祁连厄塞，"北则内地，南则要荒"④。祁连山雪水融成的大都麻河流经此地，其水流落差较大，许多地方形成深潭。河道两边崖如刀削，巨石林立。明清时期，因常有藏族部落在此出入，故成驿路。但因山高坡陡，地势险要，非寻常时期不走此道。

平羌口，在今山丹军马场一场境内，属于祁连山脉的冷龙岭，是大西河的水源地之一。由平羌口南进，山势高峻，松林密布，有崎岖小路通往青海门源。今兰新高铁即由此穿越祁连山。

小都麻口，位于民乐县城西南 20 公里处，可通往青海，但因山势高耸，道路崎岖狭窄，只在夏秋时节能容单骑通过，遇到冬雪春封之时便难以通行。

大河口，地处洪水大河双树寺水库上游，距民乐县城 20 多公里。这里两山夹峙，一水中流，地势非常险峻，只通一人一骑，可通往青海祁连、门源。

人宗山口，又名"人祖山口""人峻口"。在张掖市西北 20 公里，龙首山西段山间干沟南口。"其口两山忽断，大道中通，状如紫荆、居庸，北高而南卑，夷俯而入，我仰而防。"⑤ 人宗山口是明代"北虏"入犯甘州的必经之地，明嘉靖二十七年，为抵御"北虏"的侵犯，明朝曾在人宗口内建山南关。人宗口还是沟通绿洲丝绸之路与沙漠（草原）丝绸之路的要道。由张掖至包头的驼道即

---

① ［清］梁份. 秦边纪略［M］. 卷3，甘州卫.
② ［清］梁份. 秦边纪略［M］. 卷3，甘州卫.
③ ［清］黄璟. 续修山丹县志［M］. 卷4，隘口.
④ ［清］梁份. 秦边纪略［M］. 卷3，甘州卫.
⑤ ［清］梁份. 秦边纪略［M］. 卷3，甘州卫.

由此经过，中原地区的布匹、棉花、生铁，呼和浩特的药材，阿拉善右旗的亚不拉食盐，经北京、呼和浩特、阿拉善盟、平山湖出入祖口入张掖，张掖的驼毛、羊绒、良马、农作物经人祖口运往内蒙古。今有简易公路由此通往阿拉善右旗。

红寺湖山口，南距山丹县城 15 公里，在今山丹县红寺湖乡境内。介于独峰顶与龙头山间。今有山丹至阿拉善右旗的国道由此经过。

东小口子，介于北大山和合黎山之间，位于临泽县板桥镇红沟村以北五公里处。小口子因两面环山，中间道口狭窄而得名，是古代游牧民族出入河西走廊的重要通道。

对于河西走廊地理位置的重要性。明人程道生言："夹以一线之路，孤悬两千里，西控西域，南隔羌戎，北遮胡虏。"① 《甘州府志》引《甘肃通志》称："外通哈密，内接关辅，边陲锁钥。"② 位于明代甘州卫城中心的镇远楼，其东、南、西、北四面的匾额分别书写着的 "金城春雨" "祁连晴雪" "玉关晓月" "居延古牧" 就十分贴切地反映了河西走廊特殊的地理位置。③

二、明以前河西地区的行政沿革④

由于河西地区特殊的地理位置，历代都是兵家必争之地，是中原王朝与北方民族政权争夺的战场，其行政建置呈现出极为复杂的演变过程。同时，也正是由于汉族和各游牧民族的不断走进与迁出，河西地区成了民族迁徙、融合频繁发生的地区，为河西地区积淀了丰厚、复杂的多民族文化背景。

在西汉之前，河西地区主要是羌、戎、月氏、乌孙、匈奴等游牧民族的活动区域。秦汉易代之际，匈奴在冒顿单于的带领下，击败月氏，控制了整个河西走廊，并逐步建立起东起东北，西达西域的强大的奴隶制游牧国家，向东威胁关陇，向西挟制西域，向南交联羌氏，成为汉王朝在北方最大的威胁。

西汉立国之初，社会经济一片凋敝。面对北方咄咄逼人的匈奴，统治者只能采取以守为主的策略。经过几十年的休养生息，到汉武帝继位时，西汉的国力已大大增强。汉武帝遂开始组织对匈奴的大规模反击。元狩二年（前 121 年）

---

① [明] 梁道生. 九边图考 [M]. 甘肃.
② [清] 钟赓起. 甘州府志 [M]. 卷4，地理·形胜.
③ [清] 钟赓起. 甘州府志 [M]. 卷5，营建·公署.
④ 本部分内容的撰写主要参考高荣. 河西通史 [M]. 天津：天津古籍出版社，2011.

春，骠骑将军霍去病两次进军河西，击溃了匈奴浑邪王、休屠王部，夺取了河西地区的控制权。此后，西汉政府在河西地区陆续建立酒泉郡、张掖郡、敦煌郡、武威郡。这是河西地区被纳入中原王朝郡县体系的肇始。据《汉书·地理志》载，西汉河西四郡属凉州刺史部管辖，共统 35 县。其中酒泉郡 9 县，即禄福、表氏、乐涫、天依、玉门、会水、池头、绥弥、乾齐；张掖郡 10 县，即觻得（角乐）、昭武、删丹、氏池、屋兰、日勒、骊靬、番和、居延、显美；敦煌郡 6 县，即敦煌、冥安、效谷、渊泉、广至、龙勒；武威 10 县，即姑臧、张掖、武威、休屠、揟次、鸾鸟、扑擐、媪围、苍松、宣威。河西四郡的设置，实现了汉武帝"断匈奴之臂，张中国之掖"的战略构想，也奠定了河西城镇分布的基本格局。除了设置郡县外，西汉政府为适应河西境内少数民族人口的生活与生产，在张掖郡南部的黑河上游地区设置了张掖属国。西汉末年，王莽改制，改酒泉郡为辅平郡，张掖郡为屏郡。东汉建立后，恢复旧名。东汉献帝时从张掖郡析置西郡，辖日勒、删丹、番和、骊靬 4 县，大致相当于今甘肃山丹、永昌二县之地。同时，为协助各郡和张掖属国管理归附的少数民族，东汉政权又设立了居延属国、酒泉属国。

　　曹魏、西晋时期的河西地区基本沿袭了两汉时期的行政建置，属凉州治下武威郡、张掖郡、西郡、酒泉郡、敦煌郡管辖。其中武威郡统 7 县，张掖郡统 3 县，西郡统 5 县，酒泉郡统 9 县，敦煌郡统 12 县。西晋灭亡后，北方陷入"十六国"的分裂格局状态。在此期间，河西地区先后出现汉族张氏的前凉政权、氐族吕氏的后凉政权、鲜卑族秃发氏的南凉政权、汉族李氏的西凉政权和匈奴沮渠氏的北凉政权，史称"五凉"。"五凉"时期，河西境内行政建置变化较大，设置的郡县也很多，大体包括武威郡、番禾郡、苍松郡、武兴郡、西郡、张掖郡、临松郡、西海郡、建康郡、酒泉郡等。在中原一片混乱的情况下，五凉政权的执政者大多谨修内政，保境安民，使河西地区保持了相对安定的社会环境，吸引了大量中原的名士前来避难和定居，开创了在中国历史上独具一格的"五凉文化"。

　　北魏太延五年（439 年），北魏攻灭北凉，河西地区随即归入北魏。北魏在河西地区的行政建制基本沿袭了魏晋以来的州郡制度。在河西置凉州、鄯州、瓜州，凉州后移置张掖，遂称西凉州。北魏极其重视对河西的经营与开发，因地制宜，农牧并举，推动了河西社会经济的发展。北魏分裂后，河西归属西魏。西魏被北周取代，河西又归入北周。西魏、北周时期，改西凉州为甘州，辖张掖郡、建康郡和酒泉郡。这一时期，以关陇集团为政治核心的统治者注重务实的社会改革措施，在河西地区推行均田制，为隋唐时期河西经济的繁荣奠定了基础。

隋初，隋文帝罢天下诸郡，改州郡县三级制为州县二级制。隋炀帝又改州为郡。在河西地区设立了武威、张掖、敦煌三郡。武威郡治姑臧，领姑臧、昌松、番和、允吾四县；张掖郡治张掖，领张掖、删丹、福禄三县；敦煌郡治敦煌，领敦煌、常乐、玉门三县。隋朝对河西地区行政建制的整合，改变了长期以来河西地区机构重叠、行政隶属变化不定的局面。隋朝以河西为基地向四周拓展，并通过一系列的军事、政治、经济措施确保了丝绸之路的畅通，促使了民族贸易、国际贸易规模的扩大，使得河西地区出现了历史上少有的农牧并举、工商兴旺、文化交流活跃的繁荣局面。

武德二年（619年），唐王朝在河西设凉州、甘州、肃州、瓜州，其中凉州辖姑臧、昌松、番禾，甘州辖张掖、删丹，肃州辖酒泉、福禄、玉门，瓜州辖晋昌、常乐，共计四州十县。武德五年（622年）改瓜州为西沙州，又在常乐县置瓜州，贞观七年（633年）改西沙州为沙州。此后，除咸亨元年（670年）至调露元年（679年）曾于汉代番禾县地置雄州外，直到天宝年间，河西基本上维持了凉州、甘州、肃州、瓜州、沙州五州建制。随着唐朝统治的逐渐稳定，以及丝绸之路贸易的发展，河西的经济、文化取得了长足的发展。贞观初年，玄奘西行途经河西时，就称"凉州为河西都会，襟带西番、葱右诸国，商旅往来，无有停绝"①。敦煌文书《王梵志诗》中称："兴生市郭儿，从头市内坐。例有百余千，火下三五个。行行皆有铺，铺里有杂货。"② 岑参在《凉州馆中与诸判官夜集》称："凉州七里十万家，胡人半解弹琵琶。"通过这些对沙州、凉州的描绘，我们不难看出唐前期河西社会经济的繁荣与富庶。

安史之乱后，唐朝国力衰微，吐蕃乘势向河陇地区进军。贞元二年（786年），吐蕃攻破沙州城，标志着整个河西地区陷入吐蕃之手。吐蕃控制河西后，将本土的吐蕃官制引入河西，实行番汉双重官制。在河西地区西段设瓜州节度使，大致管辖原唐朝的肃州、瓜州、沙州，以及地处今哈密、吐鲁番一带的伊

---

① ［唐］慧立，彦悰. 大慈恩寺三藏法师传［M］. 卷1.
② 陆庆夫. 唐代前期对河陇地区的经营及其效果［M］//丝绸之路考察队. 丝路访古. 兰州：甘肃人民出版社，1983：116.

州和西州，在河西走廊东段设凉州节度使。吐蕃统治者还改变了河西基层组织形式，将唐朝的乡制、里制改为吐蕃的部落、将领制。针对统治之初汉族的反抗，吐蕃统治者一方面采取强硬的镇压；另一方面推行蕃化政策，迫使汉人说蕃语、辫发、赭面、文身，试图从生活习惯和文化传统上来消除汉、蕃之间的差异。唐武宗会昌二年（842 年），赞普朗达玛遇刺身亡，吐蕃国内大乱。吐蕃洛门川讨击使尚恐热和鄯州节度使尚婢婢在河陇地区展开争夺，一时间河西地区生灵涂炭，各族人民纷纷起来反抗吐蕃。大中二年（848 年），敦煌人张议潮率领的起义军驱逐了沙州吐蕃守将，并挥师东进向吐蕃政权发起了进攻。至大中五年（851 年），张议潮先后攻克了瓜、伊、西、甘、肃、兰、鄯、河、岷、临等十州，并派人奉十一州地图赴长安觐见。唐宣宗顺势在沙州设归义军，并任张议潮为归义军节度使。唐懿宗咸通四年（863 年）三月，张议潮"自领蕃、汉兵七千克复凉州"。至此，被吐蕃统治了近百年的河西地区，复归唐朝。同年，唐朝在凉州复置凉州节度使，统凉、洮、西、鄯、河、临 6 州。

虽然张议潮建立的以汉人为主体的归义军政权在名义上以唐为正朔，但日渐衰落的唐王朝是难以对归义军政权进行有效控制的。从大中二年（848 年）张议潮在敦煌建立政权起，直至宋仁宗景佑三年（1036 年）为西夏所灭，归义军政权在张、曹两家的统治下，共存在了 180 余年。归义军政权建立后，张议潮及其继承者张淮深采取了一系列措施，诸如恢复唐王朝的行政管理制度，重新登记户口和土地，对境内不同民族采取不同的管理方法等，使得归义军政权得到了境内各族人民的支持，经济得到了长足发展。归义军政权一度发展到"西尽伊吾，东接灵武，得地四千余里，户口百万之家，六郡山河，宛然而旧"① 的鼎盛局面。

归义军政权的鼎盛时期，虽然在名义上管辖了河西大部分地区，但实际上，在其统治范围内还存在着龙家、回鹘、吐蕃、嗢末等部族，归义军无法完全掌控这些少数民族部众。随着归义军政权势力衰落，各政治集团乘势而起。其中回鹘是较为强大的一支部族，并在唐僖宗年间以甘州为中心建立了甘州回鹘政权。② 甘州回鹘政权在政治上奉行结好中原王朝和维护丝绸之路的基本国策，积极与中原王朝、归义军政权、西夏、辽朝、唃厮啰政权以及西域诸国等周边

---

① 荣新江.归义军史研究［M］.上海：上海古籍出版社，1996：401.
② 荣新江.甘州回鹘成立史论［J］.历史研究，1993（5）.

政权进行经贸交流，对疏通丝绸之路、促进东西方经济联系和文化交流都产生了积极的促进作用。宋仁宗天圣六年（1028年），甘州被西夏攻破，回鹘各部再次离散，其中一部迁移到祁连山北麓，在长期的历史发展中，同邻近的其他民族相互融合，成了后来的"黄头回纥"，即今日裕固族的主要来源。

在张义潮收复凉州时期，由吐蕃化汉人为主要成员的嗢末势力进入凉州，逐渐成为控制凉州地区的强大力量。在共抗党项的目标之下，嗢末势力联合在凉州城外六谷之地活动的吐蕃部落在唐末五代初建立了六谷蕃部政权。六谷蕃部政权最初由嗢末集团折逋氏家族统治，历经折逋嘉施、折逋葛支、折逋阿喻丹、折逋喻龙波四世。宋真宗咸平四年（1001年），由于六谷蕃部和嗢末集团之间的实力对比发生了变化，政权的统治权落入六谷蕃部首领潘罗支家族之手。在潘罗支统治期间，凉州六谷政权发展至鼎盛阶段。其实际统辖范围，正东至灵州黄河西岸，正北至大漠，正西与甘州回鹘接境，正南包括湟州、鄯州、宁塞城及积石军，东南则控制了兰州、河州、洮州、岷州、叠州、宕州、文州、潘州一线，以及原州、渭州、环州、仪州、秦州、德顺军、镇戎军一线，形成了以凉州为中心的安多各部抗击党项大联盟。① 宋真宗景德元年（1004年），潘罗支死于者龙族叛党之手，六谷蕃部政权随即衰落。宋真宗大中祥符八年（1015年）六月，党项首领苏守信攻占凉州，凉州六谷蕃部政权灭亡，余部投奔河湟地区的唃厮啰政权。

西夏控制河西地区后，在河西置凉、甘、肃、瓜、沙5州。据《元史·地理志》《西夏纪》记载，凉州曾被西夏改为西凉府。又据《元史·地理志》载，西夏亦曾改甘州为镇夷郡（州），又立宣化府，负责处理回鹘、吐蕃事务，以强化对当地各民族的统治。据《天盛律令》载，西夏中央与地方各司分为上等司、次等司、中等司、下等司、末等司、司等外等六个等级，其中河西二府属次等司，属地方行政级别的最高品级，足见河西地区在西夏的重要地位。鉴于河西在政治、军事上的特殊地位，西夏在河西还置有甘州甘肃军司（驻甘州）、瓜州西平军司（驻瓜州）、黑水镇燕军司（驻兀剌海城，今山丹北）、黑山威福军司（驻居延故城）、沙州监军司（驻沙州）等军事机构，强化了西夏对河西地区的统治。西夏统治河西后，结束了河西地区自中唐以来的动荡局面，使得河西重

---

① 白丽娜. 论五代宋初的凉州六谷番部联盟 [J]. 西北民族大学学报（哲学社会科学版），2013（2）.

新获得了较为安定的社会发展环境。同时，由于优越的自然条件，西夏将河西视为其与宋、辽、金相抗衡的后方基地，极为重视对河西地区的经营，使得河西地区的社会经济取得了一定程度的发展。但由于西夏地方割据政权的局限性，经济上的对外依附性以及旷日持久的战争，河西的农牧业开发、经济发展与两宋统治下的内地相比已拉开了明显的差距。①

南宋宝庆三年（1227 年）七月，在蒙古的围攻下，西夏末代国主李睍献城投降，西夏灭亡。蒙古灭西夏后，把河西的土地和人口分给宗王贵族，其中沙州由术赤之子拔都分得；删丹州（即后来的山丹州）由察合台曾孙阿只吉统辖，肃州则为大汗派出的达鲁花赤辖区。窝阔台即蒙古汗位后，又将以西凉府为中心的河西东部地区分封给次子阔端，使得阔端实际上成为西夏故地及陕西京兆等路的最高军政首脑。忽必烈坐稳汗位以后，为了解决皇权和藩权的矛盾，加强中央集权，采取了一系列削藩措施。中统二年（1261 年），忽必烈在西夏故地设立中兴等路行中书省，也就是甘肃行省的前身，借此来削弱阔端后王在河西的特权。此后，甘肃行省的建制频繁更动，至元十八年（1281 年）立甘肃行省，至元二十二年（1285 年）罢甘肃行省，原甘肃行省辖地归西夏行省管辖；至元二十三年（1286 年）复立甘肃行省，西夏行省随即废罢，其辖地归甘肃行省管辖，次年中兴府并入甘肃行省；至元三十一年（1294 年）分甘肃行省置宁夏行省，二省并立；元成宗元贞元年（1295 年）并宁夏行省入甘肃行省，至此甘肃行省的建制基本确定。甘肃行省辖甘州路、永昌路、肃州路、沙洲路、亦集乃路、宁夏路、兀剌海路等七路，山丹州、西宁州二直隶州，其中甘州路为行省治所所在。甘肃行省的建立使河西地区形成了宗王与行省并存的管理体制。但由于地广人稀，经济落后，河西地区的人口、城镇分布极为松散，各路的户数、人口实际上都达不到设路、州的标准。尤其是嘉峪关以西的瓜州路由于察合台系诸王及其部族的拥入，出现了蒙古化、部落化、游牧化的趋势，被元朝视为边外之地，甘肃行省并不能直接掌控。②

纵观明代以前河西地区历史发展的基本脉络，西汉武帝年间河西四郡的设立，安史之乱后河西陷于吐蕃可以说是河西历史上具有标志性意义的事件。河西四郡的设立是中原王朝管理河西地区的开始，奠定了河西地区行政建置的基

---

① 李并成. 西夏时期河西走廊的农牧业开发 [J]. 中国经济史研究, 2001 (4).
② 胡小鹏. 元代河西诸王与甘肃行省关系述论 [J]. 甘肃社会科学, 1992 (3).

本格局，张掖、酒泉、武威、敦煌等地名更是沿用至今。此后相当长的时段内，河西地区都是经济繁荣、文化昌盛的殷富之地。安史之乱后，吐蕃乘唐朝衰微之势夺取了河西地区的控制权。此后，吐蕃、回鹘、党项等少数民族政权先后统治河西地区，使得河西地区长时间处于战争与动荡之中。对此，马端临就谈道："然则凉州之地，自夷变为夏，始于汉，而殷富者数百年。自夏复变为夷，始于唐，而伧荒者复数百年。"① 由于传统儒家知识分子对异族政权的偏见，马端临对少数民族政权统治河西后"伧荒者复数百年"的评价或许有所偏颇，但在此期间河西地区的社会经济有所倒退，汉文化的影响力、汉族在总人口中的比例出现大幅度下降都是没有疑问的。元朝建立后，河西地区重回大一统王朝的统治，但在蒙古传统兀鲁斯制的影响下，河西地区出现了宗王与行省并存的管理体制。特别是嘉峪关以西河西地区，出现了蒙古化、部落化、游牧化的趋势。河西地区自中唐以来经济落后、人口稀少的局面并没有得到改善。

第二节　洪武年间明军在河西地区的活动与卫所的设立

一、洪武初年明军在河西地区的军事活动

明洪武元年（1368 年），明军攻入大都，元朝灭亡。元顺帝北逃至上都开平，史称北元。元顺帝虽然远居漠北，但仍然控制着东自大兴安岭，西至天山，北起额尔齐斯河及叶尼塞河上游，南达长城一线的广阔区域。尤其是在陕西、甘肃一带驻防的王保保拥有十八万人马，有着相当强大的实力。为进一步稳定边疆局势，解除北元对国防安全的威胁，明朝开始向陕西、山西等北部边境进军。

洪武三年（1370 年）正月，朱元璋命徐达为征虏大将军，自潼关出西安直逼王保保。同年四月，徐达率军至安定，王保保退守至沈儿峪（今定西市巉口镇一带）。双方大战于沈儿峪，王保保全军覆没。徐达擒其郯王、文济王及国公、平章以下文武僚属 1800 余人，士卒 8 万余人，获马 1.5 万余匹。王保保仅与其妻子数人，由宁夏逃往和林。沈儿峪之战成为明军控制西北的决定性战斗，

---

① ［宋］马端临. 文献通考［M］. 卷322，舆地考八.

获胜的明军自此掌握了攻略甘肃的主动权。

沈儿峪之战后，邓愈于洪武三年六月"追豫王至西黄河，抵黑松林，破斩其大将……出甘肃西北数千里而还"①。《明史纪事本末》亦载："六月乙酉，左副将军邓愈招谕吐蕃……于是河州以西，甘朵、乌思藏等部皆来归，征哨极甘肃西北数千里始还。"② 可见，此次军事活动的目的在于追击前元豫王以及招谕吐蕃。据马顺平考证，邓愈在追击故元豫王势力时，曾沿大、小松山（甘肃景泰）西奔至西凉州（甘肃武威）一带。③ 此次军事活动对河西地区的前元官兵起到了极大的震慑作用，不断有河西一带的前元官兵前来归附。"明洪武三年平定陕西，元永昌路詹事院凉国公搭搭领所部北通，道死。子南木哥挈所部还凉州归附。"④ 洪武三年八月，"故元高昌王和尚、歧王桑哥朵儿只班以其所部来降"⑤。故元高昌王和尚，即元代吐鲁番东亦都护巴尔术阿尔忒的斤之后裔。至元十二年（1275 年）亦都护纽林的斤元奉旨师出河西，此后便移居河西走廊的永昌，成为河西地区的重要政治力量。由上可见，邓愈侦哨河西的军事活动拉开了明朝经略河西的序幕，使明王朝势力达到河西走廊、湟水流域，并迫使永昌一带的故元高昌王和湟水流域的故元歧王等前元官兵前来归附，取得了不错的效果。⑥ 但由于在四川、山西等地的战争还未平息，明朝并没有余力驻守这些地区，只能设置一些羁縻卫所，以安抚故元降众。

羁縻安抚策略的实行，导致洪武三年之后河西大部仍为故元势力所控制，明朝在这一地区并没有实际的控制权。这些归附的故元势力，大都心怀异志。尤其河湟地区的故元歧王，在归附后不久，便率部叛明。为了巩固在北方的统治，平定四川后，明军便集中力量向北元进军。洪武五年（1372 年）正月，朱元璋命徐达、李文忠、冯胜率 15 万大军，分三路向北元进军。其中大将军徐达由中路出雁门，趋和林，左副将军李文忠由东路自居庸出应昌，征西将军冯胜由西路出金兰（今兰州）取甘肃。此次针对北元的征伐中，冯胜率领的西路军最初在河西地区取得了较大的成功。其进军河西的过程在《明太祖实录》卷74

---

① 明史 [M]. 卷 126，邓愈传.

② [清] 谷应泰. 明史纪事本末 [M]. 卷 10，故元遗兵.

③ 马顺平. 明代陕西行都司卫所建置考实 [D]. 北京：中央民族大学，2005：11 - 12.

④ [清] 苏铣. 凉镇志 [M]. 地理志·沿革.

⑤ 明太祖实录 [M]. 卷 55，洪武三年八月丙寅.

⑥ 马顺平. 明代陕西行都司卫所建置考实 [D]. 北京：中央民族大学，2005：11 - 12.

洪武五年六月戊寅条有着详细的记载：

> 征西将军冯胜、左副将军陈德、右副将军傅有德率师至甘肃，故元将上都驴降。初，胜等师至兰州，有德先率骁骑五千直趋西凉，遇元失剌罕之兵，战败。至永昌，又败元太尉朵儿只巴于忽剌罕口，大获其辎重牛马。进至扫林山，胜等师亦至，共击走胡兵。有德手射死其平章百花，追斩其党四百余人，降太尉锁纳儿加、平章管著等。至是，上都驴知大军至，率所部吏民八百三十余户迎降。胜等抚辑其民，留官军守之，遂进之亦集乃路，元守将卜颜帖木儿全城降。次别笃山口，元歧王朵儿只班遁去，追获其平章长加奴等二十七人，及马驼牛羊十余万。有德复引兵至瓜、沙州，又败其兵，获金银印、马骡牛羊二万而还。

从上文的记载看，明军西征由兰州出发，傅有德率一部攻克西凉（今武威）、永昌（甘肃永昌），继续进至肃州（甘肃酒泉）北部的扫林山，与冯胜部合兵后沿张掖河进军至亦集乃（内蒙古额济纳旗），再北进至次别笃山（即宾都山，在今蒙古国境内），傅有德再率一路至河西走廊西端的瓜州（今瓜州县）、沙州（今敦煌）。此次西征从范围上看，基本涉及了河西地区全境。明军所到之处，势如破竹，元军非遁即降，扩大了明朝在河西地区的影响力。但在中、东二路主力军连遭败绩，且明军兵力有限的情况下，冯胜很难在河西地区略地驻守，只能率军撤离河西，"将甘州所葺城池营房仓库、转运米麦料豆二十余万石及军需，尽焚之，弃城归，并宁夏、西凉、庄浪三城之地亦弃"①。

二、洪武时期河西地区卫所的设立

（一）洪武初年河西羁縻卫的设置

洪武四年（1371 年）春正月，为安置前来归附的前元势力，明朝"置武靖、岐山、高昌三卫指挥使司，以卜剌纳为武靖卫指挥同知，桑加朵儿只为高昌卫指挥同知"②。武靖卫以河州故元镇西武靖王部置，岐山卫以湟水流域的故元岐王部置，高昌卫则是以河西地区故元高昌王部置。高昌卫的设置是明朝在

---

① ［明］俞本，李新峰. 纪事录笺证［M］. 北京：中华书局，2018：364.
② 明太祖实录［M］. 卷60，洪武四年春正月庚寅.

河西地区设立管理体制的开始。

　　洪武五年（1372年）十一月，在冯胜扫荡河西的过程中，明朝在今张掖、永登，"置甘肃卫都指挥使司，庄浪卫指挥使司"①。洪武七年（1374年）春正月，为招抚前元岐王桑哥朵儿只班部，"置岐宁卫指挥使司，以故元平章答立麻国公买的为指挥同知，枢密院判官古巴平章着实加亦怜直为指挥佥事"。② 同年十月，为安置降附的故元知院脱林部，明朝又在今武威，置凉州卫指挥使司，以脱林为凉州卫指挥佥事。③

　　这一时期，明朝限于军力，在河西地区很难略地驻守。在河西、河湟地区最初设置的甘肃卫、凉州卫、岐宁卫都是为安置故元势力所置的羁縻卫所。这些卫所的实际事务仍由前元势力主导。为真正控制这些卫所，明朝在这些羁縻卫所设置之初便选派专人作为朝廷的耳目，担任经历、知事等掌管卫所文移的属官。

　　明初，"内外诸卫设经历一人，从七品；知事一人，从八品"④。经历、知事均为不入流的低级官员。但明初对甘肃卫、岐宁卫、西凉卫的经历、知事的选派却极为重视。明朝选派至甘肃等卫担任经历、知事的官员，往往都是经过朝廷精挑细选的老成历练之人。例如，曾担任岐宁卫经历的熊鼎，在元末中举人，为江西名士。朱元璋入主江西后，邓愈向朱元璋引荐熊鼎。朱元璋面见熊鼎后，大为欣喜，欲委任熊鼎为官员。但熊鼎以父母年迈为理由而推辞，只愿留在邓愈幕府中参赞军事。熊鼎母亲去后，守孝期满，即被召至京师，授德清县丞。朱元璋建立政权后，熊鼎又任中书考功博士，负责建立朝廷礼仪，参与编撰《起居注》。洪武元年（1368年）后，又历任浙江按察司佥事、山东按察司佥事、山东按察司副使、刑部主事等职，享有赏罚分明、清正廉洁的美誉。⑤从履历上看，熊鼎是早在朱元璋建立政权之前即参加起义军的元老，又拥有丰富的从政经历，是难得一见的能吏。又如曾担任甘肃卫经历的沈立本，在洪武

---

① 明太祖实录［M］.卷76，洪武五年十一月壬子。周松先生《军卫建置与明洪武朝的西北经略》（《中国边疆史地研究》，2018年第2期）一文则认为，洪武初年的甘肃卫即使设立，其地点也绝不在河西走廊腹地的甘州.
② 明太祖实录［M］.卷87，洪武七年春正月丙寅.
③ 明太祖实录［M］.卷93，洪武七年十月甲辰.
④ 明太祖实录［M］.卷257，洪武三十一年夏四月癸未.
⑤ 明史［M］.卷289，熊鼎传.

九年（1376年）冬天十月升为户部侍郎，① 洪武十年（1377年）五月升户部尚书，② 洪武十一年（1378年）六月改任刑部侍郎，③ 洪武十一年十二月升刑部尚书，④ 洪武十二年（1379年）夏四月改任江西布政使。⑤ 明初，为鼓励基层吏员尽职工作，明廷会破格提拔出色的下级官员，但沈立本能以从七品的低级文职直升至正四品的户部侍郎，并多次升迁，显然不符常规的人事变迁。明朝选用沈立本担任甘肃卫经历应属于"高职低配"，足见明朝对甘肃卫经历一职的重视。

洪武九年，明太祖在对岐宁卫经历熊鼎、知事杜寅、西凉卫经历蔡秉彝、甘肃卫经历张呐等人的诏书中指明了在西北羁縻卫所任职的文官所要承担的任务："敕尔西行，务持汉案，以便来闻。其余蒙古行移，从其自择。近知彼中事简，文案不繁……设若备寒不固，又不可轻取上下，紊乱宪章，贻笑后世。"⑥ 可见，除了基本的文书工作外，他们在河西地区诸羁縻卫所的实际职责是探取情报，增强明朝对诸卫所的控制。熊鼎等人经过实地考察，认识到这些蒙古降卫并非真心归附，并提出了对待诸羁縻卫所的策略：

> 西凉、岐宁，汉唐内地不可弃，朵儿只班非有归向之诚，特假我声援，胁服邻邦，为自安计，朝廷宜羁制之。急则席卷而遁，虽得其地而无民，缓之则恐羽翼既成而跋扈。宜稍给其种粮，抚其遗民，以安众心，而以良将参守之。⑦

正如熊鼎所言，岐宁卫的前元岐王桑哥朵儿只班叛服无常，并非真心归附。洪武九年，朵儿只班再次叛变，并在打班驿杀害还朝途中的经历熊鼎、知事杜寅以及明太祖派来召回熊鼎的中使赵成。朵儿只班等人在西北的反复无常，使得明朝决心对河西的蒙古卫由羁縻安抚转向实际军事控制。

---

① 明太祖实录 [M]. 卷110，洪武九年冬十月丙辰.
② 明太祖实录 [M]. 卷112，洪武十年五月丁酉.
③ 明太祖实录 [M]. 卷119，洪武十一年六月戊寅.
④ 明太祖实录 [M]. 卷121，洪武十一年十二月癸卯.
⑤ 明太祖实录 [M]. 卷124，洪武十二年夏四月戊申.
⑥ 全明文 [M]. 卷6，朱元璋六.
⑦ [清] 谈迁：《国榷》卷6太祖洪武九年六月戊申.

（二）洪武九年后明朝对河西地区军事控制的加强与诸卫的陆续建立

洪武九年（1377年），明朝在河西东端，"置凉州卫，遣指挥金事赵祥、马异、孙麟、庄德等守之"①。另据顺治《凉镇志》载："至九年以兰州等卫官员守御凉州，设凉州卫，立左右中前后五所。"②《五凉全志·武威县志》《陕西通志》《秦边纪略》等书皆载凉州卫设置于洪武九年。而洪武七年（1374年）为安置前元脱林部所设的凉州卫，则被《明史·地理志》称为凉州土卫。由明朝直接控制的凉州卫的设立，宣告了羁縻性质的凉州土卫的裁撤，也意味着明朝对凉州的经营策略由羁縻安抚转为实际控制。此后，宋晟、濮英等威震西北的名将陆续出镇凉州，凉州卫逐渐成为明军在河西地区的军事基地。

洪武十三年（1380年），大都督府金事濮英练兵西凉，掀起了明军在河西地区自洪武五年之后首次较大规模的军事活动。洪武十三年（1380年）四月，濮英率军奇袭并俘虏了故元柳城王等二十二人，及其部属一千三百余人，获马两千余匹。并上书请求率军西进，开哈梅里（今新疆哈密）之路，以通商旅。在得到朱元璋的同意后，濮英率军西进至白城（今金塔县附近），俘获故元年章忽都帖木儿。五月，进军至赤斥站（今玉门市西北20里），获故元幽王亦怜真及其部属一千四百人。七月，又进军至苦峪（今瓜州县东南），俘获故元省哥失里王、阿者失里王之母妻及其家属，斩部下阿哈撒答等八十余人。最终还兵肃州。③洪武十七年（1384年），凉州卫指挥使宋晟率军至亦集乃路（今内蒙古额济纳）擒获故元海道千户也先帖木儿、国公吴伯都剌赤、平章阿来等及其部属一万八千七百余人。④濮英和宋晟在河西的一系列军事活动，深入了河西地区最西端，兵锋直指哈密。虽然其攻占的土地在大军撤走后大多复为蒙古部落所据，但给予了盘踞在河西的前元势力一个沉重的打击。

经过濮英和宋晟的军事打击，故元势力逐渐萎缩。同时，随着洪武十五年（1382年）明军平定云南，洪武二十年（1387年）收服辽东，明朝得以将精力转移到对西北地区的经略上。洪武十五年，明朝在地处凉州北进甘州大道上的永昌置卫。洪武二十三年（1390年）九月，以故元山丹州地置山丹卫，"调凉

---

① 明太祖实录［M］.卷110，洪武九年冬十月戊寅.

② ［清］苏铣.凉镇志［M］.地理志·沿革.

③ 濮英练兵西凉之经过详见《明太祖实录》卷131洪武十三年夏四月甲申、壬寅、丁亥，《明太祖实录》卷132洪武十三年六月甲辰.

④ 明太祖实录［M］.卷162，洪武十七年五月丙寅.

州卫左等三所并武功屯田官军，各卫多余军士，设立左、右、中、前、后五所"①。洪武二十三年（1390 年）十二月，裁撤了带有羁縻性质的甘肃卫，置甘州左卫。② 洪武二十五（1392 年）年前后，又在甘州置甘州前、后、中、右等卫。③ 洪武二十七年（1394 年），改甘州左卫为肃州卫，即将甘州左卫军士移往肃州戍守，同时又置甘州中中卫。④ 洪武二十八年（1375 年）六月，又改甘州中中卫为甘州左卫，以成五卫之数。洪武二十九年（1396 年），在凉州西北部的石羊河下游地区置临河卫。⑤ 洪武三十年（1397 年），又改临河卫为镇番卫（今民勤县）。⑥ 此外，在洪武二十九年（1396 年）至洪武三十一年（1398 年）间，明朝还在肃州卫东北百余里的讨赖河北岸置威虏卫、白城子千户所；在肃州卫东北方向三百八十里，讨赖河与黑河汇合北流不远处置威远千户所；在甘州西北方向三百里，黑河北折流向沙漠之处置镇夷守御千户所（今高台县）。⑦

（三）甘州地位的上升

在河西地区广设卫所的同时，为了进一步巩固和加强对河西地区的统治，明朝将河西地区的镇戍中心由凉州西移至甘州。甘州地处河西走廊中段，"其地东有武威，西有酒泉，南有祁连之阻，北有合黎之环。南北相距，仅可百里，如筑甫道，中通一线，通调道而接声援耳"⑧。从战略地位上看，将甘州作为镇戍中心可以控扼周边的凉州、肃州、西宁。同时，土地肥沃、灌溉充足等优渥的自然条件，也使得甘州平原更有利于明军的大规模屯守。

明朝为提升和巩固甘州作为河西地区镇戍中心的地位，洪武二十六年

---

① 明太祖实录 [M]. 卷204，洪武二十三年九月庚寅朔.

② 明太祖实录 [M]. 卷206，洪武二十三年十二月甲戌.

③ 甘州五卫的建置时间各文献记载各有不同。据顺治《甘镇志》载，甘州六卫置于洪武二十五年。乾隆《甘州府志》载，洪武二十三年置甘州卫，洪武二十五年以甘州卫为甘州左卫，复置甘州右卫、甘州中卫，洪武二十九年置甘州前卫、后卫。《明史》卷42《地理三》载，洪武二十三年十二月置甘州左卫，二十七年十一月罢，二十八年六月复置。甘州右卫、甘州中卫俱洪武二十五年三月置。甘州前卫、甘州后卫俱洪武二十九年置.

④ 明太祖实录 [M]. 卷235，洪武二十七年十一月乙巳.

⑤ 马顺平. 明代陕西行都司卫所建置考实 [D]. 北京：中央民族大学，2005：49.

⑥ 明太祖实录 [M]. 卷249，洪武三十年春正月辛酉.

⑦ 白城子千户所的建置时间见《明太祖实录》卷二百四十七洪武二十九年九月庚申条，威虏卫、威远千户所、镇夷守御千户所的建置时间无载，据马顺平《明代陕西行都司卫所建置考实》一文考证其建置时间在洪武二十九年至洪武三十年前后.

⑧ [清] 梁份. 秦边纪略 [M]. 卷3，甘州卫.

（1393 年），移陕西行都指挥使司至甘州。① 陕西行都司前身为洪武七年（1374年）明朝设于河州的西安行都指挥使司，总辖河州、朵甘、乌斯藏三卫。② 洪武八年（1375 年），明朝对全国范围内的军事卫所重新命名，西安行都指挥使司改称陕西行都指挥使司。③ 洪武九年（1376 年），洮岷地区的局势趋于缓和，吐蕃诸部羁縻之势已成，明军在西北的战略目标主要转向了青海和河西地区，陕西行都司即被罢撤。④ 洪武十二年（1379 年），为开拓青海、河西地区，明朝复置陕西行都司于庄浪。⑤ 但庄浪时期的陕西行都司几乎不见史籍的记载。梁志胜以陕西行都司西迁甘州后方添置经历、断事二司为据，推断庄浪时期陕西行都司为虚置机构，"无官员，无下属机构，亦无所属卫所"⑥。郭红则根据《明太祖实录》《皇明诏令》等相关材料，推断陕西行都司在庄浪重设后不久即被废除。⑦ 马顺平则认为庄浪时期的陕西行都司的存在是肯定的，他指出："洪武初期经略西北设置行都司有因事而立、机构不健全的特征，并且多以大将镇守、专征，此种特征在庄浪时期的陕西行都司亦不失其效。"⑧ 笔者认为在兵连祸结，统治秩序尚未稳定的情况下，明朝在西北地区的军政建置尚处于完善阶段，如果仅因史料的缺失，或机构不健全就认定庄浪时期的陕西行都司为虚置机构，稍显武断。马顺平的推论应更接近历史的真相。陕西行都司迁至甘州后，明朝就开始通过增设机构和频繁补充官员，来加强陕西行都司的机构建设。洪武二十六年（1393 年）二月，置陕西行都指挥使司所属经历、断事二司。⑨ 两个月后，明朝"命右军都督府都督佥事宋晟、刘真同署陕西行都指挥使司事"⑩。洪武二十七年（1394 年）四月，"以尚宝司丞杨能为都指挥使，洮州卫指挥使陈晖、宋国公冯胜子克让为都指挥同知，俱署陕西行都指挥使司事"⑪。

① ［明］李贤. 大明一统志［M］. 卷37，陕西行都司.
② 明太祖实录［M］. 卷91，洪武七年七月己卯.
③ 明太祖实录［M］. 卷101，洪武八年九月癸丑.
④ 马顺平. 明代陕西行都司卫所建置考实［D］. 北京：中央民族大学，2005：8.
⑤ 明太祖实录［M］. 卷122，洪武十二年春正月甲午.
⑥ 梁志胜. 洪武二十六年以前的陕西行都司［J］. 中国历史地理论丛，1999（3）.
⑦ 郭红，靳润成. 中国行政区划通史：明代卷［M］. 上海：复旦大学出版社，2007：402.
⑧ 马顺平. 明代陕西行都司卫所建置考实［D］. 北京：中央民族大学，2005：10.
⑨ 明太祖实录［M］. 卷225，洪武二十六年二月丙戌.
⑩ 明太祖实录［M］. 卷227，洪武二十六年夏四月乙酉.
⑪ 明太祖实录［M］. 卷232，洪武二十七年夏四月癸未.

半年后，"以府军卫指挥佥事张豫为陕西行都指挥使司都指挥佥事"①。洪武二十七年十一月，"以署陕西行都指挥使司都指挥同知冯克让为都指挥使，绥德卫指挥佥事马溥为陕西行都指挥使司都指挥同知"②。洪武二十八年（1395 年）三月，任命石玉为陕西行都指挥使司都指挥佥事。③ 一个月后，又以王英为陕西行都指挥使司都指挥同知。④

在陕西行都司移至甘州的同时，洪武二十五年（1392 年）三月，明太祖改封第十四子汉王朱楧为肃王，镇守甘州。肃王就藩的经过在《明史》卷 117，肃王楧传》中有详细的记载：

> 肃庄王楧，太祖第十四子。洪武十一年封汉王。二十四年命偕卫、谷、庆、眠五王练兵临清，明年改封肃。又明年，诏之国，以陕西各卫兵未集，命驻平凉。二十八年始就藩甘州。诏王理陕西行都司甘州五卫军务。三十年令督军屯种，遇征伐以长兴侯耿炳文从。建文元年乞内徙，遂移兰州。

宗藩制度是洪武时期国家政治制度的重要组成部分。朱元璋认为："天下之大，必建藩屏，上卫国家，下安生民，今诸子既长，宜各有爵封，分镇诸国。朕非私其亲，乃遵古先哲王之制，为久安长治之计。"⑤ 简单而言，在朱元璋看来，分封皇室子孙控驭各地，有助于防止外姓臣僚跋扈，可以起到"外卫边陲，内资夹辅"的效果。在洪武年间，就有十九位皇子出镇各地。这些藩王虽然在地方未领有封地和臣民，但享有极为尊贵的地位。

在众多的藩王中，秦王（西安）、晋王（太原）、燕王（北平）、谷王（宣府）、肃王（甘州）、辽王（辽阳）、宁王（大宁）、代王（大同）、庆王（宁夏）分布在从东北到西北的北部边防线上，"此九王者，皆塞王也，莫不敷险隘，控要塞，佐以元戎宿将，权崇制命，势匹抚军，肃清沙漠，垒帐相望"⑥。这九大塞王，拥有统军之权，在明朝的镇戍体系中占有重要地位。在洪武二十

---

① 明太祖实录 [M]. 卷 235，洪武二十七年冬十月丙申.
② 明太祖实录 [M]. 卷 235，洪武二十七年十一月乙巳.
③ 明太祖实录 [M]. 卷 237，洪武二十八年三月己亥.
④ 明太祖实录 [M]. 卷 238，洪武二十八年夏四月辛巳.
⑤ 明太祖实录 [M]. 卷 51，洪武三年夏四月辛酉.
⑥ ［明］何乔远. 名山藏 [M]. 卷 36.

五年（1392 年），明太祖改封汉王楧为肃王前后，就下令在甘州为其修建驻地，并置甘州中护卫、甘州左护卫、甘州右护卫。洪武二十八年（1395 年）六月，肃王就藩时朱元璋下诏："惟陕西行都司甘州五卫及肃州、山甘、永昌、西宁、凉州诸卫从肃王理之。"① 可见，作为塞王之一的肃王，除了直接掌握护卫军外，对都司、卫所还具有节制权，在河西、河湟地区的权力格局中具有名义上的最高地位，同时还代表皇权对掌握军政实际大权的总兵官宋晟等人起到监督与制衡的作用。

总而言之，明朝通过移住陕西行都司至甘州以及派遣肃王朱楧镇守甘州等措施，加强了甘州作为河西、河湟地区政治中心的地位。同时，也促使了陕西行都司由临时性前沿指挥机构转变成有着实际管辖地域的镇戍机构。

三、洪武以降河西地区卫所建置的变化及镇戍体系的完善

（一）洪武以降卫所建置的变化

洪武三十一年（1398 年），明太祖朱元璋驾崩，因皇太子朱标早逝，皇太孙朱允炆继立为新君，年号建文。在洪武年间，明太祖推行以猛治国，强化皇权的统治策略，整饬吏治，削弱了豪强势力，使得社会经济在短时间内取得了恢复和发展。但明太祖普设特务机构，屡兴文字狱、党狱，导致洪武末年，朝野上下弥漫着浓重的恐怖气氛，文武大臣人人自危。建文帝继位伊始，在方孝孺、齐泰、黄子澄等人的支持下，推行改革，试图改善严苛的政治环境。另一方面，诸塞王手握兵权，觊觎皇位者不乏其人。以皇太孙身份继位的建文帝，也感受到了皇叔们所带来的威胁。因此，在政行宽简、不尚武力的思路下，削弱边境各塞王的实力、减少冗军、裁撤一部分卫所成为建文改制的内容之一。建文元年（1399 年），肃王被迫内迁兰州。同时又裁撤了河西地区的甘州前卫、甘州后卫、镇番卫、镇夷守御千户所、威虏卫。②

靖难之役后，明成祖朱棣登基，年号永乐。明成祖上台后，除了继续削藩外，几乎否定了建文帝所有改革措施。相对于深受儒家文化影响，不尚武力的建文帝，常年统兵作战的明成祖更为重视军事力量的扩充。在永乐时期，明成祖向东北、西北、西南等边境地区发动了一系列的战争，试图扩大明朝的版图。

---

① 明太祖实录 [M]. 卷239，洪武二十八年六月丁亥.

② 马顺平. 明代陕西行都司卫所建置考实 [D]. 北京：中央民族大学，2005：19 – 20.

在这一积极的边防政策的指导下，明成祖在北方边境地区一改建文帝裁撤卫所，减少冗军的策略，重置卫所，加强兵备。永乐元年（1403 年）六月，复置镇番卫。① 永乐元年八月，复置甘州前后卫、威虏卫、镇夷千户所。② 永乐三年（1405 年）三月，革陕西威虏卫，军官并入肃州卫而增设中右、中中二千户所，命礼部铸印给之。③ 宣德二年（1427 年）八月，增设甘州前后二卫右千户，以乐安守御千户所十二百户所军士实之。④

　　经过永乐至宣德时期对河西地区卫所的恢复与调整，明朝在河西地区的镇戍体系基本确立。正统年间，随着瓦剌的崛起，明朝的边防压力骤然增加。正统三年（1438 年）六月，在巡抚都御史罗亨信的建议下，明朝在元永昌路古浪巡检司地，置古浪守御千户所。⑤ 景泰七年（1456 年）三月，在提督甘肃军务左副都御史宋杰等人的建议下，在高台堡置高台守御千户所。⑥ 古浪地处凉州东南，控扼着沿小松山北侧（甘肃景泰）西入凉州之大道，其地"三面居其山……峻岭居其南，沿边固其北，峡路一线，扼甘肃之咽喉"⑦。高台，地处甘州西北方向约一百六十里的黑河南岸，居镇夷所东南百余里，是"屯田用武、控扼戎虏之要地"⑧。古浪、高台除了战略位置重要外，均有河水流经，有利于驻兵屯田。古浪守御千户所和高台守御千户所的设立，加强了明军在张掖河、石羊河流域的控制力，有效阻止了蒙古骑兵沿河谷南下。⑨ 随着古浪和高台两个守御千户所的设立，河西地区以甘州为中心的十卫三所的镇戍体系得以完全确立。

河西地区卫所建置表

卫所名	建置时间	备注
凉州卫（甘肃武威）	洪武九年（1376 年）	洪武九年裁撤凉州土卫置

---

① 明史 [M]. 卷 42，地理志·陕西行都司.
② 《国榷》卷 13 明成祖永乐元年八月庚午，另据顺治《甘镇志》《地理志·沿革》载："永乐二年，复设甘州前后二卫。"
③ 明太宗实录 [M]. 卷 40，永乐三年三月丙申朔.
④ 明宣宗实录 [M]. 卷 30，宣德二年八月己卯.
⑤ 明英宗实录 [M]. 卷 43，正统三年六月丁卯.
⑥ 明英宗实录 [M]. 卷 264，废帝郕戾王附录第 82 景泰七年三月庚申.
⑦ [清] 张珰美. 五凉全志：第 4 卷 [M]. 古浪县志，地理志·山川.
⑧ [清] 杨春茂. 重刊甘镇志 [M]. 地理志：第 2，山川.
⑨ 马顺平. 明代陕西行都司卫所建置考实 [D]. 北京：中央民族大学，2015：20.

卫所名	建置时间	备注
永昌卫（甘肃永昌）	洪武十五年（1382 年）	
甘州左卫（甘肃张掖）	洪武二十三年（1390 年）	洪武二十七年以甘州左卫改置肃州卫，二十八年以甘州中中卫改甘州左卫
甘州前卫（甘肃张掖）	洪武二十五年（1392 年）	洪武三十年裁撤，永乐二年复置
甘州后卫（甘肃张掖）	同上	同上
甘州中卫（甘肃张掖）	同上	
甘州右卫（甘肃张掖）	同上	
甘州中中卫（甘肃张掖）	洪武二十七年（1394 年）	洪武二十八年以甘州中中卫改置甘州左卫
山丹卫（甘肃山丹）	洪武二十三年（1390 年）	
肃州卫（甘肃酒泉）	洪武二十七年（1394 年）	洪武二十七年以甘州左卫改置
镇番卫（甘肃民勤）	洪武三十年（1397 年）	洪武二十九年置临河卫，三十年更名镇番卫，建文中罢，永乐三年并入肃州卫。
白城子千户所（甘肃金塔北）	洪武二十九年（1396 年）	洪武三十二年前后废
威虏卫（同上）	洪武二十九年（1396 年）至三十年（1397 年）	洪武三十二年裁撤，永乐元年（1403 年）复置，永乐三年并入肃州卫
威远千户所（甘肃金塔东北）	洪武二十九年（1396 年）至三十一年（1398 年）	洪武三十二年前后裁撤
镇夷守御千户所（今甘肃高台西北）	洪武三十年（1397 年）	洪武三十三年裁撤，永乐改元复置
古浪守御千户所（甘肃古浪）	正统三年（1438 年）	
高台守御千户所（甘肃高台）	景泰七年（1456 年）	

对于嘉峪关以西地区，明太祖朱元璋曾指出："定陕西、甘肃诸镇，嘉峪关以西置不问。"① 究其原因，一方面，河西地区远离中原，交通不便，屯田是解决军需的重要方式。但相对于水源充沛，适宜发展绿洲农业的河西东部地区，嘉峪关以西的河西走廊地区气候极为干旱，且土壤贫瘠，人口稀少。同时，嘉

---

① ［清］查继佐. 罪惟录［M］. 卷33，外藩列传.

峪关以西地区在元代是豳王、肃王、西宁王等蒙古王公的封地，诸王在其封地内保持了游牧习俗，使得该地出现了蒙古化、游牧化、部落化的趋势。这样的情况下，以屯田为军需基础的中原军队就很难长时间驻守。另一方面，面对北元、东察合台汗国的军事威胁，明军缺乏与其在嘉峪关以西的广阔区域内进行长期斗争的军事实力。同时，如赵现海先生所归纳："明朝作为建立在东南部的政区，同样将处于西北边疆的甘肃地区作为边缘地带，满足于收复元朝旧疆，对于开拓疆土缺乏兴趣"①。在不向嘉峪关以西地区直接派驻军队的前提下，为了进一步完善明朝在西北地区的军事防御体系，洪武、永乐、宣德时期，明朝就以降附的蒙古宗王的部落为单位，在嘉峪关以西设立安定卫、曲先卫、阿端卫、罕东卫、沙州卫、赤斤卫、哈密卫等羁縻卫，依其传统进行管辖，事实上承认了该地区游牧化、部落化的趋势。② 这些羁縻卫作为陕西行都司的外部屏障，起到了"内附甘肃，外悍达贼"的战略作用。

（二）军事镇戍体系的完善

为完善军事镇戍体系，明朝还在卫城之外的地区广建堡寨。由于河西地区大多都是无险可依的平原绿洲，为了便于军士在卫城周边戍守、屯田。明朝便在地势险要、水源充沛、土地肥沃之地建立堡寨。永乐二年（1404 年），明成祖就专门敕谕边镇守将："于宣府、万全、怀安诸处简军马，坚垒壁，谨烽堠，慎防御之。务每数堡择一堡为高城深壕，城多置门，其中开井积水，以聚数堡之人马辎重粮饷。"③ 永乐十二年（1414 年），明成祖又对堡寨的规制进行了规定："每小屯五七所或四五所，择近便地筑一大堡，环以土城，高七八尺或一二丈。城八门，周以濠堑，阔一丈或四五尺，深与阔等。"④ 在官方的倡导下，河西地区修筑堡寨的风气一时盛行。仅永乐十二年十月，即"设甘州等卫屯堡四十六所"⑤。进入明中期后，北方边患纷扰，特别是正德、嘉靖年间，在吐鲁番和右翼蒙古的重压下，河西地区的国防压力增大。为加强防御，在唐泽、杨博

① 赵现海. 洪武初年甘肃地缘政治与明朝西北疆界政策——由冯胜"弃地"事件引发的思考 [J]. 古代文明，2011 (1).
② 关西诸卫与蒙古诸王的关系参见胡小鹏. 察合台系蒙古诸王与明初关西诸卫的成立 [J]. 兰州大学学报（社会科学版），2005 (3).
③ 明太宗实录 [M]. 卷 37，永乐二年十二月庚午.
④ 明太宗实录 [M]. 卷 155，永乐十二年九月丁酉.
⑤ 明太宗实录 [M]. 卷 157，永乐十二年冬十月壬午.

等地方官员的主持下，河西地区出现了大量的堡寨。如甘州"自明设卫以后，设堡更多，前弗胜考。其续增之最要者如洪水、黑城、花寨、平川、板桥，系嘉靖八年巡抚唐泽所建。甘峻、古城、龙首、红泉、靖安，系嘉靖二十八年巡抚杨博所建"①。肃州"四面堡寨固多，厥初创建维难，悉藉。嗣后重修，有可记其寨者。嘉靖二十一年（1542年），兵备副使天津张愚行令各堡屯丁，挑壕筑城，务使坚深。嘉靖二十二年（1543年），北虏万余，凿嘉峪长城以逼近境，虽参将李经有力战之功，而运筹保障边堡无虞，实张公之威德也"②。据甘肃巡按张雨统计，嘉靖二十六年（1547年）：凉州卫有58堡，古浪守御千户所有4堡，镇番卫有24堡，永昌卫有33堡，甘州卫有56堡，山丹卫有23堡，高台守御千户所有46堡，肃州卫有43堡，镇夷守御千户所有14堡。③ 成书于万历末年的《重刊甘镇志》记载，甘州五卫领堡52，山丹卫领堡16，高台所领堡44。④《肃镇华夷志》载，肃州卫领47堡，镇夷所领22堡。⑤《凉镇志》载，凉州卫领90堡。⑥

为了便于驻军戍守和屯田，这些堡寨在选址时主要考虑两个方面的条件。一方面，从敌情的角度考虑，要选取敌军经常出入的要冲之地，如河谷、山口，以达到控扼"夷情"的目的。如甘州五卫"甘峻、古城、龙首等堡防守因多番寇，红泉、靖安、四坝防守因多虏寇，俱嘉靖二十八年（1549年），巡抚都御使杨博奏设"⑦。甘州五卫红泉堡，"城东北七十里观音山口，内有泉。虏自东北来，率止其地，入犯太平、草湖、瓦窑诸寨"⑧。另一方面，从屯垦和日常生活的角度考虑，在堡寨周边要有适当的土地和足够的水源以便耕种，满足卫所官兵的粮食供给。如肃州卫花寨堡，"城东二十里，地多下湿，孳牧极便"；临水站堡，"地虽碱而可耕，樵採甚便"；上河清堡，"田土颇广，人稍庶足"；东暖泉堡，"水泉多，冬亦不冻"⑨。

① ［清］钟赓起. 甘州府志 ［M］. 卷5，营建·村堡.
② ［明］李应魁. 肃镇华夷志 ［M］. 卷3，堡寨.
③ ［明］张雨. 边政考 ［M］. 卷4，地舆图下.
④ ［清］杨春茂. 重刊甘镇志 ［M］. 兵防志：第4，堡寨.
⑤ ［明］李应魁. 肃镇华夷志 ［M］. 卷3，堡寨.
⑥ ［清］苏铣. 凉镇志 ［M］. 兵防志·堡寨.
⑦ ［清］杨春茂. 重刊甘镇志 ［M］. 兵防志：第4，堡寨.
⑧ ［清］杨春茂. 重刊甘镇志 ［M］. 兵防志：第4，堡寨.
⑨ ［明］李应魁. 肃镇华夷志 ［M］. 卷3，堡寨.

在一些人口较少，又远离堡寨的偏僻之乡，河西地方官员则创造了一种新的防御工事——墩城。墩城的形制据《重刊甘镇志》载：

> 每墩周围底阔一十二丈，顶阔八丈，实台高二丈四尺。裙墙高七尺，底阔一尺五寸，顶阔八寸，鸡窝天棚二层，共高一丈六尺，通高四丈。漫道一道，上搭天桥，一连墩下。月城底阔八尺，顶阔四尺，高二丈八尺。周围裙墙底阔一尺五寸，顶阔一尺，高六尺，共高二丈四尺。外壕一道，底阔八尺，口阔一丈，深一丈。壕外拦马墙一道，底阔三尺，顶阔二尺，高五尺。吊桥一座。月城门一层，铁裹之。①

与堡相比，墩城的规模更小，修筑的成本也更低，"盖守御之方，大则为城，其次则为堡。城非万金不能成，堡非千金不能成，惟此墩城，通计不过百金，为费甚少，随处可筑。大城必须数千人，堡须千人，方能拒守，惟此墩城，十数人可以守"②。墩城虽然规模不大，但凭借垛口、拦马墙、漫道、板桥等军事防御设施，数十人就可以有效地防御外侵。"房少则势力单弱，料彼不能攻挖；房多则人马稠密，惧我乘高击打。"③敌军即便攻破一墩，也要付出数十人甚至上百人伤亡的代价。对于堡寨较少和无力筑堡的偏僻之乡，墩的修筑无疑弥补了堡在防御上的分散性。为了加强河西地区的防御力，杨博等地方官员极力倡导墩城的修建，"以屯种附近之乡，或二三十家，或四五十家，督令共筑一墩，每墩设一总甲提调"④。仅嘉靖二十七年、二十八年间，杨博就在河西地区"增置屯庄墩三百六十五座"⑤。据《边政考》的统计，嘉靖二十六年（1547年）：凉州卫有 109 墩，古浪守御千户所有 29 墩，镇番卫有 53 墩，永昌卫有 90 墩，甘州五卫有 136 墩，山丹卫有 51 墩，高台守御千户有 42 墩，肃州卫有 97 墩，镇夷守御千户所有 46 墩。⑥杨博之后，在石茂华、廖逢节等地方官员的支持下，河西地区的墩城数量持续增加。至万历末年，肃州卫有 268 墩，镇夷所

---

① ［清］杨春茂. 重刊甘镇志［M］. 兵防志：第4，烽燧.
② ［明］杨博. 议筑简便墩城疏［M］. 皇明经世文编：卷273，杨襄毅公文集一.
③ ［明］杨博. 议筑简便墩城疏［M］. 皇明经世文编：卷273，杨襄毅公文集一.
④ ［清］钟赓起. 甘州府志［M］. 卷5，营建·村堡.
⑤ ［清］杨春茂. 重刊甘镇志［M］. 兵防志：第4，烽燧.
⑥ ［明］张雨. 边政考［M］. 卷4，地舆图下.

有 151 墩;① 甘州五卫有 495 墩，山丹卫有 69 墩，高台所有 59 墩;② 凉州卫有 122 墩，镇番卫有 86 墩，永昌卫有 150 墩，高台所有 59 墩。③

这些星罗棋布的堡寨、墩台，在地理上互成犄角之势，加强了各堡之间的联系和互补，一定程度上可以弥补河西地域辽阔，明军兵力不足的问题。和平之时，士卒散处而居，各自从事屯田、守边等活动。边情遇警时，则人畜尽入堡墩内，凭借坚固的防御工事和平时储藏在堡墩内的粮草与敌周旋。如果敌军过于强大，临近的墩、堡之间还可以相互传递信息，联合防御。除具有军事防御功能外，堡寨、墩台还是士卒及其家属的居住之所。在农闲且无边患之时，军民就在墩堡内居住，使得河西地区形成了不同于内地的城堡式村落。如石茂华所称："军民之居，多在城堡墩院之内，虽由散处而居者，亦各有相近墩堡，或农务已毕，或有警收敛，则皆归墩堡之内，非如腹里之村落相望，比屋相连者也。"④ 这些堡墩是卫所城的重要延伸，不仅是卫所军事镇戍体系的重要组成部分，更是卫所打入河西地区腹地的楔子。随着世代繁衍，这些堡墩的规模逐渐扩大，对日后河西地区集镇、村落的分布产生了深远影响。直到今日，河西地区仍然有很多乡镇延续着明代堡墩的名称，甚至在当地百姓的口语中仍然将其称为"堡"。如张掖市甘州区下辖的甘浚镇是在甘州卫甘峻堡的基础上发展而来，乌江镇是在乌江堡的基础上发展而来，酒泉市肃州区下辖的东洞乡是在肃州卫东洞子堡的基础上发展而来，金佛寺镇是在金佛寺堡的基础发展而来，金佛寺镇下辖的红山堡村是在红山堡的基础发展而来，武威市凉州区下辖的张义镇是凉州卫张义堡发展而来。

第三节　河西卫所的职官体系

明初，为加强中央对地方的控制，明廷在省一级确立了承宣布政使司、提刑按察使司、都指挥司分掌民政、司法监察、军政的权力体系。但河西地区由于特殊的地理位置和军政建置，其权力体系与内地具有明显的差异。一方面，

① ［明］李应魁. 肃镇华夷志［M］. 卷3，烽堠.
② ［清］杨春茂. 重刊甘镇志［M］. 兵防志:第4，烽堠.
③ ［清］苏铣. 凉镇志［M］. 兵防志.
④ ［明］石茂华. 议设保甲疏［M］//五凉全志:第1卷，武威县志，文艺志.

河西地处边疆，南、北、西三面同时承受着来自西番、蒙古、吐鲁番等部落、政权的军事压力，正所谓"比控达虏，西备回夷，内抚属番，南邻羌谷"①，国防形势十分严峻，需要大批军队来巩固国防，维持社会秩序；另一方面，河西地区地广人稀、农牧交错、民族结构复杂。人口和经济规模还远远达不到设立府州县的标准。如果勉强设置府州县，过多的行政官员还会增加地方百姓的负担。基于上述考虑，明朝以集生产与戍守于一体的军事系统兼地方行政管理，不再单独设置府州县。这就意味着河西地区的十卫三所在承担军事镇戍工作之外，还要担负起地方行政管理的职能。这些卫所作为国家力量的代表深入多民族混居的河西地方社会，成为一种特殊的行政区划单位。除军事职能和上下隶属系统的不同外，其他功能与府州县相似。但与文官占据主导的府州县系统不同，这些行政职能突出的实土卫作为军事机构，在其权力体系中武官仍然占据着优势。

一、卫所职官的基本情况

朱元璋建立政权之初，仿元朝制度，以中书省及行中书省分统天下州县。至正十六年（1356年），明军攻克南京，以元御史台为公府置江南行中书省，②成为明朝省级权利建置的开始，"后每略定地方，即置行省"③。

为推行军政分离制度，洪武三年（1370年）六月，明朝设陕西、北平、山西行都督府，④与行省对掌军、政。同年十二月，撤销行都督府，置太原、河南、江西、武昌、杭州、燕山、青州、西安等八大都卫指挥使司。⑤随后改都卫指挥使司为都指挥使司，简称都司，直属中央大都督府。

至正十六年（1356年），朱元璋置江南行中书省时，设置提刑按察使司，以王习古、王德芳为佥事。⑥至正十八年（1358年），朱元璋又命提刑按察使司佥事分巡府县录囚，开创了明代按察司分道之先河。此后，随着行中书省和行都督府（都司）的设立，各省先后设提刑按察使司，简称按司，掌一省刑名按

① ［明］严嵩.议处甘肃夷贡［M］//皇明经世文编：卷219，严嵩南宫奏议.
② 明太祖实录［M］.卷4，丙申年六月乙亥.
③ 明史［M］.卷75，职官四.
④ 明太祖实录［M］.卷53，洪武三年六月壬申.
⑤ 明太祖实录［M］.卷59，洪武三年十二月壬午.
⑥ 明太祖实录［M］.卷4，至正十六年七月己卯.

劾之事。

洪武三年（1370 年）七月，定各行省、行府、按察司官员会见位次：

> 凡诸道按察司官与行省及行都督府官公会，按察使、副使、佥事俱坐于参政、佥都督之下，省郎中、府经历之上。按察司经历坐于省员外之下，府都事之上。按察司知事坐于省、府都事之下。其各卫指挥司官与按察司官、各府州官皆依品从。①

各官员会见位次的确定，说明行省、行府、按司并列的体制已基本形成。

洪武九年（1376 年）六月，明朝改行中书省为承宣布政使司，简称布司、布政司，标志着明初省级权力机关完成了由行中书省到三司的过渡。布政司、都司、按司分掌一省民政、军事、监察。虽然官方对省级行政区划进行了名称上的改变，但民间却沿袭了元代的旧习，称某某承宣布政使司为某某省。至宣德初年，除两京外，全国"为布政使司者十三：曰山东，曰山西，曰河南，曰陕西，曰四川，曰湖广，曰浙江，曰江西，曰福建，曰广东，曰广西，曰云南，曰贵州。其分统之府百有四十，州百九十有三，县千一百三十有八"②。

陕西承宣布政使司是明代在西北地区的最高行政单位。洪武二年（1369 年）三月，明军移师西进陕西。同年四月，置陕西行中书省，治所西安，以中书参政汪广洋为陕西参政御史。③ 洪武三年（1370 年）六月，又置陕西行都督府，与行中书省同治西安，掌一省军政。④ 同年十二月，改陕西行都督府为西安都卫指挥使司。⑤ 洪武七年（1374 年）七月，为配合明军在河湟地区的作战，明朝于河州置西安行都指挥使司，以河州卫指挥使司韦正为都指挥使，总辖河州、朵甘、乌思藏三卫。⑥ 洪武八年（1375 年）十月，又改西安都卫为陕西都指挥使司，西安行都卫为陕西行都指挥使司。⑦ 洪武九年（1376 年）十二月，

① 明太祖实录 [M]. 卷 54，洪武三年秋七月丙申.
② 明史 [M]. 卷 40，地理一.
③ 明太祖实录 [M]. 卷 41，洪武二年夏四月戊辰.
④ 明太祖实录 [M]. 卷 53，洪武三年六月壬申.
⑤ 明太祖实录 [M]. 卷 59，洪武三年十二月壬午.
⑥ 明太祖实录 [M]. 卷 91，洪武七年七月己卯.
⑦ 明太祖实录 [M]. 卷 101，洪武八年十月癸丑.

罢陕西行都指挥使司。① 洪武十二年（1379 年）正月，复置陕西行都指挥使司于庄浪。② 洪武二十六年（1393 年），移陕西行都指挥使司至甘州。③ 随着军事力量继续向西推进，陕西行省的行政区划不断扩大。嘉靖《陕西通志》称陕西"南割楚蜀，东连豫冀，西界番戎，北抵沙漠，幅员万里，诚中分天下之大域也"④。其辖境大致包括今陕西和宁夏全部、甘肃大部（除西北部敦煌、安西一带和北部沿边）、青海东部（黄河南北、湟水流域、祁连山南麓），前期还辖有今内蒙古西南部鄂尔多斯高原及其周边地区。

河西地区是明代陕西省辖境的最西部，明朝在河西地区共置十卫三所，属陕西行都司管辖，而不再设置府州县。按照明朝三司分权的规定，河西诸卫的军事事务由陕西行都司管理，民政事务由陕西布政司管理。但河西地处偏远，远离布政司驻地西安，在不设府州县的情况下，布政司实际难以进行有效管理。河西地区的民政事务遂由陕西行都司及各卫代管，形成了军政一体的管理体制。因此，河西地区的职官体系具有明显的军事化色彩。都司—卫所系统的职官体系据《明史·职官志》载：

　　都指挥使司。都指挥使一人（正二品），都指挥同知二人（从二品），都指挥佥事四人（正三品）。其属，经历司，经历（正六品），都事（正七品）。断事司，断事（正六品），副断事（正七品），吏目各一人。司狱司，司狱。（从九品）仓库、草场，大使、副使各一人。行都指挥使司，设官与都指挥使司同。

　　卫指挥使司，设官如京卫。（品秩并同）外卫各统于都司、行都司或留守司。率世官，或有流官。凡袭替、升授、优给、优养及属所军政，掌印、佥事报都指挥使司，达所隶都督府，移兵部。每岁抚、按察其贤否，五岁一考选军政，废置之。凡管理卫事，惟属掌印、佥书。不论指挥使、同知、佥事，考选其才者充之。分理屯田、验军、营操、巡捕、漕运、备御、出哨、入卫、戍守、军器诸杂务，曰见任管事；不任事入队，曰带俸差操。征行，则率其属，听所命主帅调度。

①　明太祖实录［M］. 卷 110，洪武九年十二月癸酉.
②　明太祖实录［M］. 卷 122，洪武十二年正月甲午.
③　［明］李贤. 大明一统志［M］. 卷 37，陕西行都指挥使司.
④　［明］赵廷瑞. 陕西通志［M］. 卷 6，疆域.

所，千户所，正千户一人，（正五品）副千户二人，（从五品），镇抚二人（从六品），其属，吏目一人。所辖百户所凡十，共百户十人（正六品，升授、改调、增置无定员），总旗二十人，小旗百人。其守御千户所，军民千户所设官并同。凡千户，一人掌印，一人佥书，曰管军。千户、百户，有试，有实授。其掌印，恒以一人兼数印。凡军政，卫下于所，千户督百户，百户下总旗、小旗，率其卒伍以听令。镇抚无狱事，则管军，百户缺，则代之。其守御千户所，不隶卫，而自达于都司。①

据顺治《甘镇志·官师志》，陕西行都司与甘州五卫、山丹卫、高台守御千户所的职官设置情况如下：

陕西行都司掌印都司一员，管屯佥书一员，局捕佥书一员。

甘州左卫指挥掌印、管屯、局捕各一员。卫镇抚五员，千户十员，所镇抚五员，百户五十，经历一员，知事一员，驿递官各一员。

甘州右卫指挥掌印、管屯、局捕各一员。卫镇抚五员，千户十员，所镇抚五员，百户五十员，经历一员，知事一员，递运所百户一员。

甘州中卫指挥掌印、管屯、局捕各一员，卫镇抚一员，千户十员，所镇抚一员，百户五十员，经历一员，知事一员，驿递官共三员

甘州前卫指挥掌印、管屯、局捕各一员，卫镇抚一员，千户十员，所镇抚一员，百户五十员，经历一员，知事一员，驿递官各一员

甘州后卫指挥掌印、管屯、局捕各一员，卫镇抚一员，千户十员，所镇抚一员，百户五十员，经历一员，知事一员，驿递官共二员。

山丹卫指挥掌印、管屯、局捕各一员，卫镇抚一员，千户十员，所镇抚五员，百户五十员，经历一员，知事一员，儒学教授一员，训导一员，永丰仓监收判官一员，大使副使各一员，草场大使一员，驿递官各二员。

高台所指挥千户掌印、管屯、局捕各一员，所镇抚一员，百户一十员，吏目一员，儒学学正一员，富积仓监收县丞一员（狄道县添注），大使副使各一员，草场大使一员，驿递官二员。②

---

① 明史［M］. 卷76，职官五.
② ［清］杨春茂. 重刊甘镇志［M］. 官师志：第1，名宦.

据《肃镇华夷志：卷三《宦籍》，肃州卫与镇夷守御千户所的职官设置情况如下：

> 肃州卫指挥十四员，内掌印、管屯、管局捕各一员，卫镇抚一员，千户一十员，所镇抚五员，百户五十员，经历一员，知事一员，儒学教授一员，训导一员，肃州仓监守判官一员，大使、副使各一员，草场大使一员，驿递官四员。

> 镇夷所指挥掌印、管局一员，千户二员，内管屯捕一员，所镇抚一员，百户一十二员，吏目一员，儒学训导一员，镇夷仓监收县丞一员，大使、副使各一员，草场大使一员，驿递官七员。①

从上述各卫所的职官设置来看，除职位的具体人数稍有差异外，职位的设置基本相同，反映了河西各卫所职官设置的整体情况。具体而言，上述卫所职官，可分为武职与文职两大类。

二、河西诸卫的武职系统

明代都司卫所系统的武职可以分为世官与流官两类。所谓世官，指这些职位皆可世袭，包括指挥使、指挥同知、指挥佥事、卫镇抚、正千户、副千户、所镇抚、百户、试百户。这些职位是都司以下卫、所中的中下级军职。所谓流官，指这些职位不能世袭，包括都督、都督同知、都督佥事、都指挥使、都指挥同知、都指挥佥事、正留守、副留守。这些职位皆为五军都督府、都司（行都司、留守司）中的高级军职。虽然流官不能世袭，但这些流官以及镇戍系统的总兵、副总兵、参将、游击、守备等职，基本都是由世袭武官选授升除。因此，明代的武职虽然有流、世之分，但充任武职的人员基本都是世官。世袭武官构成了明代武职最坚实的基础。

值得注意的是，卫所武官虽然以世职为主，但也存在一些流官。《明史》称卫所设官"率世官，或有流官"②。《镇番卫武职选薄》对此就多有反映，如：

---

① ［明］李应魁. 肃镇华夷志［M］. 卷3，宦籍.
② 明史［M］. 卷76，职官五.

"景泰三年（1452 年）五月，张永滦州人，系镇番卫指挥佥事张钰庶长男，父与达贼对（敌）阵亡，照例升一级，本人□□年□已升与指挥同知俸优给，令出幼，该袭流官指挥同知。"① "王贤，系镇番卫左所世袭副千户王□嫡长男，父与达贼对敌阵亡，已升本人正千户，俸优给，今出幼，钦准袭流官正千户。"② 上述镇番卫武官中的流官，在级别上仍属于世官的职级范围，如流官正千户、流官指挥同知，其实质是世官中不能世袭的某一级"流职"。这种特殊情况据梁志胜先生考证主要产生于明初。在洪武、永乐时期，武官初授或被提拔初期大多都会照例先授予流官。也就是说世袭武官所升的某一职级不准世袭，子孙仍袭原来的世职。比如某世袭百户因功升至副千户，但其子孙只可以世袭百户的世职，这时就出现了流官副千户。但在实际的操作中，这些流官的后代在世袭职务时，大多都会获得恩准，直接世袭流官职务，从而将流官转变为了世官。③ 如陈智，"系镇番卫流官指挥同知陈得嫡长男，于宣德十年（1459 年）十二月，钦与世袭"④。方贤，"原系西宁卫指挥同知，因征剿胡寇，有功升指挥使，永乐九年（1411 年）正月十八日，钦调镇番卫管事，照例授流官。宣德三年（1428 年）五月，其子方暹袭职时，钦与世袭"⑤。周凯，"系山丹卫流官副千户周复庶长男，父别无嫡长次男，洪武二十五年（1392 年）八月，钦准袭职与世袭，本卫无缺，授临洮卫中左所世袭副千户"⑥。李斌，"镇番卫流官指挥佥事李广嫡长子，宣德五年（1430 年）四月袭职。正统十二年（1447 年）十一月，李达袭职，系镇番卫世袭指挥佥事李斌嫡长男"⑦。

---

① 镇番卫武职选簿［M］//明朝档案总汇：第 57 册. 桂林：广西师范大学出版社，2001：89.
② 镇番卫武职选簿［M］//明朝档案总汇：第 57 册. 桂林：广西师范大学出版社，2001：102.
③ 梁志胜. 试析明代卫所武官的类型［J］. 西北师范大学学报（哲学社会科学版），2001（5）.
④ 镇番卫武职选簿［M］//明朝档案总汇：第 57 册. 桂林：广西师范大学出版社，2001：91.
⑤ 镇番卫武职选簿［M］//明朝档案总汇：第 57 册. 桂林：广西师范大学出版社，2001：85.
⑥ 镇番卫武职选簿［M］//明朝档案总汇：第 57 册. 桂林：广西师范大学出版社，2001：100.
⑦ 镇番卫武职选簿［M］//明朝档案总汇：第 57 册. 桂林：广西师范大学出版社，2001：94.

明初，卫所武官原本有定额，但"其后武职升授渐多，不复能拘额数"①。据《镇番卫武职选簿》的记载，崇祯年间镇番卫的武官群体就相当庞大：

> 指挥使八员，指挥同知五员，指挥佥事十员，卫镇抚二员；左所，正千户三员，副千户八员，实授百户五员，试百户十九员，署试百户事冠带总旗两员；右所，正千户一员，实授百户五员，试百户八员；中所，正千户二员，副千户五员，署副千户一员，实授百户十二员，试百户十九员，冠带总旗一员。②

由于武官数量的增多，卫所武职出现了见任官与带俸官之分。见任官与带俸官的区别在于是否拥有军政的管理权。凡在卫所中参与管理卫事、分理屯田、营操等各项事务的武官，称作"见任管事"，闲住不任事者称为"带俸差操"③。上文所载陕西行都司所设掌印都司、管屯佥书、局捕佥书，及甘州左等卫设掌印指挥、管屯指挥、局捕指挥等职皆为见任官。

陕西行都司设掌印都司，由都指挥使担任，为都司内的最高行政长官，负责都司、卫、所内的全面工作。明宣宗就指出："惟都指挥使，以总制卫，戎政是专，乃古连帅。内藩朝廷，外固封疆，上下相维，有纪有纲。"④ 洪武二十六年（1393年）四月，"命右军都督府都督佥事宋晟、刘真同署陕西行都指挥使司事"⑤。宋晟成为陕西行都司首任掌印都司。管屯佥书，负责管理境内的屯田以及一般行政管理。局捕佥书，又称巡捕佥书，负责管理境内的治安。都司一级的武官属流官，虽然皆为世官升授，但为避免本地官员结党营私，陕西行都司的主要武官有大部分是从外地调入。据顺治《重刊甘镇志·官师志》载，明代曾任陕西行都司掌印都司的官员共69人，其中有19人是陕西行都司人，曾任陕西行都司管屯佥书的官员共26人，其中有15人是陕西行都司人，曾任陕西行都司局捕佥书的官员共12人，其中有4人是陕西行都司人。本地武官在担

---

① ［万历］明会典［M］. 卷118，兵部一.
② 镇番卫武职选簿［M］//明朝档案总汇：第57册. 桂林：广西师范大学出版社，2001：79 - 84.
③ 梁志胜. 明代卫所武官世袭制度研究［M］. 北京：中国社会科学出版社，2012：101 - 103.
④ ［明］邓世龙. 国朝典故［M］. 卷26，御制官箴·各都指挥使司箴.
⑤ 明太祖实录［M］. 卷227，洪武二十六年夏四月乙酉.

任陕西行都司三大职位的总人数中的比例只占到35%。

与陕西行都司相对应，甘州左等卫设掌印指挥、管屯指挥、局捕指挥，高台等所设掌印千户、管屯千户、局捕千户，分别作为各自辖区的最高行政长官以及屯田、治安等具体工作的负责人。卫、所还专设镇抚官，负责卫、所的司法工作。镇抚"无狱事，则管军，百户缺，则代之"①，在专管司法的同时，镇抚官在闲暇时间还会兼理一些其他事务。如宣德四年（1429年），镇番卫镇抚司张俸具文申报："镇邑十地九沙，非灌不殖，而水利之役，向无专司御治，故多河患，民辄被其害。"② 天顺七年（1463年），镇番卫"镇抚司李权，整修原城内教场，并筑阅兵台。其高一丈八尺，广可盈亩"③。可见镇抚官在卫所的管理中所承担的职责相当宽泛。除上述见任官外，由于特殊的地理位置和辖境内复杂的民族成分，河西诸卫还设有专门负责民族事务的抚夷官。如正德三年（1508年），抚夷百户董杰受甘肃镇巡官才宽所遣，成功招抚叛夷且卜苦部还居沙州等城，"杰随轻重，以所赍布帛、羊、酒等物犒赏之，不足至捐私藏，以助其费。又为补修阿丹旧城，广沙州城，各令居之。奏至兵部，以杰功可嘉，得旨升杰二级，宽俸一级，仍以玺书奖励之"④。

陕西行都司历任掌印都司⑤

姓名	籍贯
宋晟	凤阳怀远县人
晏斌	临洮卫人
任启	锦衣右卫人
何玉	北京卫人
巫忠	甘州左卫人
韩玉	未载
王玺	北京卫人
陈宣	北京卫人

---

① 明史 [M]. 卷76，职官五.
② [清] 谢树森，[民国] 谢广恩. 镇番遗事历鉴 [M]. 卷1，宣德四年乙酉.
③ [清] 谢树森，[民国] 谢广恩. 镇番遗事历鉴 [M]. 卷1，天顺七年癸未.
④ 明武宗实录 [M]. 卷36，正德三年三月丙寅.
⑤ [清] 杨春茂. 重刊甘镇志 [M]. 官师志：第1，名宦.

姓名	籍贯
成恺	北京卫人
陈敬	未载
王杰	未载
丁浩	甘州后卫人
支永	甘州左卫人
任恩	凉州卫人
张鹏	山丹卫人
莫愚	西宁卫人
芮纲	肃州卫人
王辅	甘州中卫人
霍玺	靖虏卫人
徐威	凉州卫人
李辅	榆林卫人
金鉴	甘州卫人
耿钦	宁夏卫人
张弼	山丹卫人
周宪	西宁卫碾伯人
钱炳	宁夏左卫人
刘以正	西安后卫人
杨昆	肃州卫人
路元勋	靖虏卫人
高岚	固原卫人
叶兰	榆林卫人
程宣	河南信阳卫人
金铬	河州卫人
杨正	汉中卫人
张鹍	榆林卫人
孙汝绍	榆林卫人
许文学	北京卫人
张棋	庆阳卫人

续表

姓名	籍贯
张拱立	甘州左卫人
张仁	北京卫人
薛奎	山西潞州人
蔡崑	甘州右卫人
张杰	甘州前卫人
陈彦	河南卫人
柳栋	甘州后卫人
纪纲	山丹卫人
保周	宁夏卫人
李忠	山西平阳人
夏继武	西安后卫人
莫止训	西宁卫人
王泽	宁夏卫人
汤鼎	北京卫人
王宣	锦衣卫人
姚润	甘州中卫人
李应祥	湖广人
李学诗	北京卫人
吴廷用	靖房卫人
贺慎	保定卫人
王爵	凉州卫人
汪度	宁夏前卫人
孟孝臣	榆林卫人
陈霞	太同左卫人
冯时	天成人
杨定国	富平人
陈愚见	榆林人
宋定	大同人
腾国相	大同后卫人
周应龙	北京虎贲卫人

陕西行都司历任管屯佥书①

姓名	籍贯
吴钊	甘州右卫人
董杰	肃州卫人
柳涌	甘州后卫人
贺俊	甘州左卫人
魏庆	凉州卫人
王臣	北京卫人
刘玘	西安卫人
黄绮	宁夏卫人
吉象	庄浪卫人
霍子麒	北京卫人
陈忠	西宁卫人
何淮	镇番卫人
杨勋	山丹卫人
汤希韩	河南卫人
王守中	永昌卫人
朱勋	凉州卫人
刘大中	北京卫人
周镇	山西大同卫人
李崇义	庄浪卫人
徐谨	庄浪卫人
王允恭	镇番卫人
俞方略	延安卫人

---

① ［清］杨春茂. 重刊甘镇志［M］. 官师志：第1，名宦.

54

姓名	籍贯
沈应蛟	西宁卫人
路云程	山西太原府人
田中兰	山西大同人
戴守礼	榆林人

陕西行都司历任局捕金书①

姓名	籍贯
柳祯	甘州右卫人
王佐	固原卫人
陆恩	临洮卫人
周道	宁夏卫人
崔廷威	肃州卫人
田勋	甘州前卫人
周基	宁夏卫人
刘承勋	山西代州
姜河	宁夏左屯卫人
张奇才	永昌卫人
吴浊	北京义勇前卫人
陆贤	绥德卫人

三、河西诸卫的文职系统

明朝在都司内设断事司、经历司两个文职机构，卫所内设经历司一个文职机构，分别处理来往公文及刑狱之事。

（一）断事司

断事司是明代专门负责军事系统内的司法事宜的军事司法机构，起源于元朝的断事官制度。断事官是蒙语札鲁花赤的汉语意译，在元朝的中书省、行中书省、枢密院、行枢密院以及其他中央机构、王府机构基本都有设置。虽然各

---

① ［清］杨春茂．重刊甘镇志［M］．官师志：第1，名宦.

机构的职掌各有差别，但其断事官主要都是负责处理词讼、审断案件。①

至正二十一年（1361 年）三月，在元朝的断事官制度的影响下，明朝在成立大都督府后，"以都护府断事官马世熊、岩达、陈汉、知事何士龙为大都督府断事官"②。洪武十三年（1380 年）正月，朱元璋为避免军权过于集中，改大都督府为中、左、右、前、后五军都督府。③ 同年三月，"改中军都督府断事官为五军都督府断事官"④。洪武十七年（1384 年）十一月，在五军断事官邵文德的建议下，明朝进一步完善五军断事司的职官体系，"设左右断事二人，提控案牍一人，司吏三人，典吏六人以分理刑狱"⑤。洪武二十三年（1390 年），明朝"升五军断事官秩正五品，总治五军刑狱，分左右中前后五司，司设稽仁、稽义、稽礼、稽智、稽信五人，俱正七品，各理其军之刑狱"⑥。至此，明朝的五军都督府断事司的机构建制基本定型。

洪武四年（1371 年），中书省奏言："各处都指挥使司（都卫）统属诸卫，凡有军官、军人词讼，宜设断事司以理之。断事一人正六品，副断事一人正七品。"⑦ 该建议被采纳后，明朝开始在各都卫设立断事司，以处理军官和军人的诉讼。五军都督府和都司的断事司，与卫、所中的镇抚司共同构成了四级军事司法系统。

随着五军都督府实权的不断丧失，建文时期，五军断事官及五司被撤销。靖难之役后，朱棣大规模恢复洪武旧制，唯独没有恢复五军断事司。五军断事司至此退出了历史舞台。明朝的军事司法系统也就形成了都司断事司与卫、所镇抚司构成的三级体系。成化十四年（1378 年）六月，巡抚甘肃左佥都御史王朝远上奏："行都司旧设造纸房用以糊炮，岁科甘州等卫麻筋等物，动以数万，复以正军充纸匠，数亦不少，臣见都司断事及各卫镇抚所问囚犯，例纳纸剳，及卫学生员批过仿纸，俱堪送本司作糊炮之用。"⑧ 可见，都司断事与各卫、所镇抚共同掌管了陕西行都司的军事司法权。

---

① 断事司的源流参见李军. 明代断事司考述［J］. 故宫学刊，2011（7）.
② 明太祖实录［M］. 卷 9，辛丑年冬十月乙酉.
③ 明太祖实录［M］. 卷 129，洪武十三年癸卯.
④ 明太祖实录［M］. 卷 130，洪武十三年三月丁未.
⑤ 明太祖实录［M］. 卷 168，洪武十七年十一月丁丑.
⑥ 明太祖实录［M］. 卷 199，洪武二十三年正月丁卯.
⑦ 明太祖实录［M］. 卷 61，洪武四年二月癸酉.
⑧ 明宪宗实录［M］. 卷 179，成化十四年六月丁巳.

（二）经历司

经历司是明朝政府在卫所中设置的一个级别很低但职能广泛的文职机构。明初，"内外诸卫设经历一人，从七品；知事一人，从八品"。后来一度废置经历，每卫只保留一个知事，但"印章与所署司名仍旧"。洪武三十一年（1398年），天策卫知事周璇建言："宜罢知事而复经历，庶使官制有常，名实不戾。"明朝采纳这一建议，将各卫知事升一级为经历。① 为处理繁杂的事务，在经历司之下还设有吏、户、礼、兵、刑、工六房，由于各卫所的事务繁简有别，很多卫所的六房往往合并，或并吏、户、礼为一房，或并兵、刑、工为一房，或并兵、刑为一房，等等。房之下又设有若干科。② 与卫所相匹配，明朝在五军都督府以及各省都司或行都司亦设有相应的经历司，经历、都事为其主官。

同世袭的武官不同，经历是文职流官，也是军卫中唯一的文职官员，所有武官不擅长的文书工作均由其负责，因而又被称为武官的幕僚或首领官。其职权非常广泛，"凡朝廷有事于诸卫而遣人往临之，必责成于经历。其所统辖之大臣与夫郎官御史以事而来者，亦于经历乎是问。其职至重、事至繁也。"③ 据张金奎先生考证，经历的职责包括了基本的文案工作，卫所人口的管理，卫所军饷的管理，卫所军器的管理等方面，几乎涵盖了卫所管理的全部方面。在北部边疆的实土卫中代管的民政事务亦由经历司直接管理。④ 如嘉靖三十八年（1559年），明朝裁革短暂设立的岷州时，其"所辖人民仍属岷州卫经历司监管"⑤。

卫所经历司虽然职责重大，但品级低下。在明初右武左文的时代背景下，品级较低的经历，在具体的工作中，很难得到武官的配合。但明朝对卫所经历的职责却又非常看重，凡武官"操纵有失其宜，缓急有爽其度，善恶惩劝有不得其道者，当事之臣与司纠之吏皆略其长，而致察于幕僚"⑥。这使经历实际成了失职武官的替罪羊，"故谒选于吏部当得七品官者，类恐为经历"⑦，经历成

① 明太祖实录［M］.卷257，洪武三十一年夏四月癸未.
② 张金奎.明代卫所经历制度浅析［J］.故宫博物院院刊，2007（2）.
③ ［明］王直.送方经历序［M］.抑庵文后集：卷12.
④ 张金奎.明代卫所经历制度浅析［J］.故宫博物院院刊，2007（2）.
⑤ 明世宗实录［M］.卷497，嘉靖四十年闰五月乙巳条.
⑥ ［明］王直.送罗都事复职序［M］.抑庵文后集：卷10.
⑦ ［明］王直.送方经历序［M］.抑庵文后集：卷12.

为流官之畏途。尤其地处偏远、条件恶劣的河西诸卫所，经历一职更是成为朝廷惩罚犯罪官员的去处。如成化十八年（1482 年）六月，"降南京监察御史方辂为陕西肃州卫经历"。方辂在丁忧居乡期间，"占其叔田，夺寡嫂棺具，且制中纵子作乐"，被族人举报。吏部派专员调查后，最初仅给予其赎杖复职的轻处。但明宪宗认为"方辂违法多端，难居风宪"，决定对其降职以示严惩。其后吏部又将方辂的降职地由原本计划的广东南海卫，改为条件更艰苦的肃州卫。①这样劣迹斑斑的官员在来到河西任职后，其所作所为可想而知。

随着卫所管理事务的增多，经历司单靠经历、知事两人已不可能完成如此广泛的职责。正统元年，明廷下令"增设内外卫所知事、吏目、吏各一员，专理军政"②，扩充了经历司的机构组成，但经历、知事在处理众多事务的过程中依旧要依靠下辖科、房的吏员。明初，为鼓励基层吏员尽职工作，明廷会破格提拔出色的吏员，吏员因此往往能安心工作。后随着科举地位的提高，文人未经科举很难进入中上层官僚的群体。许多在科举场上不如意的吏员，就此失去了上升的通道，纷纷把精力转移到中饱私囊上。

在此背景下，由戴罪的低级文官和缺乏上升动力的小吏共同把持的卫所经历司，便极容易滋生各类腐败。在《镇番遗事历鉴》中记载的一则故事就从侧面说明了此问题：

　　万历中，贡生李茂魁家贫窭，娶农女刘氏为妻。女貌虽不扬，但夫妇情至笃。后氏染凶疾，茂魁伺汤甫半载，竟尔死之。茂魁痛绝，每夜必诣氏坟呼号痛哭，家人屡屡劝阻，而其未之稍制也。一日卧坟垂泪，忽闻人语，曰："我夫勿哭，奴婢在此。"茂魁回眸视之，果有白衣人立于身后，疾起诘之："汝是我妻？"曰："正是奴婢在此。"因兢兢然趋近就视，吁，非氏更谁哉？顿时泪河崩溃，号啕饿地，戚戚而曰："吾想汝也。"遂相抱哓哝，伛偻伏蜷。氏曰："尔果想婢邪？"曰："想死我也。""婢亦想尔。"茂魁诉之曰："吾欲随汝去耳。"氏佯而嗔之曰："我夫何生此念哉？尔有才，可造就，某日荣膺，宜再娶之，大丈夫岂独沉溺于儿女痴情乎？"茂魁哽咽不语，欲相就之，氏亦不辞。缱绻绸缪，极尽鱼水之欢；调云弄雨，

①　明宪宗实录［M］. 卷228，成化十八年六月己未.
②　明英宗实录［M］. 卷16，正统元年夏四月庚戌.

方还了半载憔悴债。事方了，茂魁期期言之曰："明日不见，更奈何？"氏曰："夫君誓不他娶，婢理当委侍之。惟阴阳隔世，频频往来，恐不甚便。莫若自今起，夫君止在旧房俟婢来，或隔日相见，或三五共寝，婢自克尽妇道耳，何如？"茂魁顿首不已。氏犹曰："然者，夫亦无须过于悲伤，命之数也，当可禳邪？"茂魁当其时，恍有所悟，曰："天道何其昏昏哉，岂我等格之不诚邪？"欲再昵之，而氏已阒无迹矣。后，茂魁果不夜出，家人以为自安。越明日，茂魁拥衾而卧，有轻风拂帘，觉有人影立于榻前，疾起视之，刘氏也。于是夫妻相偎，共枕情语，百般温存，无异氏之尚生也。如此捱年过月，荏苒竟去两载。

某夜茂魁入梦，有一红衣童子倚门告之曰："夫人令告官人，从此不能相会，祈官人自重。"言讫即走。茂魁急趋近前曰："夫人何故不能再来？"曰："遭强鬼毒手，因不能再来。"目毕更走。茂魁捷足跪于当途，哭曰："恁地遭毒手？"曰："有鬼官饵夫人免夜行盘诘，因强与之合，妇人忿而杀之，遂被投入炼狱受刑焉。"茂魁切齿曰："鬼官者谁？"曰："前镇番经理司王承运大人。"曰："岂人世间之狗官死后仍做冥司之鬼官乎？"曰："概如之也。"曰："莫非冥司之官犹以欺人害物为能事耶？"曰："鬼法晦晦，鬼所惧也，因其恶较阳间略逊之。"曰："既尔，何鬼官犹显狗官之形，而演狗官之伎耶？"曰："然者，不然也。冥司之鬼官，偶有抵牾之逆，已然罪在不赦。而阳世之狗官，常蹈贼妖之行，而反邀功升迁。所谓貌则人，其心则禽兽，狗官之谓也；形乃鬼，其欲则若人，鬼官之谓也。"曰："依尔之言，冥府竟胜于阳间吵？鬼官则尤于狗官？"童子脆声曰："随处有豺狼，安得问狐狸？"茂魁气瘈，咔声叹曰："吠吠天邪，岂谓乎天？纵奸蓄邪，何滔德之有？"捶顿之间，倏觉胆肝俱裂，剧痛不忍，已失魂魄灵神。扎挣呻呼，竟尔梦觉。欲起身扃户，腰间果然骤痛如锥。少息更起，痛尤剧矣。比及半夜，狮吼哞叫，辗转不绝。弥留间，狂呼一语："吾将报仇去也！"遂滞息而死之。①

此故事中出现的镇番经理司，应为经历司的误写。其故事情节荒诞不经，光怪陆离，与《聊斋志异》"假鬼狐讽喻世俗"的隐喻式叙事颇有几分类似。

---

① ［清］谢树森，［民国］谢广恩. 镇番遗事历鉴［M］. 卷3，万历三十九年辛亥.

故事中的鬼官是"前镇番经理司王承运大人"。所谓"鬼官犹显狗官之形，而演狗官之伎"，"鬼法晦晦，鬼所惧也，因其恶较阳间略逊之"。在冥间有更为严厉的鬼法所约束的鬼官"前镇番经理司王承运大人"，依然可以横行霸道、欺男霸女，其生前在镇番卫的所作所为可想而知。"前镇番经理司王承运大人"生前即使是经历司主官也只是一个从七品的低级官员，一个低级文官可以在镇番卫有如此恶劣的社会影响，亦从侧面证明了经历司在卫所管理中的权力之大。

除断事司、经历司外，随着卫所事务的增多，都司—卫所还逐渐设置了主管监狱的司狱司，主管仓库的大使、副使，主管教育的儒学教授、训导、学正，主管佛教的僧正司、僧会司，主管税收的税课局等机构或职务，其主官都为七品以下的低级官员。

第四节 明代中后期河西卫所管理的有司化

永乐以降，营兵制的出现与确立，逐渐取代了都司卫所系统成为最为主要的军事管理与指挥体制，削弱了卫所的军事职能。同时，明廷通过加强按察司、巡按御史的权力削弱了卫所的司法独立权，通过卫所内设置监收同知、水利通判、河渠提举司等属行政系统的文官，削弱了卫所武官的管屯权、军仓管理权等行政管理权，使得司府州县系统越来越深入的干预到卫所的行政管理事务中。

一、卫所军事职能的削弱

明初，卫所是明军的基本建制。早在义军时期，朱元璋继承元制，于诸地设翼，"先是，太祖自和州渡江，所下之地，置各翼元帅府，以总制军民"①。至正二十四年（1364 年），废翼置卫。此时的卫制实行军政合一，是地方的最高军政机构。甚至在洪武初年地方机构排位中，列于班首：

> 礼部尚书崔亮等言："在外文武官，凡遇正旦冬至庆贺行礼，以本处指挥司官为班首。如指挥司止有副使、佥事守御者，职皆四品，而按察使、知府皆三品，其秩虽高，而指挥副使佥事统制军民，守镇一方，合居左，

---

① ［清］嵇璜. 钦定续文献通考 ［M］. 卷 122，兵考二.

按察使、知府居右。仍以武官为班首，如千户、守御其品秩在知府、同知之下，宜以知府、同知为班首，如无知府、同知，则以千户为班首。其府通判及知州与千户品秩等者，则以千户居左为班首。从之。"①

随着统治秩序的基本确立，明朝在制度层面推行军政分离，内地都卫的民政权力被剥夺，并逐步形成了五军都督府—都司（行都司）—卫—所的四级统军体制。但都卫仍具有军事自主权，"洪武四年，许诸处镇守、屯戍诸将遇警，许乘机调兵剿捕，若失误致滋蔓者，罪之"②。洪武七年（1374 年），为进一步加强皇权，明朝对卫所制进行了修正：

> 申定兵卫之政。先是，上以前代兵多虚数，乃监其失，设置内外卫所。凡一卫统十千户，一千户统十百户，百户领总旗二，总旗领小旗五，小旗领军十，皆有实数。至是重定其制，大率以五千六百人为一卫，而千百户、总、小旗所领之数则同。遇有事征调，则分统于诸将，无事则散还各卫。管军官员不许擅自调用，操练抚绥务在得宜，违者俱论如律。③

此次对卫所制度的修订，使一卫统五千六百人的编制得到确立，并存在于有明一代。更重要的是，它将卫所士兵的调动统帅权和平时的管理训练权进行了分离。④ 遇到战争时，由朝廷选派将领，配以印信，率领卫所军队出征，战争结束后，将领还朝，士兵散还各卫。具体而言：

> 凡将帅部领军马守御城池及屯驻边镇，若所管地方遇有报到草贼生发，即时差人体探缓急声息。须先申报本管上司转达朝廷奏闻，给降御宝圣旨，调遣官军征讨。若无警急，不先申上司，虽已申上司不待回报，辄于所属擅调军马及所属擅发与者，各杖一百，罢职，发边远充军。⑤

---

① 明太祖实录［M］. 卷 54，洪武三年秋七月己亥.

② ［清］嵇璜:《钦定续文献通考》128，兵考八·郡国兵.

③ 明太祖实录［M］. 卷 92，洪武七年八月丁酉.

④ 南炳文. 明初军制初探［J］. 南开史学，1983（1）.

⑤ 大明律［M］. 卷 14，兵律二.

这样的情况下，一方面，战时被任命的将领只有临时的统帅权和调动权，但没有士兵平时的管理权，使得将领和士兵之间很难结成亲密的关系；另一方面，卫所的官员平时负责管理训练，对士兵比较熟悉，但无军队的调动权。显然，此次对卫制的修订，使得军队的调动权集中于中央，削弱了卫所的军事指挥权，加强了皇权。但军队调动权和管理权的分离，降低了军队的机动能力和战斗力。在诸如河西这样临近边境的地区，随时都面临着战争的威胁，诸卫无自主行事之权，必须听命于右军都督府，在处理突发或重大军事问题时就会显得软弱无力，根本无法适应频繁战争的需要。

有鉴于此，为加强防御，明朝开始从中央派遣高级将领到河西地区主持防务，并授予其节制都司卫所的权力。由此逐渐形成了总兵镇守制度。总兵镇守制度的前身是明初的大将镇守制度。① 大将镇守河西的端倪在洪武十三年（1380 年）前后都督濮英出镇凉州时就已经显露。濮英出镇凉州的直接任务是领军与河西地区的前元势力作战，为明朝开疆拓土。但从洪武十九年（1386 年）春正月濮英与陕西都指挥使司的联合奏文中看，濮英已经开始参与卫所事务的管理：

> 西宁卫旧城卑狭，不堪戍守，今度城西百二十里许，其地平衍可以改筑。上可其奏，命调巩昌、临洮、平凉三卫军士筑之，未几复停其役。②

濮英出镇凉州，并未被授予节制诸卫的权力。在结束与前元势力的战争后，随即回朝，仍属临时性差遣。然而从濮英参与城池修理的活动看，镇守大将已经介入了卫所事务的管理。

濮英之后长期镇守河西的是西宁侯宋晟。洪武十九年（1386 年），"以凉州守御都指挥使宋晟为右军都督府都督佥事"③，仍镇凉州。宋晟作为凉州卫都指挥守御凉州多年，多次参与到对北元的征战，此次升迁后虽仍镇凉州，但其身份已悄然间发生了变化。都督佥事与都指挥使不同，都督佥事属中央都督府的官职，具有差遣性质。明朝刻意使宋晟与地方军事系统的都卫保持距离。直到

---

① 明代大将镇守制度的兴衰参见，赵现海. 明代九边军政体制研究 [D]. 长春：东北师范大学，2005：42 - 49.

② 明太祖实录 [M]. 卷 177，洪武十九年春正月壬午.

③ 明太祖实录 [M]. 卷 179，洪武十九年八月戊午.

洪武二十五年（1392 年）二月，为加强河西地区的防御能力，明太祖朱元璋才明确赋予了宋晟节制地方的权力：

> 上以西凉、山丹等处远在西陲，凡诸军务宜命重臣专制之，乃命都督宋晟为总兵，都督刘真副之，遣使制谕曰：“其西凉、山丹诸军马，凡有证调，悉听节制。”①

节制西凉、山丹两地军马权力的获得，说明镇守大将已开始由征伐主帅转变为一地主将，兼具作战与镇守的双重职责。洪武二十六年（1393 年）四月，随着陕西行都司移驻甘州，“命右军都督府都督佥事宋晟、刘真同署陕西行都指挥使司事”②。从而使宋晟完全掌握了河西地区的军政大权。

明太祖需要手握重兵的镇守大将为其成守边境，同时又恐诸将拥兵自重，威胁其统治。随着诸皇子渐次长成，羽翼丰满，明太祖分封诸皇子至边地掌握兵权，取代镇守大将在边地的地位。洪武二十五年（1392 年），明太祖封第十四子朱楧为肃王镇守甘州。洪武二十七年（1394 年）正月，“命曹国公李景隆佩平羌将军印往甘肃镇守，调都督宋晟、刘贞率马步壮士缉捕盗马寇边”③。同年，“虏寇辽东，宋晟充副总兵官讨之”④。李景隆为开国名将李文忠之子，是典型的纨绔子弟，其统军作战的能力远无法与久经沙场的宋晟相比。用李景隆取代镇守河西多年的宋晟，并将宋晟调离河西，其目的很可能在于减少肃王出镇甘州的阻力。洪武二十八年（1395 年）六月，肃王正式就藩甘州，“惟陕西行都司甘州五卫及肃州、山甘、永昌、西宁、凉州诸卫从肃王理之”。同时，“敕曹国公李景隆整饬陕西属卫士马，惟陕西行都司甘州五卫及肃州、山甘、永昌、西宁、凉州诸卫从肃王理之”⑤。洪武三十年（1397 年）正月，“长兴侯耿炳文佩征西将军为总兵官，武定侯郭英为副，往陕西及甘肃选精锐步骑巡西北边，以备胡寇”⑥。同时，敕肃王楧曰：“古者兵出于农，人无寒馁，有寇则操

---

① 明太祖实录 [M]. 卷 216，洪武二十五年二月壬子朔.
② 明太祖实录 [M]. 卷 227，洪武二十六年夏四月乙酉.
③ 明太祖实录 [M]. 卷 231，洪武二十七年春正月辛酉.
④ [明] 黄金. 皇明开国功臣录 [M]. 卷 20，宋晟传.
⑤ 明太祖实录 [M]. 卷 239，洪武二十八年六月丁亥.
⑥ 明太祖实录 [M]. 卷 249，洪武三十年春正月甲寅朔.

戈以战，无事则荷耒以耕，此良法也。今春气方和，宜及时督军屯种，遇有征伐，尔其亲率精兵与长兴侯耿炳文等进讨。"① 可见肃王就藩后，李景隆、耿炳文的职权被限定在练兵、巡边等的军事范围内，屯种作为地方事务已无权管理。肃王取代镇守大将成了河西地区的最高军政长官。

明惠帝登基后，为巩固其统治，推行削藩政策。建文元年（1399 年），肃王请求内徙，移至兰州。同时，明惠帝再次派遣宋晟充总兵官，镇守甘肃。② 靖难之役后，明成祖朱棣全盘否定了明惠帝的改革，但唯独继承了削藩政策，并未重新赋予肃王节制诸卫的权力。在此情况下，塞王守边制度逐步瓦解，总兵镇守制度随之巩固并最终确立。③ 永乐元年（1403 年）正月，为加强河西防务，命未参与靖难之役，又熟悉边情的宋晟"佩平羌将军印，充总兵，镇甘肃"④。永乐二年（1404 年），有监察御史上奏弹劾甘肃总兵官宋晟，明太宗在此事的处理中明确表示了对宋晟的信任，并进一步赋予其便宜行事之权：

> 上谕侍臣曰："任人不专，则不能成功。况大将受边寄，岂尽拘文法？今当明与晟言，使之释疑。"遂敕晟曰："前者御史言卿专擅，此言官欲举其职，而未谙事理。夫为将不专，则功不立。朕既付卿以阃外之寄，事有便宜即行之，而后以闻。自古明君任将，率用此道；而忠臣事君，亦惟在成国家之大事，岂拘细故？况朕知卿有素，而委以重任，彼虽有言，不能间也。卿勿以置意，但尽心边务，终始一致，以副朕怀。"⑤

便宜行事权的获得极大地增强了镇守总兵官的权力。笔者通过查阅《明太宗实录》，统计出永乐年间有关甘肃总兵官奏报、得到敕谕等活动的记载共有 58 次，其中关于官员调动或机构设置的 6 次，执行军法的 3 次，军事防御的 20 次，处理民族、外交事务的 16 次，安置归附达官的 4 次，军饷、屯田的 8 次，此外还有 1 次协调西宁侯宋琥与丰城侯李彬关系的敕书。由此可以看出，在巡抚设

---

① 明太祖实录［M］. 卷 249，洪武三十年春正月壬午.
② ［明］黄金. 皇明开国功臣录［M］. 卷 20，宋晟传.
③ 明初甘肃总兵官的形成过程及其权力演变参见，赵现海. 明初甘肃建镇与总兵官权力、管辖地域之考察［J］. 明史研究论丛，2010（8）.
④ 明太宗实录［M］. 卷 16，永乐元年春正月丁酉.
⑤ 明太宗实录［M］. 卷 35，永乐二年冬十月壬申条.

置之前，镇守甘肃总兵官在军事指挥权外，对军饷、屯田、民族、外交等事务都有一定的权力，是河西地区的最高军政长官。

随着总兵的设置，以总兵为核心的执行特定镇戍任务的指挥官员也脱离卫所，自成系统。洪武时期，河西地方各军事要地的守御任务由设置在各地区的卫、所负责。到了永乐时期，这种情况就开始发生了变化。一些武官从都司卫所的体系中分离出来，专门负责城堡、屯寨及一些军事要地的守御任务。据《明会典》载："凡天下要害地方、皆设官统兵镇戍。其总镇一方者，曰镇守。守一路者，曰分守。独守一堡一城者，曰守备。与主将同守一城者，曰协守。又有提督、提调、巡视、备御、领班、备倭等名。各因事异职焉。其总镇，或挂将军印，或不挂印，皆曰总兵。次曰副总兵。又次曰参将。又次曰游击将军。"① 其职官体系具体而言："营伍武官皆因事而命，无定制，凡五等，曰镇守、曰协守、曰分守、曰守备、曰备倭。其官衔凡六等，曰总兵、曰副总兵、曰参将、曰游击，皆称将军。曰都司、曰守备、曰提调、曰千总、曰把总、曰百总，皆营官。"② 至万历间，明廷在河西地区设置的营官除总兵官外，主要包括：

> 协守副总兵一人，又称甘州左副总兵，驻节甘州。嘉靖四十四年，令暂驻高台防御。其平川守备、镇夷操守、悉听节制。隆庆四年、令仍回镇城、照旧协守。
>
> 分守副总兵一人，又称凉州右副总兵，驻节凉州。
>
> 参将两人。分守参将肃州右参将一人。分守镇番参将一人，正德四年改设为守备。
>
> 游击将军三人。庄凉游击将军，嘉靖二十三年复设，后移驻安远站。四十一年移驻黑松堡。万历三年，令统领西宁上班兵马，赴石灰沟屯驻。兼管西南二州通海路口。高台游击将军，万历八年革，十一年复设。巡抚标下游击将军，隆庆五年添设，驻镇城。
>
> 坐营中军官一人。隆庆四年设，以都指挥体统行事。隆庆五年，改为游击，驻镇城。

---

① ［万历］明会典［M］. 卷126，镇戍一.
② ［清］傅维麟. 明书［M］. 卷65，职官志.

守备八人。分驻洪水堡（今民乐）、山丹卫（今山丹县）、平川堡（今属临泽县）、镇夷堡（在今高台天城村）、嘉峪关（今嘉峪关市）、宁远堡（今属金昌市）、古浪（今古浪县）、镇羌堡（今天祝金强村）。

领班备御都司四员。甘州头班、甘州次班、凉州头班、凉州次班。①

这些负责镇戍的将领，统辖一定数量的士兵，负责各自辖区内的军事安全，从而形成了不同于卫所制的营兵制。营兵制是以军事戍守为主要职能，士兵以营为核心编制的一种军事体制。其营伍设置及人数均没有统一的规制。总兵到把总所领之兵均可以独立为营，人数高低不等，一般是随领兵官职位的高低而变化。② 营是单纯的战斗组织，营官平时训练部队，战时则指挥所练之兵作战，改变了以前兵将分离的状况，有利于提高军队的战斗力。

营兵制建立后，由于其反应迅速、强调野战的特点，逐渐成为明朝军制的主流。原本属于都司卫所系统的军事指挥权，也逐渐让渡于营兵系统。卫所虽然仍旧存在，但已不是主要的战斗组织。明仁宗在对天下都司卫所的敕文中称：

> 尔武臣都府掌国之军政，都司控制一方卫所、边围，各有信地，其悉心戮力以卫国家。简阅训练必公必勤，纪律部伍必严必肃，器械必坚利，城堡必修缮，粮荛储时必足于用，巡逻瞭望必谨必备，使奸宄屏迹，吾民安于无事。其要以抚养军士为本，恤其饥寒，念其疾苦，用之万全，斯为称职。③

在敕文中，都司负责的工作主要有训练军士、打造军械、修缮城堡、保障粮储、抚养军士等，与作战直接相关的只有巡逻瞭望一项。可见，都司卫所的军事职能已被严重削弱，成为营兵的后勤管理部门，向营兵提供部分的将源、兵源以及饷源、军器等。同时，负责管理都司卫所内的各项行政管理事务。卫所功能的变化，也就意味着河西地区的军事指挥系统和行政管理系统逐渐开始分离。

---

① ［万历］明会典［M］. 卷126，镇戍一.
② 王莉. 明代营兵制初探［J］. 北京师范大学学报，1991（2）.
③ 明仁宗实录［M］. 卷10，洪熙元年春正月壬申朔.

针对都司卫所系统的功能变化，万历年间曾任兵部尚书的方逢时就指出：

> 洪永以后，边患日棘，大将之设，遂成常员。镇守权重，都统势轻，
> 卫所精锐，悉从抽选，于是正奇参守之官设，而卫所徒存老家之名。①

营官、营兵的来源主要有卫所调出与招募两个途径。卫所军士隶于军籍，军役世袭，其正军、军余皆为营兵的重要来源。如万历十三年（1585 年），三边总督郜光先提出："永昌、高台系极边要区，召募不足，宜于卫所屯余五丁抽一，示寓兵于农之意。"② 万历十七年（1589 年）二月，升陕西行都司署都指挥金事宋世祥为五军营参将。③ 万历三十年（1602 年）四月，命甘州右卫指挥金事张懋功守备清水堡地方。④ 其中被抽选为营兵的卫所军士被称为"军兵"。⑤ 由卫所中抽调的营官、营兵在服役期间，其妻子儿女不能跟随，一般还在原卫居住，由卫所统一管理。在退伍或革职后，武官或军丁都会返回原卫。卫所从而成为营兵的"老家"。

二、卫所独立司法权的丧失

明初，明朝的司法权，事实上分为两个体系。一是由中央的刑部、都察院、大理寺，地方的提刑按察司及其分司等共同构成的属于文官系统的司法机关。二是由五军都督府、都司（行都司）的断事司以及卫、所中的镇抚司共同构成的四级军事司法系统。明初，陕西行都司断事司与各卫、所镇抚是河西地区都司卫所系统内的专职司法机关，共同掌管着河西地区的军事司法权。除断事司、镇抚司等专职司法机构外，各卫掌印武官、经历司等亦掌有一定的司法权。军事司法机构在法律诉讼中的权限，据《大明律》载：

> 凡军官、军人，有犯人命，管军衙门约问会有司检验归问。若奸盗、
> 诈伪、户婚、田土、斗殴、与民相干事务，必须一体约问。与民不相干者，

---

① ［明］方逢时. 大隐楼集［M］. 补遗，筹训练疏.
② 明神宗实录［M］. 卷 158，万历十三年二月甲辰.
③ 明神宗实录［M］. 卷 208，万历十七年二月丙申.
④ 明神宗实录［M］. 卷 371，万历三十年四月癸丑.
⑤ 王莉. 明代营兵制初探［J］. 北京师范大学学报，1991 (2).

从本管军职衙门自行追问。其有占吝不发，首领、官吏各笞五十。若管军官越分辄受民讼，罪亦如之。①

从上述条文来看，明廷对卫所司法系统的权限有着严格限制。卫所司法系统只能独立审理与州县民户不相干的犯罪情节较轻的案件。如果案情涉及民户，必须与有司"一体约问"。但河西诸卫皆为实土卫，无州县建制，所辖人口亦以军户为主。因此，河西诸卫的司法机关实际上独立处理的案件并不限于军人诉讼，亦能参与到对民户的刑事处理。如万历三十一年（1603 年），"镇番卫三岔河岸柳棵失盗，知事委参将李秉诚诘之。嗣侦知为农民何毓芹与其侄何所信所为，因杖毓芹四十，所信二十，各罚银二两五分，限期交付，延期再罚"②。

明廷在设计军事司法体系时，意在通过文、武两个系统的断事司和镇抚司相互牵制，以确保断案公平。③但实际操作中，卫所军事司法体系存在严重的制度缺陷。一方面，断事官品佚低下，其主官为正六品，副官为正七品。在明初武强文弱的背景下，断事官很难独立掌握司法权。同时，明廷在断事官的铨选上并不严谨，任职者多不具备司法能力。弘治元年（1488 年），马文升就指出了这一问题：

> 我朝旧例，凡……都、布二司理问所，断事司断事，理问及各府推官有缺，俱于法司历事举人、监生内除授，尚不得人。近年以来吏部将各处知府除授副使，府同知、知州除授佥事，推官、断事等官一概以年老监生除授，且前项等官多有不识宪体，不识刑名。问刑之际止凭奸吏任情出入，伤天地之和，召水旱之灾，未必不由于此。④

另一方面，镇抚官由世袭武官充任，情况与断事官相比更为恶劣。镇抚官大多不谙法律，甚至有不识一字者。如宣德五年（1430 年），监察御史林英奏：

> 天下都司设断事司专理刑狱，已有定制。而各卫所及守御千户所设镇

---

① ［万历］明会典［M］. 卷 169，刑律二.
② ［清］谢树森，［民国］谢广恩. 镇番遗事历鉴［M］. 卷 3，万历三十一年癸卯.
③ 张金奎. 明代卫所军户研究［M］. 北京：线装书局，2007：187.
④ ［明］马文升. 题振肃风纪裨益治道事［M］. 皇明名臣经济录，卷 6.

抚以理刑狱。镇抚武人，多不谙文移，不通律意。甚至有不识一字者，刑狱往往委之于吏及识字军。致是非不明，狱囚淹滞，冤枉者多。乞令天下卫所援都司断事之例，别设一员，专理刑狱。或选谙法律者，授以经历、吏目，协理刑狱，庶免淹滞之患。①

同时，镇抚官本身就是世袭武官集团中的一员，指望镇抚官对卫所中的其他武官进行有效的监察，显然是不切合实际的。他们中甚至有人加入贪腐武官的行列，利用职权中饱私囊，坑害军士。如：

（正统七年八月）巡按陕西监察御史李匡等奏："臣奉敕详审疑狱，办得肃府群牧千户所囚犯杨皂狗，因窃盗为本所镇抚王进祖等乘势诈财，入其强盗斩罪，又赦，后故禁流杖，囚犯马海勒要财物，缘本所僻在极边，进祖等敢尔妄肆，擅问不系所辖军民，故入重罪，淹禁诈财，各处岂无此弊。乞敕该部，行令除本管有犯轻事听理，苟系重情径解上司，庶奸弊可除，屈抑可免。"事下都察院言宜如匡等所奏，从之。②

鉴于军事司法体系存在的问题，随着统治秩序的稳定与文治传统的回归，为加强对地方的控制，明廷逐渐开始削弱军事系统的独立司法权。建文时期，作为改革的一部分，五军都督府断事官被裁革。③ 明成祖登基后，大规模恢复洪武旧制，唯独没有恢复五军都督府断事官。军队司法独立权，在中央层面首先丧失。陕西行都司断事司随即成为河西军事司法体系中最高的司法机关。在失去上级主管机关后，军中再有疑难案件，就只能向主管司法的刑部、提刑按察使司呈报。同时，都司断事官只有六品，与正三品的陕西提刑按察使和正四品的按察司副使相比，有着很大的差距。在品级相差悬殊的情况下，按察司官员很自然地介入了卫所司法事务。④

明代的河西地区属陕西省管辖，其民事司法权本应由陕西按察司掌控。洪武二十九年（1396 年），明廷将全国四十八道更定为四十一道，奠定了明代的

① 明宣宗实录 [M]. 卷73，宣德五年十二月乙酉.
② 明英宗实录 [M]. 卷95，正统七年八月辛巳.
③ 明史 [M]. 卷76，职官五.
④ 张金奎. 明代卫所军户研究 [M]. 北京：线装书局，2007：188.

道制。其中，陕西分汉中、岐阳、河西、陇右四道。河西道，又称分巡西宁道，驻甘州，治西宁、庄浪、凉州、永昌、山丹、甘州、肃州七卫。① 分巡西宁道由陕西按察司副使或佥事兼任，其最初的职责"为十五卫所纠察奸弊设也"②。此后，随着军政事务的增多以及政治资源的优化整合，按察司副使的权力不断增加，涉及屯田、水利、民族事务等多个方面，但从朝廷赐给分巡西宁道的敕书来看，"刑名"仍为其最重要的执掌：

> 敕陕西按察司分巡西宁道官：今特命尔管理甘、山、高台七卫所刑名、屯田、水利及简练兵马，抚治番虏，修茸城堡，兼管马政，并甘肃、永丰、富积三仓、场粮草……尔其勉之！慎之！故敕。③

然而河西地域辽阔，按察司分巡官执掌又极为广泛，仅靠一人不可能有效管理辖境的司法事务。成化十四年（1449年）夏四月，在户部给事中黄麟的建议下，明廷设按察司官一员，专理河西地区的词讼。④ 这就使得按察司对河西司法事务的管理大大加强，专理甘肃刑名的按察司官实际上成为断事司、镇抚司的监督和管理机构。除按察司外，深入河西诸卫所的司法事务的行政官员还有巡按御史。作为都察院监察御史的一项外差，巡按御史的级别并不高，但由于其"代天子巡狩"的特殊使命，其在地方的权力极为宽泛。《明史》称："巡按则代天子巡狩，所按藩服大臣、府州县官诸考察，举劾尤专，大事奏裁，小事立断。按临所至，必先审录罪囚，吊刷案卷，有故出入者理辩之。诸祭祀坛场，省其墙宇祭器。存恤孤老，巡视仓库，查算钱粮，勉励学校，表扬善类，翦除豪蠹，以正风俗，振纲纪。"⑤ 其中司法权是巡按御史的核心权力之一，"凡奸贪废事，蠹政害民者，可究问如律"⑥。具体而言，巡按御史、按察司的司法权主要体现两个方面，一方面巡按御史、按察使、按察副使每巡历河西一地，就要审录罪囚，平理疑狱，对原判不合理的案件要重判。如：

---

① 明太祖实录 [M]. 卷247，洪武二十九年九月甲寅.
② [清] 杨春茂. 重刊甘镇志 [M]. 建置志：第2，学校.
③ [清] 杨春茂. 重刊甘镇志 [M]. 官师志：第1，名宦.
④ 明宪宗实录 [M]. 卷177，成化十四年夏四月甲辰.
⑤ 明史 [M]. 卷73，职官二.
⑥ [万历] 明会典 [M]. 卷210，奏请点差.

（天顺三年十月）陕西凉州卫百户安洪与其庶叔争资产，庶叔之母讼洪尝乱其妹，为叔所殴。洪亦诉庶叔强夺其产，致其父惊愤而死。事下巡按陕西监察御史郭文核之，洪因举人王谦以金赂文求脱罪，文执谦并所赂金以闻，请以洪付己鞫治。①

另一方面，巡按御史、按察司要负责审问不法职官。明朝前期，对犯罪、失职的军职官员，巡按御史、按察司只能奏闻请旨，不得擅自提问。都司持有对不法军官的审讯权。如宣德二年（1427 年），庄浪卫百户张春无故殴军人致死案。明宣宗谕都督府臣曰："为将必善抚士卒，古名将为士卒吮疽，故能得其死力，身享富贵。今凶暴如此，军士何辜？令都司执而罪之。"② 至正统四年（1439 年），"若军官有犯，在京从都察院，在外从巡按监察御史、按察司并分司，密切奏请施行，其各都司及卫所首领官有犯，即便拿问"③。明朝授予了巡按御史、按察司直接逮问都司卫所内经历、知事等六品以下低级文官的权力。弘治元年（1488 年）四月，"兵部及法司议，自今各边官军犯罪，重者或当有警则御史等官就讯之，轻者许令彼处兵备、分巡等官鞫断，从之"。④ 进一步明确了巡按御史、兵备、分巡等文官对卫所武官的审判权。对于六品以上的武官，巡按虽无权直接逮问，但经奏报后，皇帝一般还是会将犯法或失事军官交由巡按御史逮问。如景泰七年（1456 年）五月，"陕西布政司奏，守备镇番卫都指挥苏得威，令仓官籴粮官银折支官军口粮。命巡按御史鞫之"⑤。成化三年（1467 年）四月，"镇守甘肃太监颜义等奏，游击将军都督同知赵英擅放备御官军，都察院请行巡按御史逮问"⑥。成化十一年（1475 年）七月，"甘肃副总兵都督同知马仪奏，陕西行都司都指挥使丁铎贪淫不法数事。上命锦衣卫遣官会巡按御史鞫之"⑦。嘉靖二十三年（1544 年）四月，"以陕西班军多不赴边，命巡按甘肃御史逮领班都司、各卫所掌印官按其罪，夺守巡兵备等官俸一月"⑧。

① 明英宗实录［M］. 卷 308，天顺三年冬十月辛亥.
② 明宣宗实录［M］. 卷 27，宣德二年夏四月壬午.
③ ［万历］明会典［M］. 卷 209，都察院一.
④ 明孝宗实录［M］. 卷 13，弘治元年四月癸卯.
⑤ 明英宗实录［M］. 卷 266，废帝郕戾王附录第 84 景泰七年五月丁丑.
⑥ 明宪宗实录［M］. 卷 41，成化三年夏四月癸亥条.
⑦ 明宪宗实录［M］. 卷 143，成化十一年秋七月甲寅.
⑧ 明世宗实录［M］. 卷 285，嘉靖二十三年四月己卯.

由上可见，明初河西诸卫拥有独立的军事司法体系，陕西行都司断事司、各卫所镇抚司是河西诸卫的主要司法机构。但随着五军都督府断事官的裁撤，陕西行都司断事司随即成为河西军事司法体系中最高的司法机关。在失去上级主管机关后，品轶更高的提刑按察使司以及巡按御史渗透进卫所司法工作，使都司卫所逐渐丧失了司法的独立性。正德四年（1509 年）六月，陕西山丹卫千户马政，因断理屯地，笞军余张成致死。都察院奏："律应赎杖为民，追银给成为埋葬费，得旨纳赎，毕发成边卫，仍追给埋葬银。著为令。"① 负责奏报此案的部门为都察院，可见文官系统的司法机构已经全面介入了河西地区的司法事宜。嘉靖四十三年（1564 年）六月，明廷精简机构，裁革了陕西行都司副断事。② 从侧面证明在嘉靖末年，随着文官势力对卫所司法体系的渗透，陕西行都司断事司已沦为闲曹。

三、文官对卫所管理的介入

卫所的各项行政管理事务由掌印指挥、管屯指挥、局捕指挥等见任官，以及经历司共同掌管。和州县系统的行政官员相比，卫所武官素质较低，施政方式往往简单粗暴。同时，明初武官的地位较高，明廷对武官犯罪的惩治较为宽松，这更使得武官有恃无恐。河西地区的"镇守官及各卫豪横官旗"强占良田、私役戍卒等不法行为屡见不鲜，以致屯粮亏欠，兵士饥困。如：

（宣德六年九月）巡按陕西监察御史张鉴奏："甘肃苑马寺卿陈俨与西宁土官李英结为婚姻，英征安定还奏获贼马三百四十匹，送苑马寺牧养，实送五匹，余皆归其私家。已历四年，俨置不问，附下罔上，请治其罪。"上谕行在都察院臣曰："党私背公，正直者不为，其令陕西按察司执俨罪之。"③

（宣德八年六月）镇守陕西行都司都督佥事王贵奏："掌肃州卫事署都指挥佥事吕昇挟私，杖杀军士二人，千户一人，又盗官木造私居，盗用官军俸粮钞四十五万有奇，及军粮二百八十余石，受财虚出盐仓钞，又索取

---

① 明世宗实录［M］. 卷51，正德四年六月辛巳.
② 明世宗实录［M］. 卷535，嘉靖四十三年六月辛未朔.
③ 明宣宗实录［M］. 卷83，宣德六年九月甲申.

所部金银驼褐布绢米麦牛羊诸物，及出境私通赤斤蒙古卫靼官锁可者，违禁买驼马中盐等事，请治之。"上命行在都察院遣廉正御史驰驿往鞫之。①

（正统元年三月）巡按陕西监察御史曹翼奏："太监王贵占种官田一百余顷，侵夺军屯水利，私役军余九百余名，又信用都指挥马亮，老军顾肆郎。亮强娶指挥妻为妾，肆郎受略冒报军功。乞敕该部定夺以除边患。"②

永乐朝的四处征伐，加强了明朝边境的安全稳定，扩大了明朝政治、经济、文化的影响。但加重了明朝的财政负担，至洪熙朝国力已不堪重负。因此，明仁宗即位后，遂停止了大规模的军事活动，改开拓四裔的国防策略为向内守成，武臣作用相应降低，文治传统逐渐复兴，明廷开始派遣文臣介入河西地方管理。

宣德六年（1431年）正月，参议原固奏："臣比奉命于总兵官都督刘广所治文书，谨上便宜五事。……其二，今各卫所腴田皆为官豪之家所据，虽已报官，仍有不尽。屯军所种多是沙地，以致子粒多欠，乞遣大臣会三司堂上官踏勘，除报官纳粮外，有多据者悉与屯军。"③　一个月后，陕西参政陈琰在上奏中再次指出了河西各卫武官占种良田的问题，并提出由中央遣专员督理屯田事务的设想：

> 宁夏、甘肃田地可引水灌溉，虽旱亦收然。二处膏腴之地，皆为镇守官及各卫豪横官旗所占，俱不报官输粮。间有报者十仅得一。其卑下瘠地则分与屯军，致屯粮亏欠，兵士饥困，而官负豪强之家日以恣横。又陕西诸卫所，军有二分三分守城，七分八分下屯者，以七八人耕作供给二三人之食，宜无不足，而各卫往往缺粮，有司疲于馈运，盖由卫官及管屯者各图己利，不顾公家。凡屯军有所差遣不复拨，即除其名，而据其地。乞遣官行视按其侵欺之罪。

明宣宗同意了陈琰的建议，遣罗汝敬与陈琰往甘肃、宁夏，同三司官经理屯田。④ 罗汝敬前往甘肃、宁夏巡视后，向明廷汇报了两地屯田的基本情况：

---

① 明宣宗实录 [M].卷103，宣德八年六月丙戌.
② 明英宗实录 [M].卷15，正统元年三月乙未.
③ 明宣宗实录 [M].卷75，宣德六年春正月庚寅.
④ 明宣宗实录 [M].卷76，宣德六年二月丁酉.

"宁夏、甘州诸卫屯种全资水利,多为官豪侵占,农家不得灌溉,兼屯军及余丁尝有公私差遣,妨其农功子粒无征,请增除六部、都察院堂上官二员,专一往来巡视,庶革其弊。"① 明廷采纳了罗汝敬的建议,宣德六年(1431 年)十二月,遣监察御史往宁夏、甘州巡视屯田水利。② 罗汝敬此次入陕,对甘州等地的军屯土地、水利灌溉、马驿递铺等进行了一系列的整肃,取得了良好的效果。因此,宣德七年(1432 年)二月,明廷又复命工部右侍郎罗汝敬往陕西总督税粮、屯种及刍粟出纳、河渠等事。③

除派遣专员巡视水利外,明廷还将洪武、永乐时期就出现的文臣参赞军务,固定为制。文臣参赞甘肃军务,始于宣德十年(1435 年)六月,明廷"命太保宁阳侯陈懋佩平羌将军印,充总兵官。降总兵官都督同知刘广,充左副总兵官。副总兵都督金事李安,充右副总兵官。兵部试右侍郎徐晞参赞军务,同镇守甘肃"④ 宣德十年(1435 年)十一月,"命行在兵部左侍郎柴车往甘肃协同总兵、镇守官整饬边备,召试右侍郎徐晞还京"⑤。正统元年(1436 年)四月,明英宗对柴车的敕谕中指出了其参赞军务的职责:

　　　今达贼屡犯边疆,急用粮饷,输运艰难,必须设法以为经久之计。比闻甘肃凉州等处,总兵、镇守官占种田地,侵夺水利,不纳税粮,军士受苦不可胜言,敕至尔等公同挨勘侵占田地若干顷亩,斟酌肥瘠起科纳粮,除量拨与原种之人耕种足用外,其余俱拨与屯军耕种,办纳子粒,不许徇私废公,自取罪愆。⑥

在敕谕中,柴车的职责围绕在清理屯田水利等后勤事宜,与罗汝敬等人巡视甘肃时的职责基本一致。文官巡视河西以及参赞军务的设立,使文官开始涉足河西地区的地方管理。但文官巡视河西大都为临时性的差遣,事毕还朝,不为定制。其权力范围仍局限于建言,未有执行权。参赞军务虽固定为制,分割

---

① 明宣宗实录 [M]. 卷 76,宣德六年二月丁酉.
② 明宣宗实录 [M]. 卷 85,宣德六年十二月庚戌.
③ 明宣宗实录 [M]. 卷 87,宣德七年二月庚戌.
④ 明英宗实录 [M]. 卷 6,宣德十年六月辛丑朔.
⑤ 明英宗实录 [M]. 卷 11,宣德十年十一月壬午.
⑥ 明英宗实录 [M]. 卷 16,正统元年夏四月乙巳.

了陕西行都司的部分权力，但执掌权限极为宽泛，仅靠一到两名参赞军务不可能深入河西诸卫的行政管理中。为进一步加强对河西事务的管理，明廷开始在卫所一级设置一些属司府州县系统的文官，分割卫所武官的行政管理权。

由于河西地区特殊的自然地理条件，屯田水利成为河西社会经济发展的命脉。各卫均设有管屯指挥，负责全卫的屯田工作，但"势豪侵占，武官不能禁治"。针对这一弊病，明廷开始在卫所内增设文官专门负责屯田水利工作。宣德四年（1429 年），镇番卫设"水利通判一员，令专责灌溉"①。宣德六年（1431年）九月，在罗汝敬的建议下，明廷设"陕西宁夏、甘州二河渠提举司，置提举各一员从五品，副提举各二员从六品，吏目各一员从九品，隶陕西布政司专掌水利"②。河西地区开始出现水利的专管机构。成化二十三年（1487 年）十二月，应巡抚甘肃都御使罗明之请，明廷又"增设陕西临洮、巩昌二府通判各一员，专督屯田水利"③。但河西地域辽阔，两员通判分驻甘州、庄浪，"虽各有监督肃州、西宁之责，顾甘州去肃州五百余里，庄浪去西宁三百七十余里，无暇遍历"。同时，通判只有正六品，品级不高，对河西势豪的控制力相对有限。对此，隆庆初年甘肃巡抚石茂华就提出："乞将甘州右中二卫知事并甘凉监收州判一并裁革，所遗俸薪等项，于甘州、凉州各设府同知一员专理屯兵。"④ 隆庆六年（1572 年），明朝"添设临洮府带衔同知专理甘山等九卫所，巩昌府同知专理凉永等六卫所"，同时裁革"甘凉通判、甘州右中二卫知事"⑤。

明初的军饷一般由地方政府或其他部门把粮米运送到相关卫所指定的粮仓，然后由卫所派专人分发，军士自行前往军仓领取。因此军仓管理权是卫所武官的重要财权，关系到卫所军士的粮饷发放。但卫所武官侵盗官粮之事屡见不鲜。如宣德八年（1433 年），掌肃州卫事署都指挥佥事吕昇，盗用官军俸粮钞四十五万有奇，及军粮二百八十余石。⑥ 成化九年（1473 年）五月，巡抚大同甘肃等处都御史殷谦指出："陕西甘肃一带官仓，近被官攒斗级侵盗粮料，多至一万三千余石，少者二千有奇。"⑦ 贪污数额之大，令人咋舌。

---

① ［清］谢树森，［民国］谢广恩. 镇番遗事历鉴［M］. 卷1，宣德四年乙酉.
② 明宣宗实录［M］. 卷83，宣德六年九月戊子.
③ 明孝宗实录［M］. 卷8，成化二十三年十二月戊辰.
④ ［明］石茂华. 议肃州、西宁添设通判疏［M］//西宁府新志：卷33，艺文志·奏议.
⑤ 明神宗实录［M］. 卷8，隆庆六年十二月甲戌.
⑥ 明宣宗实录［M］. 卷103，宣德八年六月丙戌.
⑦ 明宪宗实录［M］. 卷116，成化九年五月丙午.

为加强对军仓的管理，减少武官对军粮的侵盗。宣德十年（1435 年），朝中群臣就提出了军仓管理权改隶府州县的建议："宜通行天下司府州县，原有仓分者以卫所仓并属之，原无仓分者就以卫所仓改易其名隶之。惟辽东、甘肃、宁夏、万全、沿海卫所无府州县者，仍旧卫所，时令风宪官巡视从之。"① 然而河西地处偏远，有司难以遥控，军仓管理权的移交工作一时间难以完成。直到正统元年（1436 年），明朝廷才正式将陕西行都司甘州中等十三卫所的军仓管理权移交给陕西布政司，并命布、按二司堂上官轮流监督收放。② 使得河西地区的都司卫所系统正式失去了军仓的管理权。但河西地域辽阔，布政司、按察司主官负责整个陕西省辖境的民政和司法事务，不可能有精力对各卫的军粮收放做出有效的监督。为此，正统三年（1438 年），添设陕西布政司参议、按察司佥事各一员于甘肃，专门负责监收仓粮。③ 为了进一步减少武官手中的军粮管理权。明廷不断增设文官，加强军粮管理。成化五年（1469 年），"添设陕西布政司参议一员于甘肃等六仓监收粮斛，其按察司收粮副使佥事仍兼巡历地方"④。成化八年（1472 年），"添设陕西静宁州判官三员，分管甘州、肃州、山丹三仓，秦州判官三员，分管凉州、镇番、永昌三仓……兰县县丞二员分管镇夷、高台二仓，金县县丞一员，分管古浪仓。布、按司二司监收官照旧监督"⑤。成化十五年（1479 年）十月，"增设甘肃等处六仓管粮参议一员"⑥。弘治元年（1488 年），"陕西布政司参议移住凉州，管理西宁、庄浪广储常盈丰盈等五仓。按察司委副使或佥事一员前去甘州，管理甘肃永丰、永昌、镇夷、富积、肃州等六仓"⑦。弘治十六年（1503 年）三月，"增设陕西巩昌府管粮通判二员，分理甘、肃州及凉州、镇番等处仓场，又于甘州在城五卫设仓大使、副使各一员，肃州、山丹、永昌、凉州、镇番、庄浪、西宁七卫各设大使一员，镇夷、高台、古浪三所各设仓副使一员，红城驿设仓大使一员"⑧。嘉靖七年（1528 年）十月，明朝廷接受提督陕西三边军务兵部尚书王琼的请求，"将原任

---

① 明英宗实录［M］. 卷7，宣德十年秋七月己卯.
② ［万历］明会典［M］. 卷22，仓庾二.
③ 明英宗实录［M］. 卷48，正统三年十一月己酉.
④ ［万历］明会典［M］. 卷22，仓庾二.
⑤ ［万历］明会典［M］. 卷22，仓庾二.
⑥ 明宪宗实录［M］. 卷196，成化十五年闰十月癸亥.
⑦ ［万历］明会典［M］. 卷22，仓庾二.
⑧ 明孝宗实录［M］. 卷197，弘治十六年三月壬午.

凉州分守道移住庄浪,分管庄浪、镇羌仓粮一带,原任甘州分巡道移住凉州,分管凉州、永昌、镇番、古浪千户所仓粮,甘州管粮佥事照旧管理甘州等五卫,并山丹卫高台千户所仓粮,肃州兵备副使就近管理肃州卫、镇夷千户所仓粮,西宁兵备副使就近管理西宁卫,各监督管粮通判等官稽考出纳,禁革奸弊……"①嘉靖十四年(1535年),"裁革甘肃管粮佥事一员,止用一员专管分巡,并西路粮储。其东路粮储,令分守参议管理"②。通过布政司参议、按察司佥事、管粮通判、仓大使、仓副使等各级官员的设置,以及分巡道、兵备道等官员管粮权的授予,河西地区形成了复杂的军仓管理体系,大大削弱了武官手中的财权。

值得注意的是,这些在明朝中后期被派驻河西的同知、通判、判官等文官都需要挂衔于巩昌府、临洮府、静宁州等临近的府州县。在名义上作为府州县的佐贰官分驻在河西地区负责管理屯田、水利、粮饷等工作,其实质是治所移动了的府州属官,是在河西诸卫尚不具备改设州县的条件的情况下,明朝为加强对河西地区控制的一种权宜之计。这些文官的出现代理了卫所武官的部分行政管理工作,大大削弱了卫所的行政管理权,标志着司府州县系统越来越深入地干预到卫所的行政管理事务。特别是隆庆六年(1572年),甘州右中二卫知事的裁革,说明同知等文官的设立已经成功地替代了卫所经历司的部分管理职能。随着同知、通判辖区的固定和职权的扩大,河西地区实际上出现了新政区的萌芽。由于同知、通判的官署之地往往被称为厅,这种新政区即被称为厅。在入清之后,厅实际上成为卫之上的一级行政机构。雍正二年(1724年),年羹尧在《奏陈河西各厅请改郡县折》中指出:

> 凉州系武威郡地,请改凉州厅为凉州府,所属凉州卫改为武威县,永昌卫改为永昌县,古浪所改为古浪县。庄浪系河西各处咽喉,同知又经理茶务,应仍其旧,而将庄浪所改为平番县,厅、县皆应属凉州府。
>
> 甘州系张掖郡地,请改甘州厅为甘州府,所属左右两卫改为张掖一县,因系两卫归并,应设县丞一员以佐之。山丹卫改为山丹县,高台所改为高台县,而肃州之镇彝(夷)所与高台地方接壤俱赖黑河之水灌溉田亩。两

---

① 明世宗实录 [M]. 卷93,嘉靖七年十月丙辰.
② [万历] 明会典 [M]. 卷22,仓庚二.

所各为其民，每因用水争讼，宜并入高台县，改隶甘州府之为便也。

肃州地方狭小，原设通判一员，宜仍其旧，即令管理肃州卫事务……①

可见，清初的凉州厅、甘州厅、肃州厅实际上成为隶属于省、下辖卫所的一级准行政区划，与府的行政层级类似。雍正二年（1724年）、三年（1725年），清朝在河西地区裁革卫所，进行行政体制改革时，遵循的即是厅改府、卫所改县的原则。

总之，卫所代行地方行政职权是河西地区特殊时代背景下的产物。但治理地方毕竟不是军卫所长，随着人口的增多和民政事务的增加，军民兼管的行政管理体制就弊病丛生。为了更好地管理地方社会，明朝开始通过设置文官的方式加强对河西地区的管理。特别是将临近府州的佐贰官同知、通判分派至河西地区管理屯田、水利、粮饷等工作，大大削弱了卫所的行政管理权。随着同知、通判辖区的固定化和职权的扩大，河西地区实际上出现了厅制的萌芽。可以说同知、通判等文官的设立，逐步虚化了都司卫所体系的行政职能，是河西地区的行政管理体制由卫所向州县转化的一种过渡阶段。

四、基层管理体制的变迁

明初，陕西行都司及下辖诸卫在河西地区的广泛设立，大大加强了中央对这一地区的管理与控制，使得河西地区成了明朝经营西北的重要据点。随着都司、卫、所三级管理体制的形成与确立，如何将国家的统治力量进一步深入基层社会，实现对地域社会的全面控制，就成为明朝亟待解决的重要课题。

明初河西地区基层社会的管理体系，主要由军、民两套管理体系组成。对于军户，实行军事化的管理，在百户之下设总旗二人、小旗十人。在负责军事防御的正军中，总旗、小旗作为底层军吏负责基层士兵的组织与管理。而在屯军中，总旗、小旗又被称为旗甲，负责管理屯军，组织屯田，发挥着类似于里甲制度内里长、甲长的功能。② 由于河西军民多居于堡墩之内，明朝还以堡为单位，在人口较多的大堡设守备、操守、防守等官负责堡内的军政管理工作；

---

① ［清］钟赓起. 甘州府志 ［M］. 卷12, 艺文上.
② 王毓铨. 明代的屯田 ［M］. 北京：中华书局, 2009：201.

在人口较少的小堡，设防御掌堡官，或直接由总旗直接担任掌堡官。①

河西诸卫还代管了少量的民户。洪武二十五年（1392年）二月，凉国公蓝玉奏："凉州卫民千七百余户，附籍岁久，所种田亩宜征其赋，令输甘肃。"②按每户五人计算，凉州卫所辖民籍人口共计八千五百人。如果以此作为平均数，洪武末年河西地区所设的十卫、三守御千户所管辖的民籍人口当在10万人左右。但考虑到凉州卫地处河西地区东端，社会经济基础较好，人口相对较多。而河西地区西端的肃州卫、威房卫、镇夷守御千户所等经济基础较差的地区可能就不会有这么多的人口。因此，河西诸卫建立之初河西地区的土著居民应当不足10万。③ 为加强对这一部分人口的管理，明朝一方面以"籍民为军"为政策，将其纳为军户，统一管理；另一方面，明朝则将其编为里甲，使其成为明朝"编户齐民"的一部分。在王骥正统十年（1445年）的奏文中载："甘肃卫分惟凉州土地最广，洪武中旧设九所，及带管土民七里。"④ 明确指出洪武年间凉州卫将土民编为七里。河西地区其他卫所的里甲编设情况由于史料的匮乏，我们已无法得知。但位于河湟地区，同属陕西行都司管辖的西宁卫，也编有四里。⑤ 从凉州卫和西宁卫的情况来推测，河西其他卫所极有可能也编设有里甲。只不过数量较少，加之经济基础较差，在各卫的赋役征收等社会生活中所起到的作用几乎可以忽略不计。以至于在陕西行都司以及各卫的户口统计中均见不到对民户的明确记载。

军、民户外，明初在河西地区还曾短暂出现过数量极少的灶户。所谓灶户，又称井户、盐户，是对官盐制造者的一种泛称。由于独特的自然条件和地质构造，河西地区分布着众多的盐池，盐业资源丰富。特别是山丹卫北五百里的红盐池，专产红盐，其"味甘，坚类石，色如丹"。洪武中期，山丹卫指挥使庄得每年派专人前去采盐，并将这些独特的红盐作为贡品敬奉皇宫。⑥ 为了更好地管理官盐的生产，满足军民的用盐需求，同时增加财政收入，明朝曾在凉州专设盐课司，并"置盐户，捞盐以给军士"。但在边境战争的干扰下，凉州盐课司

---

① ［明］石茂华. 议设保甲疏［M］//五凉全志：第1卷，武威县志·文艺志.

② 明太祖实录［M］. 卷216，洪武二十五年二月辛巳.

③ 曹树基. 对明代初年田土数的新认识——兼论明初边卫所辖的民籍人口［J］. 历史研究，1996（1）.

④ 明英宗实录［M］. 卷132，正统十年八月丙辰.

⑤ ［明］李完. 请革庄浪参将带管西宁疏［M］//西宁府新志：卷33，艺文志.

⑥ ［清］梁份. 秦边纪略［M］. 卷3，甘州卫.

所属盐场的正常生产难以得到保障，"所收池盐不多，官吏俱为虚设"。洪武三十年（1392 年）九月，在陕西行都司都指挥佥事张豫的建议下，明廷便裁撤凉州盐课司，所属捞盐之夫改任甘肃仓斗级。① 此后，河西地区便没有再出现关于灶户的记载。

　　除了传统意义的编户齐民外，明朝河西卫所内还存在着相当数量的"土民"。这些土民包括了明初滞留在河西的少数民族人口、以后陆续迁入的元代官兵、西域各民族人口，以及内附的其他民族人口。这些少数民族人口一部分被直接纳入军籍，或编入里甲，成为明朝的"编户齐民"，与一般的汉族军户、民户没有区别。而其他大部分少数民族部众，明朝则本着因俗而治的方针，划拨专门的区域供其游牧和生活。并允许头目作为土官进入卫所，由土官统一管理其部众。明朝并不直接介入土民的基层管理。这些土民在身份上虽然不属于传统意义上的编户齐民，但同样需要承担一些明朝的赋役。如宣德十年（1435年）十二月，"诏免甘肃土民杂差。从总兵官太保宁阳侯陈懋奏请"②。正统十一年（1446 年）正月，甘州左卫中所土官副千户王海奏："乞将原调来守备土军余，杂泛差徭，量为蠲免。"③ 既然免除杂泛差徭是特殊情况的法外开恩，那么通常情况下土民必然是承担着一定的赋役。特别是由于这些土民普遍善于骑射，明朝还将土民中的丁壮编成土兵，由土官指挥，参与到明朝的各项军事活动中。因此，某种意义上这些土民具有"准军户"的身份。

　　明中期以后，随着社会经济的发展、土地兼并的日益严重以及人口的增长与频繁流动，河西地区原有的基层管理体系已难以为继。具体而言，主要表现在三个方面。第一，由于世代繁衍，河西地区的军户群体出现"各家户下正军之外，余六七丁或一二十丁者"④ 的情况。除了服役的正军外，大量的军余、舍人实际就游离于官府的控制之外，这样既影响了明朝的赋役征收，又给社会治安造成了隐患。同时，由于逃兵的问题，明朝需要对正军和屯军进行补充，以保障正常的农业生产和军事防御。这就迫使明朝加强对军舍的控制，以便于佥用。第二，随着明朝军制的变化，以及国家与百姓之间人身依附关系的进一步减轻，军户子弟中，除了应役的正军外，其他舍人、军余与一般百姓已经没

① 明太祖实录［M］．卷 255，洪武三十年九月庚子．
② 明英宗实录［M］．卷 12，宣德十年十二月辛亥．
③ 明英宗实录［M］．卷 137，正统十一年春正月丁亥．
④ 明宪宗实录［M］．卷 40，成化三年三月丙寅朔．

有太大的区别，旧有的军事化管理就显得不合时宜。第三，由于土地兼并、人口的繁衍以及频繁流动，明中期里甲制已经不能真实地反映各地的人口和土地情况。为确保赋役的征收，明朝顺应社会经济的发展趋势，逐渐将赋役征收的重点由户、丁转向土地，使得里甲的赋役征收与基层控制的功能大大削弱。

为重建基层秩序，正德以降，以维护社会治安为主要职能的保甲制就逐渐取代里甲制成为新的基层行政组织。基于上述问题，为加强对河西地方社会的控制，隆庆元年（1567 年）甘肃巡抚石茂华就提出了将在内地已经广泛实行的保甲制推广到河西地区的建议。

> 为照本镇地方，逼近番虏，军民之居多在城堡墩院之内，虽有散处而居者，亦各有相近墩堡，或农务已毕，或有警收敛，则皆归墩堡之内，非如腹里之村落相望、比屋相连者也。城堡大者则有守备操守防守，小者则有防御掌堡官员或总旗，平时则守护城池，有警则收敛人畜，非如内地之村落，各自为谋，无所联属者也。地方虽有窃盗，而强盗颇少。但在套部，则恐有奸细潜入觇我虚实；在南方，则恐有奸人交通致起事端。既有前项该管员役以总其概，若再加保甲以尽其详，地方尤为无虞。①

与"村落相望、比屋相连"的内地农村不同，河西地区由于特殊的地理条件和国防形势，军民多居住于具有极强军事色彩的堡、墩之内。这些堡、墩集防卫与居住于一体，既可以有效抵御外敌的入侵，又可以保障军民的生产生活，使得河西地区形成了不同于内地的城堡式村落。② 针对河西地区人口稀少、军民多居于城堡墩院之内的特殊情况，石茂华在全国通行的保甲编设方法的基础上，结合现实情况，提出了河西地区保甲编设的具体方案：

> 合无将各城等处但居人至五十家以上者，人数既多，该管员役恐讥察难遍，合该道选委的当官员，逐门查出，不拘乡官生员吏承军民寄住人等，尽数以次挨编，不许势豪之家借口优免，止及贫穷下户。盖此原为便于讥

---

① ［明］石茂华. 议设保甲疏［M］//五凉全志：第 1 卷，武威县志·文艺志.
② 河西地区堡寨的具体情况参见，高小强. 从堡寨到村堡：明清河西走廊堡寨民居的功能演变［J］. 中国边疆史地研究，2016（4）.

察，以各保其身家，非如徭役然，得以例免也。于十一家中选甲长一人，统摄十家；又于五十七家中选保正一人，保副一人，统摄五十五家。俱要别无占役，颇有身家，行止端正，素为众所推服者充之，保正、副量免杂泛差役，勿听无赖之徒营充以为囷利之媒。大抵自爱之人多不乐为此，其营充而来者，皆积猾蓄无良之心者也，此全在委官斟酌之耳。各以其便，或自北而南，或自东而西为序，一甲既完，挨编次甲；一保即完，挨编次保。

其只有三四十家者，若必欲凑合取盈一保之数。缘城堡越，既不便于讥察，边方居人稀阔，相去动辄数里，亦不便于号召。且人数既少，既有该管员役，又添保长，似涉烦扰，止随其多寡编立甲长，免编保长，即令管堡官员总旗，照保长之法，督率讥察。无官者，仍编保长一人。

二十家以下者，免编保甲长，亦只令管堡员役督。无官者，只编保长一人。①

为保障保甲能真实反映河西地区人口、土地的情况，石茂华特别强调保甲编设的对象"不拘乡官生员吏承军民寄住人等，尽数以次挨编，不许势豪之家借口优免，止及贫穷下户"。为防止势豪之家躲避编审等情况的出现，石茂华又指出"凡此皆须委官亲自遍历填注，不得假手吏书"②。在编设完成后，官员须造花名册四本，分送该管官员、卫所、道、巡抚分别保管。同时，甲长、保长分别要置牌一面，大书第几甲或第几保，将本保甲居人的年龄、籍贯、丁口、作何生理及佃户住房人等基本情况，备书于上，然后悬挂在各保长、甲长的门前。保、甲内的居民亦要按照政府规定的统一格式各置"粉壁"，将各家的基本情况填写于上，包括户内人口的年甲、籍贯、职业、男丁情况及佃户住房人等问题。居民有"远出百里之外者，告之甲长，甲长达之保正副。回日，一体告之保正副"③。甲长要不时在本甲内巡视，发现"出外久不归，踪迹不明，及有留住游食僧道、倡优来历不明之人，或恣意非为，不作生理，倚酒行凶，赌博为盗，倡结白莲等扇惑人心，窝藏奸细，交通番房等项者"等情况，如果事轻，

① ［明］石茂华. 议设保甲疏［M］//五凉全志：第1卷，武威县志·文艺志.
② ［明］石茂华. 议设保甲疏［M］//五凉全志：第1卷，武威县志·文艺志.
③ ［明］石茂华. 议设保甲疏［M］//五凉全志：第1卷，武威县志·文艺志.

可由自行戒谕，令其省改；如果是"屡犯不悛及情重者"，就须要"告之官司究治"①。

为了更好地发挥保甲纠捕奸宄的作用，嘉靖初年，在华南等地出现了寓团练于保甲的情况，即将保甲内的壮丁编成乡兵，利用农闲时间进行军事训练，负责维护地方的社会治安。但河西地区作为军事型社区，"各城堡之内，俱有官军防御，即所居之人亦多系正军"②，如果"照保甲内名数尽人编签，恐于人情未便；若将正军一概派及，临时有碍调遣；若数人方合一丁，边方人数稀少，又恐不敷防御"③，为此石茂华提出了具体的编设方案。

> 合无斟酌将正军免派外，其余乡官、生员、吏承人等，则以家人佃户出名并舍余军余寄住民人，每男子二丁出壮丁一名，一家之内丁多着递加，只有一丁者，二家朋合一名，有力者派执弓箭，无力者随便执枪刀木棍等项，俱要堪用，不得虚应故事。编审已定，籍名并其所执器械在薄。保正副共置铁铳三杆，大旗一面，上书第几保；甲长各置铜锣一面，小旗一面，上书第几甲。④

这些乡兵的主要职责是纠察捕盗，维护本保甲的治安工作。在遇到战事时，还会协助官军进行剿捕。

> 平时每甲每日轮流二名，日间察访各家事情，夜间巡夜提防盗贼。如遇强盗生发，番房零贼侵轶，除由官军剿捕外，保正副鸣铳、甲长鸣锣，即号召同保甲壮丁协力堵截。如遇传报声息，除自由收敛官员及夜不收等役外，保正副鸣铳、甲长鸣锣，号召同保甲之人作速收敛。其乡邻保甲有事，亦要互相应援。倘遇声息重大，免其出城，则止各督率同保甲之人，不拘丁数，尽数守城，仍于城垛上各先书其姓名在上，免致错误。每月初一日，保正具有无盗贼缘由结状一纸，赴该管官处投递。每于春冬农隙之时，各择空便处所，该管官督率保正副、甲长、壮丁演戏武艺，每月各六

---

① ［明］石茂华. 议设保甲疏［M］//五凉全志：第1卷，武威县志·文艺志.
② ［明］石茂华. 议设保甲疏［M］//五凉全志：第1卷，武威县志·文艺志.
③ ［明］石茂华. 议设保甲疏［M］//五凉全志：第1卷，武威县志·文艺志.
④ ［明］石茂华. 议设保甲疏［M］//五凉全志：第1卷，武威县志·文艺志.

日，外此再不许拘集，以致妨废生理。如此则不惟可以弭盗贼，且可以防番虏，而于城守之道亦相须矣。①

为了弥补保甲制的不足，石茂华还建议在保甲的基础上推广乡约，以起到劝善惩恶、广教化厚风俗的作用。

> 为照法制所以防民之愿，礼教所以兴民之行，二者之用，常相须也。本镇虽介在边鄙，番虏杂居，然人性质直，可与为善。保甲固所以防矣，而教导诱掖以开发其良心，较之内地，诚尤所当急者。除行令各该管官员表率鼓劝外，似当举行乡约之法。但于保甲外别立乡约，恐涉烦碎，人难遵守。合无即于保甲之中，寓乡约之意。②

乡约与保甲同样是明朝中后期在基层推行的组织制度。从功能上看，保甲侧重于"弭盗"，而乡约侧重于"教化"。石茂华寓乡约于保甲之中，将乡约视为保甲的重要补充，并规定了乡约具体的执行方法。

> 各保各择空闲处所，不拘寺庙、铺舍，或人家又多余房屋者，上匾"乡约所"三字，仍置牌一面，上书圣谕《孝顺父母六训》。每月朔望日卯时，保正副、甲长督率同保甲之人，将圣谕牌置于香案上南向，各相率五拜二叩头，毕以次序立，每保中选识字者一人。令其逐句讲解晓喻，旁引曲证，使知为善之利，为恶之害，互相劝勉，敦崇礼让，惩忿息争。中有素行良善者，众人共推奖之，取以为法，仍公举达之该管官，各该道核实，转呈抚按官，于各处各立旌善小木坊一座，列名其上以优崇之。其忠孝节义谊卓异之人，仍题请旌表，量免杂泛差役以示风励。素行不淑者，众人共戒谕之，使自知愧省改；戒谕不悛，则告之官府，明治其罪。无故不至者，除一次姑免究外，至二三次，保正副、甲长呈举该管官处量行责治。庶化道之下，人知趋向，而保甲之法，愈见有益矣。③

---

① ［明］石茂华. 议设保甲疏 ［M］//五凉全志：第1卷，武威县志·文艺志.
② ［明］石茂华. 议设保甲疏 ［M］//五凉全志：第1卷，武威县志·文艺志.
③ ［明］石茂华. 议设保甲疏 ［M］//五凉全志：第1卷，武威县志·文艺志.

在石茂华等地方官员的组织下，至隆庆五年（1571 年），河西诸卫的保甲编设工作基本完成。

> 甘州镇城已编二十七约保，得壮丁二千七百人。各备执拿器械，认定城上垛口。置格眼文薄，动支本院纸赎银两、定立赏罚规则。无事督率操练，有警摆守城池。仍建立义仓积粟以备荒歉，并遇警守城支用。甘、山、高台七卫所并各堡寨，六年分已入仓粮一万一千余石。其余在外卫所，编完肃州卫一十二约保，壮丁一千二百人；镇夷所二约保，壮丁二百人；高台所六约保，壮丁三百三十四人；山丹卫七约保，壮丁八百三十六人；永昌卫五约保，壮丁五百人；凉州卫一十四约保，壮丁一千四百人；镇番人一十三约保，壮丁一千三百人；古浪所一约保，壮丁一百人；庄浪卫八约保，壮丁八百人；西宁卫一十二约保，壮丁一千二百人。其各属堡寨，照居余多寨编设约保壮丁，与各卫所堡寨积粟入粮各不等，一体各备器械操练摆守赏罚支用，俱经造册在卷。①

从保甲编设的结果来看，作为甘肃镇城的甘州五卫编得二十七保，数量最多。凉州、镇番、肃州分列其后，分别编得十四保、十三保、十二保。古浪、镇夷二所数量最少，分别只有一保、二保。基本上与河西诸卫的人口分布相一致。

从制度设计的层面来看，维护社会治安无疑是保甲最主要的功能。王阳明最初在赣南推行保甲时的直接目的就在于打击盗匪。但河西地区的城堡式村落具有极强的军事性色彩，"虽有窃盗，而强盗颇少"。这与盗匪横行的赣南完全不同。河西地区社会治安的主要隐患来自周边的少数民族政权和部落。为此，石茂华特别强调了推行保甲法对巩固国防的重要作用，认为保甲法可以有效防范来自周边少数民族部落的奸细探听情报、相互交通。但实际上，保甲这样一种民间自卫组织，武器装备还停留在"有力者派执弓箭，无力者随便执枪刀木棍"的阶段。这样的武装力量，在国防和社会治安中能起到的作用可想而知。对于地方官员而言，保甲编设的最大作用在于可以借此重新掌握各户的基本情

---

① ［明］廖逢节. 为申饬乡约保甲，以厚风俗以安地方事 ［M］//五凉全志：第 1 卷，武威县志、文艺志.

况，包括人口的数量、人口的流动、职业、田产，以此来加强对基层社会的掌控，恢复明朝在基层社会的统治秩序。限于史料，我们已经无法得知保甲、乡约在河西地区设立后的具体运行情况和实行效果。但可以肯定的是保甲、乡约的编设客观上使得河西地区的基层统治系统在形式上与内地完成了统一。

综上所述，河西地区由于特殊的地理位置和军政建置，明朝在河西地区只设属于军事系统的卫所，而不设属于民政系统的州县，使得河西地区形成了军卫代管民政的军管型政区。随着营兵制的出现，都司卫所系统的军事管理与指挥功能逐渐淡化，转而成了营兵的后勤管理部门，负责管理都司卫所内的各项行政管理事务。宣德以降，随着国防形势的稳定，为加强对河西地区的控制。明廷开始在卫所内设置监收同知、水利通判、河渠提举司等属行政系统的文官，使文官势力逐渐渗透进了河西地区的权力体系，大大削弱了卫所的司法独立权，以及卫所武官的行政权，使河西的地方管理体系出现了明显的有司化或文化的趋势。而在基层管理体系中，随着隆庆初年保甲在河西地区的编设，基层管理在形式上完成了与内地的统一。

第二章

卫所移民与河西地区的人口变迁

明初，面对北元的军事威胁和河西地区地广人稀、残破颓败的景象，为巩固国防和恢复、发展河西地区的社会经济，移民实边就成为明廷的重要举措。同时，在明廷的军事打击和招抚政策下，还有大量的元朝部众和从嘉峪关以西的关西诸卫、吐鲁番乃至撒马尔罕的部众主动附明，构成了卫所内的非汉群体。随着时间的推移，以及社会经济的发展，这些移居河西的各族民众落地生根、繁衍生息，为河西地域社会的发展产生了深远的影响。

第一节　明代移民与河西地区人口状况的变迁

终明一世，各族移民迁入河西地区的活动时有发生，具体而言主要有军士留戍、谪迁流放、行政安置、民间的自发流移、降附明朝的少数民族等类。各族移民的蜂拥而至，对今天河西地区的人口状况产生了深远的影响。

一、明代河西移民的类型

（一）军士留戍

明初，为巩固对河西地区的统治，明廷调派大量军队赴河西驻防。明初定制："从征者，诸将所部兵，既定其地，因以留戍。"[1] 这些赴河西驻防的军士就成了明代河西移民的主体。但河西地处偏远，生活条件艰苦，在安土重迁的传统思维的影响下，军士难以安心戍边。为此，明廷逐渐改变了遣送随军家属回原籍的政策，默许了军士家属在营生活，并开始鼓励家属随军士前往戍地，

---

[1]　明史［M］．卷90，兵志二.

"皆拘妻金解，津给军装、盘缠"①。有明一代，明朝在河西地区共建十卫三守御千户所。按照明制，一卫约有 5600 名军士，一千户所约有 1120 名军士。河西地处国防前线，国防压力极大，明初在此屯驻的实际兵力基本上都满额，甚至还有大于定制的情况。如《肃镇华夷志》载："肃州卫，国初原额兵九千七百八十八。镇夷所，国初原额兵一千二百二十三名。"②《重刊甘镇志》载："甘州左、右、中、前后五卫，原额兵二万五千九百八名。"③ 这些随征河西，留戍当地的军士，大多在河西落地生根，成了河西先民的一部分。

（二）谪发

明初，朱元璋奉行乱世用重典的政策，强力推进其各项政策，其中充军成为其暴力手段的重要方式。所谓充军是把犯人强制迁移到边远地区去充当军士。按照充军地区的不同，充军可分为六等：极边、烟瘴、边远、边卫、沿海、附近。同时，充军又可分为"终身""永远"两种。所谓终身者，指充军之人单独至戍所，身死而止；永远者，"罚及子孙"，举家迁徙，世代不得返回故里。由于充军律烦苛，明初谪充军的数量极其庞大。

河西诸卫属极边卫，是明代充军的主要分布地区。这些因犯罪被谪充为军士的人被称为"恩军"，并作为特殊群体由卫所统一管理。恩军在明初河西地区的驻军中占据相当大的比重。在洪武末年的河西地方官员的奏文中就多次谈到这一问题。如洪武二十八年（1395 年）春正月，陕西行都指挥使司指挥佥事张豫指出："甘州等卫隶兵者多谪戍之人。"④ 一年后，张豫在奏文中再次指出："各卫军士多由罪谪。"⑤ 洪武二十九年（1396 年）九月，陕西行都指挥使司又言："自凉州至庄浪，马驿、递运所九，其大河、黑松林、岔口三驿，以谪发刑徒充役，余役夫皆临洮等府民与庄浪等卫军参为之，其民去乡既远，赏给不充，往往捕逃，宜皆以刑徒充之。"⑥ 此后，当遇到新设御守千户所、驿递所，或卫所兵源紧缺时，罪因都是其重要的来源。如正统十年（1445 年）二月，增设镇

① ［万历］明会典［M］.卷155，军政起解.
② ［明］李应魁.肃镇华夷志［M］.卷2，户口.
③ ［清］杨春茂.重刊甘镇志［M］.兵防志：第1，军制.
④ 明太祖实录［M］.卷236，洪武二十八年春正月庚子.
⑤ 明太祖实录［M］.卷244，洪武二十九年春二月甲午.
⑥ 明太祖实录［M］.卷247，洪武二十九年九月丙辰朔.

番卫右千户所，发犯因充军实之。① 成化九年（1473 年）五月，巡抚大同甘肃等处都御史殷谦建议："陕西甘州左等卫甘泉等驿递，并河西一带，地连哈密等处，内外使人络绎不绝，宜令临、巩、平、凤四府人犯，该杂犯死罪并徒流罪者，俱发充驿递夫，自备马驴牛车……"②

这些被谪充至河西诸卫的罪因，包括社会各个阶层之人，其构成极为复杂。一是军士。明初，治军极严，军士稍有不慎犯禁，就会被谪戍边。洪武二十九年（1396 年）二月，明廷一次谪戍河西诸卫的犯罪军士就达三千六百人，"命诏发安东、沈阳各卫恩军三千六百余人往戍甘肃，人赐钞五锭"③。天顺二年（1458 年）八月，"谪大宁都司都指挥使常广戍甘州，初广坐强娶故军妻为妾及诸贪淫不法，论绞禁锢，至是乞辩明，左都御史寇深等为请，故有是命"④。成化十一年（1475 年），"陕西都指挥佥事袁祥，私役兵三人出境，为虏所杀，并揽纳粮刍得银数千两，事觉，例当戍边，命发戍肃州卫，家属随住"⑤。正德三年（1508 年）六月，"保定中卫带俸指挥佥事李永，以索财捶属吏王景致死……全家发甘肃卫永远充军"⑥。二是平民。平民百姓因犯罪被遣戍，这在河西地区的移民队伍中相当普遍。洪武十八年（1385 年）五月，"法司录罪人应流徙者，发凉州木速秃、杂木口、双塔儿三递运所充车夫，俾运军需"⑦。永乐五年（1407 年），"直隶及浙江诸郡军民子弟，私披剃为僧赴京冒请度牒者千八百余人，礼部以闻。上怒甚曰：'皇考之制，民年四十以上始听出家，令犯禁若此是不知有朝廷矣，命悉付兵部编军籍，发戍辽东、甘肃"⑧。天顺元年（1457 年）八月，"时有窃盗三犯，刑部奏称二犯赦前，一犯赦后，宜从轻典论初犯。上诏杖一百，谪戍甘肃"⑨。正德四年（1509 年）五月，"江西奉新县民余元一及其侄八十七等，恃富豪武断乡曲……上诏以元一年逾八十免其决杖，仍枷号一月，并家属永戍肃州，仍没入其家产，其子侄十余人罪之有差，而东仔则以

① 明英宗实录［M］. 卷 126，正统十年二月丙寅.
② ［明］杨鼎. 会议大同等处事宜［M］//皇明经世文编：卷 40，杨大司农奏疏.
③ 明太祖实录［M］. 卷 244，洪武二十九年春二月乙巳.
④ 明英宗实录［M］. 卷 294，天顺二年八月壬午.
⑤ 明宪宗实录［M］. 卷 146，成化十一年冬十月戊戌.
⑥ 明武宗实录［M］. 卷 39，正德三年六月辛巳.
⑦ 明太祖实录［M］. 卷 173，洪武十八年五月辛酉朔.
⑧ 明太宗实录［M］. 卷 63，永乐五年春正月丙辰朔.
⑨ 明英宗实录［M］. 卷 281，天顺元年八月丙辰.

奏多不实，亦枷号一月，并家属永戍镇番"①。三是官吏。许多官吏因犯罪、渎职，或冒犯上司，或被陷害等而被谪戍河西，其中包括了主事、郎中、巡按、同知、知县乃至尚书等各级官员。如弘治年间曾任兵部尚书的名臣刘大夏，"正德中逆瑾用事，索金大夏，无所与。瑾怒，谪戍肃州"②。山西平阳府知府张忠，因"侵盗科罚赃至万"于正德七年（1512年）五月被谪戍肃州卫。③ 广东钦州同知岳正，因忤太监吉祥等，于天顺元年（1457年）九月，被谪充陕西肃州卫镇夷千户所军。④ 宁府教授游坚，唆使宁王派人缢死其弟弋阳王宫人，天顺元年（1457年）八月其"罪当论斩，会赦当复职，法司以闻，上以坚所坐重，特命编戍甘肃"⑤。这些谪流者中，一般军士及下层百姓，大多落籍当地，子孙繁衍，成了河西先民中的一部分；官员则大多在数年后即获放回，仅部分落籍河西。

（三）行政安置、民间的自发流移

明初，为调整人地关系，明廷实行"移民就宽乡"的政策，即把农民从人多地少的狭乡移到人少地多的宽乡去垦田，以期达到"地不失利，民有恒业"的目的。⑥ 河西地区经济落后，地广人稀。明军在占领之初，就由政府将大量的"狭乡"之民迁移至河西地区。洪武五年（1372年）秋季，"饬命山西、河南等地民人约二千余众，迁徙是土，多居于蔡旗、青松环围"⑦。这些普通的百姓被迁至河西后，在严峻的国防形势下，其中的丁壮往往会被编入军队，成为卫所镇戍和屯田的军士。

明中期以降，边境形势恶化，战争频发，军民的赋役繁重，加之自然灾害频发，河西诸卫军民的生存环境急剧恶化，出现了军民大量逃亡的情况。"万历年间，三边内乱，兵火连年，赋徭频繁，百姓流离。仅二十四年，本邑兵民逃亡者，凡十之二三。"⑧ 万历三十二年（1604年），"夏，大河水竭，官民士庶，纷拥有水神庙祈之。至伏天，田禾枯槁，地面龟裂，丰收无望。农民相率弃家

---

① 明武宗实录［M］. 卷50，正德四年五月壬辰朔.
② ［明］李应魁. 肃镇华夷志［M］. 卷4，流寓.
③ 明武宗实录［M］. 卷87，正德七年五月戊辰.
④ 明英宗实录［M］. 卷282，天顺元年九月庚寅.
⑤ 明英宗实录［M］. 卷281，天顺元年八月丙辰.
⑥ 明太祖实录［M］. 卷193，洪武二十一年八月癸丑.
⑦ ［清］谢树森，［民国］谢广恩. 镇番遗事历鉴［M］. 卷1，洪武五年壬子.
⑧ ［清］谢树森，［民国］谢广恩. 镇番遗事历鉴［M］. 卷3，万历二十四年丙申.

逃徙，致使若干田园荒芜"①。明思宗继位后，为挽救风雨飘摇的明王朝，大力整饬边务，仅先后迁徙至镇番卫者，每以数千计。其中崇祯六年（1633 年），"参将王之鼎上'实边疏'，上甚悦，敕令三边总制遣民充边，总督遂遣阶州庶民一百二十户至镇"②。

在河西地区出现军民向外逃亡的情况的同时，内地各省份的情况就更为恶劣。为求生存，大量的百姓脱离原居地，被迫流徙。据李洵先生的考证："在当时全国的六千万在籍人口中，至少有六百万人成为流民，亦即十分之一的在籍人口。"③ 河西地区，地广人稀，明廷的统治力量相对薄弱，遂成为临近的陕西、山西流民的迁徙地。成化二十年（1484 年）十月，明廷"命宁夏、甘肃、榆林镇守等官加意抚安流民。以巡抚陕西都御史郑时言：'流民万余，俱往彼处采取草实、野菜为生，恐其啸聚为非也'"。④ 可见，成化末年河西地区就已存在流民。正德以降，流民群体进一步扩大。在地方官员的建议下，明廷开始尝试将流民编入户籍，统一管理，并从流民中招募士兵。嘉靖八年（1529 年）三月，"都御史刘天和言：'肃州原设堡寨稀薄，虏易攻剽，以致屯田日就荒废，今查本卫丁壮及山、陕流民括之可得四千五百，其中多矫建善战者，请于近边密筑墩台，增其垣堞楼堞使居其中，平时耕牧，遇警保塞，庶几古人寓兵于农之意，则贼至，无所掠，而屯种得以渐广，即甘凉山永庄浪等处皆可行也。'兵部覆，请以其言下甘肃守臣议从之"⑤。正德九年（1514 年）十月，督理陕西粮饷的右侍郎冯清建言："……甘肃流民岁久奠居，虽有出银之徭，殊非良法。宜行守臣清查造册，量给官地人二十五亩，照例纳粮，免其银差……"⑥ 明廷皆允行之。

除流民外，明代还有不少外地商人进入河西地区经商。宣德九年（1434年），"有司依令颁发客民寓居户照，镇邑共发给三十四枚。圣容寺番僧二名两枚，地藏寺游僧四名四枚，余为山陕客民，贸易居此"⑦。正统九年（1444 年），"凤阳人王安贸易至镇。是年六月，赁地六分五厘，于城东街筑铺店，卢生华公

---

① ［清］谢树森，［民国］谢广恩. 镇番遗事历鉴 [M]. 卷3，万历三十二年甲辰.
② ［清］谢树森，［民国］谢广恩. 镇番遗事历鉴 [M]. 卷4，崇祯六年癸酉.
③ 李洵. 试论明代的流民问题 [J]. 社会科学辑刊，1980 (3).
④ 明宪宗实录 [M]. 卷257，成化二十年冬十月辛未.
⑤ 明太祖实录 [M]. 卷99，嘉靖八年三月丁未.
⑥ 明武宗实录 [M]. 卷117，正德九年冬十月壬辰.
⑦ ［清］谢树森，［民国］谢广恩. 镇番遗事历鉴 [M]. 卷1，宣德九年甲寅.

以为'镇邑商号自安开始'"①。在开中制的吸引下，还有众多盐商赴河西诸卫上纳军需，同时兼营棉布、食盐、丝绸等生活物资，其中以山陕商人为主。史籍中对山陕商人在河西地区的活动偶有记载。如《肃镇华夷志》载城北门外镇朔桥，"凡遇水溢潮，行人未便，嘉靖三十五年（1556 年）山西商人乔耀买木雇工，同二僧人修建此桥，地起通道，桥立石柱，使后人便于行，又建庙于桥北"②；城南门外南清水桥，"嘉靖三十五年（1556 年），山西商人杨栋发心修理，于是沿门告助米粮、雇工，再化木植为梁柱，运石块以砌根基，经行者甚便"③；城中南街弥陀寺，"嘉靖年间数被火灾，天顺间修建，嘉靖间被焚二次，嘉靖二十八年（1549 年）被火灾……殿堂尽烬"，嘉靖三十六年（1557 年），山西商人乔耀等施财愿修。④ 又如魏禧的《明怀庆卫经历杨公墓志铭》中所载西安府泾阳县商人杨作梯于万历八年（1580 年）前往甘州经商，受陕西商人的邀请，调停当地山陕商人之间的争执的故事：

> 公讳作梯，字云路……公多大略，善断。万历庚辰，年三十，尝输货甘州。甘州，汉张掖郡也。故设督抚节制诸戎，开屯田、中盐商，输粟塞下。督抚给商执内地受盐。景泰间，叶淇建改折议，久之，塞下荒，商益困。秦、晋之商规避，相斗讼无宁日。公始至，秦商率诣公，请所以决胜策，公曰："物不得其平则争，是相胜无已时也。诚计赏输官，以情平之，则秦、晋人皆便矣。"众从之。明日上其事于督抚，报可。秦、晋人自是不复讼。⑤

从上文中的这些记载来看，明朝中期，山陕商人就已经频繁地参与到了河西地方公共事务的建设。万历初年，在甘州地区甚至已经出现了山陕商会的雏形。这些活动都在客观上印证了山陕商人在河西地区的影响力。这些在河西地区活动的商人中，有部分就落籍下住，繁衍子孙，成了河西先民的一部分。如弘治三年（1490 年），被选拔为贡生的镇番卫人查锦，"先世山海关人氏，洪武

① ［清］谢树森，［民国］谢广恩. 镇番遗事历鉴［M］. 卷1，正统九年甲子.
② ［明］李应魁. 肃镇华夷志［M］. 卷2，水利·桥梁附.
③ ［明］李应魁. 肃镇华夷志［M］. 卷2，水利·桥梁附.
④ ［明］李应魁. 肃镇华夷志［M］. 卷2，水利·桥梁附.
⑤ ［清］魏禧. 明怀庆卫经历杨公墓志铭［M］//魏叔子文集外篇：卷18，墓表.

中，始祖勇贸易徙镇，因家与焉"①。又如山西汾州府孝义县尚义坊人王宁，"于嘉靖初旬年间与二三族兄侄贾游甘肃，积资各以千百计"。王宁年老后返回山西老家居住，与他一同在甘肃经商的族人中，则有人直接在肃州安家。此后，其家族在河西数易其居，繁衍至今。②

（四）降附明朝的少数民族

明王朝建立以后，为瓦解北元势力，朱元璋适时将对蒙古的政策由单纯的军事驱除转为军事征服与政治招抚相结合，在对元宗室、部落臣民的诏书中更是宣称："朕既为天下主，华夷无间，姓氏虽异，抚字如一。"③ 同时，北元内部也因种种矛盾而四分五裂。各部落间为争夺霸权，不断发动吞并战争，造成"强者自立，有不服者，必驱兵以并，若乃力不及，兵为人所有，命为人所害，妻子星散，身膏草野"④ 的状况。频繁的战乱，加之天灾不断，蒙古地区的社会经济几近崩溃，广大的蒙古人民生活极为困苦，一些蒙古部落甚至出现"部下者口无充腹之食，体无御寒之衣"⑤ 的情况。为寻求安定、富足的生活，在明招抚政策的吸引下和军事打击下，蒙古部众纷纷南下，降附明朝。对于归附人群体安置地区的选择，明太祖曾指出："凡治胡虏当顺其性，胡人所居，习于苦寒，今迁之内地，必驱而南，去寒凉而即炎热，失其本性，反易为乱，不若顺而抚之，使其归就边地，择水草孳牧，彼得遂其生，自然安矣。"⑥ 因此，临近蒙古草原，自然条件宜农宜牧的河西走廊就成了明朝安置归附人的重要地区。

据《明实录》记载，洪武、永乐年间发生在河西地区的千人以上降附事件就有4次。分别是洪武四年（1371年），元詹事院副使南木哥、詹事丞朵儿只自河西率兵民二千余人来降；⑦ 洪武二十三年（1390年），元平章把都帖木儿、知院笼秃儿、灰纳纳罕等遣部将哈散赤汝祝儿灰至西凉，率领鞑靼百姓并家属五

---

① ［清］谢树森，［民国］谢广恩. 镇番遗事历鉴［M］. 卷1，弘治三年庚戌.

② ［明］王裕心. 王氏族谱碑［M］//闫廷亮，周国双. 高台县新坝乡光明村《王氏族谱碑》考述. 中共高台县委. 高台魏晋墓与河西历史文化研究. 兰州：甘肃教育出版社，2012.

③ 明太祖实录［M］. 卷53，洪武三年六月丁丑.

④ 明太祖御制文集［M］. 卷5，书敕、与驴儿书.

⑤ 明太祖实录［M］. 卷60，洪武四年春正月壬寅.

⑥ 明太祖实录［M］. 卷59，洪武三年十二月戊午.

⑦ 明太祖实录［M］. 卷67，洪武四年秋七月丁卯.

千余口来降;① 永乐三年（1405年），鞑靼平章把都帖木儿、伦都儿灰自塔滩率部属五千余人归附;② 永乐八年（1410年），凉州鞑官千户虎保亦令真巴因"流言"叛逃，后又率其部属万二千余口来归。③ 仅上述四次降附事件被安置在河西走廊的归附人就达到了两万人。除此之外，以家庭、部落为主的小规模降附事件更是络绎不绝。④

除了降附的前元部众外，河西地区还安置了部分从嘉峪关以西的关西诸卫、吐鲁番乃至撒马尔罕归附的降附者。洪熙元年（1425年）九月，撒马尔罕头目阿都儿火者来归，命为正千户，令居甘州。⑤ 宣德元年（1426年）五月，沙州卫那孩帖木儿等来归，奏愿居甘州，命为试所镇抚。⑥ 宣德五年（1430年）六月，车儿绰头目莫台、伯兰火者、阿鲁火者三人来归，奏愿居甘州自效。命莫台、伯兰火者为指挥佥事。阿鲁火者为副千户赐冠带，仍命陕西行都司于甘州左卫带支月俸。⑦ 宣德六年（1431年）四月，沙州卫头目伯兰沙等来归，奏愿居陕西甘州，命为指挥佥事等官。⑧

正德以后，由于明朝军力的衰落、吐鲁番政权的强大，以及七卫之间及各卫内部的重重矛盾等原因，明政府逐渐失去了对关西七卫的控制，七卫相继废弃，其部众大都内迁至嘉峪关以东。正统十一年（1446年），甘肃总兵任礼收沙州卫，其部众"全部入塞，居之甘州，凡二百余户，千二百三十余人，沙州遂空"⑨。正德八年（1513年），"土鲁番遣将据哈密，遂大掠赤斤，夺其印而去。及彭泽经略，始以印来归。已，番贼犯肃州与中国为难。赤斤当其冲，益遭蹂躏。部众不能自存，尽内徙肃州之南山，其城遂空"⑩。正德十一年（1516年），"土鲁番复据哈密，以兵胁乞台降附，遂犯肃州。（罕东）左卫不克自立，

---

① 明太祖实录 [M]. 卷199，洪武二十三年春正月甲申.
② 明太祖实录 [M]. 卷44，永乐三年秋七月壬寅.
③ 明太祖实录 [M]. 卷110，永乐八年十一月壬辰.
④ 明太宗实录 [M]. 卷66，永乐五年夏四月庚子；明太宗实录 [M]. 卷71，永乐五年九月丁丑；明太祖实录 [M]. 卷9，七永乐七年十月.
⑤ 明宣宗实录 [M]. 卷9，洪熙元年九月祭亥.
⑥ 明宣宗实录 [M]. 卷17，宣德元年五月甲寅.
⑦ 明宣宗实录 [M]. 卷67，宣德五年六月壬辰.
⑧ 明宣宗实录 [M]. 卷78，宣德六年夏四月丙申.
⑨ 明史 [M]. 卷330，西域二.
⑩ 明史 [M]. 卷330，西域二.

相率徙肃州塞内。守臣不能拒，因抚纳之"。① 嘉靖八年（1529 年）春二月，
"置哈密诸部于肃州"。② 嘉靖中，曲先人牙兰"拥帐三千，与罕东卫帖木哥、
土巴等来归"③。嘉靖时，"总督王琼安辑诸部，移罕东都指挥枝丹部落于甘
州"④。据嘉靖七年（1528 年）甘肃地方官查报，仅寄住肃州的畏兀儿部、哈剌
灰部男妇就达 880 人，其中畏兀儿部下男妇 370 人，哈剌灰部下男妇共 510 人。⑤

　　河西作为东西交通的要冲，是明代西域贡使赴京朝贡的必经之地。这些所
谓的西域贡使，大多都是以朝贡为名义进入明朝从事贸易活动的"贾胡"的
"贾回"，永乐二十二年（1424 年），礼科给事中黄骥就指出："西域使客多是贾
胡，假进贡之名，藉有司之力，以营其私。"⑥ 明廷为加强与西域各国的联系，
制定了优待使臣的政策。这些使臣来朝及回还途中吃、住、行等都由沿途驿站
负责。为了减轻沿途地区的财政负担，明朝严格控制着使臣赴京的名额，只有
一小部分贡使才能获得前往京城觐见皇帝的机会，大部分贡使都只能在甘州、
肃州活动，所谓"贡夷入关，半留肃州，半留甘州"⑦。这些留在河西贸易的贡
使中，多有寄住河西，多年不还，以贸易为生者。正统二年（1437 年）三月，
行在兵部的奏文中就指出："外夷朝贡使臣回至甘州，假以道路不通，连年延
住，经营买卖。"⑧ 天顺六年（1462 年），哈密忠顺王母努温答失里遣使奏称：
"前后所遣使臣往往于甘州延住，或三年，或五年者有之，乞行催督回还。"⑨
嘉靖八年（1529 年）四月，巡抚甘肃都御史唐泽再次指出："哈密等处进贡夷
人，每沿途寄住贩易谋利，经年不归，甚有前贡者复充后贡人数。更名冒进起
送者骚扰驿路，存留者耗费月粮，殊非中国防边之体。"⑩ 为安置这些久居贡
使，成化十一年（1475 年），巡抚甘肃都御史朱英"欲令行都司于甘州城东关
墙之内已废夷馆重为缮治，遣官设译，以待进贡远夷"，宪宗诏准。⑪ 弘治十三

① 明史 [M]. 卷330，西域二.
② [清] 谷应泰. 明史纪事本末 [M]. 卷40，兴复哈密.
③ [清] 查继佐. 罪惟录 [M]. 卷36，外国列传.
④ 明史 [M]. 卷330，西域二.
⑤ [明] 严从简. 殊域周咨录 [M]. 卷12，西戎、哈密.
⑥ 明仁宗实录 [M]. 卷5上，永乐二十二年十二月上丁未.
⑦ 明世宗实录 [M]. 卷321，嘉靖二十六年三乙卯.
⑧ 明英宗实录 [M]. 卷28，正统二年三月戊戌.
⑨ 明英宗实录 [M]. 卷344，天顺六年九月辛亥.
⑩ 明世宗实录 [M]. 卷100，嘉靖八年四月己巳.
⑪ 明宪宗实录 [M]. 卷141，成化十一年五月壬子.

年（1500年）十月，户部会议巡抚都御史及漕运官在奏文中建议："令甘肃巡抚官……又于隙城盖房以处夷使。"孝宗诏准。① 这些长期贡使中，甚至有在当地成家置业，永远留居当地者，成了河西地区的先民之一。如弘治、正德年间，哈密使臣阿剌思罕儿、写亦虎仙等人皆因进贡而"各在甘、肃关厢置产久住，往来以贡为名"②。对此，金尼阁在《利玛窦中国札记》中有详细的叙述：

> 中国人，即撒拉逊人称为之契丹人的，住在肃州的一个城区，而来此经商的喀什噶尔王国以及西方其他国家的撒拉逊人则住在另一区。这些商人中有很多已在此地娶妻，成家立业；因此，他们被视为土著，再也不回他们的本土。他们好像在广东省澳门定居的葡萄牙人那样，除了是葡萄牙人订立他们自己的法律，有自己的法官，而撒拉逊人则由中国人管辖。每天晚上他们都被关闭在城中自己居住区的城墙里。在其他方面则作为土著人（即中国人）对待，一切事情都要听从中国行政官的安排。按照法律，在那里居住了九年的人就不再被允许回到自己的国家。③

在金尼阁的描述中，所谓的撒拉逊人即伊斯兰教徒。这些穆斯林的主体应是从吐鲁番、喀什噶尔乃至更西的地方来这里经商的贡使。这些穆斯林在肃州有独立的居住区域，但要服从明朝官员的管理，与土著的中国人并无大的区别。可见，这些长期存留的贡使逐渐融入了河西地方社会，成了当地的永久性属民。

二、明代移民对河西地区人口状况的影响

（一）明代的移民运动一定程度上改变了河西地区人烟稀少的社会面貌

西汉武帝时期，汉朝从匈奴手中夺取了河西地区的控制权，并陆续建立酒泉郡、张掖郡、敦煌郡、武威郡。此后，西汉王朝采取"移民实边""戍兵屯田"作为开发河西经济的主要策略。"自武威以西，本匈奴昆邪王、休屠王地，武帝时攘之，初置四郡，以通西域，隔绝南羌、匈奴。其民或以关东下贫，或

---

① 明孝宗实录 [M]. 卷167，弘治十三年十月戊申.
② [明] 严从简. 殊域周咨录 [M]. 卷13，西戎、吐鲁番.
③ [明] 利玛窦，金尼阁. 利玛窦中国札记 [M]. 北京：中华书局，1983：569.

以极怨过当，或以悖逆亡道，家属徙焉。"① "元封三年，武都氐人反，分徙酒泉郡。"② "太初元年，初置张掖、酒泉郡，而上郡、朔方、西河、河西开官田，斥塞卒六十万人戍田之。"③ 经过武帝以来近百年的开发，到西汉末年，河西地区的社会面貌发生了前所未有的变化，史称其地"风雨时节，谷籴常贱，少盗贼，有和气之应，贤于内郡"④。伴随着社会经济的发展，河西地区的人口数量也随之增长，据《汉书·地理志》载，元始二年（2 年）河西四郡的人口数量为：

武威郡 户万七千五百八十一，口七万六千四百一十九。

张掖郡 户二万四千三百五十二，口七万六千四百一十九。

酒泉郡 户八千一百三十七，口七万六千七百二十六。

敦煌郡 户万一千二百，口三万八千三百三十五。⑤

东汉灭亡后，中国陷入了长时间的分裂状态，中原地区动荡不安。河西则因其良好的农牧业基础、相对稳定的社会环境和开明务实的统治政策，吸引了大量的内地人口，河西人口因之迅速增加，出现了汉唐间河西人口的最高峰。隋唐时期，河西地区出现了自汉武帝以来的第二个发展高峰期。至开元之际，经过太宗、高宗、武则天、玄宗几朝的经营，河西走廊再次出现了农桑兴旺、商贸发达的繁荣景象，史称武威"为河西都会，襟带西蕃、葱右诸国，商旅往来，无有停绝"⑥。《元和郡县图志》记载了开元时期河西地区的人口数量：

凉州，开元户二万六千一百六十五。

甘州，开元户五千四百四十。

肃州，开元户二千二百五十三。

① ［东汉］班固. 汉书 ［M］. 卷28下，地理志第八下.
② ［东汉］班固. 汉书 ［M］. 卷6，武帝纪第六.
③ ［西汉］司马迁. 史记 ［M］. 卷30，平准书第八.
④ ［东汉］班固. 汉书 ［M］. 卷28下，地理志第八下.
⑤ ［东汉］班固. 汉书 ［M］. 卷28下，地理志第八下.
⑥ ［唐］慧立. 大慈恩寺三藏法师传 ［M］. 卷第1.

沙州，开元户六千四百六十六。①

但好景不长，安史之乱后的数百年间，河西地区战争频繁，使得社会经济、人口数量均出现了衰退，"已无复昔之殷富繁华矣"。元朝建立后，嘉峪关以东的河西地区，更是出现了蒙古化、部落化和游牧化的趋势。据《元史地理志》载，至元二十七年（1367年），甘州路有户1550，口23987；肃州路有户1262，口8679。② 永昌、沙州、亦集乃三路虽然没有留下人口数据，但不会超过甘州和肃州的人口。与开元时期相比，河西地区的人口数量出现了大幅度的滑坡。经过元末残酷的农民战争，全国社会经济的发展再次受到严重损失，"自兵兴以来，民无宁居，连年饥馑，田地荒芜"③。与河西同处北部边境的山西府谷县"田野荒芜，百姓稀少"④，甚至连中原王朝的统治中心河北各州县都是"道路皆榛塞，人烟灭绝"⑤，处在西北边地，本就贫弱的河西地区，其情况可想而知。据《重刊甘镇志》载山丹卫："元末兵兴，居民逃散。明洪武三年（1370年），宋国公冯胜兵至时惟空城。"⑥《（嘉庆）永昌县志》称永昌："元季明初几尽于兵革，所称土著十余族而已。"⑦ 道光时期镇番乡贤谢树森称镇番："古无定民，洪武初，始迁内地民人以实之。其时，户不过百余，口不过三千。"⑧

明军控制河西后，在洪武、永乐两朝于河西地区设立了凉州卫、甘州五卫、肃州卫、永昌卫、镇番卫、山丹卫、镇夷所等十卫一所。随着卫所在河西地区的设立，数十余万移民随之进入河西地区。在《重刊甘镇志》《凉镇志》《肃镇华夷志》等方志材料中，记载了明初河西各卫所的户口情况：

---

① ［唐］李吉甫. 元和郡县图志［M］. 卷40，陇右道下.
② 元史［M］. 卷60，地理三.
③ 明太祖实录［M］. 卷12，洪武元年二月壬申.
④ 明太祖实录［M］. 卷145，洪武十五年五月癸丑.
⑤ 明太祖实录［M］. 卷33，洪武元年闰七月庚子.
⑥ ［清］杨春茂. 重刊甘镇志［M］. 地理志：第1，沿革.
⑦ ［清］南济汉. 永昌县志（嘉庆）［M］. 卷1，地理·户口.
⑧ ［清］谢树森，［民国］谢广恩. 镇番遗事历鉴［M］. 卷4，崇祯六年癸酉.

明初河西各卫的户口数据

卫所	时间	户数	口数
甘州五卫	洪武	14，444	30，883
肃州卫	洪武	5，855	13，575
镇番卫	永乐	2，413	6，517
永昌卫	洪武	5，675	15，270
山丹卫	洪武	6，363	12，720
凉州卫	洪武	5，480	39，185
镇夷所	永乐	1，136	3，629
总计		41，366	121，779

　　明代户籍管理体系极为复杂，其人口统计数据的范围及客观真实性，长期以来都充满争论。经研究证明，明代黄册人口数据系统不包括边疆地区少数民族人口，也不包括军事系统（都司卫所）代管的民籍户口，甚至不完全包括卫所军籍户口。[①] 也就是说上述数据并不能作为河西地区的总人口数。部分民户、归附的元朝部众、肃州的"寄居回族"甚至部分在原籍地作为军户登入黄册的卫所军人都没有包括在上述的数据中。据曹树基研究，洪武末年陕西行都司共有二十五万人，其中民籍人口九万余人。[②] 除去不属河西地区的庄浪卫、西宁卫，河西地区的人口应当在二十万左右。齐陈骏则通过对河西方志的考察，指出："按口计算，肃州卫比唐代增加了十分之二，甘州卫则增加了一倍多。唐代整个河西不到二十万人，以此推论，明代河西应有口近三十万。"[③] 但不论三十万还是二十万，随着卫所的建立，洪武末年河西地区的人口总数远超元代是没有疑问的。

　　洪武、永乐时期，都司卫所体制在河西地区初步确立，人口的数量尚属发展时期。随着统治秩序的深化，家属随军在营生活的政策逐渐定型，各种少数民族人口降附。按照常理，河西地区的人口数量应持续增长。但在河西地区各方志中，却出现了嘉靖时期的户口数要少于明初的特殊情况。各方志所载嘉靖时期的户口数据如下：

① 马顺平. 明代都司卫所人口数额新探——方志中两组明代陕西行都司人口数据的评价 [J]. 苏州科技学院学报（社会科学版），2011（4）.
② 曹树基. 中国移民史·第五卷：明时期 [M]. 福州：福建人民出版社，1997：302.
③ 齐陈骏. 河西历代人口简述 [M] //齐陈骏. 河西史研究. 兰州：甘肃教育出版社，1989：42-56.

嘉靖时期河西各卫的户口数据

卫所	时间	户数	口数
甘州五卫	嘉靖	13，701	17，591
肃州卫	嘉靖	5，632	9，963
镇番卫	嘉靖	1，871	3，361
山丹卫	嘉靖	1，551	5，406
凉州卫	嘉靖	2，693	9，354
镇夷所	嘉靖	1，233	4，526
高台所	嘉靖	1，136	3，629
古浪所	嘉靖	310	671
总计		28，127	54，501

由上表可见，在新设高台、古浪两守御千户所的情况下，嘉靖时期河西地区的户口数却少于明初，尤其是口数更是比明初减少了一半。承平日久，户口数却大幅度减少，这无疑是一种极不寻常的现象。对此，清人谢树森有详细的论述：

> 永乐间，户口骤增，户二千四百一十三，口六千五百一十七。嘉靖时，兵燹灾痍，连踵而至，是故户日减；户一千八百七十一，口三千三百六十三。万历间藩镇争雄，外彝屠掠，山河多疮，人民蒙难。镇邑灾荒连年未获怜恤，鸠民生计维艰，相率逃逸。是时，户不过二千，口则四千有奇。天启间，战争稍绥，灾寝略减，户口相继有增。十七年造报户口簿，户三千五百六十七，口一万又五百七十三。①

谢树森将户口数减少的情况归咎于战争和灾难。但实际上嘉靖时期的户口数据存在很多疑点，甚至出现肃州卫户数多于口数的荒谬情况。也就是说方志所载的嘉靖时期的户口数并不能反映河西地区人口的真实情况。明代中后期，随着赋役制度的变迁，政府不再重视户口的编审，很多地区的户口数完全不循规章，甚至荒谬绝伦。此时的户口数只能被视为纳税单位，与真实的人口情况

---

① ［清］谢树森，［民国］谢广恩. 镇番遗事历鉴［M］. 卷4，崇祯六年癸酉.

相差越来越大。① 同时，随着卫所武官对卫所屯田的疯狂侵占，河西地区的屯田遭到严重破坏。许多失去生计的卫所军士以及流入河西的流民，就被迫投充于边将势要之家，做了隶属于主人的家丁。而没有失去土地的军士，为逃避沉重的赋役，往往也会主动投充于边将势要之家。正统六年（1441年）十二月，"镇守凉州副总兵会川伯赵安在凉州招延无藉之徒为家人扰害良善。巡按御史孙毓劾奏，请治其罪"②。天顺八年（1443年）十一月，巡抚甘肃右佥都御史吴琛在奏文中就指出："边军舍余人等有投托镇守参将、守备、都指挥、指挥等官，或各官招纳容隐，并买留作家人义男，及所属官员以家人义男贿送镇守等官交结者，悉送发原卫，正军著役，余丁并官下舍人俱随住当差，有不愿回者，听于所在卫所，投充军役。"③ 弘治时大学士李东阳也指出："今沿边诸卫所，良田美地，多归长官。壮夫余丁，半为服役。"④ 这些人口由于权贵的庇护，是无法被政府编审在册的。此外，明初及以后陆续迁入的西域少数民族人口、内附的其他民族人口，以及长期在河西周边游牧半游牧的番族部落人口，更是完全不在户口统计的范围。

与方志所载嘉靖时期户口数明显下降相反，史料中关于河西地区人口增长的记载却屡见不鲜。成化三年（1467年）三月，整饬边备兵部尚书王复在奏文中就指出："访得甘州在城五卫，设置年久，生齿日繁，各家户下正军之外，余六七丁或一二十丁者有之，除供给听继外，中间多有愿投军者招集四五千名，亦可编成一卫立于凉州殷实地方。"⑤ 虽然在凉州再立一卫的建议并未得到同意，但军户家庭的繁衍之盛可见一斑。成化十三年（1477年）七月，兵部侍郎滕昭等人提出建议："辽东、宣府、山西、陕西各处沿边军民之家，类多旷丁，若设法召募，俱堪操用。宜揭榜召募，果有才力，愿在边立功者，官给鞍马。"⑥ 正德四年（1509年）四月，兵部提议："令清理屯田右佥都御史王宪于永昌傍近卫所，抽余丁或募壮士千人，以实永昌乃掣西宁戍兵回卫。"⑦ 从河西

---

① 何炳棣. 明初以降人口及其相关问题：1368—1953 [M]. 北京：生活·读书·新知三联书店，2000：3-27.

② 明英宗实录 [M]. 卷87，正统六年十二月戊戌.

③ 明宪宗实录 [M]. 卷11，天顺八年十一月乙亥.

④ [明] 李东阳. 西北备边事宜状 [M] //皇明经世文编：卷54，李西涯文集.

⑤ 明宪宗实录 [M]. 卷40，成化三年三月丙寅朔.

⑥ 明宪宗实录 [M]. 卷168，成化十三年秋七月癸酉.

⑦ 明武宗实录 [M]. 卷49，正德四年夏四月己卯.

地区的军民中大量招募余丁、壮士从军亦从侧面证实了河西人口增长的事实。

（二）改变了河西地区的民族结构

自河西归汉以来，汉族就不断地向河西地区移民，但随着政局的变化，汉族人口和少数民族人口在河西地区的人口比例中此消彼长。尤其安史之乱之后的数百年时间里，由于长时间处于吐蕃、回鹘、党项、蒙古等游牧民族的控制，少数民族人口在河西地区占据了优势。早在吐蕃统治时期，河西地区就出现了吐蕃化的倾向。唐诗中对此多有反映，如张籍的《陇头行》云："去年中国养子孙，今着毡裘学胡语。"李白的《奔亡道中五首》云："俗变羌胡语，人多沙塞颜。"另据研究，现存于河西地区的公元 7 世纪至 9 世纪的藏文写本里，共出现137 名写者和校勘者的署名，其中署名中保留汉式姓名、称谓者仅有 38 人，其余皆为吐蕃人、吐蕃化的汉人以及昭武诸姓及其他民族人士。① 至五代时，汉族人口在河西地区总人口中的比例进一步降低。在河西地区东段的西凉府一带仅存"汉户百余"，只有"郭外数十里，尚有汉人陷没者耕作"，"余皆吐蕃"；宋朝咸平元年（998 年），西凉六谷潘罗支政权遣使至宋时，称辖境共有户二万五千六百九十三，其中汉民仅有三百户。② 元代统治河西后，大批察合台系诸王及部民涌入河西地区，更是加剧了这一情况。洪武二十五年（1392 年）十二月，明廷"诏陕西都指挥使司，甘肃等处回回军民愿还西域者悉遣之"。结果应诏返还撒马尔罕之地的回族军民，达到了一千二百三十六人之多。③ 可见，元末明初河西地区拥有着相当数量的少数民族人口。虽然史籍中没有对汉族、少数民族人口数据的具体记载，我们无法确定汉族、少数民族人口的具体比例。但据《镇番宜土人情记》称："镇番地方，民风多近胡俗。"④《重刊甘镇志》称甘州"在昔混于夷虏，土屋居处，湩饮肉食。牧畜为业，弓马是尚"；山丹"昔为羌戎所居，男女罕事耕织，唯弓马是尚，畜牧为生"⑤。《肃镇华夷志》称肃州"自明朝扫逐胡元，宋国公冯胜统兵河西，奄有华夏，始迁四方人，以实其郡，习尚错杂，靡有定趋"⑥。从游牧文化在河西地区的影响力来看，明初少

① 黄文焕. 河西吐蕃卷式写经目录并后记 [J]. 世界宗教研究，1982（1）.
② 宋史 [M]. 卷492，外国八.
③ 明太祖实录 [M]. 卷223，洪武二十五年十二月乙亥.
④ [清] 谢树森，[民国] 谢广恩. 镇番遗事历鉴 [M]. 卷1，景泰二年辛未.
⑤ [清] 杨春茂. 重刊甘镇志 [M]. 地理志：第4，风俗.
⑥ [明] 李应魁. 肃镇华夷志 [M]. 卷2，风俗.

数民族人口应在河西地区的总人口中占据着主体。

随着卫所的设立，数以万计的军事移民从内地涌入河西。这些军事移民以汉族为主体，一定程度上改变了河西地区汉族稀少的民族结构。河西地区的汉族群体进入了稳定的发展时期。今天，河西地区的许多汉民都声称自己是明代移居者的后代。如民乐谢氏，称其第一世谢辉，字彦章，岳州府华容县宁福乡籍。"洪武三十一年（1398 年）戊寅九月，内调山丹卫中所管军"，谢氏遂定居山丹，后山丹谢氏中的一支又迁至民乐。① 民勤孟氏，"先籍浙江宁波府鄞右坊人。始祖孟大都于洪武三年（1370 年）因元季王保保乱，父子从戎至镇遂家焉"②。永登、天祝一带的满氏，"我始祖兄弟二人于前明洪武二年（1369 年），一人于凉州大河驿居住，一人于平番野狐城居住"③。武威东河乡陈家寨村陈氏，始祖"至明宦游于凉，遂入籍武威，卜居府城东北大柳树。祖若父相传，有居于凉城者，有居于大河堡者，不详其名字。惟族祖陈秀徙居杂下头坝二畦地方。系瑞荄瑞芑之始祖也。我曾祖湖翁亦徙居于此焉。嗣后，支派分流，枝叶蕃衍而冠裳济济，称为五凉巨族者"④。古浪县泗水镇唐氏，始祖唐自和，明朝万历十年生，原籍四川，于明朝万历三十二年（1604 年）来到甘肃，由千候（户）拔为凉州镇左（营）守府。明朝万历三十八年（1610 年），始祖唐自和任西大通游击将军，至明朝崇祯元年卸任，期间在凉州镇南营坊安家落户。⑤ 永昌县郑家堡祝氏，先祖一迈、一真、一龙于明初由山东应军屯徙甘肃。一迈寓居天水，一真率士，卫边于河西，后徙永昌"十堡"，一龙居山丹。三支繁衍于今十五六代，五千余口，其中居于"十堡"者千余口。⑥ 永昌县高氏，"除近代因故来永落户者，其余大部分永邑本土高姓，均为明朝高昇将军的后代。始祖高昇，山西襄汾人氏，传说祖根在渤海，于成化年间挈眷赴永任职并落户"⑦。

汉族人口的增多，最直接的体现就是社会风俗的变化。如《重刊甘镇志》

① 谢继忠. 甘肃民乐发现的清代抄本《谢氏家谱》考述——河西地方文献的搜集、整理与研究之一 [J]. 边疆经济与文化，2013（2）.

② 李万禄. 倾心于文教事业的孟良胤 [M] //武威政治教科文卫体史委员会. 武威文史：第 2 辑，1991：76.

③ 天祝古城克岔满瑞堂光绪岁次谱序 [M] //甘肃省满氏家族联宗修谱理事会. 甘肃满氏族谱，2009：185.

④ 陈有顺. 武威陈氏源流及族谱考述 [J]. 寻根，2018（4）.

⑤ 唐树科. 唐氏家谱 [M]. 兰州：兰州读者时代图书有限公司，2007：2.

⑥ 祝巍山. 郑家堡祝氏祖茔碑文 [M]. 1998 年 7 月 5 日立.

⑦ 高氏家谱编纂委员会. 永昌县将军碑高氏家谱 [M]. 2008：5.

载："在昔混于夷房，土屋居处，撞饮肉食，牧畜为业，弓马是尚，好善缘，轻施舍。自入明更化维新，卫所行伍之众，率多华夏之民，赖雪消之水为灌溉之利，虽雨泽少降而旱魃可免，故地虽边境，俗同内郡。"①

除汉族外，明代还有从关西、蒙古等地移住河西地区的少数民族，其身份极为复杂，包括了新哈喇灰、旧哈喇灰、畏吾尔、回族、熟达、西番等族群。这些归附人中，明初归附的元朝官兵大多被直接编充入卫所，成为卫所军户的特殊组成部分；而明代中后期，停留在河西走廊的西域贡使、关外零星的逃荒避难者，以及关西七卫裁撤后集体迁入河西者，则以寄住的身份被安置到各地夷馆，或暂时安置在官府的指定牧区。所谓寄住，即暂时居住。对于寄住民族，明廷采取的仍是羁縻统治的策略。按照明廷最初的设想，这些寄民在关外形势好转后，就会迁回故地，但事与愿违，直到明亡关外的局势都没有获得好转。随着时间推移和代际更替，寄住民族势不可阻地转向定居化和本土化。② 到清初，明中期以来寄住河西地区的哈密、赤斤、罕东、回族等已经融入了当地社会，成为清王朝的编户齐民。"哈密卫徙居之东关厢者三族，曰畏吾尔族，其人与汉族微同；曰哈刺灰族，其人与夷族同；一曰白面回回，则回族也。今皆男女耕织，或为弟子员矣。"③ "迄今本朝德化涵濡，渐摩愈久，并多裼毡裘而袭冠带，俗同编户，与内地人民一体纳粮当差，以供赋役，可谓盛矣。"④ "回回来自西域，今则蔓延中国矣。湟中一带极多，独古邑二三十户。其饮食年朔，虽率彼夷风，然未敢梗化，又各有掌教及乡约，以稽查统率，庶无患焉。"⑤ 同时，众多的寄民与河西本土民族在长期的融合与繁衍中，一部分同化于汉族，一部分形成了新的民族共同体，还有一部分迁徙至河西走廊南山一带，与原本住牧于此的藏族部落相融合，逐步形成了今天我国最北端的藏族人群——东纳藏族。⑥

总而言之，有明一代数十万各族移民涌入河西地区，对河西地区的人口数

① ［清］杨春茂. 重刊甘镇志［M］. 地理志：第4，风俗.
② 闫天灵. 明清时期河西走廊的寄住民族、寄住城堡与寄住政策［J］. 中国边疆史地研究，2009（4）.
③ ［清］梁份. 秦边纪略［M］. 卷4，肃州卫.
④ ［清］黄文炜. 重新肃州新志［M］//肃州册：第15册，属夷.
⑤ ［清］张珂美. 五凉全志［M］. 第4卷：古浪县志，风俗志·番夷.
⑥ 闫天灵. 明清时期河西走廊的寄住民族、寄住城堡与寄住政策［J］. 中国边疆史地研究，2009（4）.

量、民族结构乃至社会发展都产生了深远的影响。其中汉族多居于卫城、所城、堡、墩等军事防御性的堡寨中，寄居的少数民族群体多居于关厢以及南北两山畜牧之地。使得河西地区形成了以汉族为主体，藏、蒙古、裕固、回等少数民族大杂居、小聚居的新格局，对今天河西地区的民族结构、民族分布产生了深远影响。尤其是藏族、裕固族所形成的聚居区至今基本未变。回族经历了清初的丁国栋、米喇印反清运动和同治年间的陕甘回变两次大的动荡后，在河西地区的人数虽然大为减少，但仍然有着广泛的分布。

第二节　明代河西地区军户群体的形成、来源与转变

明王朝在户籍的编造中，以配户当差为原则，依国家的不同需要将已著籍官府的人户编为民、军、匠、灶等不同的户种。各籍人户皆为世袭，子子孙孙都依照各自的户籍来承当不同的差役。其中军户，指军士别立户籍，由五军都督府管理。明代的疆域虽然远不及元朝，但军户群体却十分庞大。永乐二年（1404 年），都察院左都御史陈瑛指出："以天下通计人民不下一千万户，官军不下二百万户。"[①] 其总数约占全国户籍的五分之一，在明代各类户口中，次于民户，居第二位。为保障卫所军的兵源，防止军户规避，军户实行严格的世袭制度，所谓"军户世袭，役皆永充"，严格限制军户改籍和分户，除非经皇帝特许或"必仕至兵部尚书"[②] 方可脱籍。在役正军如有死亡或逃亡者，于原籍勾取继丁补役；若正军一家已亡绝，则于其原籍族人中勾取。明代世袭军户制度十分繁杂，其内部亦有所分类。顾诚指出："在明代，'军户'这一概念有时被用于两种截然不同的场合，一种是指在卫所的军人家庭，另一种是军士在原籍州县的户口。"[③] 20 世纪 80 年代，李龙潜首次提出了将军户分为"郡县军户"与"在营军户"[④]。彭勇则将军户分为"卫所军户"和"州县军户"两种，并指出卫所军户既包括了拥有"军籍"身份的"在营军户"，也包括了寄籍于州县的寄籍军户，这些军户只是在管辖权的处理上略有不同，这批军户的户籍册

---

① 明太宗实录 [M]. 卷 33，永乐二年秋七月庚寅.
② 明史 [M]. 卷 92，兵四.
③ 顾诚. 明代的疆域管理体制 [J]. 历史研究，1989（3）.
④ 李龙潜. 明代军户制度浅论 [J]. 北京师范学院学报，1982（1）.

上始终标注有"军籍"二字，这类军户也是"卫籍"人户中最重要的组成部分，包括卫所官旗军、舍、余等。于志嘉则在前人研究的基础上，提出将军户分为卫所军户、原籍军户和寄籍军户。①

本书所论河西诸卫的军户，主要是指卫所军户。所谓卫所军户，即明初从各地调来河西地区的军户，经过世代世袭、繁衍形成的军户家族。明朝在河西地区实行军政一体的行政管理体制，因此河西地区拥有着庞大的军户群体。这些军户构成了明代河西汉族移民的主体，对河西地区的民族结构、经济发展都起到了重要的影响。长期以来，海内外学界对明代的卫所军户群体多有关注。特别是张金奎先生的《明代卫所军户研究》一书对明代卫所军户群体的形成、职业选择、组织管理、后勤保障等问题都进行了详尽的考证。② 但具体到河西地区的军户群体则鲜有学者关注。本节试图通过对档案材料《镇番卫武职选簿》的整理，结合族谱、墓志以及相关地方志中的记载，对明代河西地区军户群体的形成、来源与发展等问题进行系统的梳理。

一、河西地区卫所军户群体的形成

明初驻防河西地区的军士大致由四类群体构成：土著之归附者、有罪谪戍者、从征官兵之留戍者、调拨来边者。

在明初经营河西的过程中，明朝实施"籍民为军"的政策，将大量的河西土著居民编入军籍。如《镇番遗事历鉴》载："洪武二十四年（1391 年）春二月，镇邑边警，饬令边营属人民编入行伍，以驻军指挥统领。本邑共编四千又五十，号称五千。又编马兵一千名，分置各隘口，昼夜巡逻。"③ 在人口稀少的镇番卫一次从边民中编出五千五百名士兵，此数字应有着相当大的水分，但反映了明朝在河西"籍民为军"的事实。明朝将这些土著居民中的壮丁直接编入军队，补充兵源的同时，他们的家属也随之被纳入军籍，成了河西军户群体的最初来源。河西驻军中由谪戍者构成的恩军有着相当高的比例。这部分恩军，按照明制，在谪充之始，就要抄没家产，全家起发随军，这就进一步壮大了河西地区的军户群体。至于从征河西并留戍当地的军士以及调拨来边军士，除了

① 于志嘉. 明清时代军户的家族关系——卫所军户与原籍军户之间 [J]. "中央研究院"历史语言研究所集刊, 2003, 74 (1).
② 张金奎. 明代卫所军户研究 [M]. 北京：线装书局, 2007.
③ [清] 谢树森, [民国] 谢广恩. 镇番遗事历鉴 [M]. 卷1, 洪武二十四年辛未.

部分军官，以及来自元朝与其他起义军的降附者中有家属随军的情况外，大部分普通军士都是独自在卫。卫所设立之初，由于国防形势恶劣、军队移防频繁，军士群体具有相当大流动性。军士大多无法久留当地。同时，在落叶归根的传统观念的影响下，大多远戍的军士还期盼能退役后返回原籍地。随着统治秩序的确立，军士的驻防地基本确立，独自在卫生活的军士在趋于安定的生活状态下，自然会产生对家人和故乡的思念，但卫所远离故土，难以回乡团聚，于是便有军属主动赴卫生活，使得卫所内的军户群体获得了进一步扩大。

　　然而众多非战斗人口在短时间涌入，给河西诸卫的军粮供应带来了严重的困难。洪武二十九年（1396年），陕西行都指挥使司都指挥金事张豫就指出："今迤西所统边卫，人稠地狭，供给粮储惟借内地转运，况各卫军士多由罪谪，既有壮丁代役而老幼尚同在营蚕食。"并提出了解决的措施："如将此辈听于黄河以南，直抵陕州以北地旷州县，寄籍屯种，每岁供给正军，俟三年后与土著军户一体输租应役。若军伍有缺，就于幼丁内选壮者补役为便。又言各卫军士年七十以上并老疾无丁可代者，若留在伍虚费粮赏，宜令回乡依亲，其因罪谪戍守者则令罢役在营自给，所缺之伍别调补之。"① 张豫的建议包含了两个方面，一方面是将充军之人的家属调离卫所，改于临近州县寄籍；另一方面是针对失去战斗力的年老军士。无丁可代的普通年老军士遣散回原籍，而充军之人仍留在卫所生活，但军粮自给，卫所不再负担。张豫建议的目的在于通过减少卫所的非战斗人口来减少军粮负担。一经上报，便得到了明太祖的批准。这种遣返部分军属及退伍军士的政策一定程度上减缓了河西地区军户群体的形成与发展。但在长时间生活中，明廷逐渐认识到单一的人口结构，不利于卫所的稳定与发展。缺失家庭温暖的军士往往不安于在卫，频频出逃，甚至出现"西北军士有以足弯当龙阳者"② 的行为。同时，遣送年老军士及军属回原籍，需要卫所、原籍政府、沿途政府等机构的配合，行政成本极高，并不具备实施的可能。在此背景下，为使军士安心服役，减少军士逃亡的概率，并改变原本由军士组成的单一的卫所人口结构，明廷遂开始调整对军属的政策。

　　据张金奎先生考证，宣德初年，明廷开始大规模揀用余丁应役，事实上默

---

①　明太祖实录［M］. 卷244，洪武二十九年春二月甲午.

②　［明］谢肇淛. 五杂俎［M］. 卷5，人部一.

认了军属在卫生活的现实。① 同时，随着在卫人口的增加和清勾工作的开展，明廷意识到直接从在卫余丁中勾丁补役远较从原籍勾丁容易，遂从制度上对军士赴卫携家属问题做出明确规定。正统元年（1436年），在兵部尚书王骥的牵头下，明廷对有关清勾的军政条例进行了调整，增补"各处起解军丁并逃军正身务要连当房妻小同解赴卫着役。若止将只身起解，当该官吏照依本部奏准见行事例，就便拿问。委无妻小者，审勘的实，止解本身"②。从而确立了军士赴卫所服役时，需金妻同行的政策。这就标志着明朝在制度层面对军属在卫生活的最终认可，使卫所军户的群体进入了一个稳定发展的阶段。③

这些卫所军户形成后，经过数代生息繁衍，各祖军的子子孙孙除了应袭舍人外，还生产了很多余丁，这些余丁再结婚生子，不断繁衍，形成了庞大的军户家族。成化三年（1467年）三月，整饬边备兵部尚书王复在奏文中就指出："访得甘州在城五卫，设置年久，生齿日繁，各家户下正军之外，余六七丁或一二十丁者有之，除供给听继外，中间多有愿投军者招集四五千名，亦可编成一卫立于凉州殷实地方。"④ 虽然在凉州再立一卫的建议并未得到同意，但军户家庭的繁衍之盛可见一斑。明世宗继位后，在全国范围掀起了宗族建设的热潮。嘉靖九年（1530年），镇番卫人彭广制定"创修谱例"二十三条，晓示各家，以资参互。⑤ 崇祯四年（1631年），邑人何希闵花费五千金于三坝李二沟筑家祠，名"何氏宗祠"，祀忠勇将军何相。⑥ 族谱的编修和家祠的建设作为宗族建设的重要措施，从侧面证明了卫所军户在河西地区的发展与壮大。

二、河西地区卫所军户群体的来源

卫所军户的来源地，在《武职选簿》中有着较为明确的记载。《武职选簿》是记载明代卫所武官袭替补选情况的登记簿册，是研究明代卫所武官的第一手资料。遗憾的是，除镇番卫外，河西地区其他卫所的《武职选簿》均已散佚，

---

① 张金奎. 试析明初卫所军户群体的形成 [J]. 中国史研究，2007 (2).

② [正统] 军政条例 [M] //皇明制书：卷12.

③ 张金奎. 试析明初卫所军户群体的形成 [J]. 中国史研究，2007 (2).

④ 明宪宗实录 [M]. 卷40，成化三年三月丙寅朔.

⑤ [清] 谢树森，[民国] 谢广恩著，李玉寿校注 [M]. 镇番遗事历鉴：卷2，嘉靖九年庚寅.

⑥ [清] 谢树森，[民国] 谢广恩著，李玉寿校注 [M]. 镇番遗事历鉴：卷4，崇祯四年辛未.

其所属武官的具体信息，我们已无从得知。但我们通过《镇番卫武职选簿》仍可窥探出河西地区卫所武官的一些基本情况。《镇番卫武职选簿》明确记载了156位各级武官的原籍，其详细情况统计如下。

镇番卫武官籍贯详情表①

籍贯	南直隶	山后	陕西	北直隶	湖广	河南	江西	浙江	四川	广东	山东
指挥使	3	1	1	2	1						
指挥同知	1	1	1			1	2				
指挥佥事	7		2		1						
卫镇抚				1	1						
正千户	1		2				1	1			
副千户	6		4	1				1			
百户	16		7	1					1	1	
试百户	30		37	6	2	3	1	4		1	1
冠带总旗	1		1								
总计	65	2	55	11	5	5	5	5	1	1	1

由上表可见，镇番卫武官的来源地极为广泛，包括南直隶、山后、陕西、北直隶、湖广、河南、江西、浙江、四川、广东、山东等十一个地区，几乎遍布明朝的两京十三省。其中南直隶、陕西、北直隶是最主要的来源地，分别占据武官总数的42%、35%和7%，其他省份所占比例较小。而来源州县涉及南直隶的定远、寿州、虹县、盱眙、巢县、滁州、合肥、凤阳、太湖、桐城、溧水、建德、临淮、六安、当涂、昆山、江都、全椒等，陕西的陇西、会宁、咸阳、秦州、扶风、伏羌、安塞、阶州、金县等。虽然《武职选簿》记载的对象只限于获得冠带总、小旗或试百户以上职位的军官，普通军士并未登记在册。但现存的武职选簿所载的是崇祯年间卫所武官的情况，很多武官的先祖在调入卫所之初都只是普通军士，当他们或他们的后裔日后立功晋升为卫所武官后，方才有追述武职由来的必要。因此《武职选簿》所载的虽然只是军官家族，但仍具一定的代表性。

清中叶，河西地区出现了与北京、河北、山东、江苏等地区类似的"山西

---

① 镇番卫武职选簿［M］//明朝档案总汇：第57册．桂林：广西师范大学出版社，2001：79－198.

洪洞大槐树的传说",众多居民将山西洪洞县大槐树视为自己的祖籍地。道光年间,镇番邑人谢广恩就对这一问题进行了考证:

> 今本邑之民,问之户籍,辄谓本山西大槐树人氏也。余考旧志及诸家谱牒,以为大谬。比如柳林湖今之户族,据王介公《柳湖墩谱识睍抄》记:凡五十六族,十二族为浙江、金陵籍,五族为河南开封、汴京、洛阳籍,三族为大都籍,十五族为甘州、凉州籍,一族为湟中籍,一族为金城籍,三族为阶州籍,三族为宁夏籍,五族为元季土著,仅有八族为山西籍。故知所谓镇人为山西大槐树之民者,不过传说而已,实非然也。①

谢广恩考察了道光时期镇番县柳林湖地区居民的原籍情况,其中金陵、浙江籍共有十二族,户数仅次于甘州、凉州、金城等临近地区的移民。在历经了清初的大移民后,原籍明代南直隶地区的户族仍占柳林湖地区总户数的五分之一,客观上印证了南直隶是明代镇番卫军户移民的首要来源地。

除《镇番卫武职选簿》外,河西地区的一些族谱、墓志与武官袭职供状亦对军户的原籍地有所记载:

> 《张氏世谱序》:张氏始族系江南凤阳府怀远县人。其始祖之祖,远不可考,自以世祖讳遇,从明太祖大战鄱阳湖有功……二世祖讳衢,袭父职,洪武七年(1374年),从宋国公冯胜平定河西,世授凉州掌印指挥使,始家于凉州。②

> 《洪崖李公墓表》:公讳义,字时宜,姓李氏。居武威郡洪崖沟,因号洪崖,人称洪崖将军。先世顺天府通州武清县丘家庄人。③

> 《杨氏族谱》:始祖讳胜,生于大元至正年间,原系四川重庆府长寿县

---

① [清] 谢树森,[民国] 谢广恩著,李玉寿校注. 镇番遗事历鉴 [M]. 卷1, 洪武五年壬子.

② [清] 张澍. 凉州府志备考 [M]. 周鹏飞,段宪文,点校. 西安:三秦出版社,1988:783.

③ [清] 张澍. 凉州府志备考 [M]. 周鹏飞,段宪文,点校. 西安:三秦出版社,1988:769.

人……于宣德七年（1432 年）同子移至于凉州。①

《杨仲玉世系家谱》：一世族仲玉，原籍直隶州宜兴县南门里长桥洞山乡四十九都人也……二世祖达，世袭诰命一道，实授凉州卫前所，病故。②

《马氏族谱》：夫我始祖，原系直隶北京顺天府蓟州遵化县人，随征员役，讳得。因圣祖遣宋国公冯胜统兵下河西随征，屡成克复大功，历升指挥同知。已而，选调镇番，桑梓赖以守固。③

《丁氏历世袭职册》：供状人丁自珍，年二十岁，系陕西行都司凉州卫老疾世袭指挥同知丁胤嫡长亲男……自珍一世祖丁子华，原籍直隶州府泰兴县张氏下万户，丙午年，于湖州徐丞相下归附从军……十七年，调凉州卫后所，管军百户。④

武威康宁乡龙泉村北山坡《陈氏族谱·引》：自大明隆庆年间，其祖陈校系南京应天府铁牛巷人也。迁于凉州府距城西北之清水河，转徙于怀西乡镇西堡，躲难坪遂家焉。是北山坡之有陈，始自校始也。⑤

在上述七条材料中，有 4 户的原籍地在南直隶，2 户在北直隶，1 户在四川。与《镇番卫武职选薄》所反映的武官原籍情况基本一致。由于史料的匮乏，我们无法得知各原籍地在河西各地卫所军户中所占的具体比例，但南直隶、陕西、北直隶是河西地区卫所军户的主要来源地是没有疑问的。

三、由"军"到"民"——卫所军户的转变

明中叶以降，营兵制的出现逐渐取代都司卫所系统成为最为主要的军事管理与指挥体制。卫所成为向营兵提供部分的将源、兵源以及饷源、军器的后勤管理机构。营兵制与卫所制的并存，使明代的军制中出现了"军"与"兵"并

---

① [清] 张澍. 凉州府志备考 [M]. 周鹏飞，段宪文，点校. 西安：三秦出版社，1988：778.

② [清] 张澍. 凉州府志备考 [M]. 周鹏飞，段宪文，点校. 西安：三秦出版社，1988：782.

③ [清] 谢树森，[民国] 谢广恩著，李玉寿校注. 镇番遗事历鉴 [M]. 卷1，成化元年乙酉.

④ [清] 张澍. 凉州府志备考 [M]. 周鹏飞，段宪文，点校. 西安：三秦出版社，1988：789 – 790.

⑤ 陈有顺. 武威陈氏源流及族谱考述 [J]. 寻根，2018 (4).

存的现象。简单而言，军属卫所，主守、主屯；兵属营伍，主战。其中被抽选为营兵的卫所军士被称为“军兵”。在此情况下，卫所军户中除了袭替军役者，以及被招募为兵者，其他普通军余与民户的差异逐渐缩小。军户出现了由“军”向“民”转变的趋势。这种趋势主要表现在军户子弟职业选择的变化上。明初，为保障军队的战斗力，朱元璋制定了极为严苛的条例严禁卫所军士从事与军事无关的活动，“在京但有军官军人学唱的，割了舌头；下棋打双陆的，断手；蹴圆的，卸脚；做买卖的，发边远充军”。龙江指挥伏颙就因与本卫小旗姚晏蹴圆，被卸了右脚，全家发配云南。① 明中后期，随着军制的变化，卫所军户群体的发展与壮大，越来越多的军士子弟在职业选择上不再限于从军，开始投身于务农、科举、经商等其他领域。

（一）从军

按照配户当差的原则，从军是军户的法定职业。卫所军户世代从军，即使是军余也随时准备替补入伍，因此对军旅生活非常熟悉，很自然将从军作为职业选择。② 同时在恶劣的自然环境和国防形势下，为保卫家园，军户子弟大多练就了一身本领，如明代镇番人“不特世袭指挥辈俱能跃马横戈，即乡旅丁壮一二匹夫，辄敢与虏对垒”③。又如正德年间镇番人詹克勇，纳十四徒，于枪杆岭练习武艺，号称“枪杆铁虎”。艺皆精，名冠碛北。④ 万历四十三年（1615年）七月，为选拔雄杰勇力之士，加强军队建设，甘肃抚按荆州俊、董定策提出建议：“该镇猛士如林，惟是距省三千里，鹰扬难赴，以致材勇灰心，请比辽宣成例议开武科，以场则设于甘镇。”⑤ 武举对应举者身份并没有严格的限制，军民子弟皆可参与。但实际上，武举的应考主体仍是军户子弟。在河西地区单独设立武举考场，免去了军户子弟应考的奔波之苦，无疑增加了河西军户子弟通过武举从军的机会。

明中后期，随着募兵制的发展，为巩固国防，明廷试图从沿边地区招募民壮为兵。如正统九年（1444 年）正月，甘肃总兵官宁远伯任礼奏：“比增选甘

---

① ［明］顾起元．客座赘语［M］．卷 10，国初榜文．

② 张金奎．明代卫所军户研究［M］．北京：线装书局，2007：187．

③ ［清］张玿美．五凉全志［M］．第 2 卷：镇番县志，风俗志．

④ ［清］谢树森，［民国］谢广恩著，李玉寿校注．镇番遗事历鉴［M］．卷 2，正德三年戊辰．

⑤ 明神宗实录［M］．卷 534，万历四十三年七月壬戌．

肃、宁夏各卫所舍人余丁二万人而无兵器，请给于京库。"上命陕西行都司造给之。① 天顺二年（1458 年）四月，"上命自辽东至甘肃一带边民有强劲精壮愿报效者，募为土兵"②。成化十三年（1477 年）七月，兵部侍郎滕昭等人提出建议："辽东、宣府、山西、陕西各处沿边军民之家，类多旷丁，若设法召募，俱堪操用。宜揭榜召募，果有才力，愿在边立功者，官给鞍马。"③ 弘治十四年（1501 年），"先是以兵部奏命西北诸边每镇召募土兵五千人，其应募者先给银充赏，有功者升赏如例，事宁归农。愿永为军者，听如。无应募者，于官军之家三丁选一"④。为刺激民壮应募，明廷往往给募兵提供一些优越的经济待遇。如天顺元年（1457 年）八月，"近边人民禀气强劲，膂力过人，边鄙利害，戎虏情伪，素所谙晓，不分军民舍余人等有愿与朝廷效力者，许其自报，收附近边卫寄管，令作土兵。名色赏银一两，给与鞍马器械，秋冬操练支与口粮，春夏务农住支本户，有税粮者免征五石，仍除二丁供给，免其杂泛差徭"⑤。嘉靖二年（1523 年）题准："陕西甘、凉召募土兵，每名给银五两，系册内查出抽选者，每名给银三两五钱。"⑥ 在这样的背景下，为改善家庭环境，除应役的正军外，大批缺乏其他职业技能的军户，就以募兵制的兴起为契机，投身营兵系统。正统二年（1437 年），"始募所在军余、民壮愿自效者，陕西得四千二百人"⑦。正统九年（1444 年），甘肃总兵官宁远伯任礼奏："比增选甘肃、宁夏各卫所舍人、余丁二万人，而无兵器请给于京库。"⑧《镇番卫武职选簿》中就记载了不少军余、舍人在应募成军后立下战功，成为军官。如镇番卫指挥佥事彭润门下舍人彭澜，"正统三年（1438 年）以舍人报效亦林真，与贼对敌，斩首一颗升冠带小旗"⑨。镇番卫人王禄由舍人充生员，弘治七年（1494 年）二月在红山儿地方斩首一颗，八年奉勘合升冠带小旗，正德六年四月在柳条湾地方

① 明英宗实录 [M]. 卷112，正统九年春正月癸亥.

② 明英宗实录 [M]. 卷290，天顺二年夏四月丁卯.

③ 明宪宗实录 [M]. 卷168，成化十三年秋七月癸酉.

④ 明孝宗实录 [M]. 卷179，弘治十四年九月丁亥.

⑤ 明英宗实录 [M]. 卷281，天顺元年八月丁未.

⑥ [万历] 明会典 [M]. 卷129，镇戍五.

⑦ 明史 [M]. 卷91，兵三.

⑧ 明英宗实录 [M]. 卷112，正统九年春正月癸亥.

⑨ 镇番卫武职选簿 [M] //明朝档案总汇：第57 册. 桂林：广西师范大学出版社，2001：98.

阵亡。① 镇番卫人孙惟兴，"由舍人嘉靖四十二年（1563年）独青山斩首一颗，升小旗"②。

在尚武的社会氛围的熏陶下，河西诸卫的军户子弟中涌现了一批具有较高军事造诣的高级将领。如山丹卫人武振，"多才艺，善弓马，长于戎略。当明中叶，屡涉行阵。积多，授甘肃总兵"③。山丹卫人王允中，"由武举积功，任平羌将军、甘肃总兵、都督同知，邑人为之建坊以领"④。凉州卫人张达，由行伍，屡有战功，嘉靖末年任大同总兵。"嘉靖二十八年（1549年），也先帖木儿入寇，达率副将张凤御之，马蹶见杀。"⑤镇番卫人李震，"由本卫升花马池。修边御敌，屡有战功。历升甘肃总兵，挂平羌将军印"⑥。镇番卫何淮，"筑西关，练民丁，治国如家……历昌平总兵，年九十余卒，昌平祀之"⑦。

（二）务农

明初，为维持卫所军士的生计，明廷特意从卫所旗军中分拨出一部分军士专门从事屯田，被称屯军。据万历《明会典》载："国初兵荒之后，民无定居，粮饷匮乏，命诸将分屯于龙江等处。后设各卫所，创制屯田，以都司统摄。……军士三分守城，七分屯种。又有二八四六一九中半等例，皆以田土肥瘠、地方冲缓为差。又令少壮者守城，老弱者屯种。"⑧屯种所得，除向政府缴纳的定额子粒外，剩余的部分就可以由屯军自由支配。但明朝军屯的屯田子粒远高于民田，河西地区土地又较为贫瘠，仅靠额定的屯军还难以解决广大军户的生计。因此，明廷还鼓励军士及家属自行垦荒，并减免新垦田地的税额。如永乐二年（1404年）规定："军官及军下舍人、家人、余丁自愿耕种者，不拘倾亩，任其开垦，子粒自收。不许比较。"⑨正统元年（1436年），行在兵部右侍郎徐晞会同行在左侍郎王佐等提议："宜将军余地亩如民田五升起科，月粮仍

---

① 镇番卫武职选簿［M］//明朝档案总汇：第57册.桂林：广西师范大学出版社，2001：93.
② 镇番卫武职选簿［M］//明朝档案总汇：第57册.桂林：广西师范大学出版社，2001：108.
③ ［清］钟赓起.甘州府志［M］.卷11，人物·乡贤.
④ ［清］钟赓起.甘州府志［M］.卷11，人物·乡贤.
⑤ ［清］张珩美.五凉全志［M］.第1卷：武威县志，人物志·乡贤.
⑥ ［清］张珩美.五凉全志［M］.第2卷：镇番县志，官师志·秩官.
⑦ ［清］张珩美.五凉全志［M］.第2卷：镇番县志，官师志·秩官.
⑧ ［万历］明会典［M］.卷18，户部五.
⑨ ［万历］明会典［M］.卷18，户部五.

旧关给，其屯田正军该纳余粮六石，余丁地亩亦科如民田。及大同、宣府边卫亦宜如例。"英宗诏准。① 正统四年（1439 年），明廷又下令"太同、宣府、辽东、陕西等地，沿边空闲之处即许官军户下人丁尽力耕种，免其子粒"②。正统七年（1442 年），"令屯田有自开垦荒地，每亩岁纳粮五升三合五勺"③。在政策的引导下，在原籍就以务农为生的军户子弟，为改善生活条件，继续以务农为业就成为重要选择。正德三年（1508 年）五月，监察御史李璞在报告中指出："甘州等十二卫，古浪等三所，屯田还奏旧额实屯军壮所种共一万一千一百五十五顷五十亩……边储舍余人等所种共一万五千一百七十六顷六十亩。"④ 可见，河西地区由军余耕种的土地亩数已超过了军屯。

（三）入学与出仕

明太祖朱元璋以武功定天下。因此在明王朝建立之初，明太祖给予了武官集团优渥的政治、经济待遇。史载"内则公侯列文臣之上，外则都司列布、按两司之上"⑤，武臣的地位十分尊贵。甚至有文臣以改武阶为荣耀，如英国公张辅的堂兄张信，"其弟辅为信求改武阶，乃调锦衣卫指挥同知，寻升指挥使"⑥。明初名士张以宁在谈及明初文武地位的区别时就指出："名一在伍符尺籍，则颉颃作气势，视文儒士若敌仇，不媚疾则姗笑者几希。"⑦ 随着国防形势的日趋平稳，文治传统逐渐回归，明廷形成了以文统武的政策，武官的地位趋于没落。尤其是科举制度正规化后，科贡成为入仕的主要途径，"万般皆下品，唯有读书高"的传统价值观，重新成为意识形态领域的主导观念。为跻身官僚阶层，众多的军户子弟也开始将求学入仕作为重要的职业取向。

经过不懈的努力，河西地区的卫所军户在通过求学、科举回归主流社会的道路上取得了不错的成绩。有明一代，河西诸卫先后有 8 人中进士，39 人中举人。恩贡、拔贡、副贡、岁贡更是有数百人之多。由于河西诸卫还带管着一定数量的民户，我们不能将这些热心举业的卫人都简单视为军户子弟。但以军户

---

① 明英宗实录［M］. 卷 15，正统元年三月辛丑.
② 明英宗实录［M］. 卷 52，正统四年闰二月辛巳.
③ ［万历］明会典［M］. 卷 18，户部五.
④ 明武宗实录［M］. 卷 38，正德三年五月乙丑.
⑤ ［明］霍韬. 天戒疏［M］//皇明经世文编：卷 186，霍文敏公文集二.
⑥ ［明］沈德符. 万历野获编［M］. 卷 17，文臣改武.
⑦ ［明］张以宁. 徐清甫三孙字说［M］//全明文：卷 43.

在河西地区总人口中所占的比例而言，当中必定有相当部分是军户子弟。如万历四十七年（1619 年）中进士的山丹人王建侯其父为曾任甘肃总兵的王允中。万历十三年（1585 年）中举的镇番卫何斯美，其祖父何相“以户侯设防青松堡，御虏阵亡”①，弟何斯盛，明末“由百户升密云都司，调山海关铁旗营都司”②。这其中更是有一些军户家族由于连续出现数位生员、举人，从不擅文移的军户家族转型成了文化家族。

镇番卫孟氏家族就是其中的杰出代表。据《孟氏宗谱》载：“始祖孟大都，原籍浙江宁波府鄞县。洪武三年（1370 年），因元季王保保乱，父子从戎至镇。”③ 可见，孟氏家族是典型的军户家族。孟氏家族向文化家族的转变肇始于万历初年。万历元年（1573 年），孟大都后裔孟希孔由恩贡官至山西太谷县主簿，“莅任数月，以亲老告归，杜门不与外交，日惟以奉亲教子为事”④。在孟希孔的精心教育下，其子孟一鲤、孟一豸、孟一蛟皆有所成。孟一鲤，字禹门，“万历乙酉应试长安，社友党完我卒于邸，躬率弟一豸罄资助之，俾还裍故土。崇祯四年（1631 年）当贡，让之同学王国彦，士林倾之，所著《春秋翼传》”⑤。孟一豸，字介泉，“明末岁贡，古朴清醇，有父风，少与兄一鲤俱受春秋学于举人杨静野并澍文名”⑥。孟一蛟，字义泉，万历十年岁贡，官山西黎城县县丞。⑦ 孟一豸生子孟良范，崇祯八年（1635 年）拔贡，官湖广咸宁县知县，以才干称，升兵部员外郎。⑧ 孟一鲤生子孟良胤⑨，天启元年（1621 年）中举人，历任州县，咸有政绩，擢户、兵二部主事，升昌平道。⑩ 明清鼎革后，孟良范于康熙五年起复，官至广西泗城府同知，卒于官，封通议大夫。⑪ 孟良胤于

---

① ［清］张玿美. 五凉全志［M］. 第 2 卷：镇番县志，人物志 · 忠义.
② ［清］张玿美. 五凉全志［M］. 第 2 卷：镇番县志，人物志 · 忠义.
③ 李万禄 . 倾心于文教事业的孟良胤［M］//武威政治教科文卫体史委员会 . 武威文史：第 2 辑，1991：76.
④ ［清］谢集成. 镇番县志（道光）［M］. 卷 9，人物列传 · 孝友.
⑤ ［清］张玿美. 五凉全志［M］. 第 2 卷：镇番县志，人物志 · 乡贤.
⑥ ［清］谢集成撰. 镇番县志（道光）［M］. 卷 9，人物列传 · 孝友.
⑦ ［清］谢集成. 镇番县志（道光）［M］. 卷 9，人物列传 · 孝友.
⑧ ［清］谢集成. 镇番县志（道光）［M］. 卷 9，人物列传 · 孝友.
⑨ 后因避清世宗名讳，孟良胤改称孟良允.
⑩ ［清］谢树森，［民国］谢广恩著，李玉寿校注［M］. 镇番遗事历鉴：卷 4，天启元年辛酉.
⑪ ［清］谢树森，［民国］谢广恩著，李玉寿校注［M］. 镇番遗事历鉴：卷 4，崇祯八年乙亥.

顺治元年（1644 年）起复，任昌平兵备道。顺治二年（1645 年），升河南按察使。顺治四年（1647 年），又升至浙江右布政使。后丁母艰，归里。① 孟良胤、孟良范兄弟二人同朝为官，一时传为佳话，人呼"司马两郎"②。尤其在入清后，孟良胤官至浙江右布政使的高位，使孟氏家族成为镇番当地首屈一指的望族。作为镇番卫地位最为显赫的乡贤，在明末清初的镇番，孟良胤广泛地参与到了各项地方事务之中。如天启六年（1626 年），孟良允于东郭外，倡建药王宫。③ 崇祯七年（1634 年），孟良胤与韩一魁募化重修关帝庙。④ 康熙初年，孟良胤又于戟门外西，倡建乡贤祠，内祀历代乡贤。又与教授张我兴，绅衿何斯美、何垂裕、王一德、王慎修等捐资重修镇番县儒学。⑤

由上可见，至迟到明末，河西地区就出现了一些意进儒学的军户子弟，他们或施善乡里，或宦绩可嘉，成了地方极有声望的乡贤士绅。

（四）经商

河西诸卫所是以武装人员为主体的一种特殊社区，所需生产、生活物资大多依靠外部补给。因此，以交换为目的的商业在卫所很受欢迎。一些卫所军户也在厚利的吸引下投身于此。一些轮番戍防河西诸卫的边操班军，就在上班、下班之机，顺带从事贸易。宣德七年（1432 年），右副都御史贾谅在奏文中就指出了这一问题："经过兰县迤北诸驿，凡递运马驴及牛，多瘦损。军多逃亡役，老幼男女挽递，昼夜未尝休息，有人牛一时俱冻死者，盖因甘州操备与下番官军不守法律，假以取讨衣装，置买马驴为名，擅乘各站马驴往来陕西市易，又威逼递运所用车载送甘州贸易，及下番官俱带军伴混乘驿马，恣为民害。"并进一步提出了解决的方案："乞敕该司揭榜禁约，并行诸衙门，凡起关文将应送官物填写数目，不许夹带私货，仍遣廉干京官一员，自京师抵甘州往来巡视，遇官军人等经过，除关文所开正数外余私物，令所在有司称盘见数入官，及查

---

① ［清］谢树森，［民国］谢广恩著，李玉寿校注［M］. 镇番遗事历鉴：卷 4，天启元年辛酉.

② ［清］谢树森，［民国］谢广恩著，李玉寿校注［M］. 镇番遗事历鉴：卷 4，崇祯八年乙亥.

③ ［清］孟良允. 移建药王宫碑［M］//五凉全志：第 2 卷，镇番县志，艺文志·碑记.

④ ［清］谢树森，［民国］谢广恩著，李玉寿校注［M］. 镇番遗事历鉴：卷 4，崇祯七年甲戌.

⑤ ［清］张珤美. 五凉全志［M］. 第 2 卷：镇番县志，建置志·学校.

不应驰驿而辄应付者，俱擒解。"① 可见，军士利用职权威逼递用所为其运送货物的现象已相当普遍，以至于严重影响了递运所的正常运转，需要专员来督视。

同时，还有一些军户在高额利润的吸引下，冒着被充军的风险，直接投身走私活动。早在永乐年间，河西地区就已存在私自与朝廷禁止交通的外族或外国人进行商贸往来的情况。明太宗为此专门敕令甘肃官总兵宋晟："朝廷禁约下人私通外夷不为不严，比年回回来经商者，凉州诸处军士多潜送出境，又有留居别失八里、哈剌火州等处，泄漏边务者。此边将之不严也，已别遣监察御史核治，自今宜严禁约。"② 但在高额利润的面前，朝廷的禁令毫无约束力，军士参与走私的情况仍屡见不鲜，甚至连各卫所、边镇的军官、将官都参与其中。如宣德八年（1433 年），肃州卫署都指挥佥事吕昇奏："镇守都督佥事王贵杖死军士，交通夷人，造军器往西番易驼马……"③ 成化十二年（1476 年），都督同知赵英充副总兵分守凉州，"纵令宋人与哈密回回贩私茶，并买违禁之物，私自差人驰驿骚扰道路"④。弘治十六年，整饬西宁等处兵备、陕西等处提刑按察司副使肖翀呈在西宁查获一起贩茶数量达四千斤的走私大案。经过调查，此案即为甘肃总兵官刘胜纵容其侄子刘深所为。除刘深外，涉案人员还包括了甘州卫军人杨端、辛洪、张原、贾升等二十余人。⑤ 对于河西军人参与走私的问题，弘治末年杨一清就指出："近年以来，贩茶还蕃，多系将官、军官子弟"，并称"军职自将官以下少有不令家人、伴当通番"⑥。

综上所述，为使军士安心服役，减少军士逃亡的概率，明廷逐渐调整对军属的政策，允许军属随军同住，从而使河西地区逐渐出现了数量庞大的军户家族。这些军户家族经过数代繁衍，在河西落地生根，发展壮大，成了当代河西地区汉族民众的先民之一。明中后期随着营兵制的兴起，卫所的战斗职能逐渐削弱，营兵成为地方兵力的主体。卫所军户中除了袭替军役者，大量普通军余与一般百姓并无大的差别，他们虽然仍为军籍，但已摆脱了军事备御等军事性角色。同时，随着社会经济的发展，国家与百姓的人身依附关系进一步减轻，

---

① 明宣宗实录［M］. 卷 97，宣德七年十二月戊申.
② 明太宗实录［M］. 卷 66，永乐五年夏四月戊戌.
③ 明宣宗实录［M］. 卷 105，宣德八年闰八月癸酉.
④ 明宪宗实录［M］. 卷 156，成化十二年八月丙戌.
⑤ ［明］杨一清. 为将官滥给驿传兴贩私茶违法等事［M］//关中奏议，卷 3.
⑥ ［明］杨一清. 为修复茶马旧制第二疏［M］//皇明经世文编：卷 115，杨石淙文集二.

军户子弟得以广泛地参与到各项社会事务中，除了从军、务农外，还出现了在儒学、科举上积极进取的士子和投身贸易的商人。

第三节　卫所土官群体的形成及其身份的变化

河西地区特殊的历史发展轨迹与族群结构，使得该地区生活着相当多的少数民族部落，为了对这一群体进行有效管理，明朝往往将其集中编伍，并授予其首领以军职。从而使得卫所内出现了特殊的土官群体。

一、河西地区土官群体的形成

明初，在明朝的军事打击和招抚政策下，大量的元朝官兵、西域少数民族人口主动附明，他们和元明鼎革之际滞留河西的蒙古、色目等遗民共同构成了河西地区庞大的非汉群体。这些北方少数民族部众大多熟悉草原，善于骑射。明廷为加强军备，往往将这些部民作为兵源的重要补充，直接编入卫所，"凡归附鞑靼官军皆令入居内地，仍隶各卫所编伍"①。洪武十七年（1384 年）五月，"命凉州卫指挥使宋晟等率师讨西番叛酋，兵至亦集乃路擒故元海道千户也先帖木儿、国公吴伯都剌赤平章阿来等及其部属一万八千七百余人，收其壮士九百八十人余悉放还"②。一次就收编了九百八十余蒙古士兵。为便于管理，明朝往往将这些少数民族部众集中编伍，并授予其中的贵族和上层官员相应的军职，由这些少数民族官员统一管理这些少数民族士兵和民众。

明初，明廷往往以"达官（达军）""土达"作为这些卫所内少数民族官兵的泛称。达官一词源于"鞑官"，达又作鞑，是鞑靼的同音缩写。鞑靼是明初中原王朝对蒙古族以及与蒙古族有密切关系的广义蒙古群体的称谓，因此明廷以"鞑官""鞑军"作为归附的元朝官兵的泛称。"土鞑"一词则源于"土鞑官军"，"土"即土著之意。据《明太宗实录》载："永乐八年（1410 年），陕西凉州卫鞑官千户虎保张孛罗台、鞑军伍马沙等，及永昌卫鞑千户亦令真巴、土

---

①　明太祖实录［M］. 卷190，洪武二十一年四月壬申.

②　明太祖实录［M］. 卷117，洪武十一年春正月丙寅.

鞑军老的罕等叛，杀虏人口掠夺马畜，屯据驿路。"① 从此处记载看，参与到此次叛乱的人员即有"鞑军"又有"土鞑军"。可见，在明初鞑官、鞑军与土鞑军、土鞑官是有区别的。"土鞑（达）"，更强调其土著居民的身份，大体上指的是明初滞留在河西、河湟、宁夏一带的土著民族。而鞑官则多指明朝立国后被安置在河西诸卫所的归附人。如正统元年（1436 年）夏四月，兵部左侍郎柴车奏："镇守甘肃太监王贵原带去达官赛因不花、司兀鲁思不花，窃带官马亡叛，出境泄漏边情，引贼犯边……"② 正统十二年（1447 年）三月，甘肃总兵官宁远伯任礼奏："达官千户苟骨束、所镇抚保帖木儿等四十八户皆新降附，无以养赡家属。陕西行都司所辖地方南山一带俱有空地，请户给五十亩令其耕种。"③ 但随着世代繁衍，这些新附的鞑官往往也融入了河西地方社会，成了"土鞑（达）"的一部分。正如《四夷考》所称："国初，虏降者皆处以边地，谓之土达。"④ 为了便于管理，这些非汉族的"土鞑官军"被明廷称为"土官""土军"，与"汉官""汉军"共同构成了卫所的武装力量。

为了借助这些土官在部族内的影响力，来巩固对河西地区的控制，明廷对这些土官给予了极为优渥的待遇。一方面，土官在袭职时不需要参加比试。明朝规定凡要袭替武职的应袭子弟都需要参加由五军都督府组织的比试。比试的内容包括了骑术、箭术、併枪格斗等方面。应袭子弟必须通过比试才能袭替职，领取全俸。如果初试不中，虽然可以袭替职但只能署事并领取半俸。两年后再参加一次补试，考中即可领取全俸，再不中者，即被取消世袭的资格，降为普通军卒。⑤ 比试制度对于保障武官群体的整体素质有着积极的意义，但对于普通的应袭子弟而言，想要顺利袭职不仅要勤于练习弓马骑射，并且还要承担赴京城比试的费用。而土官子弟袭职时不需要参加比试，便可直接袭替武职，这无疑减轻了土官袭职的风险和经济负担。另一方面，土官还拥有赴京朝贡的特权。为达到"怀柔远人"的目的，明朝对前来朝贡的土官都本着"薄来厚往"的原则给予丰厚的回赐。因此，对于河西土官而言，赴京朝贡既可邀恩固宠，

---

① 明孝宗实录 [M]. 卷 102，永乐八年三月辛未.
② 明英宗实录 [M]. 卷 16，正统元年夏四月癸丑.
③ 明英宗实录 [M]. 卷 151，正统十二年三月乙亥.
④ [明] 叶相高. 四夷考 [M]. 卷 9.
⑤ 梁志胜. 明代卫所武官世袭制度研究 [M]. 北京：中国社会科学出版社，2012：308.

拉近与朝廷的关系，又可以借机获取巨额的经济利益。因此，河西土官对朝贡都极为热衷。通过翻阅《明实录》，我们可以发现，仅永乐、洪熙、宣德三朝的三十三年里，河西地区的土官向明朝进行的贡纳活动就达 9 次，平均三年半即有 1 次。如正统二年（1437 年）春正月，"永昌卫土官指挥哈剌卜花来朝贡马，自陈欲同土官指挥毛哈剌等居京自效"①。正统三年（1438 年）夏四月，"永昌卫土官保保，部下达民太平来归，赐彩币钞布，令往山东大嵩卫住坐，有司给房屋器物"②。

　　虽然明朝给予了河西土官各种优厚的待遇，并号称"朕既为天下主，华夷无间，姓氏虽异，抚字如一"③。但在实际的操作中，儒家传统夷夏观的影响并不可能完全消除，明朝对这些官兵仍然有所忌惮。正如顾炎武所指出："明初，于其来降者待之虽优，而防之未尝不至。"④ 宣德七年（1432 年），明宣宗更是在对甘肃总兵官都督刘广的敕书中直接指出："凡外蕃入贡之人及寄住回回须防闲周密，勿纵于他处往来。"⑤ 为进一步巩固在河西地区的统治秩序，明朝将"内徙边民"作为一项重要的民族政策，试图将一部分少数民族部众迁出河西，来减轻其对明朝统治秩序的潜在威胁。早在洪武二十五年（1392 年），明太祖朱元璋以"回回王使者朝贡往来，恐因生边衅"为由，命河西地区生活的回族人迁居扬州。不愿迁居江南的回族人，无奈之下便提出了挈家返回本地的请求。⑥ 明朝顺水推舟将生活在河西地区的一千二百三十六名"回回军民"遣返回撒马尔罕等地。⑦ 永乐八年（1410 年），凉州卫鞑官虎保、张孛罗等人发动叛乱，一度造成河西地区的混乱，其直接的导火索就是"朝廷欲移置别卫者"的谣言。⑧ 此后，为安抚土官群体，避免可能会造成的社会动荡，明朝对内迁少数民族部众这一问题保持了较为谨慎的态度。但当边情遇警时，河西地区仍然屡次出现强制少数民族部众内迁的情况。正统元年，明朝令"各边俘获达贼

---

① 明英宗实录［M］. 卷 26，正统二年春正月丁巳.
② 明英宗实录［M］. 卷 41，正统三年夏四月戊辰.
③ 明太祖实录［M］. 卷 53，洪武三年六月丁丑.
④ ［清］顾炎武. 日知录［M］. 卷 29，楼烦.
⑤ 明宣宗实录［M］. 卷 91，宣德七年六月壬寅.
⑥ ［明］徐日久. 五边典则［M］. 卷 11，洪武二十五年.
⑦ 明太祖实录［M］. 卷 223，洪武二十五年十二月乙亥.
⑧ 明太宗实录［M］. 卷 102，永乐八年三月辛未.

……请自今惟获首虏献俘外，余皆随发江南充军，孥妇给配军士"①，同时"徙甘州、凉州寄居回回于江南各卫，凡四百三十六户一千七百四十九口"②。正统三年（1438 年），"命给浙江观海卫新徙回回月粮，时归附回回二百二人自凉州徙至浙江"③。成化十年（1474 年），甘肃巡抚朱英提议："移土著以除祸根，将甘州等处久住夷人迁徙河南、陕西。"兵部讨论后，考虑到"戎夷易叛难服，人情安土重迁，一旦无故迁移，恐启彼狐疑，致生他变"，决定"令守臣暂加抚谕，俟边方宁静之日议遣之"④。嘉靖五年（1526 年），随着吐鲁番的崛起，肃州卫感受到了前所未有的军事压力，为避免城内寄住回族与其勾结，甘肃巡抚陈九畴将谋叛有迹的写亦哈信等一百六十七人给予刑罚，写亦虎仙家丁哈剌苏丹等五十一人则尽数迁发两广。⑤

值得注意的是，河西诸卫所的"土官"群体民族属性极为复杂，并不能将土官群体都简单地视为蒙古人。事实上，明初滞留在河西的这部分土人和随后归附的元朝部落中，除蒙古人外，还存有相当数量的色目人，甚至还有蒙古化的汉人。如宣德二年（1427 年）十二月，"永昌等卫土鞑军满剌亦剌思、倒剌沙、马黑木等逃逸出境复还，满剌亦剌思奏愿居京自效，马黑木愿于天津卫随营居住，各赐袭衣钞布，仍命有司给房屋器皿等物如例"⑥。这里的"满剌亦剌思""倒剌沙""马黑木"等人名就带有明显的伊斯兰色彩。明中期以后，随着关西诸卫的迁入，河西诸卫的民族成分更为复杂。在新的生活环境中，各民族相互影响、相互融合，其固有的一些民族特征发生改变，民族成分更是难以辨别。

同时，这些活动于河西诸卫所的土官与西南边疆地区宣慰司、宣抚司等机构管理之下的土官并不相同。河西诸卫的土官虽然也拥有一定的辖地，但只有对所属部落的管理权，并未同西南土官一样拥有较为独立的行政权。土官的称谓仅仅是作为其异族或本地身份的象征。土官与汉官一同构成了河西诸卫的武官系统，同属明朝正式的官僚系统之中。土官除了直接统治自己的部民外，作

---

① 明英宗实录［M］. 卷21，正统元年八月戊辰.
② 明英宗实录［M］. 卷18，正统元年六月乙卯.
③ 明英宗实录［M］. 卷45，正统三年八月戊辰.
④ 明宪宗实录［M］. 卷141，成化十一年五月壬子.
⑤ 明世宗实录［M］. 卷63，嘉靖五年四月丙寅.
⑥ 明宣宗实录［M］. 卷34，宣德二年十二月癸亥.

为地方官，还要协助汉官进行征税、巡边、军事训练等卫所事务的管理工作，从而使得河西诸卫形成了"土汉参治"的特殊管理体制。虽然在具体的管理和待遇上，土官与汉官有所不同。如土官多不支俸，土官子孙袭替时不需要比试等。但随着明军战斗力的下降，以及营兵制的出现，善战的土官、土军便频繁地参与明朝的各项军事活动，与汉官、汉军的差别逐渐缩小。如宣德十年（1435年）十月，上谕行在兵部尚书王骥等曰："陕西所属地方及洮岷等卫番土官舍、军余人等有自愿出力，敢勇杀贼，或于各处山沟险阻，藏伏密瞭出奇获功，及遇贼设法剿杀者，亦一体升赏。"① 正统二年（1437年）二月，"给陕西河州等八卫备边土官俸，旧制土官不给俸，至是选调赴边策应，遂暂给之，如汉官制"②。在频繁的军事行动中，河西的土官群体中涌现出了吴允诚、毛忠、达云等名镇西陲的高级将领。这些河西卫所土官集团中的精英，在《明史》中完全是作为国家体制内的正式臣工被记载的，与一般汉族将领并无差别。

二、树立勋绩——土官家族的崛起

明初，为缓和民族矛盾，排除蒙古军队的军事威胁，朱元璋适时将对蒙古的政策由单纯的军事驱除转为军事征服与政治招抚相结合。在进军河西的过程中，为了借助元朝贵族和官员的影响力来稳定统治，封授了一批元朝贵族、官员为土官。这些元朝贵族虽然已经是亡国之臣，但在元朝官兵中仍然有着相当的影响力，并且往往还怀有对故国的怀念，一旦遇到风吹草动就会借机发起叛乱。如永乐八年（1410年），凉州卫鞑官虎保、张孛罗等，因惧怕朝廷移置，趁河西部分驻军随永乐帝北征，边防空虚之际，发动叛乱，"杀虏人口，掠夺马畜，屯据驿路"③。肃州卫寄居回族哈剌牙等人也趁机起兵，叛杀守御都指挥刘秉谦等。④ 虽然此次叛乱很快就被明军平定，但进一步加深了明廷对元朝贵族和官员的成见。明廷意识到要巩固在河西地区的统治，就必须打击这些元朝贵族势力，削弱其旧日的关系。这样的背景下，为了进一步抑制元朝贵族，同时安抚众多的少数民族官兵，明朝就需要培植一批缺少背景且忠于明朝的达官新贵。

---

① 明英宗实录 ［M］. 卷10，宣德十年冬十月庚子.
② 明英宗实录 ［M］. 卷27，正统二年二月壬戌.
③ 明太宗实录 ［M］. 卷102，永乐八年三月辛未.
④ 明太宗实录 ［M］. 卷104，永乐八年五月丁亥.

　　同时，明朝在军事卫所系统内接纳的数以百万计的归附人中，绝大部分都是卫所的中下级军官和底层军卒。对于这些普通的少数民族官兵而言，想要改善生活条件，提高家族地位，获得明廷的认可，唯一的途径就是在战场上树立勋绩。按照明制，武职升迁重在战功，只要作战勇敢，冲锋陷阵者，就可依功劳大小晋升。河西作为国防前沿，各类战争尤为频繁，有学者统计在正统元年（1436 年）到崇祯十六年（1643 年）的 200 年间，河西地区就先后发生过大小战争近 50 起。① 这就为善于骑射的少数民族官兵提供了荣获军功的机会。有明一代，河西卫所土官群体中涌现出的高级将领皆以军功起家。

　　如恭顺伯吴允诚家族。吴允诚，原名把都帖木儿。永乐三年（1405 年）七月，把都帖木儿自塔滩率部属五千余人于甘肃归附。② 明廷"命把都帖木儿为右军都督佥事，赐姓名吴允诚，伦都儿灰为后军都督佥事，赐姓名柴秉诚，保住为陕西行都司都指挥佥事，赐姓名杨效诚，余为指挥、千百户、镇抚，后赐冠带袭衣文绮表里白金钞有差"③。为使吴允诚集团尽快适应环境、安定下来，明廷还命宋晟："给与允诚等牛羊孳牧，都督牛二十、羊一百五十；都指挥牛十四、羊七十只；指挥牛十二、羊六十；千百户卫所镇抚牛十、羊五十，其随来军民每户牛六、羊二十，家属给衣鞋布钞有差。"同时，还从吴允诚所部抽选壮勇或二百、三百、五百，再掺以三倍的汉军共同组成小分队，于塞外侦逻，以期达到"非但耀威亦以招徕未附者"的效果。④ 明廷对吴允诚部的安置可谓极为完善。但在恩宠的表象下，明廷实际上对马壮人强的吴允诚部并不放心。永乐六年（1408 年）正月，明成祖敕甘肃总兵官左都督何福等曰："近兴和守将言，瞭见胡骑五十余往来塞外，宜练士马，谨斥堠，昼夜隄防。仍密查把都帖木儿及伦都儿灰所部人心如何。若可用则选壮勇者五六十人或白人往迤北觇虏声息如何。未亲附，切不可违。"⑤

　　为获取明廷的信任，吴允诚家族便积极参与到明朝的军事活动中。永乐六年（1408 年）十二月，"都督佥事吴允诚之子吴答兰、柴秉诚之子柴别力哥等

---

① 中国人民政治协商会议甘肃省张掖市委员会文史资料委员会. 张掖文史资料：第 8 辑 [M]. 张掖：中国人民政治协商会议甘肃省张掖市委员会文史资料委员会，2002：122.

② 明太宗实录 [M]. 卷 44，永乐三年秋七月壬寅.

③ 明太宗实录 [M]. 卷 44，永乐三年秋七月癸卯.

④ 明太宗实录 [M]. 卷 44，永乐三年秋七月己酉.

⑤ 明太宗实录 [M]. 卷 75，永乐六年春正月丙辰.

自陈，戴朝廷重恩，久居边境，愿率精骑巡逻漠北，以展报效"①。永乐七年
（1409 年）一月，"命凉州都督佥事吴允诚等率骑士，会都指挥刘广等往亦集
乃，觇虏情实"②。永乐七年（1409 年），明成祖发动第一次北征，敕甘肃总兵
官宁远侯何福："选练陕西行都司马步官军一万，候有敕即率领至京。其都督吴
允诚、柴秉诚及诸来归鞑官所部，但能战者皆令训励以俟。"③ 永乐八年（1410
年）春，吴允诚奉诏从驾北征，"至元冥河追本雅失里，继攻静虏、广汉成之
地，败阿鲁台之党"④。在吴允诚父子参加第一次北征之际，凉州卫鞑官虎保、
张孛罗等发动叛乱，"杀虏人口，掠夺马畜，屯据驿路"。随后，凉州卫新附鞑
官伯颜帖木儿等响应虎保，参与到叛乱中，并企图胁迫吴允诚余部参与叛乱，
"时允诚扈从北征，其子管者不从贼，既去，管者谋于其母，率所部逐之至红岸
山，获五马儿、沙米剌、伯颜帖木儿等三十人"⑤。在此次叛乱中，吴允诚之妻
杨氏与子管者以英勇忠诚的表现，维护了家族的荣誉，获得了明廷的信赖，成
为吴氏家族兴起、壮大的重要转折点。永乐八年（1410 年）十二月，明廷"遣
行人余旻赍敕往凉州赐都督吴允诚妻彩币等物……至是，赐敕谕之曰：比鞑寇
以兵胁尔为叛，尔夫及子从朕征讨，而尔能守节励志，与子管者谋执叛者戮之，
以妇人而秉丈夫之节，忠以报国，智以脱患，朕甚嘉为，今赐尔彩币十表里米
百石钞四千贯羊百羫，用示褒嘉。升其子管者为指挥佥事，其所部都指挥保住
等各赐彩币八表里，米八十石"⑥。永乐十年（1412 年）正月，明廷封右军左都
督吴允诚为恭顺伯，并给予吴允诚极高的评价："尔之忠诚而弗渝，昨岁从朕北
征益克效力，妻子亦能秉心忠孝，不惑憸邪，非尔德行于家，何以致是。比阔
脱赤等叛亡，尔率先追捕斩获有功，虽古名将，何过哉！"⑦ 至此，吴允诚家族
迈入了世袭贵族的行列。在此后明成祖四次亲征漠北的队伍中，皆有吴氏家族
成员的身影。

---

① 明太宗实录［M］. 卷86，永乐六年十二月癸巳.
② 明太宗实录［M］. 卷87，永乐七年春正月戊午.
③ 明太宗实录［M］. 卷96，永乐七年九月甲申.
④ ［明］杨荣. 明故恭顺伯吴公神道碑［M］∥［清］张澍. 凉州府志备考：艺文（卷
　八）.
⑤ 明太宗实录［M］. 卷102，永乐八年三月辛未.
⑥ 明太宗实录［M］. 卷111，永乐八年十二月庚子.
⑦ 明太宗实录［M］. 卷124，永乐十年正月戊子.

又如伏羌伯毛忠家族。① 与身为前元贵族的吴允诚不同，毛氏家族附明之初只是军队中的底层士卒，"曾祖哈剌歹，洪武初率众归附，遂隶籍凉州"②。附明后的第三代保保，参与了明朝在河西走廊的军事活动以及对北元的征伐，并以军功升至永昌卫百户，使得毛氏家族从普通军卒晋升至世袭军官阶层。据《毛氏族谱》载，毛忠在其母亲坟前所立的《太淑人墓志铭》中自述其家世："公先祖为凉州爬沙人，世勇宣力，我国朝者五世矣，舍生取义，而至先考保保公任永昌卫百户，生于元至正十三年（1353 年）癸巳五月十七日卯时，以洪熙元年（1425 年）乙巳五月十五日卯时卒于甘州享年七十三岁，葬于甘州南山宣政口。"

毛氏家族从底层士卒步入世袭贵族行列，始于附明后的第四代——毛忠。毛忠，原名哈剌，于永乐十一年（1413 年）袭职，至成化四年（1468 年）阵亡，从军五十五年，历经永乐、洪熙、宣德、正统、景泰、天顺、成化七朝，一生中除景泰年间被调往福建外，其他时间大都生活在河西地区，参与了明军在河西地区的一系列重大军事活动。尤其在进入正统后，随着瓦剌的崛起，河西地区进入多事之秋，军事活动愈加频繁，毛忠以军功逐步从中下级军官升至高级军官。正统三年（1438 年），明军于石城大败蒙古朵儿只伯部，其残余势力二千五百人一路逃至镇夷，毛忠率军迎敌。"毛哈剌奋入其阵，诸将率麾下乘之执其伪左丞脱罗及部属百人，斩首三百有奇，逐杀八十余里。"③ 正统十年（1445 年），沙州卫都督喃哥想将部众迁居至肃州的小钵和寺。明朝也想要乘其饥窘，将沙州卫迁入内地。为此，甘肃总兵官任礼遣毛忠前往安抚其众。但毛忠到沙州后，喃哥又发生摇摆，其部下意图勾结瓦剌。深处险境的毛忠在任礼外围军队的配合下，迫使喃哥将部众二千余人内迁至甘州以南的祁连山区。④ 喃哥部迁入甘州后，其弟琐南奔暗中接受瓦剌所封的祁王称号，意图反明。正统十三年（1448 年）毛忠率军至罕东，生擒沙洲卫都督喃哥之弟锁南奔，迫使其部迁居内地。⑤ 在沙州卫事件中，毛忠再次展现出过人的胆识和杰出的军事

① 张磊，杜常顺. 明代河西走廊地区达官家族的历史轨迹——以伏羌伯毛氏家族为例 [J]. 内蒙古社会科学，2017 (4).

② [清] 汤斌. 汤斌集 [M]. 郑州：中州古籍出版社，2003：1253.

③ 明英宗实录 [M]. 卷41，正统三年夏四月乙卯.

④ 明英宗实录 [M]. 卷145，正统十一年九月丙子.

⑤ 明史 [M]. 卷156，毛忠传.

才华，在明朝军事实力下降的情况下，以极小的军事代价迫使沙州卫内迁，切断了瓦剌与其军事联合的可能性，对河西地区的防务起到了重要的作用。成化帝登基后，已经七十岁高龄的毛忠，以年老力衰为由上书辞官。在河西防务紧张的情况下，明宪宗考虑到虽然毛忠年事已高，但身体尚好，而且他守边多年，对敌情十分熟识，并未批准其辞官请求。① 成化三年（1466 年），为安抚毛忠，明宪宗封其为伏羌伯，给年俸一千石。② 成化四年（1468 年），固原土达满四（满俊）占据宁夏石城反明。毛忠与总督项忠等夹攻满四，震惊朝野的石城之战爆发。毛忠和其侄毛海、孙毛铠奋勇当先，冒着矢石先夺山北三峰，又乘胜攻取山西四峰。此时，其他各路官军一起攻破石城的东西二门及山之东峰，满俊部死伤无数，慌作一团。就在大功告成之时，忽然昏雾升起，军哨误以为是撤军的信号，于是传令停止进攻，原已惊慌失措的守军，依仗险隘的山路乘机向毛忠发起攻击，一时间"官军败退，坠崖死者众"，毛忠也在作战中被流矢击中，退到半山后而亡，时年七十五岁。毛海和毛铠，也在营救毛忠时阵亡。③毛氏一门三将殉国的忠勇表现赢得了明廷的信赖，明宪宗特授予毛忠世袭伯爵，谥武勇。④ 此后，毛氏家族逐渐成了明朝深涉权柄的武官家族。

三、土官家族的发展与转化

（一）番将握兵

上文所述，明初为拉拢为数众多的少数民族官兵，对这些善战的少数民族武官，明朝往往给予较汉官更为优厚的待遇。但在具体的操作中，明朝对这些少数民族官员的民族身份仍然有所忌惮，尤其对少数民族将领掌握军权的限制极为严格。卫所内的少数民族武官大多只能"带俸差操"，并不能掌握卫所的实权。即便如贵为伯爵的吴允诚也只能作为主将的副手，如永乐十年（1412 年）三月，明成祖"命丰城侯李彬充总兵官，率兵讨甘肃叛寇捏耳思朵罗歹等，恭顺伯吴允诚、都指挥刘广、史昭、满都悉听节制"⑤。另一名河西土官中的佼佼

---

① 明宪宗实录 [M]. 卷 14，成化元年二月壬辰.
② 明宪宗实录 [M]. 卷 40，成化三年三月乙酉.
③ 明宪宗实录 [M]. 卷 60，成化四年十一月壬戌.
④ 明史 [M]. 卷 156，毛忠传.
⑤ 明太宗实录 [M]. 卷 126，永乐十年三月丁亥.

者毛忠，作为明中期西北地区的一代名将，虽然屡立奇功，但最高也只担任过甘肃副总兵官，从未独掌过一方的军事大权。故明初之制，"不许番将掌兵，虽卫所亦然"①。

直到天顺之后，随着北方和南方边境防务的持续吃紧，以及明朝军事实力的进一步下降，善战的达官才渐涉兵权。"史以为番将握兵之始。自是而后，不可胜纪。"②吴氏家族作为少数民族武官中最为显赫的家族，为明廷立下了赫赫战功。尤其在永乐八年的凉州叛乱中，吴氏家族以绝对的忠诚获得了明朝的认可。同时，吴允诚的三女嫁给了太宗为妃，孙女嫁给了宣宗为妃，与明朝的皇室建立了姻亲关系，成为名副其实的皇亲国戚。在这样的背景下，"不许番将掌兵"的惯例就率先由吴氏家族打破，"天顺初，始亦恭顺侯吴瑾掌府事；成化初，又用广义伯吴琼为宁夏总兵，遂成例"③。此后，吴鉴、吴世兴、吴继爵、吴汝胤、吴惟英等人皆有掌五军都督府事或担任地方总兵官的经历。

毛氏家族虽然兴起于毛忠，但掌一方的军事大权则始于毛锐。成化五年（1469年）夏四月，因毛忠子毛佺早卒，由毛忠的孙子毛锐袭爵。毛锐活跃于成化、弘治、正德、嘉靖四朝，曾充总兵官长期镇守在两广地区。此外，毛锐还曾掌府军前卫事，充湖广总兵官、充总兵官提督漕运等。尤其在镇守两广期间，毛锐率军镇压了德庆州邓饭主领导的瑶民起义、广西壮民起义、广东黎民起义、思恩府田州土官岑浚起义，为明朝在两广地区统治秩序的稳定立下了汗马功劳。《明史稿·毛忠传》评价毛锐"有祖风"④。此后历任伏羌伯毛江、毛汉、毛桓、毛登皆有作为军事主官的履历。

除吴氏家族和毛氏家族外，在明中后期，河西地区的土官群体中还涌现出了名将达云。达氏始祖于"国初从哈密进贡赴京，忠义恭顺，履建功绩。成祖文皇帝嘉之，升试百户，住凉州卫带俸"⑤。达云，字腾霄，于嘉靖四十五年（1566年）袭试百户之职，此后因作战勇敢，历任嘉峪关守备、永昌参将、甘肃镇游击将军、延绥、甘肃总兵官等职，曾参与万历年间的平定宁夏哱拜叛变、

---

① 明宪宗实录 [M]. 卷110，成化八年十一月己酉.
② [明] 王世贞. 弇山堂别集 [M]. 卷9，番将握兵.
③ 明宪宗实录 [M]. 卷110，成化八年十一月己酉.
④ [清] 汤斌. 汤斌集 [M]. 郑州：中州古籍出版社，2003：1253.
⑤ [明] 刘敏宽. 达氏家谱原序 [M]//凉州府志备考：艺文，卷九.

湟中大捷、松山之役等重大战役，后累官至右军都督府左都督，加封太子少保。史称："云为将，先登陷阵，所至未尝挫衄，名震西陲，为一时边将之冠。"①尤其是万历二十六年（1598 年）的松山之役。甘肃总兵官达云与甘肃巡抚田乐分三次出击，击败了占据松山的宾兔等部，彻底收复了大小松山。此役对于明军在西北的防卫有着重要的战略意义，明廷称："夫松山拓地千里，驱虏于绝域之外，至今诸酋未尝不望阴山而哭。"② 达云子达奇勋，于万历四十八年（1620年），充总兵官镇守居庸昌平等地。

（二）文化认同的转变

附明之初，少数民族官兵语言、文化、风俗等均异于汉族，但在长时间的生活与交流中，民族融合成为普遍趋势。究其原因，一方面得益于明朝民族同化政策的导向。明朝明文规定："蒙古、色目人士既居中国，许与中国人家结婚姻，不许与本类自相嫁娶。违者男女两家抄没入官为奴婢。其中国人不愿与回回、钦察为婚姻者，听从本类自相嫁娶，不在禁限。"③ 从现有材料看，这条针对蒙古人、色目人婚姻的法规似乎并未得到严厉的实施。但明朝鼓励少数民族与汉族通婚的政策方向是明显的。成祖与宣宗更是先后娶吴允诚家族两女为妃。对于获得军功的少数民族军官或归附时的少数民族部落首领，明廷还通过赐给汉姓汉名的方式来达到消除民族差异与拉拢和安抚少数民族官兵的目的。如永乐三年（1405 年）七月，"命把都帖木儿为右军都督佥事，赐姓名吴允诚；伦都儿灰为后军都督佥事，赐姓名柴秉诚；保住为陕西行都司都指挥佥事，赐姓名杨效诚"。④ 与把都帖木儿同时归附的脱欢台，其先航海山人，永乐三年八月赴京，赐名慕弘义。⑤ 永乐四年（1406 年）正月，鞑靼满束儿灰等率众来朝，明廷赐："指挥同知满束儿灰曰柴志诚，都指挥佥事阿儿剌台曰杨汝诚，凉州卫指挥同知猛奇曰安汝敬，佥事脱脱曰杨必敬，只兰曰吴克议朵列干曰吴存敬，庄浪卫指挥佥事火失谷曰韩以谦，祖住不花曰柴永谦，宁夏卫指挥使伯帖木儿

---

① 明史［M］. 卷239，达云传.
② 明神宗实录［M］. 卷354，万历二十八年十二月丁酉.
③ ［万历］明会典［M］. 卷166，律例七.
④ 明太宗实录［M］. 卷44，永乐三年秋七月癸卯.
⑤ ［清］苏铣. 凉镇志［M］. 官师志·名宦.

曰柴志敬，余千户卫镇抚百户等等十一人皆赐之。"① 永乐四年十二月，"鞑靼
头目苦木帖木儿等来归，命苦木帖木儿为陕西都督佥事，赐姓名曰柴永正；达
丹为庄浪卫指挥佥事，赐姓名曰安汝坚；把的为正千百户，赐姓名曰平以正，
俱赐诰敕冠带文绮袭衣彩币。"② 永乐七年（1409 年）九月，"升凉州卫指挥同
知点木为都指挥佥事赐姓名安守敬"③。正统九年（1444 年）任永昌卫指挥佥事
的尕儿只，赐姓赵。④ 成化十九年（1483 年）任永昌卫指挥使的邬佐，"其先祖
元伯颜不花的金为山东廉访司，死节信州，谥曰仁武。明太祖求得其子卜花于
军中，赐姓邬"⑤。

　　另一方面，少数民族官兵在附明后，作为边缘族群，想要改变其政治地位，
得到社会认同，必然会积极向汉族社会靠拢。而区别华夷族群的最重要的标准
是文化风俗上的异同，因此改汉姓汉名、学习汉文化等方式就是归附人融入汉
族社会最直接的方式。除上文所述获赐姓名的少数民族武官外，大部分普通军
卒无法获得明廷亲赐姓名的荣耀。但无论是在汉文化的濡染下，还是为求生活
交往的方便，在少数民族官兵中自改汉姓汉名都成为一种趋势，尤其汉姓加蒙
古名的姓名模式在少数民族官兵中极为常见。如毛忠，原名哈喇。据《明史·
毛忠传》载："（正统）十年（1445 年）以守边劳，进同知，始赐姓。……（正
统）十三（1448 年）年率师至罕东，生絷喃哥弟伪祁王锁南奔并其部众，擢都
督佥事，始赐名忠。"⑥ 但实际上在正统十年之前，毛忠就以毛哈剌的名字多次
出现在《明实录》的记载中。早在宣德六年（1431 年）二月，明廷对征曲先卫
有功人员的封赏中就有"永昌卫百户毛哈剌"的记载。毛忠在正统十年之前早
已使用汉姓"毛"是一个明确的事实。作为其家族附明后的第三代，在汉族习
俗的影响下，毛忠自取汉姓自然是情理之中。

　　同时，少数民族官兵多以军功获得皇帝的青睐，本身汉文化水平较低。永
乐元年（1403 年）十月，明成祖就指出："武臣中有鞑靼人，多不识字，难委

---

① 明太宗实录 [M]. 卷 50，永乐四年春正月己酉.
② 明太宗实录 [M]. 卷 62，永乐四年十二月丙戌朔.
③ 明太宗实录 [M]. 卷 96，永乐七年九月甲申.
④ ［清］南济汉. 永昌县志（嘉庆）[M]. 卷 5，官师·指挥佥事.
⑤ ［清］南济汉. 永昌县志（嘉庆）[M]. 卷 5，官师·指挥使.
⑥ 明史 [M]. 卷 156，毛忠传.

以政，故只令食禄，遇有警急，则用以征伐。"① 在这样的情况下，少数民族武官在进入以儒家文化为核心的统治集团的初期，必然会受到文官集团一定程度的歧视。因此，他们对后代融入华夏文化群的愿望会更加迫切。伴随着职位的提升和家庭环境的改善，他们的子弟也有机会获得更优良的教育。在河西地区少数民族官兵的后代中就不乏具有一定儒学水平之人。明朝中晚期，毛登、毛国辅、毛国器三任伏羌伯多次作为皇帝的代表主持高规格的祭祀、封赏等活动。中国古代祭祀活动有着极为烦琐的礼仪，祭祀的主持者必须拥有一定的儒家文化素养。明晚期的第八代恭顺侯吴惟英更是诗、书皆擅。康熙年间官修的《御定佩文斋书画谱》中将吴惟英载入《书家传》。② 明朝末年刘侗、于奕正编撰的《帝京景物略》一书中更是多次收录了吴惟英的咏景诗。如《莲花庵》："去年花外客，今复到长堤。浅水兼天涧，新蒲与岸齐。钟传高阁远，柳覆小桥低。指点村烟起，归心促马蹄。"③《游李武清新园》："泛舟海淀微嫌道路长，背城特地又新庄。登舟我欲偕元礼，选石君宜学赞皇。环榭依台浑是水，绕花沿柳半为廊。莫愁酒尽双杨下，村店青帘带夕阳。"④ 除了鼓励家族子弟积极学习汉文化外，河西地区土官群体还仿效汉族传统修纂家谱，通过宗族建设来加强其与正统文化之间的联系，彰显其"化内"的身份，进一步消弭其家族非汉的族群标签。松山之役后，明廷为表彰达云的战功，"特进光禄大夫、上柱国、太子少保、左都督，镠币叠赐，蟒玉辉煌，诰封四代先，恩荫再恩荫"⑤。达云一跃成为明军最炙手可热的边将。随着地位的提升，达云便着手编修《达氏家谱》。在清人张澍辑录的《凉州府志备考》中就载有万历二十七年（1599年）达云著《达氏家谱自序》和时任延绥巡抚的刘敏宽所著《达氏家谱原序》。⑥ 毛氏家族虽然没有明清旧谱传世，但据新修《毛氏族谱》中的说法，在明清时期毛氏家族是有修谱活动的，其旧谱在"文革"中散佚。经过近六百年的发展，今天河西地区广泛分布着明代河西诸卫土官的后裔。如武威市金沙乡吴府村的吴氏，

---

① 明太宗实录 [M]. 卷24，永乐元年冬十月庚申.
② [清] 孙岳. 御定佩文斋书画谱 [M]. 卷44，书家传二十三.
③ [明] 刘侗，于奕正. 帝京景物略 [M]. 卷1，城北内外·水关十六.
④ [明] 刘侗，于奕正. 帝京景物略 [M]. 卷3，城南内外·李皇亲新园二.
⑤ [明] 刘敏宽. 达氏家谱原序 [M] // [清] 张澍. 凉州府志备考：艺文卷九.
⑥ [明] 刘敏宽. 达氏家谱原序 [M] // [清] 张澍. 凉州府志备考：艺文卷九.

直到中华人民共和国成立初期，仍然有祭祀吴允诚等封侯伯的先祖的习俗。①武威市河东乡的达家寨、兰州市西固区的达川镇等地的达氏居民均声称是达云的后代。古浪黄羊川、张掖宣政渠，以及永昌东西乡的毛氏则称先祖为伏羌伯毛忠。今天，这些明代土官的后裔均属汉族，与当地一般的居民并无区别。这亦从侧面证实了明代河西诸卫土官家族汉化的事实。

总之，明朝河西诸卫的土官群体在国家、个人、族群等多方面相互作用的复杂过程中完成了其作为边缘群体对汉文化圈的融入。

① 梁新民. 武威历史人物 [M]. 兰州：兰州大学出版社，1990：67.

第三章

军需供给与河西地区社会经济的发展

　　河西地处明朝国防第一线，为巩固北部边防，明朝在此屯驻了大量军队，使得河西地区形成了庞大的军事消费区。但历经元明战争的河西地区一片凋敝，远远不能满足驻军的军需供给。为保障军队的战斗力，明初围绕军粮、军马的补给展开了多种尝试，形成了复杂的军需供给体系。明中期以后，随着军事、政治、经济等形势的变化与发展，明朝不断对河西地区的军需供给体系进行调整，对河西地区的农业、牧业、商业的发展都产生了深远影响。

第一节　河西卫所的军粮供给体系

一、庞大的军事消费区出现

　　明初，蒙元残余势力被迫北归。回归故土的蒙古部落，虽然失去了对中原的统治权。但仍然控制着东自大兴安岭，西至天山，北起额尔齐斯河及叶尼塞河上游，南达长城一线的广阔区域，拥有着相当强大的战斗力。为彻底击溃蒙古军队，明太祖、明成祖多次发动北征。由于明军的军事打击，以及内部统治力的削弱和权力斗争的激化，蒙古部落逐渐分化为鞑靼、瓦剌、兀良哈三部。虽然分化后的蒙古各部失去了统一政权，势力大为削弱。但出于掠夺财物之需，却经常南下扰边，给明朝的统治造成了严重困扰。河西地区作为明蒙交锋的前线，更是蒙古军队频繁骚扰的重点地区。建文四年（1402 年），"虏袭凉州掠近城三十里，守将都指挥丁斌畏怯不进，时舍人王荣差使在凉州，见寇已去，辄督兵穷追，致官军失利"①。宣德八年（1433 年）十一月，"胡寇犯凉州、永昌，遣凉州卫指挥使李荣等追击至亦卜剌山，力战败之，斩首寇酋卜父子及其党八十余人，生擒三十余人"②。宣德九年（1434 年）十一月，"镇守甘肃都督佥事王贵奏肃州卫指挥同知胡麒等率兵巡哨至昌平头墩，见虏踪迹追蹑之，至窑儿站遇虏与战，斩虏首六级，获马四匹，余虏奔溃，军士李成等二人战死"③。正统以降，随着瓦剌的崛起，明蒙在河西地区的军事冲突进一步加剧。宣德十年（1435 年）十二月，"官军连败阿台朵儿只伯贼众于黑山等处，生擒斩首二百六十余人，获马驼牛羊驴骡三万五千有余，追回被掠男妇悉还其家"④。正统元年（1436 年）六月，"胡寇六千余骑犯肃州杀虏二百余人掠马畜一万四千有奇"⑤。天顺二年（1458 年）十月，"达贼自五月及今，屡寇凉州、永昌、古浪、庄浪、山丹、甘州诸处杀官军男妇一千四百有奇，掠男妇五百余，马骡牛羊八万二千"⑥。天顺六年（1462 年）正月，"虏酋孛来纠集丑类潜入我边住牧，分寇庄浪、西宁、甘凉等处虽屡被官军剿杀，而虏所杀官军五百五十人，掠去三百五十人，马骡牛羊五万余匹"⑦。

　　面对蒙古军队的不断骚扰，明朝必须巩固北部边防。一方面，明朝不惜倾全国之力，兴筑长城作为防御工事。另一方面，明廷沿长城线，设立军镇，驻扎大量军队，作为防止蒙古军队南下的军事防线。河西地处明朝北部防线的最西端，同时承受着来自南、北、西三个方向的军事压力，其国防价值尤为重要。为此，明朝在河西地区屯驻了大量军队。嘉靖年间任职于兵部清吏司的魏焕所撰写的《皇明九边考》中对明初和明中期河西各卫的驻兵情况进行了详细的统计：

---

① 明太宗皇帝实录 [M]. 卷 14，洪武三十五年十一月庚子.
② 明宣宗实录 [M]. 卷 107，宣德八年十一月壬子.
③ 明宣宗实录 [M]. 卷 114，宣德九年十一月乙卯.
④ 明英宗实录 [M]. 卷 12，宣德十年十二月壬子.
⑤ 明英宗实录 [M]. 卷 19，正统元年闰六月丙戌.
⑥ 明英宗实录 [M]. 卷 296，天顺二年冬十月丁丑.
⑦ 明英宗实录 [M]. 卷 336，天顺六年春正月丁巳.

明代河西各卫官军人数①

各卫所 城堡官军数	原额官军（年代不详）	实有官军（嘉靖十八年左右）
甘州五卫	29788	10524
洪水堡	1277	1266
平川堡	300	299
山丹卫	6997	1893
永昌卫	6327	1635
凉州卫	9529	4996
镇番卫	4139	2750
古浪所	1320	290
镇夷所	1523	1229
高台所	1680	1406
肃州卫	10005	4578
总计	72885	30866

　　虽然在魏焕的记载中没有明确说明原额官军数究竟是哪一年的数据，但从具体的数字来看，各卫的原额驻军数基本上都超过了明代一卫5600人的定制，这显然是在军力强盛的明初才可能发生的情况。嘉靖年间，随着军力的衰退。明朝在河西的驻军规模已大不如前，但仍然保持着3万余人的规模。值得注意的是，在魏焕的统计中只包括常备军与兰、临等卫赴河西备御的客兵，此外还有大量的募兵、民兵、土兵等不在统计之列。如《肃镇华夷志》载肃州"又招募四百三十名，不在原额之数"。镇夷所"又招募一百六十七名，不在原额之数"②。《重刊甘镇志》载甘州五卫"又招募兵一千一百名，不在原额之数"；山丹卫"又招募兵三百九十五名，不在原额之数"；高台所"又招募兵一百七十七名，不在原额之数"③。可见，河西驻军的实际规模要还要大于魏焕的统计。除了参与守御和屯种的正军外，还有数量更为庞大的军属群体。如果按照一名正军携带两名军属来计算，仅明初随明军进入河西的人口就超过了20万。如此庞

---

① 　[明]魏焕. 皇明九边考［M］. 卷9，甘肃镇·军马考.
② 　[明]李应魁. 肃镇华夷志［M］. 卷2，军制.
③ 　[清]杨春茂. 重刊甘镇志［M］. 兵防志：第1，军制.

大的军队驻扎在河西地区，就需要大量的军饷来维持军士的生存，从而使河西地区形成了一个庞大的军事消费区。同时，为瓦解北元势力，明朝还制定了优惠的招抚政策，使大量少数民族部众归附明朝，被安置在河西地区。这些数量庞大的少数民族部众往往也需要河西诸卫救济。

与粮食需求量的持续增加相比，明初河西地区的农业生产能力却极为有限。虽然河西地区拥有着悠久的农业发展史，但在安史之乱爆发后，河西地区长时间被吐蕃、回鹘、党项、蒙古等游牧民族所控制，农业生产出现了大幅度的衰退。元代全国十行省，岁入粮为一千三百多万石，而甘肃行省只有六万多石，只占全国的1/200。① 与汉唐时河西农业生产的盛况相比，这样的情景不可谓不惨淡。这样有限的粮食生产能力，再经过元明战争的摧残，其局面可想而知。这样的背景下，解决粮食的供给就成了明朝在河西的重要课题，在长时间的摸索中，明朝逐渐形成了屯田、民运、开中、京运为主体的粮食供给体系。

二、明初河西地区的军粮供给体系

（一）屯田

屯田是历代中原王朝经营西北边地的重要方略。早在河西归汉之初，西汉政府就组织了大量移民迁入河西，开展屯田。据《史记·平准书》载："初置张掖、酒泉郡，而上郡、朔方、西河、河西开田官，斥塞卒六十万人戍田之。"② 随着屯田的展开，河西地区的社会面貌迅速发生了变化，由一个古老的牧业区，转变为富庶的灌溉农业区。此后，屯田作为开发边疆的重要方式，被历代王朝所继承，成为中原王朝开发边疆地区的重要手段。明太祖朱元璋就对此颇为重视："古人有以兵屯田者，无事则耕，有事则战，兵得所养，而民力不劳，此长治久安之道。"③ 因此，在明军进军河西之初，便开始组织军士屯田。洪武五年（1372年），"宋国公冯胜平定古浪，复设凉州，套鲁闻风远遁，仿充国遗策，于扒里扒沙、暖泉、哨马营等处，且屯且耕，以拓土地"④。随着统治秩序的稳定，为使农业生产获得更为充足和稳定的劳动力，明军还从驻防军队中划拨一

---

① 马海寿，陈文祥. 试论河西走廊农牧业转换的历史变迁 ［J］. 青海民族大学学报，2012（1）.
② ［西汉］司马迁. 史记 ［M］. 卷30，平准书第八.
③ ［明］余继登. 典故纪闻 ［M］. 卷3.
④ ［清］张珏美. 五凉全志：第4卷 ［M］. 古浪县志，地理志·沿革.

部分军士专门负责农业生产，称之为屯军。洪武二十五年（1392 年），明太祖"命天下卫所军卒，自今以十之七屯种，十之三城守，务尽力开垦，以足军食"①。基本确定了河西诸卫所军士三七开的屯守比例。永乐二年（1404 年），明廷"令各处卫所，凡屯军一百名以上委百户一员，三百名以上委千户一员，五百名以上委指挥一员提督，不及一百者，亦委百户一员提督"②。在管理上将负责农业生产的屯军与负责守御城市的守军进行了分离。并于同年制定了严格的《屯田赏罚例》，对屯军的农业生产进行监督和鼓励。③

在组织军士下屯耕种的同时，明廷还为屯军提供耕牛、农具、种子等基本的生产资料。如洪武二十三年（1390 年），"命长兴侯耿炳文往陕西训练军马，调遣征戍，仍令布政使司预备西凉、甘肃农具种子以给军士屯种"④。洪武二十四年（1391 年），"遣陕西西安右卫及华阳诸卫官军八千余人往甘肃屯田，官给农器谷种"⑤。永乐元年（1403 年），工部尚书黄福奏："陕西行都司所属屯田多缺耕牛、耕具，令准北京例，官市牛给之，耕具于陕西布政司所属铸造悉。"诏从。⑥ 天顺三年（1459 年）二月，蒙古军队入侵凉州卫，将大量耕牛掳掠一空。为确保粮食生产的正常进行，明英宗"命户部移文陕西布按二司，量出官银五千两，于腹里买牛给之"⑦。

明初河西地区还存有少量的民屯。明初，"移民就宽乡，或召募或罪徙者为民屯，皆领之有司"⑧。如洪武五年（1372 年）秋季，"饬命山西、河南等地民人约二千余众，迁徙是土，多居于蔡旗、青松环围"⑨。洪武十二年（1379 年），镇番卫"军民共屯田一千九百六十二顷二十四亩七分许"⑩。可见，镇番卫除军屯外，还存有一定数量的民屯。但在明前期，河西屯田一直是以军屯为主，民屯在整个屯田体系中只处于辅助地位。

除军屯、民屯外，据《明史·食货志》载，明初的九边地区还有商屯这一

---

① 明太祖实录［M］. 卷 216，洪武二十五年二月庚辰.

② ［万历］明会典［M］. 卷 18，户部五.

③ 明太宗实录［M］. 卷 27，永乐二年正月丁巳.

④ 明太祖实录［M］. 卷 199，洪武二十三年春正月辛未.

⑤ 明太祖实录［M］. 卷 207，二十四年二月己未.

⑥ 明太宗实录［M］. 卷 26，永乐元年十二月戊寅.

⑦ 明英宗实录［M］. 卷 300，天顺三年二月乙亥.

⑧ 明史［M］. 卷 77，食货志一.

⑨ ［清］谢树森，［民国］谢广恩. 镇番遗事历鉴［M］. 卷 1，洪武五年壬子.

⑩ ［清］谢树森，［民国］谢广恩. 镇番遗事历鉴［M］. 卷 1，洪武十一年已末.

特殊形式，"明初，募盐商于各边开中，谓之商屯。迨弘治中，叶淇变法，而开中始坏。诸淮商悉撤业归，西北商亦多徙家于淮，边地为墟，米石直银五两，而边储枵然矣"①。所谓商屯，指参与开中的商人为了减轻粮食运输的风险和费用，在边境招人屯垦，直接掌握粮食的生产，将生产所得上纳边仓以换取盐引的形式。受《明史·食货志》的影响，当代学者也大多认为明初九边地区的商屯是真实的历史存在。直到 20 世纪 80 年代以来，商传、罗冬阳等学者陆续提出了对明代商屯说的质疑。② 实际上，目前学界经常所引用的明初九边商屯的记载大多成书于明中后期，如霍韬的《哈密疏》载："富商大贾，悉于三边，自出财力，自招移民，自垦边地，自艺菽粟，自筑墩台，自立保聚。"③ 张溥的《盐法论》载："永乐中，下实粟于边之令，富商大贾竞于三边出财力，招游民、筑墩台，立堡伍，荒土膏腴，稼穑衍植。及乎成化，甘肃、宁夏粟石二钱，边用大饶。"④ 类似这样的记述显然不是来自作者的亲身经历，我们并不能将这样的记载当作证实明初河西商屯真实性的一手资料。同时，从逻辑上而言，在边地直接掌握粮食生产，对于开中商人，当然要比从内地运粮的成本低得多。但实际上，开中法只是明朝在边储不足时的救急措施。从《明实录》的记载来看，洪武、永乐时期，明朝在河西地区只进行了 5 次招商开中，平均十年方有一次。其中第二次和第三次之间更是间隔了 22 年之久。⑤ 在开中法没有制度化的情况下，商人招徕百姓在边地屯田以备开中的成本就未免太高了，显然不符合商人经商的常理。因此，笔者同意商传、罗冬阳等学者对明初商屯说的质疑，明初河西地区并不存在所谓的商屯。

对于河西屯田在明初所取得的成绩。《明会典》称："国初，甘州左等十五卫屯地，足供军需。"⑥《明史》则称："明初，各镇皆有屯田，一军之田，足赡一军之用，卫所官吏俸粮皆取给焉。"⑦ 可见，《明会典》和《明史》对明初的

---

① 明史 [M]. 卷 77，食货志一.

② 罗冬阳.《明史》商屯臆想补论 [J]. 史学集刊，2019 (3)；商传. 明初商屯质疑 [J]. 中国古代史论丛，1982 (1).

③ [明] 霍韬. 哈密疏 [M] //皇明经世文编：卷 186，霍文敏公文集二.

④ [明] 张溥. 盐法论 [M] //七录斋集六卷论略一卷：卷 1，论略.

⑤ 张磊，杜常顺. 明代开中制在河西走廊的实施及其社会影响 [J]. 西北民族大学学报，2017 (4).

⑥ [万历] 明会典 [M]. 卷 28，会计四.

⑦ 明史 [M]. 卷 82，食货六.

河西屯田给予了极高的评价，认为河西屯田甚至可以达到足供军需的水平。但实际上，明初河西屯田虽然取得了一定成绩，但还远远达不到自给的水平。洪武三十年（1397 年）正月，陕西行都指挥使司都指挥使陈晖指出："凉州等卫十有一，屯军三万三千五百余人，屯田万六千三百余顷。"① 按照明制"五尺为步，步二百四十为亩，亩百为顷"② 的标准来计算，每名屯军约有 48.7 亩地。这本身是一个相当可观的数字。但河西地区农业生产条件较差，武威"边疆尽刚土，田家作苦倍他处"③，永昌"沙碛硗薄，山高风猛，七月陨霜"④，镇番"幅员狭隘，十地九沙"⑤，酒泉"土瘠风寒，物产不多"⑥，其产量并不稳定。同时，在陈晖的奏言中还进一步指出："凉州、西宁、永昌、肃州、庄浪累岁丰熟，以十之二输官，八分给与士卒。其甘州、山丹等六卫地寒，四月雪消方可耕种，比苗始秀而霜已降，军伍每以缺食为病，请以凉州等卫输官，粮储济其不足。"⑦ 可见，河西各卫的农业生产情况存在着较大的差异性，除凉州、永昌以及肃州外，甘州、山丹等地仍然处在"军伍每以缺食为病"的境地。永乐元年（1403 年）二月，陕西行都指挥使司都指挥佥事张豫指出："今迤西所统边卫，人稠地狭，供给粮储惟藉内地转运。"⑧ 可见，明初河西地区的屯田取得了一定成果，但远未到达到足供军需的水平。

（二）民运税粮

明朝各省起运税粮除解往京师外，更大的部分是输送九边，供给边军。所谓民运，即从明初开始，户部每年指派北方府州县的百姓将自己缴纳的税粮，运输到指定边仓。洪武四年（1371 年），"议准，兰州、凉州、河州、岷州、洮州、宁夏、庄浪、西宁、临洮、甘肃、山丹、永昌等卫军粮，每岁令西安等府送纳大路官仓，转运边卫"⑨。明朝要求西安等府的民户将税粮运赴河西、河湟、宁夏等地的边卫，拉开了民运粮供给边卫军饷的序幕。洪武、永乐时期是

---

① 明太祖实录［M］. 卷 249，洪武三十年春正月戊辰.
② 明史［M］. 卷 77，食货一.
③ ［清］张玿美. 五凉全志［M］. 第 1 卷：武威县志，风俗志·士农工商执业.
④ ［清］张玿美. 五凉全志［M］. 第 3 卷：永昌县志，风俗志·士农工商执业.
⑤ ［清］张玿美. 五凉全志［M］. 第 2 卷：永昌县志，风俗志·士农工商执业.
⑥ ［明］李应魁. 肃镇华夷志［M］. 卷 2，物产.
⑦ 明太祖实录［M］. 卷 249，洪武三十年春正月戊辰.
⑧ 明太宗实录［M］. 卷 244，洪武二十九年春正月甲午.
⑨ ［万历］明会典［M］. 卷 28，会计四.

民运税粮的始创阶段，基本形成了陕西、北平、四川、山东、山西等近边省份供应边军粮饷的军粮转运制度。按照就近原则，河西诸卫的民运税粮基本由临近的陕西布政使司所辖西安、延安、庆阳、凤翔、平凉、巩昌等府供应。如永乐十一年（1413 年）四月，陕西布政使司言："甘肃山丹等卫粮储不给，请于所属税粮内拨三十万石运输各卫。"诏从。① 永乐十三年（1415 年）五月，甘肃总兵官都督费瓛言："肃州临边兵多粮少，脱有调发猝难措置，请以陕西临洮、巩昌二郡税粮每岁发旁近丁民转运备用。"诏从。② 同月，陕西行都司都指挥王贵言："宁夏、甘肃等卫地临边境，宜于平凉、庆阳运粟五六十万以备兵储。"诏从。③ 永乐十六年（1418 年）八月，明廷"命陕西布政司于所属近地，拨粮料二十万石运赴甘肃等卫仓预备军饷"④。洪熙元年（1425 年）三月，陕西行都司奏："所辖卫所军士乏食，命户部于陕西运今岁税粮给之。仍命遣人驰驿督运。"⑤ 宣德十年（1435 年）九月，"今先于近边庆阳等府仓内，转运五十万石于甘肃，却以西安等府税粮补足"⑥。

从上述材料看，明初民运粮的数量极为庞大，动辄便达二十万石，甚至可以高达五十万石。按照明制"马军月支米二石，步军总旗一石五斗，小旗一石二斗，军一石"⑦ 和河西诸卫72885 人的原额军数来计算，二十万石粮食可以供应河西军士近三个月的月粮，五十万石可以供应河西军士近八个月的月粮，足见民运税粮在河西地区军饷供给中所起到的重要作用。对于民运粮的重要性，洪武二十九年（1396 年）二月，陕西行都指挥使司都指挥佥事张豫就指出："今迤西所统边卫，人稠地狭，供给粮储惟藉内地转运。"⑧ 宣德五年（1430 年）六月，行在兵部尚书张本称："甘肃、宁夏、大同、宣府粮饷皆出民力，运输所费浩大。"⑨ 成化三年（1438 年），巡抚甘肃右佥都御史徐廷章亦指出："及查卫所每年征纳屯粮，止可支用三月。其余月份，俱藉腹里西安民粮接

---

① 明太宗实录［M］. 卷 139，永乐十一年夏四月乙丑.
② 明太宗实录［M］. 卷 164，永乐十三年夏五月辛亥.
③ 明太宗实录［M］. 卷 164，永乐十三年夏五月辛酉.
④ 明太宗实录［M］. 卷 203，永乐十六年八月癸巳.
⑤ 明仁宗实录［M］. 卷 8 上，洪熙元年三月卷八.
⑥ 明英宗实录［M］. 卷 9，宣德十年九月壬辰.
⑦ 明史［M］. 卷 82，食货六.
⑧ 明太祖实录［M］. 卷 244，洪武二十九年二月甲午.
⑨ 明宣宗实录［M］. 卷 67，宣德五年六月乙酉.

济。"① 可见，与屯田粮相比，民运粮在数量上不仅毫不逊色，甚至占据着优势。

由于民运粮在河西军饷供应中所起到的重要作用，如何将民运粮安全地转运到河西地区就成为摆在明廷面前的重要课题。明初，陕西、山西等五省税粮需由百姓亲自运送到指定边仓。明太祖制定此制度的本意在于免除地方政府对纳户的勒索和税粮的盘剥，但在运输条件极为落后的明初，向偏远的河西地区运输数十万石的粮草，所需要耗费的民力不言而喻。同时，长时间、高强度的运输工作，必然会使大量劳动力长时间脱离农业生产，从而影响农业的正常生产。对此，为保障民运粮的运输，同时减轻百姓的负担。洪武二十九年（1396年），明廷"以陕西各府州县民转运边饷道远，于驿道有军民处置仓，各就近地，计程接递"②。洪武三十年（1397年），"令罪囚运米赎罪，死罪一百石，徒流逐减，其力不及死者，自备米三十石，徒流罪十五石，俱运赴甘州威虏地方上纳，就彼充军"③。永乐十年（1412年）五月，明廷接受陕西秦州民张源的建议，"遇农隙，令旁近州县民运输兰县仓，自兰县抵甘州每五十里设一站，或役刑徒或令官军转输，庶少苏民力"④。此后，百姓只需将税粮运至兰州，兰州以西则由官军或罪囚转输，从而大大缩短了百姓运输税粮的距离。正统元年（1436年），"令陕西各府岁纳甘州各卫税粮，民运至兰县，自兰县起，发军夫运至凉州。自凉州运至各卫"⑤。即由纳户运粮至兰州，再由军队负责统一运送至凉州，最后由各卫自行运送至本地，使得凉州成了河西税粮转输的中心。

（三）纳粮开中⑥

由于实行屯田和民运，河西地区的军饷大部分可以得到解决，但当遇到天灾、战事等紧急情况时，军饷往往就会出现缺口。为解决河西走廊的军饷，同时减轻百姓的负担，明朝便以出售食盐专卖权为突破口，招商"开中"。所谓开中制就是"招商输粮而与之盐"⑦，具体而言就是在国家控制盐的生产，掌握食

---

① ［明］徐廷章. 边议疏［M］//明经世文编：卷70，徐中丞奏疏.

② ［万历］明会典［M］. 卷28，会计四.

③ ［万历］明会典［M］. 卷176，五刑赎罪.

④ 明太宗实录［M］. 卷128，永乐十年五月丙申.

⑤ ［万历］明会典［M］. 卷28，会计四.

⑥ 开中制在河西地区实行的详细情况参见张磊，杜常顺. 明代开中制在河西走廊的实施及其社会影响［J］. 西北民族大学学报，2017（4）.

⑦ 明史［M］. 卷80，食货四.

盐专卖权的前提下，根据边疆需求出榜招商，应招商人把政府需要的米、豆、粟等军需输送到边地卫所，换取政府颁给的贩卖食盐的凭证——盐引。然后商人凭借盐引到指定盐场支盐，最后到指定地区销售。洪武十一年（1378 年），凉州卫粮饷不足，明朝以每盐一引米二斗五升为则例，招商纳粮。① 这是《明实录》中所见开中法在河西走廊实施的最早记载。此后，有关开中制在河西走廊施行的记载不绝于册。

开中法是对屯田和税粮的补充，因此开中法在创办的初期大多是用于救急的临时性措施，"或遇紧急用兵，缺乏粮饷，卒不能至，或地方水旱灾荒，军民缺食，乏粮贩济，方才召商中纳粮米，赖其飞挽以备急用"②。但对于河西地区而言，特殊的自然条件和战略位置，使得开中盐粮对河西地区军饷的补充作用尤为重要。成祖即位后，为巩固其统治，"悉停天下中盐，专於京卫开中。惟云南金齿卫、楚雄府，四川盐井卫，陕西甘州卫，开中如故"③。甘州卫地处河西走廊中段，是陕西行都司所在地，也是明朝在河西地区的统治中心。永乐初年，天下中盐悉停，但甘州卫照旧开中，足见开中法对河西地区的重要性。宣德五年（1430 年），甘州寓居回族沙八思等中纳盐粮，该支两浙盐一万一百二十五引，马儿丁等应支两淮盐五万二千三百引。④ 同年，都督佥事季铎的异姓亲属"于肃州上米中淮盐三千引"⑤。以宣德五年淮浙盐每引兑米豆麦四斗的则例计算，仅上述记载中商人上纳的粮食就达二万六千一百七十石。同时按明制"马军月支米二石，步军总旗一石五斗，小旗一石二斗，军一石"⑥，仅仅上述两条记载中商人上纳的粮食就可以支付二万六千一百七十名士兵的月粮，可见纳粮开中在河西地区的开展有着相当大的规模。

河西地处偏远，商人纳粮的成本较高，为刺激商人上纳粮草的积极性，明朝在制定开中法的细则时都给予了较为优惠的条件。一方面，在盐场的选择上，开中制在河西地区实施时以支两淮、两浙盐为主。在明代，不同盐场因地理位置、自然条件、生产方式的不同，盐的质量存在很大的差异。同时按照明制，

---

① 明太祖实录［M］. 卷 117，洪武十一年春正月丙辰.
② ［明］马文升. 重盐法以备急用疏［M］. 明经世文编：卷 63，马端肃公奏疏二.
③ 明史［M］. 卷 80，食货四.
④ 明宣宗实录［M］. 卷 65，宣德五年夏四月丁酉.
⑤ 明英宗实录［M］. 卷 280，天顺元年秋七月甲申.
⑥ 明史［M］. 卷 82，食货六.

不同盐场出产的盐，有着不同的行销地区。行销地区的人口密度、社会经济水平直接影响着商人的利润。两淮盐行销于南直隶的大半地区和江西、湖广、贵州三布政使司所辖地区；两浙盐行销于南直隶的一部分地区和浙江布政使司所辖全区以及江西的一部分地区。两淮盐和两浙盐的行盐地区基本包括了明朝生产力最先进、人口最密集的地区。其销售条件最佳，对商人的吸引力也最大。

另一方面，明朝初期河西诸卫所盐粮兑换则例大体保持平稳。开中制的具体操作中，盐粮兑换的比例直接关系到商人纳粮开中的利润。政府在制定盐粮兑换比例时，要考虑到纳粮地区对粮食的需求程度，粮食产区到纳粮地区的距离与运输成本以及售盐地区的销售条件等问题。盐粮兑换比例制定的不合理，就会出现商人纳粮多而无盐供应，或纳粮少而盐过剩的情况，从而使开中法无法正常运行。明初，河西诸卫所盐粮兑换的比例保持在一斗五升到三斗米兑淮浙盐一引的水平。宣德三年（1428年），"商人有告，已运米麦至甘肃中盐，初例淮浙盐每引一斗五升，今愿纳米三斗于淮浙，不拘次支盐"[①]。商人宁愿多缴纳一倍的粮食来换取盐引，可见三斗米兑一引淮浙盐应该是有利润空间的。同时，明朝通过调节河西内部各卫所的盐粮兑换比例，来引导商人向不同的卫所上纳粮草。洪武二十三年（1390年）末，因甘肃（甘州）、山丹、永昌等卫军储匮乏，户部决定将原定于在凉州上纳的盐粮改于甘肃中纳，因甘肃（甘州）西距凉州尚有五百里路程，盐粮兑换的比例也在"支淮浙盐每引米四斗、河东盐每引米五斗，不拘资次支给"的基础上，"减淮浙盐入粟三斗，河东盐入粟四斗"，以此来吸引商人上仓纳粮。[②]

（四）京运物料

京运，即京运年例银，就是每年从户部所辖太仓库或内府库中，以军事费用的名义拨给各边镇的银货。[③]《明史》称："京运，始自正统中。"[④] 但实际上，广义的京运直接追溯到明朝建立之初，在洪武、永乐时期，户部就已经开始随机向边卫输送物资。如洪武四年（1371年）八月，明太祖朱元璋就"以北平、山西馈运之艰，命以白金三十万两，绵布十万匹，就附近郡县，易米以给

① 明宣宗实录 [M]. 卷42，宣德三年闰四月癸巳.
② 明太祖实录 [M]. 卷206，洪武二十三年十二月辛未.
③ 范传南. 明代九边京运年例银及其经管研究 [D]. 长春：东北师范大学，2011：57.
④ 明史 [M]. 卷82，食货六.

将士"①。永乐四年（1406 年）二月，朱棣"命户部运粮二万石、料豆三千石往宣府"②。永乐十八年正月，开平备御成安侯郭亮上疏指出："粮饷不给，请令所司于京仓运三万石，储开平以备军储。"③ 上述材料中运往边卫的物资均由京城起运故而称之为"京运"。由于这一时期从京城拨往边卫的多为实物，故而可以称为"京运物料"阶段。④

洪武、永乐时期，河西屯田处于全盛时期，在屯田、民运、开中的共同供应下，河西诸卫的军饷供给尚能维持。宣德以降，随着屯田和马政的废弛，河西地区军饷的供给开始出现困难。明朝便通过京运物资的方式对河西地区的军饷进行补充。但河西地处极边，距京城十分遥远，直接向河西运输粮食，成本过高。明廷便向河西输送布匹等较为轻便且当地匮乏的物资，再将布匹等物变卖以易粮食、马匹等军需物资。宣德四年（1429 年）九月，"镇守甘肃太监王安奏：'请运彩色三梭布十万匹于甘肃市马，行在户部请市于苏松二府。'上曰：'近来稍有买办，州县假公营私，百倍扰民，方欲禁革此弊，岂可复扰之，止于京库减半支去'"⑤。宣德五年（1430 年），行在兵部尚书张本进一步指出："甘肃、宁夏、大同、宣府粮饷皆出民力运输，所费浩大，近数年来，各处边隅无警，田禾丰稔，边卫军士一切用度多以谷粟，请遣人与总兵镇守官会议彼处应用布帛等物，户部差人运去，依价收籴，每处或十万石、二三十万石，岁以为常，则民力可省，边储可充。"宣宗御览后，令各相关官员对此进行讨论，武安侯郑亨，宁阳侯陈懋，都督谭广、刘广言："甘肃、宁夏缺丝、绵布、绢、棉花，大同、宣府缺布、绢、棉花、茶、盐及农器犁、铧等物，如运至，依时易换为便。"户部遂将丝、绵、布、绢、棉花、茶、盐、农器等物资遣人运送至各边。⑥

总而言之，为解决军粮的供应，明军在河西地区开展了广泛的屯田，以期达到"一军之田，足赡一军之用"⑦ 的效果。但是河西气候寒冷，土地贫瘠，农业经济的基础较为薄弱，很难生产出足够的粮食。因而明廷又通过民运、开

① 明太祖实录 [M]. 卷67，洪武四年八月癸巳.
② 明太宗实录 [M]. 卷51，永乐四年二月乙亥.
③ 明太宗实录 [M]. 卷221，永乐十八年正月庚辰.
④ 范传南. 明代九边京运年例银及其经管研究 [D]. 长春：东北师范大学，2011：61.
⑤ 明宣宗实录 [M]. 卷58，宣德四年九月戊申.
⑥ 明宣宗实录 [M]. 卷67，宣德五年六月乙酉.
⑦ 明史 [M]. 卷82，食货六.

中、京运、纳赎等方式来作为屯田补充，即所谓"屯粮不足，加以民粮，民粮不足，加以盐粮，盐粮不足，加以京运"①。

第二节　明代中后期卫所军粮供给制度的变化

明初民运粮、纳粮开中、京运物料与屯粮一道构成了河西地区以征收实物为中心的边饷供给体系。但随着吏治的腐败与社会经济的发展，白银在军粮供给体系中的作用逐渐增大，使得河西地区出现了一个以官方为最大买主的边地米粮市场。

一、屯田的衰败与军屯田土的民田化

宣德以降，随着吏治的腐败，卫所官员凭借手中的权力，私役屯军，强占良田，使得明初取得了良好发展的河西军屯开始遭到破坏。

卫所军官强占良田的现象早在洪武年间就已出现。洪武二十八年（1395年），陕西行都指挥使司指挥佥事张豫指出："本司卫所官俸旧皆给钞，由是各占田耕种，多役军士。"② 明初，支付给卫所武官的俸禄主要是大明宝钞，但由于明朝政府没有按照经济规律发行货币，使得大明宝钞在市场中信用极低，在洪武二十三年后更是出现了大幅度贬值。在获取的俸禄毫无购买力的情况下，卫所武官便直接侵占良田，私役军士，来获取生活资料。宣德年间，随着吏治的腐败，卫所官员强占良田的现象更是屡禁不止。宣德六年（1431年）正月，参议原固指出："今各卫所腴田皆为官豪之家所据，虽已报官，仍有不尽。屯军所种多是沙地，以致子粒多欠，乞遣大臣会三司堂上官踏勘，除报官纳粮外，有多据者悉与屯军。"同时，进一步指出："甘州左等卫管屯官怠多勤少，不肯用心督军以时耕种，致子粒无收，乞敕巡按监察御史及陕西按察司严督有怠惰者，罪之。庶屯种有收，军食充羡。"③ 宣德六年二月，陕西参政陈琰也谈到了相同的问题："宁夏、甘肃田地可引水灌溉，虽旱亦收。然两处膏腴之地皆为镇

---

① 明穆宗实录 [M]. 卷39，隆庆三年十一月乙亥.
② 明太祖实录 [M]. 卷236，洪武二十八年春正月庚子.
③ 明宣宗实录 [M]. 卷75，宣德六年春正月庚寅.

守官及各卫豪横官旗所占，俱不报官输粮，间有报者十仅得一。其卑下瘠地则分与屯军，致屯粮亏欠，兵士饥困，而官负豪强之家，日以恣横。又陕西诸卫所军有二分三分守城，七分八分下屯者，以七八人耕作供给二三人之食，宜无不足，而各卫往往缺粮，有司疲于馈运。"①

河西地区气候干旱，农业灌溉仰仗于各类水利设施，所谓"水至为良田，水涸为弃壤"②。河西地区的官豪势要便倚仗权力，侵占水利。宣德六年十二月，行在工部侍郎罗汝敬言："宁夏甘州诸卫屯种全资水利，多为官豪侵占农家不得灌溉。"③ 宣德十年（1435 年），"甘州等卫指挥仇胜等，沮挠屯田，占据水利，逋负余粮"④。在侵占良田、水利的同时，官豪势要私役军卒的现象也非常普遍。宣德六年，"（甘州、宁夏）屯军及余丁尝有公私差遣，妨其农功子粒无征"⑤。

正统以降，卫所官员强占良田、水利，私役屯军的情况，非但没有减少，反有愈演愈烈之势。正统元年（1436 年）三月，"太监王贵占种官田一百余顷，侵夺军屯水利，私役军余九百余名"⑥。正统元年夏四月，明英宗敕参赞军务兵部左侍郎柴车等曰："比闻甘肃凉州等处总兵镇守官占种田地，侵夺水利，不纳税粮，军士受苦不可胜言。"⑦ 正统六年（1441 年）春正月，"宥中军都督同知王贵罪。先是贵守肃州，纳军余番夷男妇四十八人为奴"⑧。成化十二年（1476 年）三月，巡按陕西监察御史许进奏："河西十五卫地方，东起庄浪，西至肃州，绵亘几二千里，所种田苗全资灌溉，近年水利多为势豪所夺，所司不能禁。"⑨ 成化十四年（1478 年），甘州五卫"正军拨充局匠及杂役私占者多至二千三百人"⑩。正德九年（1514 年）八月，"甘凉诸路镇守、分守等官占役军余，动以千计，或办纳月钱，或耕种私地，或卖纵殷富扣支月粮，以致差役不

① 明宣宗实录［M］. 卷 76，宣德六年二月丁酉.
② ［清］钟赓起. 甘州府志［M］. 卷 6，食货·水利.
③ 明宣宗实录［M］. 卷 85，宣德六年十二月庚戌.
④ 明英宗实录［M］. 卷 5，宣德十年五月戊寅.
⑤ 明宣宗实录［M］. 卷 85，宣德六年十二月庚戌.
⑥ 明英宗实录［M］. 卷 15，正统元年三月乙未.
⑦ 明英宗实录［M］. 卷 16，正统元年夏四月乙巳.
⑧ 明英宗实录［M］. 卷 75，正统六年春正月甲子.
⑨ 明宪宗实录［M］. 卷 151，成化十二年三月丁巳.
⑩ 明宪宗实录［M］. 卷 179，成化十四年六月丁巳.

均，营伍久缺"①。

　　在卫所官员各种违法行径层出不穷的同时，屯军还承受着沉重的屯粮负担。为保证屯军进行生产，由卫所拨与屯军一定亩数的屯地，称之为军屯分地，属国家所有的官田。军屯分地不准买卖，不准转移，遇屯军改调、老疾、事故而不能耕种，必须还官。屯军事实上是国家的佃农，必须把他所承种的军田上的收获物上交卫所屯仓，这项贡纳被称为"屯田子粒"②。建文四年（1402年），明廷制定科则，每军田一分，纳正粮十二石，余粮十二石。正粮听本军支用，余粮作为本卫官军的俸粮。③ 无论是正粮和余粮都要上仓盘粮，其中余粮十二石即屯军缴纳的地租。以一分地50亩来计算，每亩纳租2.4斗。与私田私租相较，数额并不高。但河西土地本就贫瘠，十二石的余粮对于下屯军士已是沉重的负担。此后，明朝多次调整军屯分地的科则。宣德十年（1435年），明英宗即位后便下令："各都司卫所下屯军士正粮子粒一十二石给军食用，不必盘量。止征余粮六石，于附近军卫有司官仓交纳。"④ 与建文四年所定科则相比，此时的科则减少了一半，每亩只需纳1.2斗的子粒。但在实际的操作中，屯军所承受的科则远比法定科则繁重。据《春明梦余录》载明中后期，甘肃镇共有屯军23083人，屯地11692顷，应纳子粒603188石。每亩纳子粒高达5.2斗。⑤ 同时，由于官员占种良田、水利情况的加剧，普通屯军所承种的多为沙碛瘠薄之地，"附近力勤者种一歇二，方能收获；地远力薄者三四年方种一次"⑥。普通屯军面对高额的屯田子粒，往往入不敷出。正统十年（1445年）八月，"近年以来官豪势要及各管头目贪图厚利，将膏腴屯田侵夺私耕，又挟势专占水利，以致军士虚包子粒，负累逃徙者多"⑦。弘治八年（1495年），巡按监察御史张泰指出："甘州屯田肥饶者多为太监、总兵等官占据，而官军则含怨赔粮，衣食不足。"⑧ 嘉靖年间，杨一清亦指出："……正军充伍，余丁拨屯、例也。但其中有有军无余者。有有军余而无力不能播种者，故屯地多侵没于将领豪右之家，

---

①　明武宗实录 [M]. 卷115，正德九年八月甲辰.

②　王毓铨. 明代的军屯 [M]. 北京：中华书局，2009：128.

③　[万历] 明会典 [M]. 卷18，户部五.

④　明英宗实录 [M]. 卷1，宣德十年正月壬午.

⑤　[清] 孙承泽. 春明梦余录 [M]. 卷30，五军都督府.

⑥　明神宗实录 [M]. 卷133，万历十一年二月戊戌.

⑦　明英宗实录 [M]. 卷132，正统十年八月丙寅.

⑧　明孝宗实录 [M]. 卷101，弘治八年六月癸丑.

以致屯军终岁赔粮。"①

由于不堪忍受卫所官员的控制与奴役，以及沉重的屯粮负担，大量屯军选择逃亡或投充于权豪势要之家作为佃农。使得河西地区的军屯田土大量抛荒，军屯遭到严重破坏。成化初年，"甘肃等卫所大约原额旗军七万二千九百余名，今实有者四万一千八百余名，事故逃亡三万一千一百余名，虽累清勾而解到者少，虽有备御班军少经战阵，有名无实，遇有警急深为可虑，及卫所每年征纳屯粮，止可支用三月，其余月份，俱藉腹里西安民粮接济"②。同时，瓦剌的崛起后，河西地区面临的国防形势骤然紧张。频繁的边境战争严重干扰了屯田的正常进行。正统元年（1436 年），"镇番、永昌、庄浪、凉州四卫先因荒旱，少收续，被达贼抄掠，军余旗甲饥窘乏食"③。正统二年（1437 年），"镇番卫屯地多在境外，比因房寇犯边不得耕种，人多饿殍，除令富室借贷赈给，尚有不敷"④。正统十四年（1449 年）十一月，"达贼屡犯甘肃屯堡，军士皆走入城"⑤。天顺六年（1441 年）六月，免陕西庄浪、古浪、凉州、永昌、镇番五卫被寇践伤屯地粮五万二千四百五十五石有奇。⑥ 至嘉靖二十五年（1546 年），杨博巡抚甘肃，查得甘州城迤南有大量荒田，如黑河水龙灟有荒田二十余顷，洞子渠有荒田一十三顷，马子渠有荒田一顷，大满渠有荒田四顷。⑦ 作为河西地区统治中心的甘州，屯田都是如此惨淡的景象，其他卫所的情况可想而知。

面对问题层出不穷的军屯，明廷早在宣德年间便开始从中央派遣专员赴河西经理屯田。宣德六年（1431 年），明廷派遣行在工部侍郎罗汝敬往宁夏、甘州经理屯田。罗汝敬此次对甘州等地的军屯土地、水利灌溉、马驿递铺等进行了一系列的整肃，取得了良好的效果。在宁夏、甘州共清理出"官豪之家占种田土计一万四百九十余亩，依屯田起科增收子粒一十九万五千五百七十余石，开除沙碱等田岁无子粒者四千六百九十一顷有奇"⑧。宣德十年（1435 年）十一月，"命行在兵部左侍郎柴车往甘肃协同总兵、镇守官整饬边备，召试右侍郎徐

---

① ［明］杨一清. 论甘肃事宜 ［M］//明经世文编：卷 119，杨石淙纶扉奏略.
② 明宪宗实录 ［M］. 卷 43，成化三年六月丙申.
③ 明英宗实录 ［M］. 卷 19，正统元年闰六月庚午.
④ 明英宗实录 ［M］. 卷 27，正统二年二月癸亥.
⑤ 明英宗实录 ［M］. 卷 185，废帝郕戾王附录：第 3 正统十四年十一月戊寅.
⑥ 明英宗实录 ［M］. 卷 341，天顺六年六月己卯.
⑦ ［明］杨博. 查处屯田计安地方疏 ［M］//甘州府志：卷 13，艺文上.
⑧ 明宣宗实录 ［M］. 卷 83，宣德六年九月丙寅.

晞还京"①。这一时期，明廷坚持着屯军、屯田相互匹配不得变乱的政策，整顿河西屯田的重点在于清理被官豪势要侵占或盗卖的屯田，并勾补屯军、军余来恢复明初的军屯制度，即"挨勘侵占田地若干顷亩，斟酌肥瘠起科纳粮，除量拨与原种之人耕种足用外，其余俱拨与屯军耕种，办纳子粒"②。正统二年（1437 年）五月，"初镇守甘肃总兵太监等官占据田亩侵夺水利事闻。上敕兵部侍郎柴车等官核实斟酌田地肥瘠，各官家口多寡，量存与之。余悉发屯兵耕种。至是奏报西宁候驸马都尉宋琥、太监王安、王瑾、崇信伯费献都督刘广、史昭共占田六百余顷，内以八十六顷存留各家官属自种食用，余田五百一十六顷拨与无地军余耕种"③。但在军屯不断衰落的严峻现实下，明廷认识到恢复军屯已不具备可操作性，只要能获得军粮，即使放弃军屯也未尝不可。由此，明廷逐步开始调整有关军屯的政策。

一方面，为鼓励垦荒，明廷开始减轻军屯科则。嘉靖七年（1528 年），大学士杨一清建议："仍召募附近人民及随伍贫难余丁分拨屯田，令其耕种纳粮，不当别差。空闲田地听尽力开垦，侯三年后方征屯粮。"④ 嘉靖十三年（1534 年），户部覆兵科右给事中祝咏奏兴复屯田事宜言："甘肃屯田名存实废……今管屯官员清查顷亩分给土著军丁，量资牛种，令其承佃，应征子粒，或令征纳，或免征，半给月粮，以从减支之例。"⑤ 进一步减轻了屯田科则。嘉靖二十二年（1543 年），户部会廷臣议奏"各边地土听军民开垦，永不起科，若荒田能耕种者悉蠲原税。"⑥ 一年后，户部奏："招垦屯地，凡各边堪种地土无人开垦者。听其开垦成业，永不起科。旧曾起科积荒年久，仍须用力开垦者，应纳子粒一律蠲免，见在成熟地土纳粮管业者，照旧征收，以足边饷。"⑦ 嘉靖二十五年（1546 年），户部议覆巡抚甘都御史杨博所奏屯田事宜言："请令诸边臣，召民垦辟，永不征赋，其故尝征赋而复荒芜者并许佃种一体蠲免，抛荒地土任民开垦，永不起科，原系起科今复荒芜者蠲赋十年。"⑧ 从屯田重科，到"永不起

① 明英宗实录［M］. 卷 11，宣德十年十一月壬午.
② 明英宗实录［M］. 卷 16，正统元年夏四月乙巳.
③ 明英宗实录［M］. 卷 30，正统二年五月丙午.
④ 明世宗实录［M］. 卷 85，嘉靖七年二月己未.
⑤ 明世宗实录［M］. 卷 165，嘉靖十三年七月戊寅.
⑥ 明世宗实录［M］. 卷 217，嘉靖二十二年二月壬辰.
⑦ 明世宗实录［M］. 卷 293，嘉靖二十三年十二月甲申.
⑧ 明世宗实录［M］. 卷 317，嘉靖二十五年十一月辛巳.

科"，对承种军田的军民无疑有着极大的吸引力。同时屯地永不起科，也标志着屯田开始走向私有化的方向。

另一方面，"给与执照，永为己业"，明廷事实上承认了屯军对屯地的合法占有权。屯田作为官田，承种军民只有屯田的耕种权，而无占有权。故而承种军士缺乏劳动热情。隆庆初，庞尚鹏奏言："极边抛荒田土，不拘军民僧道流寓土著人等，悉听尽力开垦，给与执照，世为己业，永不起科。"① 在"永不起科"的基础上，明廷还给予垦荒者以执照作为"世为己业"的凭证，承认了垦荒者对开垦荒地的私有权。万历二年（1574 年），户部覆石茂华疏："除有粮有地有人者，给与界至执照外，其无主田地先尽招人承种，如无人承种者于城操军内拨给开垦，每军二十五亩，令其春夏耕种，秋冬差操，每年秋收责令纳粟十二石，所垦田地给与执照，永为己业。"② 万历二十二年（1594 年），甘肃巡按方元彦奏请："如有可开荒土备载，顷亩地界榜谕军民，愿耕者给照开垦，授为世业，额外荒土永不起科，额内者亦俟十年之后，其官给牛种，三年免息还银水利，年久壅塞者，设法疏通，旧亩不许势豪占夺，其追征屯粮比照民粮完欠事例，以定奖罚，务使野无旷上，仓有余积。"③ 再次强调了垦荒者对开垦荒地的私有权。

"永不起科"与"永为己业"的政策作为明朝中后期救止屯军逃亡、屯田抛荒的重要措施，顺应了军屯田土作为官田向民田发展的趋势。万历十一年（1583 年），甘肃巡抚王璇、巡按吴定题称："今次清丈实在地四万五千九百九十三顷三十五亩零，定为地额。无论屯科概拟一则，分别上、中、下三等征输，共粮二十一万六千一百八十五石零，定为粮额。其水退淤出，额外抛荒等地，俱听各军随便自行开垦，永不起科。"④ 诏从。简言之，王璇改革的重点在于税粮的征收，无论屯田、民田，统一按民田起科。同时，也说明在"永不起科"与"永为己业"的政策下，屯田与民田已没有大的区别，屯、科田的分别已经没有实质意义。

综上所述，为了满足河西地区的粮食供给，明朝在河西地区展开了大范围的屯田。在明初，由于明廷强有力的组织和相对稳定的国防形势，河西地区屯

---

① ［明］庞尚鹏. 清理甘肃屯田疏［M］//明经世文编：卷360，庞中丞摘稿四.
② 明神宗实录［M］. 卷39，万历三年六月丁亥.
③ 明神宗实录［M］. 卷275，万历二十二年七月庚子.
④ 明神宗实录［M］. 卷133，万历十一年二月戊戌.

田取得了一定的成绩。为军饷的供给做出了相当大的贡献。明中期以降，由于势要豪强对良田水利的侵占，以及沉重的屯田科则，河西屯田遭到了严重破坏。明廷为获取军粮，适时调整了对河西军屯的政策，使河西屯田出现了民田化的趋势。

二、由"本色"到"折色"——民运、开中、京运的转变

明初民运粮、纳粮开中、京运物料与屯粮一道构成了以征收实物为中心的边饷供给体系。除屯粮外，民运粮、盐粮、京运物料皆需长途馈运。但河西地处偏远，从凉州到肃州往返一趟就要千余里路，在运输工具、技术还极为落后的时代，向河西地区输送军粮的成本极高，正所谓"所输者少而所耗者多"，成为地方政府、百姓以及盐商的沉重负担。永乐元年（1403年）十二月，宁州上言："本州税粮岁输宁夏、甘肃等卫，山险路难，以致累年亏欠，乞改输本郡。"① 永乐八年（1410年）四月，陕西按察司言："平凉、临洮、巩昌、凤翔、庆阳、秦州、阶州等处永乐六年、七年夏税秋粮及刍荳拨，输甘肃永昌宁夏庄浪等处，民因灾伤多逃亡不能输运，至中途者又车摧牛死，不能前进，致粮刍逋负者多。"② 永乐十年（1412年），秦州民张源指出："巩昌、临洮等府，夏秋二税岁令民运甘州，其地相去二千余里，皆陆行负荷及载以牛驴，中途民罢畜死，所输者少而所耗者多。"③ 宣德五年十二月（1430年），行在户部奏："甘肃、宁夏、大同、宣府、独石、永平等处俱边境要地，民粮艰于转输，比年虽召商中盐，途程险远，趋中者少，供用不敷。"④

除了运输距离、运输条件所带来的困难外，由于河西地处国防前线，军民运输军粮的过程中还要时刻提防蒙古军队、西番部落的掳掠。宣德十年（1435年）九月，巡抚陕西行在户部右侍郎李新就指出："甘肃诸边用兵之际，其粮储仰给于西安等府，但山路险远挽运艰难，且有番寇抢掠之患。"⑤ 宣德十年十一月，"西安府所属州县送纳永昌、甘州等卫税粮至凉州为达贼剽掠俱尽"⑥。同

---

① 明太宗实录［M］.卷26，永乐元年十二月戊寅.
② 明太宗实录［M］.卷103，永乐八年夏四月壬戌.
③ 明太宗实录［M］.卷128，永乐十年五月丙申.
④ 明宣宗实录［M］.卷74，宣德五年闰十二月丁未.
⑤ 明英宗实录［M］.卷9，宣德十年九月壬辰.
⑥ 明英宗实录［M］.卷11，宣德十年十一月乙亥.

月，"巡抚侍郎李新已关支粮料三十万石馈运路经兰县，黄河迤北虏寇出没不常"，为了保护军粮的运输安全只能请求总兵官派遣官军在沿途防护。①

在边饷悉输本色已难以为继的同时，随着商品经济的发展，白银作为货币在社会经济生活中所担任的角色越来越重要，边饷的折银征收成为历史发展的必然趋势。在边饷转运制度难以为继和赋役货币化的时代背景下，民运粮、纳粮开中、京运物料皆出现了由"本色"向"折色"的转变。

（一）民运改折

上文所述，在永乐十年之后，陕西诸府百姓向河西地区运输的税粮只需要运输至兰州，兰州以西则有官军或罪囚转输。这也就意味着运输成本与途中种种艰难险阻，需要由河西诸卫与运粮百姓共同承担。同时，按照明制，河西地区中部和西部的甘州五卫、肃州卫等卫所的军士需要去凉州领取月粮，而河西东部的凉州卫、永昌卫等卫所的军士则需要去兰县，一来一回近千里路。广大军士对此苦不堪言，尤其是家中余丁被抽选为军负责守墩哨者，由于没有时间前往凉州、甘州等地领取月粮，只能于势豪之家借贷，以至于"军士愈贫，饮食不给"②。在此情况下，官民军三方都苦于税粮的运输，试图寻找更为便捷的税粮运输方式。宣德初年，民间就已经出现了百姓持货币、布帛至纳粮地购买当地粮草后直接上纳的情况。如宣德二年（1427年）十一月，巡抚陕西隆平侯张信等言："陕西西安、凤翔诸府，岁输粮草于宁夏、甘肃洮河、岷州镇卫，道路险阻，运致为艰。民往往赍金帛，就彼市纳，狡黠之徒包揽费用，通同官吏虚出实收。仓无储积，皆由于此。"③ 这种轻赍籴买的方式，显然比直接运输粮食便捷。因此这种方式出现后不久便被官方所借鉴。《明宣宗实录》宣德七年（1432年）二月庚戌条中对此有详细的记载：

> 陕西按察司佥事林时建议："甘州诸卫官军俸粮皆于兰县、凉州卫二仓收西安等府税粮供给。有司因其路远，止征布绢，就近籴米上仓。每石有征布七、八匹至十匹者，而纳米之费，实不过三四匹。余皆为总运之人所侵。其甘州等卫俸粮于凉州关，凉州等卫于兰县关，往回千余里，守墩哨

---

① 明英宗实录［M］. 卷11，宣德十年十一月辛巳.
② 明宣宗实录［M］. 卷87，宣德七年二月庚戌.
③ 明宣宗实录［M］. 卷33，宣德二年十一月癸巳.

了军余不得往关，多于豪家举贷，一月所得仅二三斗，所以军士愈贫饮食不给，今甘州各卫已设仓官，乞将各处税粮半征米半折布绢丝绵，分运各卫米货兼支输送虽远，而省费亦多。"上命行在户部议，请从所言："每十分征本色四分，折色六分，其布绢丝绵折米之例，每匹大绵布六斗，小绵布四斗，大绢一石二斗，小绢七斗，大三梭布一石五斗，小三梭布七斗，其布绢务皆坚密，每斤生丝一石，绵一石，绵花绒二斗。"①

这种税粮部分折征物料的征收办法，一方面，在保障一定本色米粮输入的同时，降低了民户运粮的负担，免除了先前民间"轻赍籴买"时中间商的盘剥与侵盗。另一方面，在重灾之年，民户无粮可纳时，折征物料往往也是完成纳粮任务的重要变通。至成化初年，这种民运粮折征物料的情况就已相当普遍，"陕西、河南、山西三省人民，连年转输，其间邻近者或有送纳本色，其余皆轻赍来边收买上纳"②。

明中期，随着白银的内流和商品经济的发展，白银货币化的程度不断加深。价值量更大，也更便于运输的白银逐步取代布绢丝绵等实物，成为税粮的替代品。正统年间，与河西同属九边的大同、宣府等地就开始出现民运税粮折银征收的情况。③ 至成化时，明运税粮折银征收的范围进一步扩大。河西地区也开始出现了民运粮折银的情况。如成化八年（1472年），户部将徽州府小麦一万八千四百十二石八斗两升，秋粮八万石折银者每石折银二钱五分，共银二万四千六百一十五两，运送甘肃镇备用。④ 成化十一年（1475年），曾在大同地区广泛推行民运改折的李敏升任户部尚书，"并请畿辅、山西、陕西州县岁输粮各边者，每粮一石征银一两，以十九输边，依时值折军饷，有余则召籴以备军兴。帝从之。自是北方二税皆折银，由敏始也"⑤。此后，民运粮折银渐成定例，在九边地区陆续开始施行。一些学者据此认为成化十一年是明朝民运粮正式改征白银的开端。但实际上，河西地区民运粮改征白银的时间远晚于成化年间。究

① 明宣宗实录［M］. 卷87，宣德七年二月庚戌.

② ［明］王越. 御寇方略疏［M］//明经世文编：卷69，王威宁文集.

③ 明英宗实录［M］. 卷61，正统四年十一月乙巳；明英宗实录［M］. 卷136，正统十年十二月甲寅.

④ ［明］张学颜. 万历会计录［M］. 卷28，甘肃镇·民运.

⑤ 明史［M］. 卷185，李敏传.

其原因，主要在两个方面，一方面，西北地区商品经济发展滞后，白银的流通极为有限，百姓难以获得白银。另一方面，河西地处极边，三面迎敌，承担的国防压力极大。尤其在正德年间，亦不剌等人所率领的蒙古部落南下青海，使得河西地区所面临的国防形势骤然紧张。在此情况下，本色米粮的储备就显得尤为重要。因此，在成化、弘治、正德、嘉靖四朝，河西地区民运粮的征收仍然以本色米粮为主，改征折色只是在边储情况较好时的临时性措施。如弘治七年（1494年），"陕西起运甘肃边粮该纳折色者，每石折银七钱，愿纳本色者听"①。直到隆庆初年，随着明蒙关系的缓和，以及商品经济的进一步发展，陕西诸府向河西地输送的民运粮才正式改征折色。据《万历会计录》载："隆庆二年（1568年），巡抚王输题称陕西布政司每年额派民运夏秋粮共三十一万六千七百六十二石四斗三合零，折银二十八万六千八百八十两一分零。"② 万历十八年，甘肃巡按御史崔景荣亦谈道："甘镇除屯粮向征本色，民运岁该三十一万六千七百余石，至隆庆二年，改征折色粮布等银二十九万四千九百余两，遵行至今。"③

（二）从纳粮开中到纳银开中

开中制作为明朝解决边饷问题的重要措施，想要良性运转下去，就必须使得盐引的总数在盐场每年产量的总额内，否则就会出现商人持有盐引却无法支盐的情况。④ 在明初，开中制作为一种临时性措施，规模有限，盐引与产盐总量的矛盾尚不明显。随着开中制在边境地区的广泛实施，政府对开中制的细节缺乏宏观设计的弊端就逐步显现。每年颁予商人的盐引，经常超过盐场的产盐总量。商人取得盐引到实际领到盐，往往要经过几年甚至十几年时间。支盐时间的延长，使得商人投资在粮食生产和运输中的资金难以收回，拉长了资本循环的周期，商人纳粮开中的热情遭到了极大打击。同时，盐作为政府高度垄断的商品，贩卖私盐终明一世都是政府严厉打击的犯罪行为。但在高额利润的驱动下，商人以及各色权贵势要投身于私盐贩卖的例子屡见不鲜。私盐的出现，破坏了政府对盐业的垄断，使得盐商获得盐的途径增多，商人与其担负极高的

① 明孝宗实录［M］. 卷89，弘武七年六月壬午.
② ［明］张学颜. 万历会计录［M］. 卷28，甘肃镇·民运.
③ 明神宗实录［M］. 卷228，万历十八年十月戊子.
④ 寺田隆信. 山西商人研究［M］. 太原：山西人民出版社，1986：78.

成本到偏远的河西地区纳粮换取空头支票一般的盐引，反倒不如铤而走险贩卖私盐。早在洪武二十九年（1396年），私盐对河西地区开中所造成的困扰就已经显现，陕西行都指挥使司都指挥冯溥指出："甘州中纳潞盐商人稀少，盖是各处盐池常以私盐侵鬻，故官盐沮遏不行，请禁之。"① 虽然明朝也认识到私盐对开中法的破坏，并三令五申严禁私盐。但私盐贸易的参与者中多有权贵势要，私盐禁令逐渐沦为一纸空文。到了宣德年间，实物开中在河西地区就已经难以为继了。宣德五年十二月（1430年），户部的奏折中就指出："甘肃、宁夏、大同、宣府、独石、永平等处俱边境要地，民粮艰于转输，比年虽召商中盐，途程险远，趋中者少，供用不敷。"② 正统元年八月（1436年），户部主事侯复又指出："去岁招商于庄浪、凉州各卫中纳盐粮，缘路远价高，商旅不至。"③ 并建议降低盐粮兑换的比例，将纳粮的地点也改在距离更近的兰州，以此来吸引商人。但明朝为维持实物开中所做的种种措施，大都只是临时性措施，并不能从根本上解决实物开中所面临的问题。商人作为开中法的另一方参与者，为减轻向边地运粮的成本，同样采取了"轻赍籴买"的方式，至迟在正统初年就出现了"中盐商贾多就彼买米"的情况。④

面对难以为继的实物开中，由纳粮开中改为纳银开中就成为明廷改革盐法的重要尝试。成化十四年（1478年），"明朝命陕西各边开中引盐……甘肃诸仓两淮十一、十二年存积盐十万引，河东官盐二十万引，银粮照依时价定立则例"⑤。这是河西诸卫所纳银开中的最早记载。但此后一段时间内，开中法在河西地区的实施仍以实物开中为主，纳银开中仅作为补充。直到弘治五年（1492年），在户部尚书叶淇的主持下，明朝对开中法进行改革，令各地"召商纳银运司，类解太仓，分给各边"⑥。纳银开中的形式又由在边纳银转变为直接在盐运司纳银。所谓运司纳银制，就是盐商直接在产盐地附近的盐运司纳银，并换取盐引，商人上交的白银由运司解银至户部，交太仓银收贮，再由户部按时、按需分送各边，各边再用盐粮银直接籴买军需。值得注意的是，叶淇的改革，并

---

① 明太祖实录 [M]. 卷247，洪武二十九年九月庚午.
② 明宣宗实录 [M]. 卷74，宣德五年闰十二月丁未.
③ 明英宗实录 [M]. 卷21，正统元年八月戊辰.
④ 明英宗实录 [M]. 卷27，正统二年二月甲申.
⑤ 明宪宗实录 [M]. 卷174，成化十四年春正月壬辰.
⑥ 明史 [M]. 卷80，食货四.

不意味着纳粮开中制在政策层面的消失，实际上明朝在河西地区执行的是银、粮兼收的政策，政府并不排斥商人纳粮。但运司纳银相对于纳粮开中而言，更符合政府与商人双方的利益，纳粮开中在实际操作中很快就被政府和商人舍弃。对于政府而言，纳银开中可获得比纳粮开中更多的利润。嘉靖七年（1528 年），霍韬在《哈密疏》中称："……至天顺、成化年间，甘肃、宁夏粟一石易银二钱。时有计利者曰：商人输粟二斗五升支盐一引，是以银五分，得盐一引也，请更其法，课银四钱二分，支盐一引。银二钱，得粟一石。盐一引，得粟二石。是一引之盐，致八引之获也。"① 可见，向盐运司纳银开中后，政府可获得比先前在边地纳粮开中时多达八倍的利润。而对于商人而言，在产盐地附近的盐运司直接纳银，虽然价格略高，但是节省了往返河西走廊运输粮食的时间、费用，也免去了运输途中可能遭受的种种风险，同时缩短了营运周期，加快了资本循环的速度，可谓百利而无一害。新令颁布后，便得到了广大盐商拥护。由此可见，运司纳银的出现使得政府与商人之间的利益趋于一致，运司纳银制很快就得到了大规模的推广。

（三）从京运物料到京运银

随着田赋折银的施行与太仓银库的建立，明廷的济边方式也由"京运物料"转变为"京运银"，即从京城向九边调拨白银以弥补各边军饷的不足。正统五年（1440 年），"比者行在户部奏准，将银三万六千六百六十两运至陕西行都司，易米给军"②。拉开了明廷向河西地区输送京运银的序幕。此后，在河西粮储不济时，明廷便会拨发数额不定的京运银用以济边储。如正统七年（1442 年）正月，"命给官银一万七千四百三十两有奇于甘肃、宁夏等处，乘岁丰籴粮料以备边用。从右佥都御史曹翼奏请也"③。成化二十三年（1487 年），"巡抚郑时奏讨，始发银六万两，自后岁以为常"④。嘉靖初年，曾任户部尚书的梁材指出："正统、景泰间，各边京运年例银两多寡不等，大约不超过一十万两之数。后复定为例……甘肃六万两。"⑤ 可见，在京运银拨发之初，数额并不确定，此后随着京运银拨发的制度化，成化末年，逐步形成了向甘肃镇拨发六万两白银的

---

① ［明］霍韬. 哈密疏［M］//明经世文编：卷186，霍文敏公文集二.

② 明英宗实录［M］. 卷74，正统五年十二月己巳朔.

③ 明英宗实录［M］. 卷88，正统七年春正月辛巳.

④ ［明］张学颜. 万历会计录［M］. 卷28，甘肃镇·京运.

⑤ ［明］梁材. 议覆陕西事宜疏［M］//明经世文编：卷105，梁端肃公奏议.

定制。

弘治五年（1492 年），"命户部运太仓银六万两于甘州，准弘治六年岁例之数"①。正德六年（1511 年），"准仍就发年例银六万两"②。此后，除正德三年（1508 年）至五年（1510 年）间，明廷曾短暂停发外，京运银的拨发一直延续到了明亡。在具体的操作中，明廷会根据河西地区边粮储备的情况，对京运银的数额进行调整。在河西边情紧急，边储不济时，明廷就会在定额六万两的基础上多发白银作为例外接济，甚至预发下年的京运银。如弘治元年（1488 年），巡抚贾奭题粮料草束缺之，户部覆准除年例外增发银五万两。③ 弘治四年（1491 年），户部题预发四年份年例银六万两。④ 嘉靖元年（1522 年），总督李钺题甘肃镇一带城堡粮草俱各缺乏，近日地方激变流民贻患，乞发帑银前来接济。户部覆准发银二十六万两，内除六万两，准作本年例之数，余二十万两行移本官分派各镇，查照缺粮去处籴买备用。⑤ 如嘉靖六年（1527 年），"吏部尚书桂萼等会题本部覆甘肃一镇孤悬河外，番房为邻，颇难控制……师行粮随最为紧要，议发太仓银十万两作例外接济，本年又发银十万两备调兵防御支用"⑥。对于京运银的定额，明廷也在根据河西地区边储和国防形势的具体情况不断调整。嘉靖二十四年（1545 年），"巡抚赵锦题添将募军二千四十七员，马二千四十七匹，岁用粮料草束银五万二千六百八十一两，乞早为给发，本部覆增年例银二万两"⑦。嘉靖三十年（1551 年），"巡抚王诰题新抽选军人三千名，请增粮饷，本部覆增年例银二万五千二百两"⑧。京运银的定额增至十万五千二百两。嘉靖三十七年（1558 年），由于河西边储情况大为改善，积有盈余的情况下，甘肃巡抚魏谦吉与户部商定后，"发该镇年例银二万二千九百二十二两八钱一分……减八万二千二百七十八两"⑨。京运银的定额又减为二万二千九百二十二两八钱一分。隆庆元年（1567 年），甘肃巡抚石茂华建议："将嘉靖四十五

---

① 明孝宗实录 [M]. 卷68，弘治五年十月壬寅.
② [明] 张学颜. 万历会计录 [M]. 卷28，甘肃镇·京运.
③ [明] 张学颜. 万历会计录 [M]. 卷28，甘肃镇·京运.
④ [明] 张学颜. 万历会计录 [M]. 卷28，甘肃镇·京运.
⑤ [明] 张学颜. 万历会计录 [M]. 卷28，甘肃镇·京运.
⑥ [明] 张学颜. 万历会计录 [M]. 卷28，甘肃镇·京运.
⑦ [明] 张学颜. 万历会计录 [M]. 卷28，甘肃镇·京运.
⑧ [明] 张学颜. 万历会计录 [M]. 卷28，甘肃镇·京运.
⑨ [明] 张学颜. 万历会计录 [M]. 卷28，甘肃镇·京运.

年（1566 年）停革工本盐引，照数补发。"户部经过讨论后，在原有定额的基础上，"覆准发银二万八千五百七十五两，抵补停革工本之数，以后增入年例"①。京运的定额又改为为五万一千四百余两。

<h4 style="text-align:center">《万历会计录》所载甘肃镇边饷数据②</h4>

时间	屯粮	开中（折谷米或折银）	民运（折色）	京运
正统二年			24，6744 石 + 7，7739石（运料）	
正统四年	28，4840.4 石（正粮）+ 14，0298 石（余粮）			
正统八年			(2，4615 两)	
景泰二年		7，5000 引（折粮共5，2500 石）		
成化元年			38，0000 石	
成化十八年			10，0489 石	
成化二十一年	21，3380 石			
成化二十二年			15，5954 石	6，0000 两
成化二十三年			13，8640 石	
弘治元年		15，0000 引	20，7247.71 石	11，0000 两
弘治三年				12，0000 两
弘治七年			32，0000 石	
弘治八年			32，0000 石	
弘治九年				12，0000 两
弘治十八年				5，0000 两
正德六年		47，1880 引		
正德十二年		20，0000 引	30，0716 石	
嘉靖元年				26，0000 两

---

① ［明］张学颜. 万历会计录［M］. 卷28，甘肃镇·京运.

② 据（明）张学颜. 万历会计录［M］. 卷28，甘肃镇，相关数据整理.

续表

时间	屯粮	开中（折谷米或折银）	民运（折色）	京运
嘉靖四年	18，2300 石			
嘉靖六年		26，8813 引		20，0000 两
嘉靖七年	24，4125.1911 石			
嘉靖九年		九年始，额派 15，0000 引（折银 6，8340 两）+临时 6，8389 引（折银 3，1657 两）	30，6616.85 石	
嘉靖十年	15，4684.982 石（实征）+2，7997（清出）			
嘉靖十一年		12，5760 引（折银 4，9932 两）		
嘉靖二十一年				6，0000 两
嘉靖二十四年				8，0000 两
嘉靖二十五年		增派淮浙盐银 3，2681 两		
嘉靖三十一年		预开三十二年，14，2000 引（折银 5，4900）		
嘉靖三十年		预开三十三年，12，7000，又开 6，3500 引（折银 2，8575）		10，5200 两
嘉靖三十七年				2，2922.81 两
嘉靖三十八年				2，0000 两
嘉靖四十一年	20，0608 石（实征）+1093.99（清出）			
嘉靖四十五年		27，7000 引		
隆庆元年	20，3923.4975 石			

续表

时间	屯粮	开中（折谷米或折银）	民运（折色）	京运
		5，1497.81 两		
隆庆二年			31，6762.43 石（折银 28，688.1 两）	
万历元年	20，1981.79 石			
万历六年			（29，4959.586221 两）	5，1497.81 两
万历七年	23，2434.2384 石	27，7000 引（折银 10，2150 两）		

三、边地米粮市场的形成与粮价的腾涌

通过对上文的梳理，我们可以发现在商品经济较为落后的明初，赋税征收仍以实物为中心。屯田粮、民运粮、纳粮开中、京运物料构成了河西地区的边饷供给体系。为减轻长途运输米粮的沉重负担，在向河西地区输送税粮的百姓和纳粮开中的商人中就出现了"轻赍籴买"的情况。这种较为便捷的方式亦被官方所借鉴，在民运粮的征收中开始部分折征物料。同时，在边储不济时，明廷亦会向河西地区拨发布帛丝棉等较为轻便且当地匮乏的物料。这些物料一部分作为军需补充，直接拨发给军士，其他部分则在当地直接交换为粮食、马匹等军需物资。由于轻赍籴买、折征物料以及京运物料的出现，河西地区出现了一个以官方为最大买主的边地米粮市场。

正统以降，随着商品经济的发展，赋税折银成为大势所趋，在全国范围陆续开展。但由于特殊的地理位置、国防形势，以及落后的社会经济，明廷对河西地区军饷的折银是比较谨慎的。从《万历会计录》所载正统至万历初年甘肃镇边饷的数据来看，河西地区屯田子粒的征收始终以本色米粮为主，民运折银成为定制的时间也晚于同属九边的大同、宣府等地。为保持边饷供给的稳定，河西地区边饷的折银就首先从规模相对较小的京运、开中展开。京运银、开中盐银输入河西后，河西地方政府就需要在当地用白银购买以粮食为主的商品作为军储的补充，或直接作为月粮发放给士兵，从而使边地米粮市场的规模得到

了扩大。隆庆初年，民运粮改征白银成为定制，使白银在河西边饷总额中占据绝对的优势地位。由于不再有本色米粮的输送，单靠屯粮的收入又无法满足军民的需要，河西地区的边储对边地米粮市场的依赖就进一步加深，正所谓"夫处积边储，不过籴买、召商二事"①。

在明运税粮全征本色米粮的时代，陕西诸府负责运输税粮的百姓以及河西诸卫的军人都要承担极为沉重的劳役。大量的壮丁长时间地投入高难度、高风险的税粮运输之中，而无法正常从事农业生产或军事训练，对农业生产和军事防御都是一种破坏。边地米粮市场形成后，民运税粮沉重的运输负担大为减轻，百姓从而获得了更为充沛的自由时间。但河西地区自然条件较差，农业生产水平相对较低，军民耕种所得除去自用和上交屯田子粒外，能投放在市场的粮食十分有限，这就使得河西地区米粮市场的供求之间出现了失衡，成为单一的卖方市场。遇到丰年和边防较为安定之时，边方米粮市场尚能维持，一旦遇到灾年和战争，就难免出现通货膨胀、粮价飞涨的情况。

早在宣德元年（1426 年），明宣宗就对巡按陕西监察御史梁广成谈道："边地米价高。"② 正统初年，巡按陕西监察御史张政更是指出："甘肃地寒，少生五谷，近日中盐商贾多就彼买米，以致谷价涌贵。"并针对此问题建议："宜令布按二司官于兰县巡视，遇有中盐者，务令他处载粮，赴边上纳，则边储易足人不缺食。"③ 张政试图通过禁止中盐商人在河西当地买粮上纳，来抑制河西粮价上涨的情况。正德年间，明蒙关系恶化，蒙古部落频繁侵犯河西地区。同时，亦卜刺、卜儿孩先后率部进入青海，拉开了蒙古部落进入青海的序幕。河西地区的边防形势骤然紧张。各卫所的米粮需求量随着增大，粮价飞涨之势令人瞠目结舌。普通军士手中的月粮根本无法购买到足够的粮食，以至于发生"军士空腹，救死不赡"的情况。嘉靖初年，霍韬、杨一清等人的奏文中都多次谈到了粮价飞涨给河西军事防御带来的严重后果。霍韬在《哈密疏》中谈道："甘肃去年银一钱易粟四升，今银一钱仅易粟二升矣，军士空腹，救死不赡。"④ 《天戒疏》亦指出："（甘肃、延绥军士）月粮一石，折银三钱或四钱。成化以前，米一石，价银二钱，军士得银四钱，买粟二石，食乌得不足也？今（嘉靖年间）

---

① 明世宗实录 [M]. 卷 84，嘉靖七年正月丙申.
② 明宣宗实录 [M]. 卷 14，宣德元年二月壬申.
③ 明英宗实录 [M]. 卷 27，正统二年二月甲申.
④ [明] 霍韬. 哈密疏 [M] //明经世文编：卷 186，霍文敏公文集二.

则银一钱，仅易粟二升，银四钱，买粟仅八升矣。军士数口之家，月食八升之粟，如之何可足也？空腹守边，寒苦交迫。"① 大学士杨一清则对这现象产生的原因进行了分析：

> 河西粮储匮乏，士有饥色，马多瘦损，内地所派既不足外供，朝廷间发内帑给之，亦不过即籴所在之粟，入所在仓廪而已。而境内布种不广，别无辈致，虽有官银无从籴入，以故穀价腾踊，日异月殊。所司往往以银散之卫所军余，令市买纳，官责限督，并众口嗷嗷，怨声载道。②

面对河西地区粮价飞涨、边储空虚的情况，明廷一方面加大对河西地区白银的输送力度，在京运年例银的基础上，额外输送大量白银用以接济边储，使得明廷担负了沉重的财政压力；另一方面则尝试恢复本色米粮的输送。弘治八年（1495年），整饬肃州兵备陕西副使李旻奏："肃州为频年灾伤粮无素蓄，往时腹里供亿皆赍折色，恐一旦有警无以给用，今宜令各处坐派肃州税粮，俱输本色。兰州迤西诸问刑衙门，凡罪应赎者，俱令上纳粮料，以助边用。"户部覆奏从之。③ 嘉靖初年主政西北的王琼亦提出："丰年则令纳本色，凶年亦可本折兼收。……盖盐既有常，商人必须预储广著，以侯开中。若遇凶年米价稍高，方许量纳折色，以待丰年折放。"④ 嘉靖六年（1527年）十一月，巡抚甘肃都御史唐泽建议："本镇粮数少，因之饥馑益乏，乞以陕西郡县所输甘凉折色三十万之内，改征本色十万石，输庄、古、西宁等处。"⑤ 面对群臣的呼吁，嘉靖八年（1529年）明朝议准："今后各边开中淮浙等引盐，俱要查照旧例，召商上纳本色粮料草束，不许折纳银两。其商人自出财力，开耕边地，上纳引盐者，听。"⑥ 直接从政策上将开中制由纳银开中恢复为纳粮开中，试图改变边境卫所粮储不足的现状。但边饷折银免除了军民运输米粮的沉重负担，缓解了边饷输纳中的困难和弊病。因此，在实际的操作中地方政府、百姓、开中商人对恢复

---

① ［明］霍韬. 天戒疏［M］//明经世文编：卷186，霍文敏公文集二.
② 明世宗实录［M］. 卷84，嘉靖七年正月丙申.
③ 明孝宗实录［M］. 卷100，弘治八年五月丙申.
④ ［明］王琼. 议处岁计疏［M］//甘州府志：卷13，艺文上.
⑤ 明世宗实录［M］. 卷82，嘉靖六年十一月戊寅.
⑥ ［万历］明会典［M］. 卷34，盐法三·盐法通例.

本色米粮的输入并不热心。嘉靖七年（1528 年），甘肃"开中引盐，召商上纳粮草，以备紧急"，结果"各商闻纳本色，未有应者"，明廷被迫又将纳粮开中改为银、粮兼收。① 万历十八年（1590 年），面对民运改征本色的提议，甘肃巡按御史崔景荣提出了本折兼收的建议："甘镇除屯粮向征本色，民运岁该三十一万六千七百余石，至隆庆二年（1568 年），改征折色粮布等银二十九万四千九百余两，遵行至今。遽征本色恐转运劳费，民力不堪，合行督抚酌地方稍平垣，照先年仍征本色，如险阻难通，仍照旧准折及大户买粮。"② 本折兼收的政策看似全面，照顾到了不同地区的差异，但实际上面对高额的运输成本和运输途中的种种风险，上纳折色实际上仍然是地方政府和临近州县百姓的首要选择。明朝恢复输入本色米粮的尝试，终究没有获得成功。

总体而言，有明一代，河西地区在明朝军事防御体系中所起到的重要作用丝毫没有减弱，明军在此一直驻防着数以万计的军队。因此，军饷的供给就成为明朝在经营河西的过程中始终面临的难题。在这个漫长的历史过程中，伴随着军事、政治、经济等形势的变化与发展，明朝不断对河西地区的军饷供应体系进行调整，使之呈现出了征收本色米粮—折征物料—折征白银的大体趋势。在边饷折征物料和白银的过程中，以政府为最大买主的边地米粮市场也应运而生，并随着边饷总额中折银率的提高而扩大。边地米粮市场的形成，减轻了河西及周边地区军民负责运输税粮的沉重负担。但河西地区农业基础较差，能投放在市场的粮食十分有限。遇到灾年和战争之时，河西就难免出现通货膨胀、粮价飞涨的情况。为保障河西地区的粮食供应，在全国范围屯粮、科粮征纳物货币化的大背景下，河西地区屯粮、科粮的征收仍然坚持征收本色米粮。即便在屯田几近崩溃的万历初年，甘肃镇屯田子粒的征收仍然可以保持在 20 万石左右的水平③，在整个军粮供应体系中的作用仅次于民运。对于民运、开中，明廷也多次试图恢复本色米粮的输入尝试，但由于高额的运输成本和运输途中的种种风险，地方政府和临近州县百姓对此并不热心，使得这样的尝试最终没有获得成功。

---

① 明世宗实录 [M]. 卷88，嘉靖七年五月卷八十八丁酉.
② 明神宗实录 [M]. 卷228，万历十八年十月戊子.
③ [明] 张学颜. 万历会计录 [M]. 卷28，甘肃镇·屯粮.

第三节 河西地区的军马供应体系

马作为役畜，在古代的生产运输和军事活动中都发挥着重要的作用。特别是北方的游牧民族很早就利用马匹组成强大的骑兵部队，用以四处征伐。强大的骑兵部队是北方少数民族在与中原王朝的对抗中所持有的优势力量。作为明朝的国防前线，河西地区随时面临着蒙古军队的骚扰，为提高军队的战斗力，抵御外侵，武装骑兵就成了明朝的重要选择。明成祖朱棣就曾指出马政的重要性："古者掌兵政谓之司马，问国君之富，数马以对。"[1] 据《重刊甘镇志》载，明代河西各地驻军所持有的马匹数额如下：

> 甘州左、右、中、前、后五卫六千六百九十七匹，洪水堡四百九十五匹，黑城堡二百二十匹，花寨堡一百七十匹，平川堡一百九十四匹，板桥堡七匹，肃州卫三千一百九十四匹，山丹卫一千一百三十九匹，永昌卫一千一百一十五匹，石峡口堡一百二十匹，水泉儿堡一十九匹，凉州卫一千六百九匹，镇番卫一千一百四十六匹，高台所六百四十一匹，镇夷所六百六十四匹，古浪所二百八匹。[2]

面对一万五千余骑的庞大的骑兵部队，在边境战事频繁的情况下，保证马匹的稳定供应，就成为稳定河西边防的重要问题。终明一世，河西地区的军马主要通过官牧军马、茶马贸易、官方购买、战争俘获等方式获得补充。

一、官牧军马

为了恢复河西地区的畜牧业经济，保障军马的供应。明朝继承了前代官办畜牧业的制度。在河西地区有条件的卫所广置牧场，牧放供卫军调用之马匹。明制，"凡在京在外卫所俱有孳牧马匹，以给官军骑操……每卫指挥一员，所百

---

① 明太宗实录 [M]. 卷24，洪武三十五年十二月丁卯.
② [清] 杨春茂. 重刊甘镇志 [M]. 兵防志：第2，马政.

户一员，专管孳牧"①。永乐十三年（1415 年），"甘肃守臣议广牧地，就于各卫水甘草丰处创建马厂，多寡不一。每厂正厅五间，厢房六间，为提调之署"，此外还设有喂养马匹的马厩 4 连，每连 20 间。② 河西各卫马场的具体所在地，据《重刊甘镇志》载："甘州五卫六处：一在城北隅，一在东乐，一在沙河，一在抚夷，一在黑河，一在盐池。山丹卫二处：一在城东，一在石峡口。永昌卫一处：在城西二十五。凉州卫三处：一在东关，一在靖边堡，一在柔远堡。古浪所一处：在城西四十里。"③ 为了更好地管理各卫的牧马工作。明朝在洪武三十年（1397 年）于甘州设甘肃行太仆寺，置少卿一人，从三品；寺丞一人，正六品。④ 主管官员最初选用退休的都指挥等武官，从成化年间开始特用士人。甘肃行太仆寺不另设下属机构，专门负责"提调比较都司卫所官军马匹，查究奸弊"⑤，与各卫所之间是督临关系，是河西诸卫牧马工作的管理和监督机构。

　　除甘肃行太仆寺直接管理的军卫畜牧业外，河西地区还有属苑马寺系统的官办牧马场。永乐四年（1406 年），明朝于陕西、甘肃设苑马寺，分统六监，每监又统四苑。又置卿一员，从三品，为苑马寺主官。其下设少卿一员，正四品，寺丞一员，正六品，为其佐官。主簿一员，从七品，为首领官。苑一级置围圉，从九品，一圉长统率五十名马夫，每马夫负责牧马十匹。⑥ 从而形成了较为完备的管理体系。苑马寺作为军马的养殖基地，隶属军事系统，负责牧马之人均属军籍。但与行太仆寺及各卫所之间并无统属关系。甘肃苑马寺治所初设于西宁。设立之初，下辖祁连、甘泉两监。永乐六年（1408 年），"增设甘肃苑马寺所属武威、安定、临川、宗水四监，并前祁连、甘泉为六监。以广牧、麒麟、温泉、红岸四苑隶甘泉监，西宁、大通、右城、永安四苑隶祁连监，和宁、大川、宁番、洪水四苑隶武威监，武胜、永宁、青山、大山四苑隶安定监，暖川、岔水、巴川、大河四苑隶临川监，清水、美都、永川、黑城四苑隶宗水监"⑦。甘肃苑马寺形成了六监二十四苑的基本格局。据周松先生的考证，这六监四十二苑的牧地全部处于陕西行都司的控制范围内，集中分布在祁连山东南

---

① ［万历］明会典［M］．卷 150，马政一．
② ［清］杨春茂．重刊甘镇志［M］．兵防志：第 2，马政．
③ ［清］杨春茂．重刊甘镇志［M］．兵防志：第 2，马政．
④ 明史［M］．卷 92，兵四．
⑤ ［清］杨春茂．重刊甘镇志［M］．官师志：第 1，名宦．
⑥ 明太宗实录［M］．卷 59，永乐四年九月壬戌．
⑦ 明太宗实录［M］．卷 82，永乐六年八月戊戌．

麓的大通河、湟水流域以及祁连山东北麓今甘肃山丹、天祝、永登一带。其中武威监的牧地大致在山丹卫周边，安定监的牧地在庄浪卫周边，甘泉监、祁连监、宗水监、临川监则分布在今天的青海省境内。① 永乐七年（1409 年）正月，应甘肃总兵官何福之请，"设永昌苑，置官给印，专牧孳生马"②。同年四月，"增置甘肃苑马寺广牧、麒麟、大通、西宁四苑圉长各一员"③。三个月后，因地广畜多，增设甘肃广牧苑圉长二员。④ 至此明代河西地区的官办监苑体系规模始备。

  洪武、永乐时期，在明朝官方的有效组织下，河西地区的官办监苑系统取得了一定的成绩，是明代河西监苑牧马业最为兴盛的时期。《明史·兵志四》称："洪、永时，设行太仆寺及苑马寺，凡茶马、番人贡马，悉收寺苑放牧，常数万匹，足充边用。"⑤ 宣德以降，马厂草地被侵占，牧马军士大量逃亡，官马倒毙和马驹亏缺十分严重，同时"军职官员往往抗违欺慢，以致官拥虚名"⑥。至成化年间，河西诸卫旧有牧放草场"多被豪强侵耕，马乏当牧之地，是以孳生者不蕃，骑操者日损"⑦。河西地区官办牧马业亦随之衰落。正统二年（1437年），"革甘肃苑马寺及西宁卫递运所，并甘肃所牧马隶陕西苑马寺"⑧。专以行太仆寺综理马政。至弘治十五年（1502 年），明初在西北所设的隶属甘肃、陕西苑马寺的 12 监 48 苑，止存长乐、灵武二监及所辖开城、安定、广宁、清平、万安五苑。牧马草场原额一十三万三千七百七十七顷六十亩……止存六万六千八百八十八顷八十亩。各苑见在马二千二百八十四、堪作种者止有一千三百余匹。⑨ 卫所官军"骑操马匹膘壮者十无二三，瘦损者恒居其半，或皮破脊穿，或骨高毛脱，或疮瘸可验"⑩。河西地区官办畜牧业的破败可见一斑。弘治十五年，杨一清以副都御史的身份赴陕西督理马政。在任期间，杨一清详细考察了

① 周松. 明代甘肃苑马寺简论 [A] // "区域史视野中的甘青民族走廊"学术研讨会论文集，261 - 262.
② 明太宗实录 [M]. 卷 87，永乐七年正月辛亥.
③ 明太宗实录 [M]. 卷 90，永乐七年夏四月丁丑.
④ 明太宗实录 [M]. 卷 94，永乐七年七月乙卯.
⑤ 明史 [M]. 卷 92，兵四.
⑥ [清] 杨春茂. 重刊甘镇志 [M]. 官师志：第 1，名宦.
⑦ [明] 王复. 区划事宜疏 [M] //明经世文编：卷 94，王庄简奏疏.
⑧ 明英宗实录 [M]. 卷 27，正统二年二月戊子.
⑨ [明] 杨一清. 为修举马政事 [M] //明经世文编：卷 114，杨石淙文集一.
⑩ [明] 杨一清. 为稽考官军骑操马匹事 [M] //明经世文编：卷 114，杨石淙文集一.

包括河西地区在内的陕西马政的历史和现状后，通过整顿吏治、清查草场、购买种马、增加牧军人数、修建马厩等方式，对西北马政进行了大刀阔斧的整顿，使得濒于崩溃的官办牧马业又重新得以恢复和维持。至明后期，尤其是隆庆年间对牧马草场改征白银后，占耕牧地已不可遏止，官办牧马业的衰落已无法挽回。

二、茶马互市

茶马贸易，即中原王朝即由于西北、西南地区的少数民族群众喜爱喝茶，中原王朝用茶叶来交换少数民族的马匹的贸易方式。茶马贸易具有悠久的历史，早在唐代就是唐朝与吐蕃贸易的重要形式。至宋代，饮茶的习俗在吐蕃社会蔚然成风。同时，由于北宋与辽、西夏长期对峙，出于自身国防的需要，辽与西夏都不愿将战马输入宋朝。这样的时代背景下，北宋就将生活在西北和西南地区，同样以畜牧业为生的吐蕃视为获取战马的重要来源。汉藏间的茶马贸易，也随之获得了空前的发展。元朝统一中国后，其版图远超宋代，北方的广阔领土，为其提供了足够的战马。因此，由政府主导的茶马贸易逐渐消失，但民间的茶马互市却一直延续了下来。

明朝建立后，其在西北的版图较元朝大大缩小。同时，盘踞塞外的北元又给明朝带来了沉重的国防压力。在此情况下，通过垄断茶叶的专卖权来交换西番战马的贸易形式，重新被明朝所重视。洪武五年（1372 年）二月，户部言："四川产巴茶，凡四百七十七处，茶二百三十八万六千九百四十三株，茶户三百一十五，宜依定制每茶十株官取其一征茶二两，无户茶园令人薅种，以十分为率，官取其八，岁计得茶万九千二百八十斤，令有司贮候西蕃易马。"从之。①洪武八年（1375 年）五月，"遣内使赵成往河州市马。初，上以西番素产马，其所用货泉与中国异，自更钱币，马之至者益少，至是乃命成以罗绮绫帛并巴茶往市之。仍命河州守将善加抚循，以通互市，马稍来集，率厚其直偿之。成又宣谕德意，自是番酋感悦相率诣阙谢恩，而山后归德等州西番诸部落，皆以马来售矣"②。

明朝这一时期的茶马贸易，继承了前代茶马贸易中政府与吐蕃等游牧民族

---

① 明太祖实录［M］. 卷72，洪武五年二月乙巳.

② 明太祖实录［M］. 卷100，洪武八年五月戊辰.

自由贸易的形式。但随着茶马贸易的进行，自由贸易下马价波动大，战马供应不稳定等问题也随之出现。洪武九年（1376 年），兵部奏市马之数："秦州、河州茶马司市马一百七十一匹。"① 洪武十二年（1379 年），这一数字增至一千六百九十一匹。② 洪武十三年（1380 年），河州茶马司市马用茶五万八千八百九十二斤、牛九十八头，得马二千五十匹。③ 而到了洪武十四年（1381 年），秦河二州以茶易马的数字下降到一百八十一匹。④ 洪武十五年（1381 年），秦河二州加庆远裕民司，总共也只市马五百八十五匹。⑤

为了解决战马供应不稳定、马价高昂等问题，同时也为了彰显明朝与众多少数民族之间在政治上的隶属关系。明朝就改变了自由的茶马互市，制定了"差发马赋"制度。所谓的"差发马赋"，就是指通过封建贡赋的方式向少数民族征收马匹，然后向其支付相当于马价的茶叶。⑥ 洪武二十五年（1381 年）三月，"遣尚膳间太监而聂、司礼太监度童赍敕往渝陕西河州卫所属番族，令其输马，以茶给之"⑦。同年五月，"尚膳太监而聂等至河州，召必里诸番族，以敕谕之。诸族因感恩意，争出马以献。于是得马三百四十余匹，以茶三十万斤给之。诸族大悦"⑧。为了巩固官方在茶马贸易中的垄断地位，规范茶马贸易，明廷还制定金牌信符制。洪武二十六年（1382 年）二月，明朝遣使往西凉、永昌、甘肃、山丹、西宁、临洮、河州、洮州、岷州、巩昌缘边诸番，向其颁给金铜信符，并敕谕各族部落曰："往者朝廷或有所需于尔，必以茶货酬之，未尝暴有征也，近闻边将无状多假朝命，扰害尔等，使不获宁居，今特制金铜信符，族颁一符，遇有使者征发，比对相合，始许承命，否者械至京师罪之。"⑨ 这里金铜信符，在《明会典》中则被记为金牌信符，"命曹国公李景隆赍入番，与诸番要约，篆文上曰'皇帝圣旨'，左曰'合当差发'，右曰'不信者斩'。凡四十一面：洮州火把藏思囊日等族，牌四面，纳马三千五十匹；河州必里卫西番

① 明太祖实录 [M]. 卷 110，洪武九年十二月己卯.
② 明太祖实录 [M]. 卷 128，洪武十二年十二月壬辰.
③ 明太祖实录 [M]. 卷 132，洪武十三年九月戊戌.
④ 明太祖实录 [M]. 卷 140，洪武十四年十二月庚辰.
⑤ 明太祖实录 [M]. 卷 150，洪武十五年十二月辛丑.
⑥ 杜常顺. 略论明代甘青少数民族的"差发马赋"问题 [J]. 民族研究，1990 (5).
⑦ 明太祖实录 [M]. 卷 217，洪武二十五年三月乙丑.
⑧ 明太祖实录 [M]. 卷 217，洪武二十五年五月甲辰.
⑨ 明太祖实录 [M]. 卷 225，洪武二十六年二月癸未.

二十九族，牌二十一面，纳马七千七百五匹；西宁曲先、阿端、罕东、安定四卫，巴哇、申中、申藏等族，牌十六面，纳马三千五十匹。下号金牌降诸番，上每号藏内府以为契，三岁一遣官合符。其通道有二，一出河州，一出碉门，运茶五十馀万斤，获马万三千八百匹"①。这些获得金牌信符的少数民族部落，大多是游牧在关西七卫、河西、河湟洮岷等地，即所谓的"纳马番族"。金牌信符"上号于内府收贮，每三年一次，领遣近臣赍捧前来，公同镇守三司等官，统领官军，深入番境扎营，调集番夷，比对金牌字号，收纳差发马匹，给与价茶。如有拖欠，次年催收"②。可见，"番族"向朝廷纳马，已成为一种固定义务，甚至朝廷还要出动军队进行保护这项活动。在金牌信符制的促进下，明朝茶马贸易的规模迅速增长。洪武三十一年（1387年），"曹国公李景隆还自西番。先是命景隆赍金符往西番以茶易马，凡用茶五十余万斤，得马一万三千五百一十八匹"③。其得马数量，远大于洪武初年。弘治年间，总理陕西茶马之政的杨一清曾追述明初茶马贸易的规模："查得洪武、永乐年间旧例，三年一次，番人该纳差发马一万四千五十一匹。价茶先期于四川保宁等府约运一百万斤，赴西宁等茶马司收贮。内西宁茶马司，收三十一万六千九百七十斤；河州茶马司，收四十五万四千三十斤；洮州茶马司，收二十二万九千斤。"④ 每三年，西宁、河州、洮州三茶马司用于易马的官茶就达百万斤之多，足见茶马贸易之盛。

明朝为了更好地对茶马贸易进行管理，还选择在陕西、四川一些临近藏区的重要城市，设立茶马司作为官营的茶马互市机构。洪武五年（1372年）二月，"置秦州（今天水）茶马司，司令正六品，司承正七品"⑤。洪武七年（1374年）九月，"置河州茶马司，官制与秦州茶马司同"⑥。不久，"又有洮州茶马司"⑦。洪武十六年（1383年）六月，"罢洮州茶马司，以河州茶马司总之"⑧。洪武二十九年（1396年）三月，随着河西、河湟地区的战事逐渐平息，

① 明史 [M]. 卷80，食货志四.
② [明] 杨一清. 为修复茶马旧制以抚驭番夷安靖地方事 [M] //明经世文编：卷115，杨石淙文集二.
③ 明太祖实录 [M]. 卷256，洪武三十一年二月戊寅朔.
④ [明] 杨一清. 为修复茶马旧制第二疏 [M] //明经世文编：卷115，杨石淙文集二.
⑤ 明太祖实录 [M]. 卷72，洪武五年二月辛卯.
⑥ 明太祖实录 [M]. 卷93，洪武七年九月己未.
⑦ [明] 王圻. 续文献通考 [M]. 卷21，征榷五.
⑧ 明太祖实录 [M]. 卷150，五洪武十六年六月辛亥.

明朝又应耿炳文之请，将秦州茶马司迁至地理位置更接近藏区的西宁。① 永乐八年（1410 年）五月，"设陕西茶马司，隶本布政司"②。永乐九年（1411 年），复设洮州茶马司。永乐十一年（1413 年）五月，"设甘肃茶马司于陕西行都司城内，官制悉如西宁茶马司，隶陕西布政司"③。河州、洮州、西宁、甘州遂成为明初西北茶马贸易的中心。这些茶马司分别负责管理与周边少数民族的茶马贸易。按照就近原则，甘肃茶马司主要负责河西周边以及部分嘉峪关以外的少数民族部落的纳马活动。但与西宁、河州、洮州茶马司不同，河西周边的少数民族部落较少，甘肃茶马司的职责主要在于"收茶召商纳马，给边以茶偿之"④。即由商人购买马匹后运至甘州茶马司交纳，茶马司向其支付一定的茶叶，并授权其一定区域的茶叶贩卖权。洪武、永乐后，随着吏治的腐败和私茶的盛行，以茶叶专卖权为前提的茶马贸易由盛而衰。同时，由于宣德以降，瓦剌的崛起和关西诸卫的陆续破败，明廷对原住于嘉峪关外的纳马"番族"逐渐失去了控制。因此，主管这一区域的甘肃茶马司就逐渐失去了价值。至正统六年（1441 年）五月，甘肃茶马司已出现"收贮官茶岁久，即今马贵茶贱别无支销"的情况，为了不使官茶积久湮烂，明廷将"正统元年（1436 年）以前者每茶一斤准粮一斗，与在边各卫所官员折色俸粮支用，其正统二年（1437 年）以后在库者，仍令如法收贮，以备买马"⑤。正统七年（1442 年）正月，在甘肃茶马司的经营情况没有得到好转的情况下，在户部的请求下，明廷正式革除了甘肃茶马寺。⑥ 在现存的各类典籍中，对甘肃茶马司的记载极为少见。《明实录》中对茶马贸易的记载，主要集中在西宁、河州、洮州三茶马司。弘治年间，杨一清追述明初茶马贸易的情况时，也并未提及甘肃茶马司。⑦ 究其原因，主要在于甘肃茶马司所负责的茶马贸易的规模较小。由于河西地区距藏区相对较远，河西及其周边地区的番族部落的数量远远少于河湟洮岷。仅靠商人上纳，其规模当然无法与河州、洮州、西宁三大茶马司相比。在这样的背景下，甘肃茶马司设立的意义更多在于政治层面，而非经济层面，即通过茶马贸易的形式来加

① 明太祖实录 [M]. 卷 245, 洪武二十九年三月己丑.
② 明太宗实录 [M]. 卷 104, 永乐八年五月己卯.
③ 明太宗实录 [M]. 卷 140, 永乐十一年五月壬辰.
④ 明英宗实录 [M]. 卷 79, 正统六年五月甲寅.
⑤ 明英宗实录 [M]. 卷 79, 正统六年五月甲寅.
⑥ 明英宗实录 [M]. 卷 88, 正统七年春正月庚午.
⑦ [明] 杨一清. 为修复茶马旧制第二疏 [M] //明经世文编: 卷 115, 杨石淙文集二.

强对周边番族的控制，并彰显明朝对少数民族的主权。值得注意的是，甘肃茶马司废除后，河西周边属番的纳马活动并未停止，各属番的纳马活动改由各卫直接负责。如成化年间，"初西宁所辖罕东卫番夷奄章因与诸簇相仇杀，流落于故沙州卫地，朝廷许其于此牧放，岁纳茶马于肃州"①。

明中后期，由于瓦剌的崛起，北方战事频繁，各边镇驻军队急需补充马源。在李东阳、刘大夏、杨一清等朝臣的建议下，明廷便尝试恢复金牌信符制。但因金牌制废止太久，无法恢复。直到嘉靖三十年（1551年），明朝以勘合制代替金牌信符制，茶马互市有所恢复。随着关西诸卫陆续迁入嘉峪关内，活动在河西地区的"番族"部落的数量大大增长。为了更好地管理茶马互市与控驭番族，河西地方官员开始呼吁在甘州重设茶马司。关于甘州茶马司的设立过程，在《明世宗实录》中出现了两次记载。嘉靖四十一年（1562年）三月，"增设茶马司于甘州适中之地，令其多方招商中茶，招番易马，仍以四川保宁茶课全征本色助之。从巡按御史鲍承荫议也"②。嘉靖四十二年（1563年）五月，"总督陕西都御史喻时等请于甘州适中之所建立茶马司，以便招商中茶招番易马，如河东洮河例。部覆从之"③。另据《明会典》载："嘉靖四十一年（1562年）议准，甘州建置茶马司一所，照例招商中茶，招番易马。仍将西宁旧额茶马、甘州新开茶马俱招中。"④ 可见，在嘉靖四十一年前后，甘肃巡按御史鲍承荫、总督陕西都御史喻时等官员的呼吁下，明廷于甘州重设茶马司。河西地区时隔一百五十余年，重新出现了茶马贸易专管机构。隆庆五年（1571年）十二月，在陕西巡按御史褚铁提议下，明朝对甘州茶马司负责的茶马贸易的细节进行了规范，"甘州茶司仿洮河西宁事例每岁以六月开中，所中之马以八百匹为率不得用老弱充数"⑤。万历四年（1576年）二月，明廷又再次重申了西北各茶马司招番中马的时间，"洮州茶司定以五月，河州、甘州二茶司定以六月，西宁茶司定以七月"⑥。万历十二年（1584年）前后，明廷又于庄浪设茶马司。庄浪茶马司设立的具体时间和过程虽然没有明确的记载，但据《明神宗实录》载："万历十

① 明宪宗实录［M］.卷194，成化十五年九月甲子.
② 明世宗实录［M］.卷507，嘉靖四十一年三月戊戌.
③ 明世宗实录［M］.卷521，嘉靖四十二年五月甲辰.
④ ［万历］明会典［M］.卷153，马政四.
⑤ 明穆宗实录［M］.卷64，隆庆五年十二月乙卯.
⑥ 明神宗实录［M］.卷47，万历四年二月己巳.

二年（1584年）二月，陕西巡按御史王世扬题：'庄浪迤西一带住牧番人写尔等八族，近因虏酋寻抢仇杀归附求免，今蒙招抚给茶，各番感戴愿将样马请易茶篦，岁为例。'许之。"① 庄浪茶马司的设立极有可能就是为了便于管控这些新附的番族部落，以起到"联番御虏"的战略作用。万历二十三年（1595年）四月，"兵部覆御史李楠巡视川陕茶马议，一收岷州番马以充征骑。按西镇番族岁各中马，而岷州城外番族何独不然？宜宣谕番僧陆竹瓦咱等自今岁始今纳马一百二十匹，以赵世福充为族头，约束诸夷中马，完日优加犒赏"②。明廷遂又于岷州设茶马司。至此，明末西北地区出现了西宁、河州、洮州、甘州、庄浪、岷州六大茶马司。万历二十九年（1601年）二月，在兵部回复茶马御史毕三才的文件中谈到了各茶马司内"番族"每年纳马的数额："西宁额三千二百匹，河州三千四十匹，洮州一千八百匹，岷州一百六十匹，甘州一千匹，庄浪八百匹，共一万匹。"③ 松山之役后，原本被蒙古军队控制的"番族"部落重新回到了祁连山南麓游牧，庄浪茶马司的规模随之扩大，"番族"纳马的数量增至一千三百五十四匹。④

为保障茶马的质量，明廷规定不得以老弱之马充数，"其易马须四岁以上六岁以下高大堪中者，方准收买"。其中"儿骗马"直接送至各军镇由军士操骑，"骒马"则被送往西北各官办监苑收养。⑤ 按照就近原则，河西地区的驻军以及甘肃行太仆司、苑马寺所属马场应主要由甘肃茶马司领取茶马。但甘肃茶马司规模较小，其贸易量位列明初西北四大茶马司之末。万历十二年（1584年）后，明朝设甘州茶马司以及庄浪茶马司、岷州茶马司后，甘州茶马司的贸易量在六大茶马司中也仅多于岷州茶马司，其贸易量约为西宁茶马司、河州茶马司的三分之一。⑥ 同时，甘肃茶马司的废除与甘州茶马司的设置之间，河西地区有一百五十年左右的时间没有茶马司的存在。在甘肃茶马司无法满足河西军马供应，或甘肃茶马司被裁撤期间，距离河西最近，且同属河西行都司管辖与甘肃镇防区的西宁茶马司就成为河西驻军所需茶马的主要来源地。如正德四年

---

① 明神宗实录 [M]. 卷146，万历十二年二月甲子.
② 明神宗实录 [M]. 卷284，万历二十三年四月甲寅.
③ 明神宗实录 [M]. 卷356，万历二十九年二月庚寅.
④ 明神宗实录 [M]. 卷356，万历二十九年二月庚寅.
⑤ [清] 杨春茂. 重刊甘镇志 [M]. 兵防志：第2，马政.
⑥ 明神宗实录 [M]. 卷356，万历二十九年二月庚寅.

（1509 年）十二月，"以西宁茶马四百匹给甘州官军御虏于永昌"①。正德六年（1511 年）十月，"给陕西西宁等处茶马一千匹于甘肃"②。嘉靖八年（1529 年）二月，"以甘肃镇缺马发太仆寺马价银四万两给之，仍令西宁茶马司拨马补数"③。在原撰于万历末年的《肃镇华夷志》中称肃州"先年，除进贡马给军外，每岁于西宁卫关领茶马一次"④。同样成书于明末的《重刊甘镇志》，对甘州茶马司更是只字未提。由此可见，西宁茶马司所属茶马对河西军马供应的重要性。除西宁茶马司、甘州茶马司外，洮州、河州茶马司所属茶马也会有部分供应河西地区，"旧制陕西洮河茶马岁易以四千八百为额，以四千一百匹分给延绥、宁夏、甘肃三镇"⑤。

三、官方购买

除茶马互市这种具有一定强制性的特殊贸易外，"高皇帝时，南征北讨，兵力有余，唯以马为急，故分遣使臣以财货于四夷市马"⑥。

（一）市本

明初，明朝用于在河西及周边地区购买马匹的主要是钱钞以及丝绸、布帛等硬通货。如洪武二十三年（1390 年）七月，"长兴侯耿炳文奏：'陕西都司所属二十四卫马步军一十二万四千九百九十一人，马八千三百七十一匹。'先是命炳文阅各卫军士，给钞督令市马，至是以其数奏之"⑦。宣德四年（1429 年）九月，"镇守甘肃太监王安奏请运彩色三梭布十万匹于甘肃市马，行在户部请市于苏松二府。上曰近来稍有买办，州县假公营私百倍扰民，方欲禁革此弊，岂可复扰之，止于京库减半支去"⑧。宣德六年（1431 年）正月，"甘肃总兵官都督刘广奏：'西北二虏多来鬻马，请给各色绵布一十万匹酬其直。'上命行在户部以五万匹给之"⑨。

---

① 明武宗实录 [M]. 卷 58，正德四年十二月丙申.
② 明武宗实录 [M]. 卷 80，正德六年冬十月乙巳.
③ 明世宗实录 [M]. 卷 98，嘉靖八年二月癸酉.
④ [明] 李应魁. 肃镇华夷志 [M]. 卷 2，马政.
⑤ 明世宗实录 [M]. 卷 433，嘉靖三十五年三月癸酉.
⑥ [明] 王世贞. 弇山堂别集 [M]. 卷 89，市马考.
⑦ 明太祖实录 [M]. 卷 203，洪武二十三年秋七月戊子.
⑧ 明宣宗实录 [M]. 卷 58，宣德四年九月戊申.
⑨ 明宣宗实录 [M]. 卷 75，宣德六年春正月己丑.

明中期以降，随着白银在社会经济生活中的渗透，明廷开始拨发白银用于河西地区的军马采购。正统八年（1443 年）九月，"命出陕西行都司官库银帛买马给军，时总兵官宁远伯任礼奏陕西备御军士缺马调发不便，故有是命"①。成化二年（1466 年），明宪宗先是从自己的"内帑"中拨银"于甘肃市马给官军"②。同年，因南方不产马，明廷将过去向民户征收本色马匹的办法，改为征收银两，作为购买军马的专项资金。成化四年（1468 年），明朝建太仆寺常盈库，专门用于贮备马价银。③ 成化十一年（1475 年）五月，甘肃都御使朱英提议："甘、凉、肃州地方系产马处，所遇有倒死买补不难，但价无从出，宜于在京太仆寺见收江南马价内支银八千两，遣官送至彼处收买。"④ 此后太仆寺马价银的拨发渐成制度，成为河西地区购马经费的常规来源。如弘治十八年（1505 年）七月，"以太仆寺银万两给甘肃易马"⑤。正德五年（1510 年）九月，"发太仆寺银三万两于甘肃买马"⑥。万历十八年（1590 年）七月，"诏发太仆寺马价银十万两于甘肃以备支用"⑦。除购买马匹外，明朝往往还会挪用马价银子购买军粮、赏恤军士、营建宫殿等。对此，正德三年（1508 年）六月，兵部特别指出："太仆寺寄收马价，专备京营及各边买马之用。今各处借支奏给及支用羡余之数，既已查明，合咨户工二部将借支者补还。行陕西延宁甘肃宣大镇巡官，将买补过马价查明奏缴，如支用未尽者亦具数奏报。其陕西二次银两行巡抚官将已用者造册奏缴，见在者解部发寺，以俟买马，诏借支者亟还，奏给者亟报，支用有余者亟送部交纳，如有迟误侵欺之弊，听举劾治罪。"⑧ 嘉靖三年（1524 年）九月，兵部又言："太仆寺贮银，预备买马，以应边方征调之急，今以和籴借用，乃一时权宜。设复因循宜借，令马价缺乏，卒有急，胡以处之？此大可虑也。请自今军饷，各以职掌出办，无更取之太仆，则事体一而马政不废。"诏可。⑨ 嘉靖四十二年（1563 年）十二月，太仆寺卿刘畿再次指出："马政废弛日

① 明英宗实录 [M]. 卷108，正统八年九月癸酉.
② 明宪宗实录 [M]. 卷33，成化二年八月己酉.
③ 明史 [M]. 卷92，兵四.
④ 明宪宗实录 [M]. 卷141，成化十一年五月壬子.
⑤ 明武宗实录 [M]. 卷3，弘治十八年秋七月丁未.
⑥ 明武宗实录 [M]. 卷67，正德五年九月癸未.
⑦ 明神宗实录 [M]. 卷225，万历十八年七月甲寅.
⑧ 明武宗实录 [M]. 卷39，正德三年六月戊子.
⑨ 明世宗实录 [M]. 卷43，嘉靖三年九月乙酉.

甚，乞敕兵部议处及查累借支马价别费者，督令还寺，嗣是不系买马不得借支。有诏下兵部，亟为查处。"① 可见，正德、嘉靖年间虽然就已经出现马价银被借支的情况，但在兵部的坚持下，事后往往还能获得偿还。但随着时间的推移，至隆庆、万历年间，明朝战事增多，财政吃紧，马价银被借支的情况就更为普遍了。如隆庆六年（1572 年）八月，"敕取户部银三十万两、兵部马价银三十万两、工部银二十万两并内库一百万两，给赏内外官军"②，万历十七年（1589 年）十一月，兵科左给事中胡汝宁言："甘肃被虏其将士怯弱，粮饷不敷。乞将马价银两给发数万，以振士气兵部议支太仆寺银十万两解贮该镇。"③ 万历十八年（1590 年）十月，巡按御史崔景荣提议："西镇本色不足，战守无资。乞移凉州仓粮数万石于甘肃……先发马价收买本色，各足三年之积。"④ 万历二十年（1591 年）正月，"发太仆寺及经略存留马价共银一万二千两与甘镇，领造大神炮一千御虏"⑤。

除由中央直接拨发的太仆寺马价银外，明朝在河西地区用于购买马匹的价银还包括地亩银和桩朋银。所谓地亩银，即"以田赋马"。成化七年（1471 年）八月，为减轻边军赔补马匹的经济压力，陕西左副都御史马文升提议："惟屯田军士有田多丁少，而不领马者，有田少丁多而领马者，概均其田事体未易，但每人见田百亩约获五十余石，以六石输官之外，所存尚多，可令岁纳银一钱，一卫计田三千五百顷可得银三百五十两，足以贴助买补欠马。军士虽有消长，而屯田则无增减，事可常行。若屯军积银既，足又可分诸边城贴买如例，然复恐专恃买补，不复加意饲养，亏损反多，宜按领马军丁名册，豫为审勘分上中下三等，凡买马一匹上等出银三两，中等二两，下等一两，余价不足乃以田银给之。是亦古者以田赋马之意也。"⑥ 此后，由屯田带征地亩银用于买马的制度，渐成定制，"如遇边操，官军倒死给领马匹，告相明白，令其寻问堪中好马，将前贮库银两收买，给发操骑，不许挪用移别项支用"⑦。然而河西地区商品经济落后，白银的流通范围有限，普通屯军直接上纳白银的难度较大。嘉靖

① 明世宗实录［M］. 卷 528，嘉靖四十二年十二月丙午.
② 明神宗实录［M］. 卷 4，隆庆六年八月甲寅朔.
③ 明神宗实录［M］. 卷 217，万历十七年十一月癸丑.
④ 明神宗实录［M］. 卷 228，万历十八年十月戊子.
⑤ 明神宗实录［M］. 卷 244，万历二十年正月丙午.
⑥ 明宪宗实录［M］. 卷 94，成化七年八月戊午.
⑦ ［清］杨春茂. 重刊甘镇志［M］. 兵防志：第 2，马政.

十年（1531 年），都御使赵载为此提出了一种变通的方式，"以地亩马价银每屯粮一石，征粮三升；科粮一石，征粮六升。岁征粮收贮各仓"。然后按照市价，用每年拨发至河西的京运银、民运折色银换购这些本色米粮，"给军易买堪征马匹"①。

桩朋银，是由官兵分别出银专供买补倒失官马的价银。明初，为防止牧养军人和军卫官兵因主观因素导致军马倒失，制定了严格的赔偿制度。一旦军马死亡或丢失，马主就要负责该马的赔补。这无形中就带给养马人或卫所军人沉重的经济负担，以至于河西军人中出现"倒死马匹，陪补艰窘，甚至鬻妻卖子"②的情况。为减轻死马主人的经济压力，成化七年（1471 年）明朝令"各卫军余关领马匹倒死，以物力等第出银，每马一匹上户出银三两，中户二两，下户一两，余以屯田子粒银贴凑买补"③。也就是说在马匹倒死后，按照马主的经济情况，缴纳不同数量的银两用于购买马匹，其余部分则由屯田子粒银等方式贴补。在此基础上，成化十三年（1477 年），明廷正式施行桩朋银制度。具体而言，桩朋银分为桩头银和朋合银两个组成部分。桩头银由倒失官马的马主自己缴纳，"倒死马主，都指挥出银三两，指挥二两五钱，千百户、镇抚二两。走失被盗，各加五钱"。朋合银则由各卫官军共同缴纳，"每年六个月，按月都指挥、指挥出银一钱，千百户、镇抚七分，旗军五分"④。

与动辄数万两的太仆寺马价银相比，地亩银与桩朋银的数量要少得多。据《重刊甘镇志》载甘肃镇地亩银每年共计二千三百四十九两九钱二分七厘，桩朋银共计五千六百七十一两六千三分。⑤《重刊甘镇志》中虽然没有明确注明上述数据的具体年限，但从行文中判断，应为成化年间地亩银与桩朋银制度化初期的数据。经过数十年的发展，至弘治十六年（1480 年），甘肃镇"地亩、朋、合马价岁止八千九百余两"，总数增长了近一千两。以"每马一匹大约用银十两"来计算，地亩银、桩朋银的总数可购买军马"八九百匹"，约占每年甘肃所属官军马匹倒死之数的四分之一左右。⑥

① ［清］杨春茂. 重刊甘镇志 ［M］. 兵防志：第 2，马政.
② 明宪宗实录 ［M］. 卷 7，天顺八年秋七月庚申.
③ ［明］雷礼. 南京太仆寺志 ［M］. 卷四，关换.
④ ［清］杨春茂. 重刊甘镇志 ［M］. 兵防志：第 2，马政.
⑤ ［清］杨春茂. 重刊甘镇志 ［M］. 兵防志：第 2，马政.
⑥ 明孝宗实录 ［M］. 卷 199，弘治十六年五月己巳.

（二）马匹来源

明朝在河西地区所能购买的马匹，其来源主要有四，一是来自番族部落的马匹，一是来自西域的回族人运送至河西进行贸易的马匹，一是来自北部蒙古各部的马匹，一是来自当地官员及周边藩王私家牧场的马匹。

1. 西番

明朝与西番部落之间的军马贸易，在洪武二十六年（1393 年）金牌信符制颁发之后，逐步由自由贸易转为带有税征色彩的差发马赋制度。但由于西番部落以畜牧为主的生计条件，必须通过马匹与汉族进行贸易以获取生活物资，而明朝给予纳马番族的茶酬远低于马价，无法满足番族部落的正常生活需要。因此除向明朝上纳的官马之外，番族还有相当一部分马匹流入市场。为保障各属番纳马活动的正常进行，洪武二十六年（1393 年），明廷"遣使往甘肃、西凉、西宁，印烙系官之马宜俾关吏禁绝过河私贩之弊"。同时，又考虑到西番的现实情况和历史传统，"今既禁遏之恐妨其生计"，明太祖乃命右军都督府给榜谕守关者："今后止禁官印马匹，不许有自贩鬻；其西番之人自己马无印者，及牛羊杂畜之类不问多寡，一听渡河售易，关吏阻者，罪之。"①

2. 回族

在明王朝较为宽松的招抚政策下，来自西域的回族人是河西军马贸易的重要参与者。早在洪武年间，精明善贾的回族商人就敏锐地意识到明军缺马的困境，纷纷驱马赴河西贸易。洪武十五年（1382 年）七月，明太祖遣留守右卫镇抚李杲往西凉谕都督濮英及守御都指挥宋晟时特别指出："自今回回之地有马驼羊畜入境，止遣亲信一二人往视，切勿发兵迎之，此辈或假以贸易为词，伏贼兵于后也，慎之慎之！"② 可见，此时河西地区就已经有相当数量的回族商人，以至于引起明太祖的重视。洪武二十三年（1390 年），来自中亚撒马尔罕的回族舍怯儿阿里义等人"以马六百七十匹抵凉州互市。守将以闻，诏送舍怯儿阿里义等至京听自市鬻"③。舍怯儿阿里义等人一次就将六百七十匹马驱赶至河西贸易，足见回族商人的实力。但鉴于河西地区当时严峻的国防形势，明廷对这些前来卖马的回族还不能完全信任。洪武二十五年（1392 年），明太祖专门敕谕甘肃总

---

① 明太祖实录 [M]. 卷230，洪武二十六年十二月庚子.
② 明太祖实录 [M]. 卷146，洪武十五年七月己巳.
③ 明太祖实录 [M]. 卷199，洪武二十三年春正月乙亥.

督宋晟、刘真："凡西番回回来互市者止于甘肃城外三十里不许入城。"①

明成祖即位后，为笼络哈密，同时保障军马的供应，对回族商人在河西的活动的限制有所松动。永乐元年（1403年），"遣使臣亦卜剌金等赍诏往哈密抚谕，且许其以马入中国市易"②。同时，规定"凡进贡回回有马欲卖者，听于陕西从便交易，须约束军民勿侵扰之"③。在明朝的招抚下，回族商人赴河西从事军马贸易的规模进一步扩大。永乐元年（1403年）十一月，哈密安克帖木儿遣使臣马哈木沙、浑都思等带来朝贡马百九十匹，同时带来的市易马更是达四千七百四十匹之多，"上命悉官偿其值，选良者十匹入御马监，余以给守边骑士"④。这些赴河西贸易的回族商人，为了获取明廷的信任，更有甚者作为向导参与到了明朝的军事活动中，如永乐五年（1407年）十一月，"命西宁侯宋晟选都指挥领骑士一千同卖马回回由甘肃取道出哈密"⑤。永乐六年（1408年）三月，明廷又对回族人在西北地区的贸易活动进行了规范："凡回回、鞑靼来鬻马者，若三五百匹止令鬻于甘州、凉州，如及千匹则听于黄河迤西兰州、宁夏等处交易，勿令过河。"⑥ 永乐十一年（1413年）七月，明成祖又下令允许回族与鞑靼的贡使在赴京朝贡时，携带除贡品之外的马匹与明朝官方进行贸易。⑦ 同时又敕令甘肃军政官员："别失八里王马哈麻敬事朝廷，遣使来贡。如至，可善待之，其市易者听自便。盖远人慕义而来，当加厚抚纳，庶见朝廷怀柔之意。"⑧ 进一步放宽了西域回族人在河西贸易的限制。在优待政策的吸引下，大量来自西域的回族商人参与到河西的马匹贸易中，尤其是位于河西地区西端的肃州卫，直到万历年间，"西夷进贡外，又有货卖回夷，赶马肃州贩卖，堪骑者或给军，赏价以支官银，老幼者或私自贸易，及今数十年未赴西宁领马。此肃州马政所以取足于西夷"⑨。

---

① 明太祖实录［M］. 卷216，洪武二十五年二月癸亥.
② 明太祖实录［M］. 卷24，永乐元年冬十月甲午.
③ 明太宗实录［M］. 卷24，永乐元年冬十月甲子.
④ 明太宗实录［M］. 卷25，永乐元年十一月甲午.
⑤ 明太宗实录［M］. 卷73，永乐五年十一月丙子.
⑥ 明太宗实录［M］. 卷77，永乐六年春三月壬戌.
⑦ 明太宗实录［M］. 卷141，永乐十一年秋七月丁酉.
⑧ 明太宗实录［M］. 卷141，永乐十一年秋七月丙午.
⑨ ［明］李应魁. 肃镇华夷志［M］. 卷2，马政.

3. 蒙古

洪武年间，北元盘踞塞外，仍然拥有近百万的军队，时刻威胁着明朝的国防安全，明蒙之间几乎一直处于对抗状态。在此情况下，明蒙之间正常的经济交流几乎断绝。尤其是马匹这样的特殊商品，蒙古更不可能主动输送给明朝用于武装军队。因此，在《明太祖实录》中就几乎看不到明蒙之间互市马匹的记载。明成祖即位后，北元内部分化为鞑靼、瓦剌、兀良哈三部，势力大为削减。同时，为进一步打击蒙古，明朝采取了分化打压的政策，区别对待各部，其中经济拉拢是其重要的手段。永乐四年（1406 年）九月，明成祖命甘肃总兵官宋晟、宁夏总兵官何福："凡回回、鞑靼以马至者，或全市，或市其半，牝马则尽市之。"[①] 永乐六年（1408 年），明朝在甘州、凉州以及兰州、宁夏等地设立临时性的市场，允许鞑靼前来卖马。[②] 永乐七年（1409 年），为了拉拢本雅失里，明成祖主动示好，敕甘肃总兵官左都督何福："近遣使与本雅失里通好，彼或遣人来报或来卖马，恐边人擒以为功，将致其惊疑，宜预约束之。"[③] 永乐十一年（1413 年）七月，明成祖又下令允许鞑靼贡使在赴京朝贡时，携带除贡品之外的马匹与明朝官方进行贸易。[④] 但这一时期河西地区的明蒙贸易还没有相对固定的时间和场所，蒙古部落前来卖马多是随来随市，或在进贡的同时互市。直到隆庆、万历年间，明蒙间的关系逐渐缓和，双方意识到互市通好对缓解沿边局势的重要作用。在王崇古、方逢时等人的极力主张下，明朝开始改变对蒙古的封锁政策，在北部长城沿线陆续开设了十余处马市。其中位于河西地区的有洪水堡疆都口市和高沟寨市。万历三年（1575 年）三月，游牧于河西周边的蒙古部落首领克臭、宾兔"复请建寺且开市，辞极恭顺"。同年十二月，明廷遂于甘州城东南的洪水堡疆都口开市。后又开庄浪岔口堡铧尖墩小市。[⑤] 同时规定，"西海丙兔部落每年赴彼互市一次，松山宾兔一枝亦许岁庄浪小市一次。凡开市期务要与延宁同时并开，以杜影射，仍传谕丙兔各酋务要严速部落，恪守法度。开市之日该镇督抚严督将领多方防范，费用有经，勿堕狡计，奉旨依议行"[⑥]。

---

① 明太宗实录 [M]. 卷 59，永乐四年九月壬戌.

② 明太宗实录 [M]. 卷 77，永乐六年春三月壬戌.

③ 明太宗实录 [M]. 卷 91，永乐七年闰四月丁丑.

④ 明太宗实录 [M]. 卷 141，永乐十一年秋七月丁酉.

⑤ [明] 瞿九思. 万历武功录 [M]. 卷 9，克臭传.

⑥ 明神宗实录 [M]. 卷 43，万历三年十月壬申.

万历六年（1578 年），原本于庄浪铧尖墩小市的松山宾兔部，改在凉州卫西五十里的高沟寨互市，"嗣后与铧尖墩每三年一次轮流开市，盖以地瘠民稀，为此更番"①。

4. 官员、藩王的私家牧场

明初，"太祖高皇帝时，勋戚贵臣之家皆令蓄马，盖相与共享富贵之意"②。同时，又得益于河西地区发展畜牧业的优良条件，使得河西地区的权豪势要之家大多在私占良田的同时，经营着相当规模的私家畜牧业。永乐十三年（1585 年）九月，行在都察院左副都御史李庆劾奏："都督费瓛前在甘肃受鞑靼马驼牛羊事觉。"③ 费瓛接受鞑靼贿赂的马驼牛羊等畜产品后，必然是收归自家经营。宣德六年（1431 年），"甘肃苑马寺卿陈俨与西宁土官李英结为婚姻，英征安定还奏获贼马三百四十匹送苑马寺牧养，实送五匹余皆归其私家"④。李英一次隐匿的战马就达三百余匹，足见其私家畜牧业的规模。针对这些军民之家私蓄的马匹，早在洪武三十年（1397 年），明太祖就规定："所畜马或千百匹或四五十匹不得私鬻，若欲财用则入马于官，官给其直。若朝廷出师征讨，悉以所畜马分给骑士，师还之日损者偿其直，若马少不愿鬻者，听此外惟驿传及太仆寺马户得买余，皆不许。"⑤

除勋戚贵臣之家皆令蓄马外，明朝分封于各地的藩王也普遍拥有着自己的牧场。在河西地区军马紧缺之时，明朝往往也会令肃王、庆王、楚王等藩王将自家所畜之马送至河西，并支付其一定酬劳。如正统二年（1437 年）八月，明英宗与庆王朱栴书曰："兹者甘肃总兵等官奏缺马，闻府中马多可选取二三千或四五千付总兵等官给军骑操，即遣人赍价奉酬。庶几，御寇有备，边境获安，足感盛德之助也。"⑥ 两个月后，"楚王季埱、庆王栴、肃王赡焰各出马助给甘肃官军。上以书致谢，仍以白金文绮纱罗布钞等物酬之"⑦。天顺三年（1438 年），肃王朱瞻焰选马五百匹给甘州官军骑操，但没有领取朝廷所酬马价。对此，明英宗还特别致书肃王朱瞻焰表示感谢："近因甘州官军缺马骑操……继承

---

① 明神宗实录 [M]. 卷 72，万历六年二月癸未.
② 明太宗实录 [M]. 卷 84，永乐六年十月丁酉.
③ 明太宗实录 [M]. 卷 168，永乐十三年九月辛酉.
④ 明宣宗实录 [M]. 卷 83，宣德六年九月甲申.
⑤ 明太祖实录 [M]. 卷 254，洪武三十年秋七月乙丑.
⑥ 明英宗实录 [M]. 卷 33，正统二年八月戊寅.
⑦ 明英宗实录 [M]. 卷 35，正统二年冬十月辛未.

叔祖厚意，选马五百匹已给官军领操，不胜至感。且承喻及所酬马价不敢领受，足见叔祖体国安边之心。但府中马匹有限，牧养亦甚不易，岂可不受价直，特遣御用监左监丞宋胜斋送菲物用致，予意惟叔祖亮之。"①

四、其他方式

（一）贡马

在明朝的朝贡体系之下，不论是来自西域的吐鲁番、撒马尔罕等国，还是河西及其周边地区的羁縻卫所、土官，为表示对明朝的臣服都会定期派专员赴京朝觐君王、贡纳方物。马匹作为游牧民族最重要的土产，自然是其最主要的贡物。如永乐元年（1403年）十一月，哈密安克帖木儿遣使臣马哈木沙、浑都思等带来朝贡马百九十四。② 永乐七年（1409年）四月，曲先卫指挥使三即等遣人贡马，火展的回回哈麻满剌来朝贡马皆赐钞币。③ 永乐十七年（1419年）十月，凉州卫都指挥保住等以召至京，献马三十匹。④ 正统二年（1437年）春正月，永昌卫土官指挥哈剌卜花来朝贡马。⑤ 正统四年（1439年）十二月，陕西凉州卫庄严寺番僧失剌省吉，来朝贡马。⑥ 这些来自西域诸国以及少数民族部落的贡马，除少量被送往京城外，大部分都被送往甘肃苑马寺等官办牧马场豢养或直接用于武装军队。永乐元年（1403年），明成祖敕甘肃总兵官宋晟曰："知哈密安克帖木儿遣人贡马，尔已差人送京，其头目所贡者，可选善马送来，余皆以给军士。"⑦ 永乐二十二年（1424年）十二月，为减轻源源不断的西域贡使给明朝带来的经济压力，在礼科给事中黄骥的建议下，明廷又规定："自今有贡马者，令就甘肃给军士，余一切勿受，听其与民买卖以省官府之费。"⑧ 成化二十二年（1486年）九月，"兵部奏：'蓟州、辽东、陕西、甘肃、宁夏、四川、云南、贵州各边夷人进贡马匹存留给军之数。' 岁令各总兵巡抚官造册类

---

① 明英宗实录 [M]. 卷300，天顺三年二月己巳.
② 明太宗实录 [M]. 卷25，永乐元年十一月甲午.
③ 明太宗实录 [M]. 卷91，永乐七年闰四月甲寅.
④ 明太宗实录 [M]. 卷217，永乐十七年冬十月壬午.
⑤ 明英宗实录 [M]. 卷26，正统二年春正月丁巳.
⑥ 明英宗实录 [M]. 卷62，正统四年十二月乙酉.
⑦ 明太宗实录 [M]. 卷24，永乐元年冬十月甲子.
⑧ 明仁宗实录 [M]. 卷5上，永乐二十二年十二月上丁未.

报，以凭稽考。从之"①。可见，贡马存留给军已经成为明朝边地驻军军马补充的重要制度。

（二）纳马中茶与纳马中盐

纳马中盐与纳马中茶是明朝开中盐法的两种特殊形式。即以官方对食盐、茶叶销售的垄断权为前提，通过出售食盐和茶叶的专卖权为突破口，吸引商人到边卫上纳马匹。永乐十一年（1413年）至正统七年（1442年）间，设于甘州的甘肃茶马司。其重要职责就在于"收茶召商纳马，给边以茶偿之"②。即由商人购买马匹后运至甘州茶马司交纳，茶马司向其支付一定的茶叶，并授权其一定区域的茶叶贩卖权。与官茶类似，明廷亦会通过出售官盐的专卖权来吸引商人纳马。早在宣德八年（1433年），在陕西行都司都督佥事王贵弹劾掌肃州卫事署都指挥佥事吕昇时，就指出吕昇曾"出境私通赤斤蒙古卫鞑官锁可者，违禁买驼马中盐"③。可见，至迟在宣德年间河西地区就已经出现了纳马中盐的情况。而姚继荣先生在《西北马政中的中盐马制度》一文称西北马政中的中盐纳马法最早出现于正统三年（1438年），据此显然不妥。④

具体而言，河西地区驻军所使用的中盐马，其来源可以分为两类。第一，明朝在与河西相邻的产盐区灵州，"召商中纳马匹，分给边镇骑操"，并规定"上马一匹，给盐一百引，中马一匹，八十引"⑤。即商人将马匹交纳至灵州或陕西布政司，直接换取灵州官盐。再由军方将商人上纳的马匹统一分配和运送到各边镇。如正统四年（1439年）四月，"命召商于陕西布政司纳马。先是都督史昭言：'召商于宁夏纳马给灵州官盐以偿之，至是宁夏马多，都督同知郑铭请改于布政司上纳，俟甘凉诸边缺马则给之。'上从其请"⑥。第二，明朝拨发两淮等内地盐场的盐引，吸引商人直接赴河西纳马，换取盐引后，于内地盐场支盐。如正德十年（1515年），吐鲁番攻陷哈密，兵犯肃州，加之亦不剌部与卜儿孩部在青海的频繁活动，河西地区的国防压力骤然增大，军马紧缺。明廷

---

① 明宪宗实录［M］. 卷282，成化二十二年九月甲寅.
② 明英宗实录［M］. 卷79，正统六年五月甲寅.
③ 明宣宗实录［M］. 卷103，宣德八年六月丙戌.
④ 姚继荣. 西北马政中的中盐马制度［J］. 宁夏大学学报，1997（1）.
⑤ ［明］魏焕. 固原经略［M］//明经世文编：卷249，巡边总论二.
⑥ 明英宗实录［M］. 卷51，正统四年夏四月辛酉.

一次便拨两淮官盐或陕西官茶各十万引招商上纳马匹。① 按照"上马一匹，给盐一百引"来计算，一次即可中马一千匹。在纳马中盐制下，商人要承担沉重的运输压力，因此纳马中盐多是在军马紧缺情况下的临时性措施。随着商品经济的发展，纳马中盐逐渐被"纳银解边易马"所取代。至嘉靖年间，"边饷亏缺，甘肃米直石银五两，户部因奏停中马"②。明朝西北马政中采取的纳马中盐制度也就随之废除。

（三）战争俘获

河西及周边地区大多是具有悠久历史的畜牧区。因此，不论是在明初明军进军河西的过程中，还是在明朝与蒙古等势力的边境战争中，以马匹为主的畜产品都是主要的战利品。如洪武五年（1372 年）冯胜西征的过程中，至次别笃山口，"元歧王朵儿只班遁去，追获其平章长加奴等二十七人，及马驼牛羊十余万。有德复引兵至瓜、沙州，又败其兵，获金银印、马骡牛羊二万而还"③。洪武十三年（1380 年），都督濮英练兵西凉，袭虏故元柳城王等二十二人，民一千三百余人，并获马二千余匹。④ 洪武三十年（1397 年）七月，朱元璋指出："甘肃西凉守将宋晟、庄德、张文杰等尝征讨边夷，多获马匹牧于塞上。"⑤ 宣德九年（1434 年）十月，甘肃总兵官都督金事刘广奏："虏寇朵儿只伯等掠凉州杂木口等处，率兵追至沙子生擒四人，斩首四级，获马驼四十。"⑥ 宣德十年（1435 年）十二月，"官军连败阿台朵儿只伯贼众于黑山等处，生擒斩首二百六十余人，获马驼牛羊驴骡三万五千有余"⑦。天顺二年（1458 年），"五月十六日达贼犯凉州突至城下……官军迎敌斩首七级，生擒十一人，获驼马等畜，贼各奔散。明日复帅官军都督李荣等追剿贼见……杀败贼众生擒二十一人，斩首三十八级，死伤者不计其数，获驼马牛羊五百余"⑧。成化十八年（1482 年）十二月，甘肃总兵官右军署都督同知王玺等奏："比因虏寇于境外莱伏山杀掠哨望军马，即与分守右参将李俊率军三千余，赤斤夷兵百人，往击之。至狼心山黑

---

① 明武宗实录 [M]. 卷124，正德十年闰四月辛酉.
② 明史 [M]. 卷80，食货四.
③ 明太祖实录 [M]. 卷74，洪武五年六月戊寅条
④ 明太祖实录 [M]. 卷131，洪武十三年夏四月甲申.
⑤ 明太祖实录 [M]. 卷254，洪武三十年秋七月乙丑.
⑥ 明宣宗实录 [M]. 卷113，宣德九年冬十月壬戌.
⑦ 明英宗实录 [M]. 卷12，宣德十年十二月壬子.
⑧ 明英宗实录 [M]. 卷292，天顺二年六月乙丑.

河西，擒斩二十七级，夺获驼马牛羊等畜八百余。"① 正德二年（1507 年），"初达贼驻明水湖，（唐）宽等议令副总兵白琼把、参将吴鈜、游击将军徐谦出兵击之，贼退以捷闻，凡斩首四十一级，得马五十八匹，牛羊一千有奇"②。正德五年（1510 年）六月，分守镇番右参将李恺奏："达贼驻牧大沙河。臣夜率马步军出城袭之，比旦至贼所，斩首四十一级，获马驼一百二十余匹。"③

第四节　河西地区社会经济的恢复与发展

如前三节所述，为保持河西地区驻防军队的战斗力，明朝以军粮、军马的供应为中心，在河西地区形成了极为复杂的军需供给体系，对河西地区社会经济的发展产生了重要影响。

一、促进了河西农业的发展

河西地区拥有农业发展的悠久历史。早在汉武帝年间，"初置张掖、酒泉郡，而上郡、朔方、西河、河西开田官，斥塞卒六十万人戍田之"④。铁农具、牛耕、代田法等先进生产技术也随着移民的涌入传入河西。经过汉武帝以后百余年的发展，河西地区逐步由一个古老的牧业区，转变为富庶的灌溉农业区。西汉末年盘踞河西的窦融就指出："天下安危未可知，河西殷富，带河为固，张掖属国精兵一万骑，一旦缓急，杜绝河津，足以自守，此遗大中处也。"⑤ 河西地区的农业可供窦融割据自守，足见河西地区农业经济的发达。在唐朝极盛的开元年间，经过唐初对河西地区的近百年开发，农业在河西地区已相当普及。河西走廊西段的沙州"花草果园，豪族士流，家家自足"，"五谷皆饶，唯无稻黍，其水溉田既尽，更无流派"⑥。万岁登封元年（696 年），吐蕃大臣论钦陵更是指出："其（甘、凉）广不数百，狭才百里，我若出张掖、玉门，使大国春不

---

① 明宪宗实录 [M]. 卷235，成化十八年十二月丁亥.

② 明武宗实录 [M]. 卷30，正德二年九月丁巳.

③ 明武宗实录 [M]. 卷64，正德五年六月辛丑.

④ [西汉] 司马迁. 史记 [M]. 卷30，平准书第八.

⑤ 后汉书 [M]. 卷23，窦融传.

⑥ 沙州都督府图经 [M] //郑柄林. 敦煌地理文书汇辑校注. 兰州：甘肃人民出版社，1989：6.

耕，秋不获，不五六年，可断其右。"① 河西的富庶可见一斑。安史之乱后，河西被吐蕃、回鹘、党项、蒙古等少数民族政权长时间控制。河西地区的社会经济，特别是农业生产出现了大幅度的衰退。宋末元初的史学家马端临就指出：

> 盖河西之地，自唐中叶以后，一沦异域，顿化为龙荒沙漠之区，无复昔之殷富繁华矣。唐自安、史之乱，西北土地皆不能如旧，然北方如卢龙、沧景虽世为强藩所据，自擅其兵赋，而奉正朔、请旌节，犹唐之臣也。风声气习、文物礼乐，犹承平之旧也。独西陲沦于吐蕃，遂有夷夏之分，致使数百年中华衣冠之地，复变为左衽，不能自拔；虽骁悍如元昊，所有土地，过于五凉（五凉止有河西五郡，无灵夏)，然不过与诸蕃部落杂处于旱海不毛之地，兵革之犀利，财货之殷富，俱不能如曩时。②

虽然马端临的言辞稍显偏颇，但"兵革之犀利，财货之殷富，俱不能如曩时"却都是事实。尤其是嘉峪关以西的河西地区，在元代是察合台出伯系诸王的封地，诸王在其封地内保持了游牧习俗，使得该地出现了蒙古化、游牧化的趋势。元代全国十行省，岁入粮为一千三百多万石，而甘肃行省只有六万多石，只占全国的1/200。③ 到了明初，经过元明战争的破坏，河西地区农业生产的惨淡局面可想而知。据《肃镇华夷志》载，位于河西地区西端的肃州卫，成化以前更是"耕无百亩"。④

为了解决河西地区的军粮供给，明朝继承了前代开发河西的历史经验，在河西地区大规模开展屯田。纵观明代河西屯田发展、衰败的全过程，虽然存在着种种问题与弊端。但整体而言，仍然对河西地区的农业生产起到了促进作用。其具体表现在耕地面积的增加、水利设施的修建以及农作物的发展等方面。

第一，大量荒地获得了垦辟，耕地的数量获得了大幅度的增长。如镇番卫洪武十二年（1379年），"军民共屯田一千九百六十二顷二十四亩七分许"⑤。

---

① 新唐书 [M]. 卷216，吐蕃传.
② [宋] 马端临. 文献通考 [M]. 卷322，舆地考八.
③ 马海寿，陈文祥. 试论河西走廊农牧业转换的历史变迁 [J]. 青海民族大学学报，2012（1）.
④ [明] 李应魁. 肃镇华夷志 [M]. 卷2，风俗.
⑤ [清] 谢树森，[民国] 谢广恩著，李玉寿校注 [M]. 镇番遗事历鉴：卷1，洪武十二年己末.

到了嘉靖十三年（1534 年），"卫官民田地，共五千二百二十二顷二十四亩四分六厘"①。两组数据中洪武十二年对耕地面积的统计只包括军民屯田而不包括民田，其原因应该在于此时民田面积较少，甚至可以忽略不计。而嘉靖十三年的统计数据则包括了官田、民田两个部分，显示出民田获得了一定的发展。耕地总面积在一百五十余年的时间里，增长了两倍多。洪武末年，陕西行都指挥使司都指挥使陈晖指出："凉州等卫十有一……屯田万六千三百余顷。"② 万历十一年（1583 年），甘肃巡抚王璇、巡按吴定题称："今次清丈实在地四万五千九百九十三顷三十五亩零，定为地额。"③ 万历年间的耕地数据与洪武末年的数据相较，增长了近三倍。此数据中还不包括大量被权贵势要隐匿的耕地和"永不起科"的新垦荒地。可见，河西地区的耕地面积明显有了大幅度的增长。在大量林地、草场被开垦为农田的同时，河西的地方官员还注意到了生态环境的保护。如万历末年，镇番卫教授彭相"倡率在学生员每人植树二十颗，载柳五十株。定例：活有十之七八者，赏银二钱；十之四五者，赏银一钱；十之三四者，赏银六分；十之一二者，无赏无罚；皆活者赏银三钱，皆死者罚银三钱"。如果有人盗窃种植的树木，还会被施与重罚。万历三十一年（1603 年），"三岔河岸柳棵失盗，知事委参将李秉诚诘之。嗣侦知为农民何毓芹与其侄何所信所为，因杖毓芹四十，所信二十，各罚银二两五分，限期交付，延期再罚"④。

第二，水利设施的修建。河西地区气候干旱，降水量少，农业灌溉仰仗各类水利设施，故而有"无河渠则无河西"的说法。为了保障河西地区农业生产的正常进行，在大量垦辟荒地的同时，在河西地区官民的共同努力下，一批用于农业灌溉的水利设施也随之兴建。如肃州卫城南有洞子坝，又分为东洞子、西洞子。"昔时，地高水下，田不可艺。明景泰间，千户曹斌凿崖为碉，引水由下渐上，直透崖顶，分流而下，大为民利。"⑤ 乡人谣曰"有人修起西洞子，狗也不吃鼓剌子"，以其食极足也。⑥ 此外，曹斌还主持修建了黄草坝、沙子坝。

---

① ［清］谢树森，［民国］谢广恩著，李玉寿校注 ［M］. 镇番遗事历鉴：卷 2，嘉靖十三年甲午.

② 明太祖实录 ［M］. 卷 249，洪武三十年春正月戊辰.

③ 明神宗实录 ［M］. 卷 133，万历十一年二月戊戌.

④ ［清］谢树森，［民国］谢广恩著，李玉寿校注 ［M］. 镇番遗事历鉴：卷 3，万历三十一年癸卯.

⑤ ［清］黄文炜：《重新肃州新志》《肃州册》第 4 册《水利.

⑥ ［明］李应魁. 肃镇华夷志 ［M］. 卷 2，水利.

肃州卫据《肃镇华夷志》载明代修建的水利设施就超过三十余处。镇番卫地处沙漠边缘，十地九沙，非灌不殖，明成化年间，"令军屯，始以强大之人力拓地耕种，开渠引灌……凡所拓地，咸循河水而开发之，军卒、农民聚居于两河之侧"①。甘州五卫据《重刊甘镇志》载，在明代修建的水利设施超过了 70 处，山丹卫、高台也分别有 15 处、21 处。②

　　第三，传统农作物的发展和农作物新品种的引种。稷和谷，生长期短，适宜在干旱地区生长，是明代河西地区最普遍的粮食产物。稷又称糜，其品种有红、黑、白三种。谷与稷比较类似，《肃镇华夷志》将谷归为稷的别类，其品种主要有红谷和白谷。③ 除稷和谷外，小麦、青稞、大麦等在河西地区也有较为广泛的种植。小麦"各卫皆有，唯甘州者为佳，与山东白麦无异"④。其品种主要有红、白两色。⑤ 大麦，主要有连皮大麦、京大麦、酒大麦。连皮大麦碾去皮可做酒，亦可碾碎后煮食。京大麦、酒大麦则只可做蒸面、珍子，不做酒。⑥ 青稞，各卫俱有。有紫色、白色两种，可酿酒。⑦ 水稻作为重要的粮食作物，对种植地区的温度与湿度有较高的要求，河西地区虽然气候干旱，雨量不足，但在甘州、高台、镇番、镇夷、肃州、凉州等水利灌溉条件比较便利的地区，均有零星种植。⑧ 弘治年间，甘肃行太仆寺卿郭绅在《观刈稻诗》中对甘州水稻种植的盛况就进行了生动的描绘："甘州城北水云乡，每至深秋一望黄。穗老连畴多秀色，稻繁隔陇有余香。始勤东作同千耦，终获西成满万箱。怪得田家频鼓腹，年丰又遇世平康。"⑨ 直到今日，张掖乌江镇出产的稻米仍然以个大粒长，颗粒饱满，品质优良而闻名中外。豆类对生产环境的要求较低，又可以作为食粮和制造副食的原料，因此在河西地区的种植也比较普遍。豆类的主要品种包

---

① 《大明成化年镇番卫军民屯田图》题记，见吴景山《〈大明成化年镇番卫军民屯田图〉疏正》，载黄山书社《明史研究》第 2 辑。转引自赵俪生. 古代西北屯田史［M］. 兰州：甘肃文化出版社，1997：307.

② ［清］杨春茂. 重刊甘镇志［M］. 地理志：第 3，水利.

③ ［明］李应魁. 肃镇华夷志［M］. 卷 2，物产.

④ ［清］杨春茂. 重刊甘镇志［M］. 地理志：第 5，物产.

⑤ ［明］李应魁. 肃镇华夷志［M］. 卷 2，物产.

⑥ ［明］李应魁. 肃镇华夷志［M］. 卷 2，物产.

⑦ ［明］李应魁. 肃镇华夷志［M］. 卷 2，物产.

⑧ ［明］李应魁. 肃镇华夷志［M］. 2，物产；［清］杨春茂. 重刊甘镇志［M］. 地理志：第 5，物产.

⑨ ［明］郭绅. 观刈稻诗［M］//甘州府志：卷 15，艺文下.

括豌豆、扁豆、蚕豆、绿豆等。其中豌豆种植最广，据《凉镇志》载："豌豆，一名小豆，腹里亦有，河西独多。"① 因其"硙为面，与麦无异，价亦相等"，在军饷的发放和田税的缴纳中被广泛使用。②

在传统农作物取得发展的同时，随着移民的涌入，河西地区还出现了一些农作物的新品种和新的农作物。如白谷、冬麦作为新品种在明代中后期由商人、屯军等群体引种至河西，但并不普及。③ 原产于美洲的玉米，至迟在万历年间，就开始出现在肃州。据《肃镇华夷志》载："回回大麦，肃州昔日无，近年西夷带种方树之，亦不多，形大而圆，白色而黄，茎穗异于他麦，又名西天麦。"④ 所谓"回回大麦"，即玉米，大约在明中期传入中国，大规模推广则至清代乾隆中期到道光年间。⑤《肃镇华夷志》中的记载显示肃州是中国境内最早种植玉米的地区之一。

总而言之，随着内地移民的迁入和屯田的开展，明代河西地区的农业生产取得了长足进步。农业在河西地区生产结构中的影响力明显提高，原本"耕无百亩"的肃州卫，在成化之后也出现了"闲旷之地皆成沃亩"⑥ 的变化。就连原本以畜牧为生的一些游牧部落，也由于自身人口的繁衍以及农耕文明的影响，出现了生计方式的转变。如天顺七年（1463 年），陕西行都司甘州等卫奏："北虏连岁入寇，土人多未耕种，今缺食者，多乞发廪赈济，并给与种子，俾各耕耨。"⑦ 这里谈到"土人"，就包含了在河西地区世代居住的蒙古、西番等游牧民族。到了清初，就连明中期以来寄住河西地区的哈密、赤斤、罕东等族，也"皆男女耕织"⑧。

二、促进了河西畜牧业的恢复与发展

畜牧业是河西地区最古老的生产部门。早在战国至西汉初，河西地区就是

① ［清］苏铣. 凉镇志 ［M］. 地理志·物产.
② 见（明）李应魁. 肃镇华夷志 ［M］. 卷2，物产；［清］杨春茂. 重刊甘镇志 ［M］. 地理志：第5，物产；［清］苏铣. 凉镇志 ［M］. 地理志·物产.
③ ［明］李应魁. 肃镇华夷志 ［M］. 卷2，物产.
④ ［明］李应魁. 肃镇华夷志 ［M］. 卷2，物产.
⑤ 方行，等. 中国经济通史——清代经济卷 ［M］. 北京：经济日报出版社，2000：354.
⑥ ［明］李应魁. 肃镇华夷志 ［M］. 卷2，物产.
⑦ 明英宗实录 ［M］. 卷349，天顺七年二月癸酉.
⑧ ［清］梁份. 秦边纪略 ［M］. 卷4，肃州卫.

乌孙、月氏、匈奴等民族的游牧地。河西归汉后，畜牧业在河西的发展也并未中断。汉朝将河西视为其最重要的畜牧业基地之一，在河西地区广设牧师苑等官办牧场。《汉书·地理志下》载："又有牧师苑，皆令官，主养马，分在河西六郡中，中兴皆省，唯汉阳有流马苑，但以羽林郎监领。"① 由于资料的缺失，我们无法确定三十六牧师苑的具体位置，但其中有一部分位于河西地区是没有疑问的。在官办牧师苑的带动下，河西地区的畜牧业获得了蓬勃发展。《后汉书》就记载了河西地区畜牧业的盛况："（河西）地广民稀，水草宜畜牧，故凉州之畜为天下饶。保边塞，二千石治之，咸以兵马为务。"② 东汉后期，随着国力的衰落，边备废弛，河西地区的农业经济出现了大幅度的衰退。而畜牧业则随着鲜卑、羌等游牧民族的迁入得到了长足发展。前凉时期，前凉骑兵有着"凉州大马，横行天下"③ 的美誉。前凉张重华时期，"讨叛虏斯骨真万余落，破之，斩首千余级，俘擒二千八百，获牛羊十余万头"④。南凉秃发傉檀曾"率骑七千袭乙弗，大破之，获牛马羊四十余万"⑤。这两次战役中，就有几十万牛羊马作为战利品，足见河西地区畜牧业雄厚的实力。北魏占据河西后，北魏太武帝充分发挥河西的地方优势，大力发展畜牧业，将河西地区作为北魏的畜牧业基地。并取得了良好的效益，马匹存栏数 200 余万头，骆驼 100 余万头。⑥ 隋朝统一南北后，将全国最重要的官营牧区设在包括河西地区在内的陇右。陇右牧除管辖诸牧区之外，还设有骅骝牧、二十四军马牧、苑川十二马牧等。唐朝建立后，突厥、吐谷浑、吐蕃等游牧民族频频向唐朝边地发起进攻，甚至威胁到唐朝的统治中心——关中。为装备骑兵，巩固边防，唐朝便在包括河西在内的陇右设牧马监，总计约有军马三千多匹，经过几十年的发展，"自贞观至麟德，马蕃息及七十万匹"⑦。唐代凤阁舍人崔融说："江南食鱼，河西食肉，一日不可无。"⑧ 以肉食为主的饮食结构，必然有着繁荣的畜牧业作为基础。安史之乱后，河西长期被吐蕃、回鹘、党项、蒙古等游牧民族所控制。畜牧业作为

---

① ［西晋］司马彪. 后汉书志［M］. 第25，百官二.
② ［东汉］班固. 汉书［M］. 卷28下，地理志第八下.
③ 晋书［M］. 卷86，张轨传.
④ 晋书［M］. 卷86，张重华传.
⑤ 晋书［M］. 卷126，秃发傉檀记.
⑥ 魏书［M］. 卷110，食货志.
⑦ 资治通鉴［M］. 卷212，唐玄宗开元十三年十一月.
⑧ 资治通鉴［M］. 卷210，开元八年十月.

游牧民族的经济基础，也随之获得了新的活力。元朝设太仆寺专掌马政，"其牧地，东越耽罗，北逾火里秃麻，西至甘肃，南暨云南等地"①。元仁宗延祐七年（1320年），曾征调甘肃等地官牧羊马牛驼给朔方民户，足见河西畜牧业之盛。

但河西地区畜牧业的鼎盛局面，并未延续太久。明初，由于元明战争的巨大破坏，以及明朝在河西地区统治区域的缩小，河西地区的畜牧业出现了大幅度的衰退。建文四年（1402年），河西、宁夏一带"边警不时，而堪战之马少，无以应猝，远命河南都司于属卫选千五百匹给之"②。以"凉州畜牧甲天下"而闻名全国的河西地区，由于缺少战马，竟然需要从遥远的河南调拨，明初河西地区畜牧业的萧条可见一斑。为保障北方边境驻军的军马供应，明朝在河西地区大力发展畜牧业，经过数十年的发展，河西地区的畜牧业逐步从明初萧条的局面走出。官办监苑系统作为河西地区畜牧业的主导，其规模据《明史》载："上苑牧马万匹，中苑七千匹，下苑四千匹。"③ 虽然实际上河西监苑系统养马业的规模远未达到预期。但即便以中苑计算，永乐年间官办监苑系统极盛时，甘肃苑马寺的六监二十四苑也可牧马16万余匹。如果再算上隶属陕西苑马寺的六监二十四苑，明朝西北地区官办牧马业的规模一度可超过30万匹。这样的规模，虽然与唐代贞观至麟德时期，西北八坊、四十八监"马蕃息及七十万匹"④无法相提并论，但考虑到明朝在西北地区的统治面积远远小于唐朝的客观现实，能保持这样的生产规模已殊为不易。明中后期，明朝的官办畜牧业弊端日滋，其景况大不如前。在弘治年间，其牧马草场更是从明初的一十三万三千七百七十七顷六十亩，缩水至六万六千八百八十八顷八十亩。⑤ 但经杨一清等官员的整肃，官办畜牧业仍然保持着一定的生产规模。官办畜牧业之外，卫所军民之家经营畜牧业的情况也很普遍，正所谓"中产之家颇畜孳牧"⑥。除马匹外，牛、羊、骡都是河西畜牧业常见的畜产品。在官、私等多种形式畜牧业的共同促进下，河西地区畜牧业的发展取得了相当不错的成绩。在明代中后期明蒙间的军事冲突中，蒙古军队在河西地区屡次获得数万马骡牛羊作为战利品，就从

① 元史 [M]. 卷100，兵志三.
② 明太宗实录 [M]. 卷14，洪武三十五年十一月庚子.
③ 明史 [M]. 卷92，兵四.
④ 资治通鉴 [M]. 唐玄宗开元十三年十一月.
⑤ ［明］杨一清. 为修举马政事 [M] //明经世文编：卷114，杨石淙文集.
⑥ ［明］李应魁. 肃镇华夷志 [M]. 卷2，风俗.

侧面反映了河西地区畜牧业的生产规模。如正统元年（1436 年）六月，"胡寇六千余骑犯肃州杀虏二百余人掠马畜一万四千有奇"①。天顺二年（1458 年）十月，"达贼自五月及今，屡寇凉州、永昌、古浪、庄浪、山丹、甘州诸处杀官军男妇一千四百有奇，掠男妇五百余，马骡牛羊八万二千"②。天顺六年（1462 年）正月，"虏酋孛来纠集丑类潜入我边住牧，分寇庄浪、西宁、甘凉等处虽屡被官军剿杀，而虏所杀官军五百五十人，掠去三百五十人，马骡牛羊五万余匹"③。

明代河西地区北部的镇番卫还有着一定规模的养驼业。镇番卫地处荒漠半荒漠地区，分布着广袤的戈壁草漳，生长着大量的骆驼刺等骆驼喜食的牧草，特别利于骆驼的生殖与繁衍。④ 同时，鉴于骆驼在荒漠地区交通运输业、农业中的重要作用，明朝对养驼业的发展也格外重视。永乐十一年（1413 年），镇番卫制定《养驼例》，规定"每五丁养一驼，三年增倍。凡五丁养二驼者，免应差，地亩征粮一半；五丁养五驼者，征粮皆免；一丁超养一驼者，按例奖赏。"在养驼例的指导和鼓励下，镇番卫的养驼业取得了迅速的发展，"镇邑橐驼日有增加，不几年，其数至于十万计"⑤。永乐十四年（1416 年），镇番"春大寒，民家养驼，皆清癯见骨，卫署具情申报，谋减定例，凉府依律驳回。逮五月，日有死亡，不一月，共死驼一千四百余峰"⑥。足见镇番卫养驼业的规模之大。永乐十九年（1421 年），为减轻军民负担，镇番卫"奉饬废养驼例，准百姓亦农亦牧，择其宜事者而事之"⑦。虽然不再强制民户养驼，给予民户选择生计方式的自由，但限于镇番的自然条件，养驼仍然是当地军民重要的生计选择。随着养驼业的发展，镇番更是出现了独具特色的赛驼风俗，"景泰二年（1451 年）

---

①　明英宗实录 [M]. 卷19, 正统元年闰六月丙戌.

②　明英宗实录 [M]. 卷296, 天顺二年冬十月丁丑.

③　明英宗实录 [M]. 卷336, 天顺六年春正月丁巳.

④　吴疆. 民勤历史上的赛驼习俗 [J]. 体育文史, 1990 (5).

⑤　[清] 谢树森, [民国] 谢广恩著, 李玉寿校注 [M]. 镇番遗事历鉴: 卷1, 永乐十一年癸巳.

⑥　[清] 谢树森, [民国] 谢广恩著, 李玉寿校注 [M]. 镇番遗事历鉴: 卷1, 永乐十四年丙申.

⑦　[清] 谢树森, [民国] 谢广恩著, 李玉寿校注 [M]. 镇番遗事历鉴: 卷1, 永乐十九年辛丑.

重阳节，镇番卫于城北教场举办赛驼比赛，红柳岗牧民刘玑如夺其冠"①。这样的赛驼风俗在此后得到了延续与发展，直到民国初年，每逢庙会当地仍然会举办赛驼比赛。嘉靖十九年（1540年），随着赋税货币化的发展，明廷敕令镇番驼户纳税银，规定"每驼年缴六钱计。避而不缴，罚二两，推故漏缴者罚一两，存心违缴者，以律论之"②。

三、促进了河西商品经济的发展

在边地军马、米粮市场形成和发展的过程中，大量的物资和白银涌入河西，客观上刺激了河西地区商品经济的发展。尤其在隆庆初年民运改折后，河西地区每年都有30万两以上的白银用于籴买军粮。而据清初叶梦珠在《阅世编》中的记载，明朝江南的标布贸易最盛时也只是"多或数十万两，少亦以万计"③。两者相较，足见河西边地米粮贸易的兴盛。面对规模庞大的军需贸易，很多本地的军民从中寻觅到了商机。早在永乐年间，河西地区就有"土军多私出外境市马"④ "军民裁制衣服与回回易马"⑤ 的情况。宣德年间，河西当地还出现了一批为运输税粮的纳户提供兜揽代纳服务的中间商。这些中间商大多是河西当地的权势之家或无籍之徒，他们利用纳户对市场运作和交纳手续不熟悉的心理，从税户或解户那里兜揽代纳，与河西地方官员相互勾结，通过揽而不纳、虚出实收、以次充好等途径谋取钱财。如宣德二年（1427年）十一月，"陕西西安、凤翔诸府，岁输粮草于宁夏、甘肃洮河、岷州镇卫，道路险阻，运致为艰。民往往赍金帛，就彼市纳，狡黠之徒包揽费用，通同官吏虚出实收。仓无储积，皆由于此"⑥。宣德七年（1432年）二月，陕西按察司佥事林时建议："甘州诸卫官军俸粮皆于兰县、凉州卫二仓收西安等府税粮供给。有司因其路远，止征布绢，就近籴米上仓。每石有征布七、八匹至十四者，而纳米之费，实不过三

① ［清］谢树森，［民国］谢广恩著，李玉寿校注［M］. 镇番遗事历鉴：卷1，景泰二年辛末.
② ［清］谢树森，［民国］谢广恩著，李玉寿校注［M］. 镇番遗事历鉴：卷2，嘉靖十九年庚子.
③ ［清］叶梦珠. 阅世编［M］. 卷7，食货五.
④ 明太宗实录［M］. 卷76，永乐六年二月戊子.
⑤ 明太宗实录［M］. 卷80，永乐六年六月丙申.
⑥ 明宣宗实录［M］. 卷33，宣德二年十一月癸巳.

四匹。余皆为总运之人所侵。"① 这里的"狡黠之徒""总运之人"就是为纳户兜揽代纳的中间商。

在军需贸易高额利润的诱使下，来自陕西、山西、徽州等地的商人们纷纷踏上了河西的土地。这些商人除了上纳米粮等军需用品外，普通百姓生活所需要的棉布、食盐、丝绸等物资同样是他们的经营范围。叶淇改革后，盐商不再需要在边仓纳粮，只需要直接在产盐地附近的盐运司纳银即可获得盐引，这使得一部分盐商撤离了地区。但即便如此，河西地区仍然活跃着一定数量的盐商和粮商。如正统九年（1444 年），"凤阳人王安贸易至镇。是年六月，赁地六分五厘，于城东街筑铺店，卢生华公以为'镇邑商号自安开始'"②。成化至嘉靖年间，徽商王周广在京"交结权贵"，晚岁遨游大同、甘肃，"输边为巨商，聚金累万"③。万历初年，"赏输货甘州"的陕西商人杨作梯，受陕西商人的邀请，成功调停当地山、陕商人之间的商业矛盾，并获得了地方官员的认可。④ 可见至迟在万历初年，陕西、山西两省的商人就已经在甘州形成了商帮。此外，李梦阳的《明故王文显墓志铭》⑤、张四维的《海峰王公七十荣归序》⑥ 中均有山陕商人在河西地区活动的记载。

出于对高额利润的追求和自身经济生活的需要，来自河西周边，以及寓居在河西地区的少数民族商人也积极投身于河西地区的军需贸易。不仅是军马贸易中活跃着来自西域、蒙古、西蕃等地的游牧民族商人的身影，就连军粮贸易中，也偶有少数民族商人的踪迹。如宣德五年（1430 年），"甘州寓居回回沙八思等中纳盐粮，该支两浙盐一万一百二十五引，今浙盐少请以山东盐如数给之，马儿丁等应支两淮盐五万二千三百引，今淮盐亦少，请以河间长芦盐如数给之，从之"⑦。以宣德五年（1430 年），淮浙盐每引兑米豆麦四斗的则例计算，沙八思、马儿丁等人一次就上纳了二万四千九百七十石米粮，足见回族商人的实力。

---

① 明宣宗实录 [M]. 卷87，宣德七年二月庚戌.
② [清] 谢树森，[民国] 谢广恩著，李玉寿校注 [M]. 镇番遗事历鉴：卷1，正统九年甲子.
③ 歙县. 泽富王氏宗谱：卷4 [M] //张海鹏，王廷元. 明清徽商资料选编. 合肥：黄山书社，1985：249.
④ [清] 魏禧. 明怀庆卫经历杨公墓志铭 [M] //魏叔子文集：卷18，墓表.
⑤ [明] 李梦阳. 明故王文显墓志铭 [M] //空同集：卷44，志铭.
⑥ [明] 张四维. 海峰王公七十荣归序 [M] //条麓堂集：卷21，序二.
⑦ 明宣宗实录 [M]. 卷65，宣德五年夏四月丁酉.

在贩卖马匹、军粮等军需物品的同时，还有来自西域的商人将葡萄、瓜干等西域特产贩卖至河西。据《镇番遗事历鉴》转引《搜俎记异》载："宣德间，回纥四五人，游商至镇。一面贾其方物，葡萄、瓜干之类，价俱价廉；一面售其乐器，五弦琴、琵琶之类，制极精，然价颇昂。卫署以库银五十两购其乐器四件，惜无善事者，无几，即弥失矣。"① 这些在河西地区参与军需贸易的西域商人、少数民族商人，为了经商方便，大多需要学习汉语，了解中原文化与习俗。尤其是参与纳粮开中的少数民族商人要获取利润，还必须去内地支盐、销盐。在这个商业往来的过程中就密切了河西地区与周边地区在商业、文化上的联系，促进了河西地区社会经济的发展。

对于明代河西地区社会经济所发生的变化，在《肃镇华夷志》中有这样一段描述："肃州之地，远僻遐荒，舟楫少通，而番夷交集，宜无所贸易。然各省商旅，咸藏于此，西无所往东无所阻，市之鬻贩不拘时，黎明交易，日暮咸休，市法平价，众庶群集，以此极边之地而有如此富庶之地。"② 明末在中国传教的葡萄牙人曾德昭则在《大中国志》中将甘州和肃州与澳门并列为国际性的商贸城市。③ 上述记载中对肃州、甘州商业情况的赞美，或许有溢美之词的嫌疑，但有明一代河西地区社会经济所取得的进步仍可见一斑。

① [清] 谢树森，[民国] 谢广恩著，李玉寿校注 [M]. 镇番遗事历鉴：卷1，宣德三年戊申.
② [明] 李应魁. 肃镇华夷志 [M]. 卷3，景致.
③ 曾德昭. 大中国志 [M]. 上海：上海古籍出版社，1998：20.

第四章

明朝对河西地区的文化整合

所谓文化整合，是指人们通过某种方式把各种相容的或异质的，甚至是背离的文化要素综合成一个相互适应、和谐一致的文化模式。安史之乱后，由于长期被少数民族政权所统治，儒家文化逐渐失去了在河西地区文化体系中的主导作用，使得河西地区在文化领域出现了更为繁杂的局面。明朝建立后，为进一步巩固在河西地区的统治，在河西地区构建起新的社会秩序。明朝在此积极推行教化政策，通过发展学校教育、推行旌表制度、国家通祀体系以及对民间信仰的改造等方式，促进了儒家文化在河西地区的传播与儒家伦理道德价值观的构建。同时，根据汉传佛教、藏传佛教、道教以及伊斯兰教在河西地区社会生活中所承担的不同角色，明朝制定了不同的宗教政策，对其进行管理与控制，借助宗教在钳制思想、稳定社会秩序方面的强大力量来维护和巩固其统治。从而使得河西地区在多民族聚居的基础上，形成了以中原文化为主导，多民族文化和谐共存的格局。

第一节　卫学、科举与儒家文化的直接传播

西汉在河西地区的统治秩序确立后，以儒家文化为主导的中原文化随之传入河西。在地方官员的倡导下，官学和私学在河西地区都取得了快速发展，使河西地区的文化面貌发生了巨大变化。尤其是敦煌地区，出现了一批博通经史的大学者，其学术造诣"足可抗衡中原，影响中原"①。如东汉年间敦煌人候瑾

---

① 杨际平，郭锋，张和平. 五一十一世纪敦煌的家庭与家庭关系 [M]. 长沙：岳麓书社，1997：114.

著有《述志诗》《筝赋》《汉皇德纪》等书。其中《汉皇德纪》共三十卷，用编年体的方式记载了东汉光武帝至冲帝时期的历史。东汉年间敦煌人张芝，"尤善草书，学崔杜之法，家之衣帛，必书而后练。临池学书，水为之黑。下笔则为楷则，号匆匆不暇草书，为世所宝，寸纸不遗，韦仲将谓之'草圣'也"①。魏晋十六国时期，在中原地区因长期动荡陷入衰落之际，统治河西地区的五凉政权凭借河西独特的地域环境和经济基础，以崇尚文教、倡明学术为立国之策，大力弘扬儒学，吸引儒学名士，使得河西地区出现了学术繁荣、文化昌盛的景象。史称"凉州岁虽地居戎域，然自张氏以来，号有华风"②，以致"区区河右，而学者埒于中原"③。等到北魏建立后，保存在河西地区的汉族传统文化又回流中原，成为北魏立国的指导思想，并且成为隋唐制度的一个渊源。入唐后，由于农牧业经济的发展和中外经济文化交流的加强，河西文化进一步繁荣。在唐诗中，涉及"凉州曲"的"凉州词"就达百首之多。在敦煌文书中出现大量变文，以说唱为形式，通过奇妙多变的艺术构思，使原本简单粗疏的故事丰满起来，在中国文学发展史上占据着重要地位。安史之乱爆发后，河西地区长时间处于吐蕃、回鹘、党项、蒙古等游牧民族的统治下，以儒家文化为代表的中原文化也随之陷入低谷。如马端临所称："西陲沦于吐蕃，遂有夷夏之分，致使数百年中华衣冠之地，复变为左衽，不能自拔。"④ 明朝建立后，为巩固在河西地区的统治以及恢复汉族文化传统，明廷便开始在河西地区大力推广儒家文化，按照儒家伦理道德思想的模式构建河西边区的社会秩序。

一、卫学为主体的学校教育

洪武二十八年（1395年）正月，随着明朝在河西地区统治秩序的确立，面对河西地区"鲜有儒者，岁时表笺乏人撰书，武官子弟多不识字，无从学问"的惨淡景象，在陕西行都司指挥佥事张豫的建议下，明朝以辽东建学为例，在甘州城东南隅，"置陕西行都指挥使司儒学，设官如府学之制"⑤。陕西行都司

---

① 后汉书 [M]. 卷65，张奂传.
② 魏书 [M]. 卷52，胡叟传.
③ 北史 [M]. 卷83，文苑传.
④ ［宋］马端临. 文献通考 [M]. 卷322，舆地考八.
⑤ 明太祖实录 [M]. 卷236，洪武二十八年春正月庚子；［清］杨春茂. 重刊甘镇志 [M]. 建置志，学校.

儒学的设立标志着明代官办学府在河西地区的出现。但明初面对经济发展落后，民族成分复杂的河西地区，河西地方官员只能将大部分精力放在稳定边防、维护统治秩序以及发展社会经济上，对学校教育的发展无暇顾及。因此，在陕西行都司儒学设立后，各卫所并未建立与之对应的卫学、所学。然而河西地域广阔，除同城的甘州五卫外，其他卫所的军民子弟想要在陕西行都司学就读就显得困难重重。在各卫尚未单独设学的情况下，一些在河西地区工作的文官和流戍河西的知识分子就开馆设学，成为明代河西地区儒学教育的拓荒者。如凉州卫"洪武中，设卫置戍，而戍者多南士谪至，子弟相承书习礼。时训导张子受命教育之，儒风为之勃然，岁满还京，而未有继者"①。河间献县人刘硕，"字庭坚，洪武初，以通经举，任代府教授。后谪甘州，以五经教士，尤邃于《易》，工草书，擅名于时，弟子著录数百人"②。河南太康人陈敏，"起举人为滨州训导，谪戍甘州。以经学启迪生徒，从游甚重"③。临洮人刘玺，"因时逢国子命往各边卫分发，承兄杰荐，至镇（镇番卫）开馆讲学"④。

明中期，随着明朝在河西地区统治秩序的稳定，以及文治传统的逐渐回归，武强文弱的局面得到了扭转。教育在移风易俗、安边化民方面的作用被明廷所重视。总督、巡抚等文官也随着地位的迅速提高，将兴办教育视为其重要的责任。同时，广大的军户子弟也逐渐认识到求学入仕对改变家族地位的重要作用。而官学作为国家教育体系中的一环，其学习环境、学生待遇等问题都远非私学所能比拟。尤其是学生入学后，就可以成为生员，也就是民间俗称的秀才。即使学艺不精不能通过乡试考中举人，也有机会通过岁贡、选贡乃至例贡等途径，谋得一些低级文职。再不济，就凭生员的身份，也可以享受一些国家的优待政策，减免部分赋役。在这种情况下，原本对教育兴趣不大的军户群体也成了卫学建设的积极推动者。在上述两方的共同促进下，河西地区的官办教育逐渐走向了快速发展的阶段。正统元年（1436 年），镇守河西的兵部右侍郎徐晞目睹了凉州卫"将校子弟多明秀好学，而未设学舍以为讲肄之所"的局面，向明廷

---

① ［明］杨荣. 凉州卫修文庙暨儒学记 [M] // ［清］张澍. 凉州府志备考：艺文卷十.
② ［清］钟赓起. 甘州府志 [M]. 卷11，人物·流寓.
③ ［清］钟赓起. 甘州府志 [M]. 卷11，人物·流寓.
④ ［清］谢树森，［民国］谢广恩著，李玉寿校注 [M]. 镇番遗事历鉴：卷1，成化五年己丑.

提出了兴建卫学的建议。① 明廷对徐晞的建议作出了积极回应，"命建凉州、九溪、永定、四海、太仓等卫儒学"②。徐晞得命后，"乃农隙令军士取材陶壁而经营之"。历经两年的施工，凉州卫儒学顺利竣工，其规模"壮伟闳耀，为陇右学宫之冠"③。

凉州卫学建立后，河西地区人口相对较多，经济基础相对较好的山丹卫、永昌卫也很快建立了卫学。正统五年（1440 年），都指挥杨斌于山丹卫城东南隅建山丹卫学。④ 正统九年（1444 年），明廷应永昌卫指挥同知高瑛奏请，设永昌卫儒学。⑤ 正当河西地区的卫学进入高速发展的快车道时，瓦剌对明朝的一系列军事活动又打断了这一进程，使明廷与河西地方官员的注意力重新集中在了军事守御。此后，河西卫学的建设又重归沉寂。景泰五年（1454 年），由于山丹卫学的祭祀活动给山丹卫带来的沉重的经济负担，户部甚至还借此提出了裁革边地卫学的提议。据《明英宗实录》卷二百三十八壬辰条记载：

> 陕西山丹卫儒学训导乔木奏："各处祭祀品物虽官给价钞市之，然物贵钞贱其实征敛军民以补其不足，本卫地临极边，军士稀少，物价尤贵，每遇祭祀头会箕敛喧呼争闹，人无报本之诚，神无来享之理。乞敕该部计议今后祭祀品物宜依时值贵贱官为市之，毋令取之于下。"事下，户部议："山丹卫乃河外孤城，徒有学校之名，而无可养之士，恐各边儒学似此不少，宜悉革罢，以省妄费。"帝曰："何地不生材！奈何欲废卫学？且祭先师在诚不在物，今后边卫春秋止行释菜礼，不必用牲荐。"为令。⑥

在国防压力增大、军费吃紧的情况下，户部出于节省开支的本能，提出以牺牲边卫官学教育为代价，来减少卫所的财政支出。幸好明代宗对卫学在边卫的作用有着足够的认识，避免了河西卫学建设的一次倒退。成化初年，随着边境形势的缓解，文教工作重新得到了河西地方官员的重视。成化二年（1466

① ［明］杨荣. 凉州卫修文庙暨儒学记［M］//［清］张澍. 凉州府志备考：艺文卷十.
② 明英宗实录［M］. 卷18，正统元年六月乙卯.
③ ［明］杨荣. 凉州卫修文庙暨儒学记［M］//［清］张澍. 凉州府志备考：艺文卷十.
④ ［清］杨春茂. 重刊甘镇志［M］. 建置志：第2，学校.
⑤ 明英宗实录［M］. 卷118，正统九年秋七月戊申朔.
⑥ 明英宗实录［M］. 卷238，废帝郕戾王附录第56景泰五年二月壬辰.

年），都御使徐廷璋巡抚甘肃，在奏文特别强调了学校教育在民族成分复杂、俗杂羌夷的肃州卫的教化作用，并提出了在肃州卫设立卫学的建议：

> 设学校以训边氓，肃州卫所俗杂羌夷，人性悍梗，往往动触宪纲，盖由未设学校以教之故也，请如山丹等卫例，开设儒学。除授教官就于军中选其俊秀余丁以充生员，及各官弟男子侄，俱令送学读书，果有成效，许令科贡出身，其余纵不能一一成材，然亦足以变其性习，不数年间，礼让兴行，风俗淳美矣。①

在得到明廷的积极回应后，河西地区的卫学建设迎来了又一个高峰。成化三年（1467 年），明廷应徐廷璋之请，设肃州卫学。② 成化十一年（1475 年）八月，明廷设镇番卫学。③ 除新建卫学外，在任期间徐廷璋还对陕西行都司学、山丹卫学、凉州卫学、永昌卫学进行了增修。④ 至此，河西地区的十个卫皆设有卫学，除同城的甘州五卫共享陕西行都司学外，凉州、山丹、永昌、肃州、镇番皆独立设有卫学。镇夷、高台、古浪三大守御千户所，因成立较晚、人口较少，并不具备独立设学的条件，其生员则寄学于临近的肃州、甘州、凉州三卫。在广建卫学之外，徐廷璋还为河西卫学中的生员谋得了廪膳："广贤路以资任，使陕西行都司及山丹、凉州、庄浪、西宁各卫俱有儒学选官军俊秀子弟以充生员，而卫学之设止许科举，不得食廪充贡，乞如府州县学例定拟廪膳生员月给廪米五斗，科举外挨次岁贡出身则人才不遗于边方矣。"⑤ 此建议同样得到了明廷的积极回应。按照明制，国家会对官学之中的佼佼者给予一定的米粮作为奖励，称之为廪膳生员。但明初财政紧张，明朝在卫学中并未设置廪膳名色。河西地处边远，经济发展落后，求学中沉重的经济负担往往就会使一些有志求学的军民子弟望而却步。廪膳生员的设立无疑对吸引军民子弟求学，改善生员

---

① 明宪宗实录 [M]. 卷29，成化二年夏四月戊辰.

② [明] 李应魁. 肃镇华夷志 [M]. 卷2，学校.

③ 明宪宗实录 [M]. 卷144，成化十一年八月癸未.

④ [清] 杨春茂. 重刊甘镇志 [M]. 建置志：第2，学校；[清] 苏铣. 凉镇志 [M]. 建置志·学校；重修庙学碑记 [M] // [清] 南济汉. 永昌县志（嘉庆）[M]. 卷8，艺文.

⑤ 明宪宗实录 [M]. 卷29，成化二年夏四月戊辰.

待遇有着重要的意义。同时，按照明制"非廪生久次者，不得充岁贡也"①，廪膳生员作为生员中的最高等，还拥有以岁贡的方式出任低级文官的机会。相对于困难重重，结果不可预测的科举，以岁贡的方式出仕显然更便捷。廪膳生员的设立极大地拓宽了河西地区军民子弟的社会上升渠道。

随着人口的增多和经济的发展，嘉靖二十三年（1544年），面对高台所"生徒寄甘肃学，往往家贫路远，废业者多"的情况，"巡按御史朱征奏以社学改立，并以镇夷所诸生内附。行巡抚都御使傅凤翔覆勘，议社学逼隘不便，乃别卜地建学，取本所寄学诸生充补"②。万历八年（1580年），"生员陆策等呈议建学，监收通判张翕呈本道朱正色转呈巡抚部御史曹子登、巡按御史屠叔方查议，批允"。至万历十四年（1586年）巡按御史杨有仁题准，奉旨设学，将肃州卫儒学训导裁革，改设镇夷所儒学。③ 至此，除设立最晚、人口最少的古浪所未设所学外，河西地区的其他卫所皆设有卫学、所学，使得河西地区军户群体的受教育权获得了制度性的保障。

由于特殊的行政设置和群体构成，河西地区的诸卫学在师资配置、学生来源、教学内容等方面和内地的府州县学存在着一定的差异。一方面，在师资配置上，按照明制，府学设教授一人，训导四人，州学设教授一人，训导三人，县设教授一人，训导二人。陕西行都司学规制与府学相同，除一名教授外，设有四名训导。其他卫学规制低于陕西行都司学，在一名教授之外，根据实际情况配有一到二名训导。但嘉靖年间，在"南倭北虏"的军事压力之下，为节省军费。明廷先后两次裁减河西诸卫学的训导。嘉靖十年（1531年）六月，裁革榆林、洮州、甘州、山丹、镇番、庄浪、西宁、永昌、凉州、肃州十卫各训导一员。④ 嘉靖四十三年（1564年），裁革山丹、肃州、凉州、永昌、镇番五卫儒学训导⑤，使得河西诸卫学的师资力量大大削弱。同时，由于地理位置偏僻，生活困苦，加之教育基础差，难以完成教学任务，文官都视卫学教职为畏途。虽然有进士出身的谪充文官充当教职的情况，但也不能完全解决卫学教官缺额严重、水平较低的问题。另一方面，卫所以军户为主要人口，卫学的生源主要

---

① 明史 [M]. 卷69，选举一.
② [清] 杨春茂. 重刊甘镇志 [M]. 建置志：第2，学校.
③ [明] 李应魁. 肃镇华夷志 [M]. 卷2，学校.
④ 明世宗实录 [M]. 卷120，嘉靖十年闰六月乙巳.
⑤ 明世宗实录 [M]. 卷535，嘉靖四十三年六月辛未朔.

是普通军户家庭的军生和军官家庭的官生，以及一小部分来自民户家庭的民生。甚至还包括一部分来自土官、土军、土民的少数民族生员。鉴于军生、官生在卫学中的比例，本着提高军队素质的初衷，卫学除了和普通官学一样讲经说史外，还会重点讲授《武臣鉴戒》《百将传》《大诰武臣》等专门针对军户子弟的科目。

河西地区卫学设立时间表

卫学名称	设立时间
陕西行都司学	洪武二十八年
凉州卫学	正统元年
山丹卫学	正统五年
永昌卫学	正统九年
肃州卫学	成化二年
镇番卫学	成化十三年
高台所学	嘉靖二十三年
镇夷所学	万历十四年

卫学的设立对河西地区教育事业的发展和儒学思想的传播都具有重要的意义。但明代官学的名额十分有限，府学40人，州学30人，县学20人。河西地区的官学，除陕西行都司学是按照府学的规模创建外，其他各卫学、所学的办学规模大体与州学、县学是一致的。为增加广大士子求学的机会，明朝中后期在原有名额的基础上，增加了增广生员、附学生员等名目，使官学的学额有所增加。但即便如此，在万历中期"甘州学生员不过六七十名……高台、山丹、凉州、永昌、镇番、庄浪、西宁各卫所，每学生员多者不过三四十名，少者二三十名"①。偌大的卫所，官学却只有二十至四十人的学额，对于人口数以万计的卫所而言，显然是杯水车薪。为满足河西士人对求学的渴望，河西地区的一些官员便设立书院作为卫学的补充。终明一代，在河西地区的凉州卫、甘州卫、肃州卫分别建有凉州书院、甘泉书院、酒泉书院。凉州书院，"在府东南，明嘉靖二十七年（1548年）参政江东建"②。甘泉书院，"在都察院东，莫详创始。嘉靖三十一年（1552年），都御使王诰以武弁失学有勇，而不知方，不可以大

---

① ［明］田乐. 议增设屯兵官员疏略 [M]//西宁府新志：卷33，艺文志·奏议.
② ［清］许容. 甘肃通志 [M]. 卷9，学校.

授。选应袭之俊秀者，择师教之于此"。时人陈棐对甘泉书院办学的盛况有诗赞曰："乌府新城有美堂，朱明启候送青阳。邀宾开阁书声近，移席穿林华气香。棠荫虬楸影合，溪流泛羽酒泉长。传家自得河汾学，已入宣尼数仞墙。"① 酒泉书院，"在文庙之东。嘉靖二十六年副使唐宽建"②。书院相对于官学而言，办学的理念更为宽松，授课的内容更为丰富，对官学起到了重要的补充作用。尤其是甘泉书院和酒泉书院一直延续到了清末，成为清代河西地区最具影响力的书院之一。

按照明制，士子只有通过重重考试获得生员资格后才能进入官学学习，也就是说能进入卫学、所学学习的军民子弟都已拥有一定的学习基础，卫学、所学并不承担启蒙教育的职责。为此，明廷专门设立社学负责军民子弟的启蒙教育。其发展历程据《明史》载："洪武八年（1375年），延师以教民间子弟，兼读御制大诰及本朝律令。正统时许补生员。弘治十七年（1504年），令各府州县建立社学，选择名师，民间幼童十五以下者送入读书，讲习冠婚丧祭之礼。"③ 但从现有记载来看，明代社学在河西地区出现的时间要远远早于弘治十七年。早在成化五年（1469年），都御史徐廷璋在当时未设官学的镇夷所，"始设社学，有前后堂，有两斋二门，以训诲童生"④。嘉靖初年，"因肃州城西汉回子同西域回夷夜聚晓散，指为礼拜，俱谋不道"，时任甘肃巡抚的陈九畴遂将礼拜寺拆除，改建为社学，并"择年长学行生员二人教训之"⑤。除镇夷所和肃州卫外，高台所在设所学之前，同样设有社学，嘉靖二十三年（1544年），巡按御史朱征就提出过以社学改建所学的建议。⑥ 其他诸卫社学的办学情况，虽然已经找不到具体的记载，但从镇夷、高台、肃州的情况来看，其他卫城内除卫学外，应该都设有社学作为学校体系的初级部分。同时，在卫城以外的一些人口较为集中的堡寨，社学亦有分布。如肃州卫，嘉靖二十三年，肃州兵备道副使张愚"令各堡选择童生，命生员贫寒者各堡训蒙，以作养之"⑦。虽然由于经济困难、赋役沉重等因素的限制，张愚在肃州卫各堡所建社学大多废弃，但

---

① ［清］杨春茂. 重刊甘镇志 [M]. 建置志：第2，学校.
② ［明］李应魁. 肃镇华夷志 [M]. 卷2，学校.
③ 明史 [M]. 卷69，选举.
④ ［明］李应魁. 肃镇华夷志 [M]. 卷2，学校.
⑤ ［明］李应魁. 肃镇华夷志 [M]. 卷2，学校.
⑥ ［清］杨春茂. 重刊甘镇志 [M]. 建置志：第2，学校.
⑦ ［明］李应魁. 肃镇华夷志 [M]. 卷2，学校.

仍有临水堡社学保留了下来。① 凉州卫的十三里堡、河东堡、四十里堡、丰乐堡、高沟堡、三岔堡、双城堡、昌隆堡、达家寨、冯良堡也曾办过社学。② 作为承担启蒙教育的初级学校，与学额有限的卫学相较，社学的收生条件较低，办学规模也更大。如嘉靖二十二年（1544 年），肃州兵备道副使张愚曾选童生数百人入肃州卫社学学习。③ 一次就可容纳百名童生入学，可见，嘉靖中期肃州卫社学已具备了相当大的办学规模。

二、科举的发展与河西地区崇文重教风尚的形成

在官方和民间的共同努力下，河西地区的学校教育在正统以降取得了丰硕成果，卫学、所学、书院、社学等各类学校遍布河西各地。大量有志求学的军民子弟纷纷走入学校，接受儒家教育，使得河西地区在科举事业的发展和人文风气的改变方面都取得了一定的成果。

从历史的发展来看，河西地区的科举事业并不兴盛。据《甘肃通志》的记载，明代以前河西地区只出现过五位进士。其中唐代有四位，分别是张掖人赵彦昭、武威人段平仲、敦煌人李琬、敦煌人李琪。元代有一位是武威人余阙。但元统元年（1333 年）中进士的余阙生长于庐州，武威只是其祖籍，实际上还不能算作河西士子。也就是说从隋朝大业元年科举制诞生，到明初的七百余年的时间里，河西地区只出过 4 名进士。虽然有政局动荡、战争频繁等客观原因的限制，但这样的成绩单也不可谓不惨淡。明初，河西地区经历了人口的大规模置换，以及社会秩序的重建。至明中期，随着社会经济的恢复、发展以及卫学在河西诸卫的普遍设立，河西地区的文风才开始兴盛起来。天顺四年（1560 年），河西地区出现了明代首位进士。有明一代，河西地区共中进士 8 人，举人 39 人。为了使我们对明代河西地区的科举成就有一个更为直观的了解，笔者据（乾隆）《甘州府志》、（乾隆）《五凉全志》、（乾隆）《重修肃州新志》、《甘肃通志》等地方志所载的科举情况制成下列表格：

---

① ［明］李应魁. 肃镇华夷志［M］. 卷 2，学校.
② 武威市市志编纂委员会. 武威市志［M］. 兰州：兰州大学出版社，1998：578.
③ ［明］李应魁. 肃镇华夷志［M］. 卷 2，学校.

明代河西地区进士简明表

姓名	属卫	登第科别	任职情况
李锐	凉州卫	天顺庚辰科（天顺四年）	汀州府知府
陈瑗	甘州左卫	成化壬辰科（成化八年）	南京都察院副都御使
陈祥	甘州五卫	成化乙未科（成化十一年）	翰林院学士
胡执礼	永昌卫	嘉靖己未科（嘉靖三十八年）	户部左侍郎
张国儒	镇夷所	万历戊戌科（万历二十六年）	兵科都给事中
王建候	山丹卫	万历己未科（万历四十七年）	苏州参政道
王懋学	永昌卫	天启壬戌科（天启二年）	户部山东清吏司
曹毓芬	永昌卫	崇祯癸未科（崇祯十六年）	河南项城县知县

明代河西地区举人简明表

姓名	属卫	登第科别	任职情况
张瑾	甘州左卫	景泰庚午科（景泰元年）	翰林院孔目
庞质	凉州卫	景泰庚午科（景泰元年）	
于宽	甘州中卫	景泰癸酉科（景泰四年）	山西赵城县训导
朱景	甘州前卫	景泰癸酉科（景泰四年）	河南武涉县教谕
王桓	凉州卫	景泰癸酉科（景泰四年）	
赵升	肃州卫	景泰癸酉科（景泰四年）	山西怀仁县训导
吴俊	甘州前卫	景泰丙子科（景泰七年）	河南原武县知县
李衍①	凉州卫/甘州五卫	景泰丙子科（景泰七年）	
王谦	凉州卫	景泰丙子科（景泰七年）	
陈瑗	甘州五卫	天顺己卯科（天顺三年）	见进士
包玺	甘州左卫	天顺己卯科（天顺三年）	山西霍州知州
李锐②	凉州卫/甘州五卫	天顺己卯科（天顺三年）	见进士
孙谊	凉州卫	天顺己卯科（天顺三年）	
周显	山丹卫	天顺壬午科（天顺六年）	襄阳府训导

---

① 在《五凉全志》第 1 卷《武威县志》《人物志·选举》和《甘州府志》卷 12《选举》中同时载有景泰丙子科中举的李衍，应为一人.

② 《甘州府志》卷 12《选举》载："李锐，天顺己卯科。"《五凉全志》第 1 卷《武威县志》《人物志·选举》则在天启丁卯年中举的冯云路之下记载："李锐，己卯。"1998 年编写的《武威市志》据此将李锐记为天启己卯年中举。实际上天启年间并没有己卯年，这里的李锐应与《甘州府志》所载的天顺己卯年中举的李锐以及《五凉全志》第 1 卷《武威县志》所载的天顺庚辰年中进士的李锐为同一人.

续表

姓名	属卫	登第科别	任职情况
严明	永昌卫	天顺壬午科（天顺六年）	河南孟县知县
胡英	凉州卫	成化乙酉科（成化元年）	知州
陈祥	甘州五卫	成化甲午科（成化十年）	见进士
彭鉴	甘州左卫	成化甲午科（成化十年）	
刘裔	山丹卫	成化甲午科（成化十年）	四川成县知县
文朴	镇番卫	成化庚子科（成化十六年）	山西浮山知县
卢英	甘州中卫	弘治辛酉科（弘治十四年）	广西宾州州判
刘珊	甘州后卫	正德庚午科（正德五年）	顺天府教授
李相	镇番卫	嘉靖戊子科（嘉靖七年）	云南大理府通判
胡执礼	永昌卫	嘉靖乙卯科（嘉靖三十四年）	见进士
刘道揆	镇番卫	万历丙子科（万历四年）	
李养中	镇番卫	万历己卯科（万历七年）	湖广保康县知县
徐天印	永昌卫	万历乙酉科（万历十三年）	
何斯美	镇番卫	万历乙酉科（万历十三年）	河南开封府同知
沈再思	永昌卫	万历辛卯科（万历十九年）	湖广辰州通判
张国儒	镇夷所	万历甲午科（万历二十二年）	见进士
王懋学	永昌卫	万历壬子科（万历四十年）	见进士
王建候	山丹卫	万历戊午科（万历四十六年）	见进士
张若磊（鸟肃）	镇番卫	万历戊午科（万历四十六年）	
孟良允	镇番卫	天启辛酉科（天启元年）	昌平兵备道佥事
胡有年	永昌卫	天启甲子科（天启四年）	国子监学录
王心学	永昌卫	天启甲子科（天启四年）	河南提刑按察司副使
冯云路	凉州卫	天启丁卯科（天启七年）	凉州同知
曹毓芬	永昌卫	崇祯癸酉科（崇祯六年）	见进士
王扶朱	镇番卫	崇祯丙子科（崇祯九年）	湖广莜县知县

明代河西地区各卫科贡人数表

生源地	进士	举人
甘州五卫	2	12
凉州卫	1	8
永昌卫	3	8
山丹卫	1	3
镇番卫	0	9

续表

生源地	进士	举人
肃州卫	0	1
镇夷所	1	1
高台所	0	0
古浪所	0	0

河西地区进士、举人中试时间分布表

	进士	举人
景泰	0	9
天顺	1	6
成化	2	5
弘治	0	1
正德	0	1
嘉靖	1	2
隆庆	0	0
万历	2	9
天启	1	4
崇祯	1	2

从上述表格中可见，从景泰元年（1450 年）张瑾、庞质中举人开始，河西地区陆续出现了一批乡试的中试者。天顺三年（1459 年），凉州卫人李锐中天顺己卯科乡试，第二年取天顺庚辰科进士，成为明代河西地区的首位进士。其后屡有科举中试者。从中举时间上来看，河西地区科举中试者集中于明代中后期，景泰、天顺、成化、万历、天启、崇祯各朝的分布均较为平均。弘治、正德、嘉靖、隆庆四朝出现了一个低谷，85 年的时间里河西只出现了 1 名进士、4 名举人，平均 20 年才出 1 名举人，明显低于其他各朝。究其原因，一方面由于正德年间亦不剌等人率蒙古部众进入青海，使得正德、嘉靖两朝河西边防形势较为严峻，边境战争不断，一定程度上干扰了河西地区文教事业的正常发展。另一方面则源于河西卫学教学质量的低下。嘉靖二十六年（1547 年），巡抚都御使杨博巡视凉州卫学时，对卫学生员进行了简单考试，竟然发现其中"大半皆句读不通之士"[1]。设立较早的凉州卫学都是如此情况，其他各卫可想而知。

---

① ［清］杨春茂. 重刊甘镇志［M］. 建置志：第 2，学校.

按照明制，河西诸卫学的管理权归陕西提学官管理。但河西地处偏远，陕西提学官实际上很少到达。巡按御史虽然每年都要在各卫巡视，却无权对卫学的教学和管理工作进行干涉。至于本卫的掌印指挥、千户，又多不解文义，更是无法对本卫的文教进行监督。对此，嘉靖二十六年（1547 年），巡抚都御使杨博奏：“请如辽东例，专敕巡按御史督理，并行守巡兵备官按季考校，以听御史稽查。”① 嘉靖三十七年（1558 年），“巡抚甘肃都察院右副都御史陈棐奏言：‘甘肃一镇所设官皆武职，虽有监督、通判各卫首领，率以年老监生及杂职充之，以无提调学校助宣教化，宜令今后通判员缺，以科目出身者铨补，即各卫首领官亦宜选用通敏有学术者。’报可”②。随着杨博、陈棐等人对河西文教事业的整顿和国防形势的好转，万历年间河西地区科贡情况就得到了明显的改善。

从分布地区来看，河西地区中段、东段社会经济较为发达、卫学建立较早的甘州五卫、凉州卫、永昌卫中举的人数相对较多，而军事防御任务较重，少数民族人口较多的肃州卫，所学设立较晚的镇夷所中举的人数就比较少。至于所学设立较晚的高台所，以及未设所学的古浪所，终明一世更是没有一人中举。这些都显示出河西文教事业发展的不平衡性以及官学对河西科举事业的重要作用。

单从数量上看，明代河西地区举人 39 人，其中 8 人中进士的成绩单莫说与文雅蔚然、科第相望的江南相比，就与同属边镇的宁夏、延绥都无法相提并论。宁夏从明初至嘉靖时期，就涌现出举人 82 人，其中进士 18 人。③ 延绥稍逊于宁夏，从明初至万历时期，亦有 48 人中举人，13 人中进士。④ 河西地处极边、战争频繁的现实情况，使得河西士子们的科举之路所面临的困难也远非其他地区可以比拟。一方面，明代河西地区属陕西省管辖，士子想要考取举人就需要前往省城西安参见乡试，从河西地区最东端的凉州卫到西安就有近两千里路，最西端的肃州卫到西安更是将近三千里路。如此漫长的旅途中士子们不仅面临着各式各样的困难与艰辛，还要应对边情的变化。一旦边情遇警，士子们可能连赴西安参加乡试的机会都没有。另一方面，河西偏远的地理位置、落后的社会经济、复杂的民族构成，使得文官往往视河西为畏途，河西诸卫学难以吸引到

---

① 明世宗实录 [M]. 卷 329，嘉靖二十六年十月壬戌.
② 明世宗实录 [M]. 卷 459，嘉靖三十七年五月庚申.
③ [明] 胡汝砺. 宁夏新志 [M]. 卷 2，选举.
④ [明] 郑汝璧. 延绥镇志 [M]. 卷 4，科目.

高水平的教师。就连负责河西卫学监督和管理工作的陕西提学官都很少亲自前往河西巡视。弘治年间，"提学副使杨一清始会一至"，此后直到嘉靖二十四年（1545年），"副使杨守谦方至凉州，又复中止"①。在上述客观条件的限制下，以武人为主体的河西诸卫能取得这样的科举成绩已殊为不易。

这些在科场得意的河西士子，基本上都跻身官僚阶层，成为当地极具声望的乡贤和人文士风的典型。如嘉靖三十八年（1559年）高中进士的永昌人胡执礼，仕宦三十年，官至户部左侍郎，一生清正廉洁、刚正不阿，在万历朝享有盛誉，成为明代河西地区最具影响力的乡贤。又如成化十六年（1480年）中举人的镇番人文朴，"博学强记，有才干。成化十一年（1475年）首倡开学之仪，越五载即领乡荐，镇夷科目自朴启之。后人呼为'文宗'"②。除了这些在科举考试中取得成功的佼佼者，明代河西地区还有数百名生员通过岁贡、恩贡、拔贡等方式成为明朝的低级官员。即使那些未能获得从政机会的普通生员，也大多作为地方社会的中下层士绅积极地参与到地方各项事务之中，成为儒家文化和社会秩序在基层的推广者和维护者。明代河西地区官方和民间修建庙宇时往往都会延请一些生员为之撰写碑文。如景泰六年（1455年），山丹卫守备都指挥使张熊等人主持增修的山丹卫雷坛庙竣工，命生员刘喜撰写碑记。③ 成化七年（1471年）九月，位于山丹卫城南四十里，由僧人兴正宗主持修建的云台寺落成，延请生员徐体仁为之作记。④ 弘治八年（1495年），生员贾静为东乐胜泉寺作记。⑤

随着科举文教之风的兴起和地方士绅的崛起，儒家文化深厚的思想内涵和积极的价值取向对河西地方社会的巨大影响力，便逐渐显现出来。以军户为主体的卫所社区出现了"文化"的明显趋势。河西军民之家出现了"崇文重教""读书识礼"的社会风尚。如嘉靖七年（1528年）中举人的镇番卫人李相，"家奇贫，蓺蒿读书，寒暑不辍"⑥。崇祯四年（1631年），镇番卫科试贡生王国彦，

---

① ［清］杨春茂. 重刊甘镇志［M］. 建置志：第2，学校.
② ［清］谢树森，［民国］谢广恩著，李玉寿校注［M］. 镇番遗事历鉴：卷1，成化十六年庚子.
③ ［明］刘喜. 建雷坛寺碑记［M］//［清］钟赓起. 甘州府志：卷13，艺文上.
④ ［明］徐体仁. 重建云台寺碑记［清］［M］//钟赓起. 甘州府志：卷13，艺文上.
⑤ ［明］贾静. 东乐胜泉寺碑记［M］//［清］钟赓起. 甘州府志：卷13，艺文上.
⑥ ［清］谢树森，［民国］谢广恩著，李玉寿校注［M］. 镇番遗事历鉴：卷2，嘉靖七年戊子.

"家奇贫，幼读书无灯，燃麻杆替之。母杨氏劝休读，泣之曰：'不孝虽不才，其心尚向上，若夫等登选，亦不枉母之教也。'请从学，母遂无言。崇祯间，国彦拟试府闱而为名额限抑。有同里孟公一鲤，素知其行，慨然让之，国彦遂获仕，官汉中府训导，人嘉之"①。河西士人间也出现了诗文唱和、著书立说的浓厚学术氛围，出现一批在当地具有一定影响力的学者、诗人。如正统年间甘州中卫人刘宽，"刻意经史，尤精于星历、医卜之学。尝建议开高台所，从学者甚众，号心古先生。所著有《河西赋》"②。成化年间山丹卫学庠生徐体仁，"博古通今，潜心力学，成化七年撰写《云台寺碑记》"③。嘉靖元年（1522 年）镇番卫科试贡生张举，"自恃有才，尝仿司马作《哀上林寺》。曲尽繁华，状极富丽，尔后鞭辟奢靡，笞挞荒淫，历数前朝之贻误，备陈当世之应戒。中有'广厦万间，何士子茅屋为秋风所破'语，人评'奇崛瑰伟，用典果切，直追司马雄风'"④。嘉靖十八年（1539 年）镇番卫科试贡生王瀚，"精于书法，通算数，心灵而手巧，穷困有大志。平生著述甚夥，惜多佚失。今存《历算精通》及《书论》二稿，俱见藏于谢氏书屋"⑤。万历年间，镇番卫人杨大烈，"修卫志未竟，经划三载，乃著《镇番宜土人情略纪》，凡六卷，曰疆域、曰沿革、曰山川、曰兴盛、曰古迹建置、曰事功、曰风俗。嗣后，邑令江鲲编纂县志，多所采录"⑥。这些明代中后期河西地区涌现出的作家、学者，虽然在全国范围谈不上有什么影响力，但如此炽热的文风足以体现出河西地区社会风气的转变。就连传统印象中不擅文移的武官群体也出现了一批接受了卫学教育，具有一定文化素养的儒将。如镇番人王国泰，"字福台，守备允子。万历十三年（1585年），由武举任水泉营守备。夙娴韬略，尤以善书名"⑦。镇番人何崇德，"精通

---

① ［清］谢树森，［民国］谢广恩著，李玉寿校注［M］. 镇番遗事历鉴：卷3，崇祯四年辛未.
② ［清］杨春茂. 重刊甘镇志［M］. 人物志：第1，乡贤.
③ ［清］钟赓起. 甘州府志［M］. 卷11，人物·文学.
④ ［清］谢树森，［民国］谢广恩著，李玉寿校注［M］. 镇番遗事历鉴：卷2，嘉靖元年壬午.
⑤ ［清］谢树森，［民国］谢广恩著，李玉寿校注［M］. 镇番遗事历鉴：卷2，嘉靖十八年己亥.
⑥ ［清］谢树森，［民国］谢广恩著，李玉寿校注［M］. 镇番遗事历鉴：卷3，万历七年己卯.
⑦ ［清］谢树森，［民国］谢广恩著，李玉寿校注［M］. 镇番遗事历鉴：卷3，万历十三年乙酉.

韬略，文武兼长。首任永宁防守，颇有勋名。后升本卫守备，谨慎职守，擢升甘州副总兵，更复热忱王事，政绩卓然。即至永宁兵变，公慨然请缨，提兵往援，贼因大破之。有司嘉其功，为都督衔。后年，公以丁艰还乡，开家塾以讲论经史。从学者络绎"①。

除了社会风气由"尚武轻文"向"崇尚诗书"转变，儒家文化对河西地区社会风俗的影响，亦在明末开始显现。如《肃镇华夷志》载：

> 自河南武陟李公端澄数化维新，阅武暇日，卒伍之家，诱习诗书，民稍知礼法，渐释嚣争。及后节被西夷、北虏侵掠，军没于战，丁补于伍，番夷内附，如西番日羔剌、畏兀儿、哈剌灰皆关西远夷、哈密夷族，俱近居肃州焉。胡俗杂乱，人无定业。虽稍温裕，犹囷首田亩，不衣冠而处焉。暨天津张公恩校士训蒙，四境之外，习学者勉其杂徭。于是，民方慕习文教，知敬师长，内外童蒙，从学者几至数百。又令夷童亦诵儒书，而夷俗少变。殆觉可观。至于今婚冈亲迎，丧用浮屠，病延巫祝，礼未别嫌，习俗相沿。闾阎阡陌之间，虽难尽除其陋习，而富庶之家，率尚廉节，上下各有等，男女不同席，虽边鄙伏处天末，而转移化导之后，亦庶几与内郡同风矣。②

如《重刊甘镇志》载：

> 在昔牧畜为业，弓马是尚，好善乐施。今则人知耕嫁，大异往昔，地虽边境，而俗同内郡。③

上述这些记载并不是河西地区社会变迁的孤立现象。实际上，明中期以降，随着以儒家教育为主导的学校教育的开设和完善，儒家文化在河西地区的影响力逐步提升，使得河西地区的社会风气、社会风俗都发生了积极的变化。以军户为主体的卫所社区出现了明显的"文化"趋势，军民子弟纷纷投身科举和文化事业，

---

① [清] 谢树森，[民国] 谢广恩著，李玉寿校注 [M]. 镇番遗事历鉴：卷3，万历八年庚辰.
② [明] 李应魁. 肃镇华夷志 [M]. 卷2，风俗.
③ [清] 杨春茂. 重刊甘镇志 [M]. 地理志：第4，风俗.

甚至连土官、土军、土民中的少数民族孩童都"亦诵儒书",至明末河西地区的社会可谓"虽边鄙伏处天末,而转移化导之后,亦庶儿与内郡同风矣"。

第二节 明朝在河西地区的旌奖实践与
儒家伦理道德秩序的构建

旌奖制度是中国古代统治者对所谓忠勇、义夫、节妇、孝子、贤人、隐逸等道德高尚之人进行表彰的一种政治褒奖方式。旌表制度早在先秦时期就已经出现了萌芽,在《尚书·毕命》中就有"旌别淑慝,表厥宅里,彰善瘅恶,树之风声"① 的记载。西汉年间,随着儒家思想一体独尊地位的确立,为了促进忠义节孝等儒家道德价值观念在地方社会的内化,旌奖制度作为主导民众价值观念、构建国家道德体系的重要方式,逐渐规范化、制度化。此后,历代不断对旌奖制度进行巩固和发展,至明代,族奖的范围、旌奖的标准、旌奖的申报和审核程序等制度细节,都已相当完善。为了构建以儒家文化为主导的社会道德体系和伦理秩序,明廷或河西地方政府都极为重视旌表制度在河西地区的实践,对民间善举之尤为卓著者,往往都会给予表彰。从现存的文献记载来看,常见的旌表方式主要有立祠祭祀、题建坊匾、刻碑写传等方式。

一、立祠祭祀

为已经死去的忠勇、义夫、节妇、孝子、贤人等建立祠堂,纳入官方祀典,以诏纪念,并为后世敬仰。这是政府对节义行为的最高表彰,只有那些闻名卓著的才能够得到这样的殊荣。明代,祠祭作为一种旌表方式,主要有两种情况,一是进入乡贤祠、忠节祠、忠烈祠、忠勇祠等,与历代节义之士进行合祠祭祀。如永昌卫人孙奉先,"隆庆岁贡,事亲尽礼。父母病,吁代。及卒,哀毁骨立,庐墓三年。任四川彭县知县,再任绵竹知县。入祠奉祀"②。永昌卫人武登云,"父病笃思肉,家贫无资,割肉以奉。病寻愈。万历九年(1522年),旌扬入

---

① 尚书·周书·毕命.
② [清] 张珍美. 五凉全志 [M]. 第2卷:永昌县志,人物志·忠孝.

祠"①。甘州左卫指挥姚忠寿，"嘉靖中，檄收肃州清水堡，兵不满百。虏掠，仲寿部勒追缴，杀其酋怕卜等，夺所掠驼马牛羊以千计。虏秃温中等纠其党千余骑合围，寿面颊中二矢，头着数刃，愤骂不绝。虏执之，折其股，砍左右手指，终不屈。会炮石俱发，虏略置去，伤重死。事闻赐恤，准祀忠义，子润袭荫"②。

另一种则是建立专祠以供祭祀。这种情况比较少见，在河西地区只有少数建立极高功勋的仁人义士才能获得这种殊荣。

肃州卫。太监庙，临水堡西门外。"乃太监阮和镇守甘肃时，胡虏犯边，先锋遇敌战败自刎。后人夜闻军声相喊，以为惊魂未散，遂立庙。"③ 襄愍祠，在兵备道西，正德十四年建，祀游击将军芮宁。"正德十一年（1516年），吐鲁番速檀满速儿入寇肃州。公怒，顾左右曰：'我志在灭贼，誓不与贼俱生，岂容营城近郊，戮我生灵，坐视苟生以取辱哉？'其麾下头目许钊等踊跃曰：'公在上，岂敢有畏死者耶？'遂与公统兵破阵，孤军相持，自朝至暮，矢射皆尽，拾贼矢射亦尽。公中流矢，家仆钦等十人亦死之，乃十一月十六日也。前一日夜半，地震有声。或告公曰：'今灾异夜见，将不利于战。'公拂然曰：'数尽当死，五日伤寒耳。蠢兹逆贼，负我国恩多矣。我受命杀贼，一战克捷，恨不争噉其每肉，何惜其驱耶！'竟不听。公既死节，半月余，总兵史公镛等方举兵西来报仇，人皆必其有为，至则嘿无战志。众始叹曰：珷玞之于美玉，宁无别乎？不识芮公何如人也。抚镇具疏上闻。既而夫人车氏每念公之忠义，不能表慕于世，亦以是请于朝，命下，赠都指挥同知，世袭指挥使，赐祭奠，立襄愍祠，敕内阁撰文以彰圣朝旌忠之义，以显芮尽忠之名，以为边方守臣效忠之劝。"④

凉州卫。协副李公祠，柔远驿西一里。"公讳晟，燕京人，明景泰中以都指挥任凉州协副，天顺二年（1458年）鲁小王子入寇，晟追至团湖儿，颇鲁斩首百余级，秋鲁复入寇，晟追至硖山口大战而没，凉人立祠于此，其子玙官至总兵镇守山西。"⑤ 劝忠祠，古浪卫双塔递运所东，祀阵亡千户严玺。严玺，字朝玉，正德初年，任古浪操守，兼管所事。"公稔知地方险夷，伏兵要害之处，以

① ［清］张玿美. 五凉全志 ［M］. 第2卷：永昌县志，人物志·忠孝.
② ［清］钟赓起. 甘州府志 ［M］. 卷11，人物·忠节.
③ ［明］李应魁. 肃镇华夷志 ［M］. 卷2，祠祀.
④ ［明］李应魁. 肃镇华夷志 ［M］. 卷2，祠祀.
⑤ ［清］苏铣. 凉镇志 ［M］. 建置志·祠祀.

邀击番族,自兹不敢肆毒,商旅得通,耕牧有赖。正德十年(1515 年)秋,因防送行客,追剿路贼,力战而死。当道咸痛惜之,命所司致祭营葬,厚恤其家。后东冈李公巡抚河西,职尚激扬,闻公忠义,命于本堡南门外建祠,捐金助之,颜其额曰:'劝忠祠。'"① 张公祠,祀凉州卫人张达。张达"由行伍,屡有战功,历任山西大同总兵。嘉靖二十八年(1549 年)秋,也先铁木尔入寇,达率副将军张凤御之,马蹶见杀,赠光禄大夫,谥'忠刚',祠祀之"②。

甘州五卫。武勇祠,城西隅,弘治十二年(1499 年)奉敕建,祀伏羌伯毛忠。成化四年(1468 年),石城之战,毛忠战死。"自公没后三十余年,西人哀思之深如一日,每潸然曰:'奈何毛公竟舍我而不永辑宁我耶?'一遇有警,则曰:'安得作长城如我公,何寇之敢侮耶?'或遭寇毒,则曰:'安得起公于九原,鸣剑抵掌而剪彼丑,大云我辈之仇耻耶?'故每食饮必祭,动息必祝,有征发必祈之默佑,人心孚之深不能释如此。非公勇烈之优,绥爱之厚,其能强制耶? 人之相率以建祠请。"③ 弘治九年(1496 年),应巡抚甘肃都御史许进之请,表彰毛忠一门三人同死锋镝的忠勇行为,明孝宗命于甘州城东为毛忠建祠一所,祠额"武勇",每年春秋致祭。④ 弘治十二年(1499 年)四月二十二日,武勇祠肇工,同年八月毕工。⑤ 许公祠,城西南隅。嘉靖四年(1525 年),都御使陈九畴、总兵官姜奭、金事周汝勤为都御使徐铭建。正德十六年(1521 年),徐铭任甘肃巡抚。"时阃帅李隆贪忍不法,道路以目,公素嫉之,下车即以法绳其左右。隆不悛,公将劾之,奏既草而泄于隆,隆惧,谋害公。其党有杨淮者,力赞曰:'蝮螫手则斩手,螫足则斩足,为其害身也。今若非手足之戚,不亟图,将受其祸。'隆意决。以是冬十二月二日,假乱兵戕公于会议厅。隆因放兵掠府库居民,积累巨万,悉赂权贵,为掩覆计。复妄疏公以深刻致变,飞语流言,遍于朝野。讽其下为立生祠,以诳惑远迩。适今上入继大统,励精更始,明照万里。爰命抚臣廉其实,廷尉治其狱,台察藩臬诸有司更相讞之,尽得其情。于是尸隆、淮于市,逮其党羽,悉戮之,许公之冤,李隆之恶,咸白于世矣。嘉靖甲申,侍御大同卢君问之按都河西,至则谓公以死勤事,议当祭祀,

① [明] 孟春. 劝忠祠碑记 [M]. 张珂美. 五凉全志:第 4 卷,古浪县志、艺文志.
② [清] 张珂美. 五凉全志 [M]. 第 1 卷:武威县志,人物志·乡贤.
③ [清] 杨春茂. 重刊甘镇志 [M]. 建置志:第 4,祠祀.
④ 明孝宗实录 [M]. 卷 120,弘治九年十二月己丑.
⑤ [清] 杨春茂. 重刊甘镇志 [M]. 建置志:第 4,祠祀.

用昭勤戒。而巡抚御史大夫陈公九畴实伟其议，速君成之。军乃檄佥宪周君汝勤董其事，鸠工相地，卜日而举。于是感人嚣然谓隆不宜有祠，请改以祠公。时镇守太监董工文忠、总戎都督姜公奭，暨监军副帅省寺诸司金以为然，各捐俸出徒，撤故祠而新之，中肖公像，东西两序门屏斋庖之所，百用备具，财不费而民不劳也。"① 悯忠祠，城隍庙东，祀甘州中卫王纲。正德元年（1506 年），王纲袭职。"正德六年（1511 年）五月，论庄浪功，升指挥使。六月论镇夷功，加升世袭。十一月，虏犯甘峻堡，将军御之，追至把鸡儿境，战胜深入，虏忽云集，薄我数匝，矢刃环攻，将军鏖战，自巳至酉，士亡，以身御之，复矢尽兵穷，乃空拳冒敌，遂死于锋镝，贼剧怒深恨，剜心取胆，抽肠折骸而去。呜呼将军！持节之坚，陨身之酷，报国之忠，一至此哉！求之于古，盖裂背碎齿，解身断舌，不共贼生之流，非死之事何？《诗曰》：'彼其之子，舍命不渝。'将军有焉……将军之死忠也。抚按宪臣，交以事闻，圣天子悯悼致惜，准令建祠致祭，示殊恩矣。及嗣将军有请，皇上又特俯就曲从，赐以'悯忠祠'额，赐下礼部，下达施行。"②

镇番卫。彭公祠，祀镇番卫人彭汝为，建于嘉靖四十三年（1564 年）。"彭汝为，字舜举，别号东材……嘉靖甲寅年（嘉靖三十三年，1554 年），巡按御史宋公疏荐，升碾伯操守行都司指挥事。公外谨斥堠，内练卒伍，禁交通之弊，严克敌之方。番众间有剽刺者，公除率兵穷追外，仍按法钤治，假贷不行。部落惮公威名，不敢侵犯。丁巳（嘉靖三十六年）岁六月，恶番嫉公设守过严，谋以计诱，从西番沟突出。公追逐直抵赵家寺，我师渐北。公初无难色，番众蚁集胁之屈，公厉声曰：'吾受朝廷明命，岂纵尔臊膻虏为盗耶？今日之事，势不俱生。'益奋力砍射。诸番忿怒，攻刺当伤二十七处，直接而殒。时碾邑监生王永春具呈分巡道副使李，以供志节坚贞，形骸异处，相应建祀祭，报分守参政王公，卜地于卫城南门宝塔寺之西，癸亥（嘉靖四十二年）岁三月经始，甲子（嘉靖四十三年）岁六月落成，创建神祠一所。四围以垣，面峙一坊，居中有殿，殿后有宫，塑列生像。东西内外有庑，绘历战于壁。"③

---

① ［清］杨春茂. 重刊甘镇志 ［M］. 建置志：第 4，祠祀.
② ［清］杨春茂. 重刊甘镇志 ［M］. 建置志：第 4，祠祀.
③ ［清］谢树森，［民国］谢广恩著，李玉寿校注 ［M］. 镇番遗事历鉴：卷 2，嘉靖四十三年甲子.

二、题建坊匾

按照明制, 题建坊匾是明朝表彰功勋、科第、德政以及忠孝节义之人的常见方式。所谓题建坊匾, 即指在牌匾上题写赞扬文字并挂在门户上, 或直接建立牌坊, 以壮观的建筑物来彰显个人、家族的荣誉, 达到"美名远扬""流芳百世", 以及教化乡里, 推广儒家道德价值观念的目的。

甘州五卫。徐行, "少丧父, 事祖孝。成化间卒, 庐墓。都御使唐瑜奏请旌表其门。弘治壬戌, 母病, 复割骨啖之"①。毛刚, 甘州右卫军。"性孝, 居丧, 庐于墓侧。有司上其事, 旌表其门。"② 房氏, "甘州右卫军房信女, 适肃州卫儒士吴福。房年二十而亡, 誓不二事。孝养父母, 守节至死。正统中旌表其门"③。汪氏, "甘州中卫舍人王恕女, 适本卫沙河驿百户高臻男宣。生子明方半岁, 夫亡。汪时年二十三, 守节不二, 成化中旌表其门"④。吴氏, "甘州东卫东乐递运所百户杨镇妻。年二十七, 夫丧, 子浩二岁, 翁七十。吴誓死守节, 克勤孝养, 及子浩袭荫, 每以廉慎忠勇诲之。辄有小过, 即不食。浩泣悔, 方解, 由是居官有冰蘗声。正德旌表"⑤。杨氏, 生员游枢妻。年二十八夫卒, 氏自缢死, 官旌其门。⑥ 吴氏, 事迹莫考。有坊久圮, 相传为"节妇吴氏坊"云。⑦

肃州卫。陈氏, 生员张得奇妻。"年二十九夫亡, 誓死, 众劝子幼, 遂抚幼男张政熙, 肄业, 选贡生, 仕别驾。万历十六年, 公举表扬, 呈奉巡按, 给匾旌节, 寿七十而终。"⑧ 杨氏, "肃州参将杨翯女, 适指挥周玺, 生子钦; 七月夫亡, 氏年二十, 守节六十五卒。所司方闻其事, 已伺旌表其节操云"⑨。芮攀龙, 父瑞承海, 年二十九岁而亡, 遗母边氏。俸侍淑水, 一日三问, 阖城著闻, 公举其孝, 已蒙旌表。⑩ 鸿胪坊, "在吉祥寺东。肃州有吏杨荣通习夷字, 又知

① ［清］杨春茂. 重刊甘镇志［M］. 人物志: 第1, 孝行.
② ［清］杨春茂. 重刊甘镇志［M］. 人物志: 第1, 孝行.
③ ［清］杨春茂. 重刊甘镇志［M］. 人物志: 第1, 孝行.
④ ［清］杨春茂. 重刊甘镇志［M］. 人物志: 第1, 孝行.
⑤ ［清］杨春茂. 重刊甘镇志［M］. 人物志: 第1, 孝行.
⑥ ［清］钟赓起. 甘州府志［M］. 卷11, 人物·烈女.
⑦ ［清］钟赓起. 甘州府志［M］. 卷11, 人物·烈女.
⑧ ［明］李应魁. 肃镇华夷志［M］. 卷4, 节孝.
⑨ ［明］李应魁. 肃镇华夷志［M］. 卷4, 节孝.
⑩ ［明］李应魁. 肃镇华夷志［M］. 卷4, 节孝.

汉字，取京为鸿胪序班，故立此坊，嘉靖二十八年被火灾"①。

山丹卫。石氏，舍余陈道妻。"年二十八岁，夫故，家极贫难，誓不改嫁，力抚孤延祀。一女未岁因盲，不许笄字，与同寝处。三十五岁，真一童终，乡里叹曰，志节可哀，享年八十五岁。嘉靖三十二年（1553 年），奏闻，旌表，起盖坊碑于门。"② 王允中，"由武举积功，任平羌将军、甘肃总兵、都督同知，邑人为之建坊以颂"③。王建候，平羌将军王允中之子。"少读书颖敏，南部大司马掌院祁公伯裕治兵河西时，谒家，阅所为博士业，藻思溢发，根柢理道，其气沛然，而辞灿然，奇之曰：'孺子其圭璋器乎！'后万历戊午举人，已巳进士，奉旨建'联登甲第坊'，果显于经术。"④

凉州卫。张氏，"张雄女，适本卫千户蔡栋。生子方五月，栋以公差殁。氏年二十七，誓死守节。奉姑，孝养备至。嘉靖间闻俸，旌表建坊"⑤。蔡氏，"蔡玺女，适秦邦本。年二十，夫故，生子祚周，甫两月，誓欲自殉，数缢，救解得活，亲族劝以抚孤大义。姑妇俱孀，姑以家贫逼之嫁，氏誓曰：'生既秦妇，死又他鬼乎？'遂剪发毁面，不从。自夫亡，以针指为生，奉姑终身。后子祚周入泮，氏叹曰：'子成，吾可从夫于地下矣！'朝夕垂涕，病卧却食而殁。贫无以殡，中丞祁公暨各官助资以葬。万历四十三年，旌表建坊"⑥。

镇番卫。张氏，千户王刚妻。"宣德间。张年二十八，子二俱幼，翁姑皆耄。张以裁缝奉养抚育之。儿子俱成立。成化间建坊旌表。"⑦ 李氏，"指挥刘恭妻。年二十三，恭亡。李封发矢，抚育子宇，承袭世职，历至守戎。嘉靖中旌表⑧。

永昌卫。陈氏，千户文振妻。"嘉靖间，振于黑涝池阵亡。氏年十八，闻卜自缢者三，守节五十一年，寿七十九。奉文旌表。"⑨ 文氏，千户赵思义妻。"嘉靖间，思义阵亡，氏年二十。以姑老子幼，忍死。事姑极孝，抚孤袭职，苦

---

① ［明］李应魁. 肃镇华夷志［M］. 卷 2，公署.
② ［清］杨春茂. 重刊甘镇志［M］. 人物志：第 1，孝行.
③ ［清］钟赓起. 甘州府志［M］. 卷 11，人物·乡贤.
④ ［清］黄璟. 续修山丹县志（道光）［M］. 卷 7，文学.
⑤ ［清］张玿美. 五凉全志［M］. 第 1 卷：武威县志，人物志·节义.
⑥ ［清］张玿美. 五凉全志［M］. 第 1 卷：武威县志，人物志·节义.
⑦ ［清］张玿美. 五凉全志［M］. 第 2 卷：镇番县志，人物志·节烈.
⑧ ［清］张玿美. 五凉全志［M］. 第 2 卷：镇番县志，人物志·节烈.
⑨ ［清］张玿美. 五凉全志［M］. 第 3 卷：永昌全志，人物志·节义.

节四十余年。旌表。"①

三、刻碑写传

刻碑写传，即将优秀人物的嘉行刻写在质地致密，可以长久保留的石碑上，以此来标榜受旌之人的旌行，达到"章于厥后，洋洋令名，兹为不朽"② 的目的，是中国古代常见的旌奖方式之一。为一些优秀人物建祠立庙时，都会将祀主的感人事迹刻于石碑。如孟春所写的《劝忠祠碑记》，杨孟春所写的《彭公祠碑记》，张昇所写的《武勇祠碑记》，马理所写的《悯忠祠碑记》，桑溥所写的《许公祠碑记》等。对于一些没有达到建祠标准的优秀人物，各级政府亦会根据具体情况，将其嘉行刻写于石碑之上。如镇番人何相，"贡生，佑之子。以户候设青松堡，御房阵亡。旌表立忠勇碑"③。又如嘉靖二十七年（1548 年），杨博等人为古浪所人石韫壁所立《孝行碑》：

> 嘉靖丁未冬，山丹卫儒学训导石公，卒于官。时抚军杨公博，重其无忝乃职，助白金给驿递马夫，异丧以归。且素闻其孝行，命琏作文以记之。
> 先生讳韫壁，字德辉。其先本浙东鄞人，曾祖官茂，从戎和戎，因家焉。先生六岁而孤，鞠于母张氏。生而颖秀，少长即知向学。后更负笈游湟中，择师事之，得授《尚书》。越数载还凉，补博士弟子员，益励学。事母至孝，遭庶母丧，于西山下园内停柩三载，孤身庐守。猛虎时夜入，未尝遇害，以为孝感所致。性刚毅，有气概，至恤穷拯患，诸事无不为之。尤善剖析是非，乡人推服。博览载籍，见前哲格言，必兴慨慕，属文悉抒独见，发挥无蹈陈言。徙居凉十余载，朋侪乐与游，户外受业者恒满。后复来和戎卜居，其舍旁手植奇花异卉，每出游，放情山水。累试省院不利，以嘉靖癸卯贡礼部，始授前职。至山丹，以作人励俗为念，立程限，严考课，始终不倦。生徒初惮其条教之密，既而人人乐从其化，屡为当道所称。和戎地处小隅，人多尚武，自先生崛起寻常，以读书起家，乡之人皆感奋，就业至数百人。和戎文学自此始。昔子舆氏曰："豪杰之士，虽无文王犹

---

① ［清］张珂美. 五凉全志 ［M］. 第3卷：永昌全志，人物志·节义.

② ［唐］唐德宗. 西平王李晟东渭桥纪功碑 ［M］// ［清］董诰. 全唐文：卷55，德宗六.

③ ［清］张珂美. 五凉全志 ［M］. 第2卷：镇番县志，人物志·乡贤.

兴。"先生内无庭训，外无渐染，乃能立身，以扬其名，斯以豪杰也哉！是为记。①

除此之外，为表彰贞孝节烈的妇女，正德六年（1511年）礼部议："请于诸府旌善亭建贞烈之碑，列姓氏年籍，以垂永久。"② 即将众多节妇的嘉行，统一刻写在旌善亭内的石碑上。这种方法相对于修建牌坊而言，显然更为便捷和经济，因此在全国范围得到了广泛的推广。

地方志作为史书的一种，同样具有彰善瘅恶和昭咏当世及后人的作用。明清地方政府在修纂河西地区的方志时，往往会在人物志中另列《忠孝》《节孝》《节义》《忠义》《节烈》《孝友》《烈女》等目，所收录的，除已获旌表的优秀人物外，还有一些在当地具有一定影响力的义善行举卓著者。如肃州卫人万氏，都指挥钟振妻。"正统间，与北虏战殁，氏年少，守节终身不贰，人贤其并节云。"③ 甘州后卫军生应寿，"家贫竭力事亲，母病，割骨啖之。后父母俱丧，寿结庐墓测，三年不饮酒荤，朝夕辈号，或月一至，以馈菽粟"④。甘州中卫百户路保，"嘉靖三年（1524年），回贼寇甘州，攻破堡寨数多。保寓毕家堡，调度居民，极力固守。贼攻围旬余，援救不至，堡陷被执，贼恨之，磔尸城牙"⑤。

四、其他方式

除立祠祭祀、题建坊匾、刻碑写传外，明朝还通过赐予名誉性头衔、封赠谥号、物质赏赐等方式对"德行着闻，为乡里所敬服者"进行旌奖。如甘州卫人芮氏，"芮宁之女，适指挥师经，一十九而生长子曰瑾，抚及四岁，次子浩孕，经亡。氏年二十二岁，遂誓死守节，尽日不食哀哭。诸亲以有孕未便，苦劝乃食。后生次子曰浩，抚瑾承袭父职，年逾六十，守节不渝，诰命为太淑人"⑥。《毛氏族谱》载：明代中期河西名将毛忠的母亲也速该氏，"其类淳诚□

① ［明］石韫壁. 孝行碑［M］//张玿美. 五凉全志：第4卷，古浪县志、文艺志.
② 明武宗实录［M］. 卷80，正德六年冬十月癸巳.
③ ［明］李应魁. 肃镇华夷志［M］. 卷4，节孝.
④ ［清］杨春茂. 重刊甘镇志［M］. 人物志：第4，贞洁.
⑤ ［清］杨春茂. 重刊甘镇志［M］. 人物志：第2，忠烈.
⑥ ［明］李应魁. 肃镇华夷志［M］. 卷4，节孝.

厚厘□，尽其敬奉之道，教其子孙，尽其慈惠之心，□家政内外周备，无遗亲族淑睦，长幼咸称誉之，保保既以毛都帅登方面之位，推恩及其考妣咸赠以子任之，赠太淑人"。对于民间德行优秀的老年人，明朝还会由地方推选并经皇帝恩诏颁下，授予老人寿官称号。所谓寿官，是只有官帽官服、没有爵位的荣誉头衔。终明一世，明朝仅颁授过十九次，因此能够获封极为难得。明朝每次颁授寿官的具体条件不同。明初，多颁于百岁、九十岁以上的高龄老人，此后逐步降低，至隆庆、万历年间，七十岁以上的老人就可以获得"寿官"头衔。在永昌县南坝乡永安堡东五里花木庄保保沟的毛忠母亲的坟墓旁两米，就有一立于万历十六年（1588 年）九月初二的"明故恩荣寿官毛公之墓"。墓主人的身份据 1996 年新修的《毛氏族谱》称是嘉靖末年曾掌南京后军都督府事的伏羌伯毛桓。但细考之下似有不实，对于一般平民而言能获得寿官是一种极大的荣誉。但毛桓生前是伏羌伯，属于世袭贵族和高级武官。在他的墓碑上没有理由只写一个恩荣寿官的名誉头衔而不注明其伏羌伯的身份。因此，墓主人的身份是有待考证的。但此墓就在毛忠母亲的坟墓旁，墓主人是毛忠后裔的身份应该是没有疑问的。

在政治褒奖的同时，明朝对百姓最多的旌奖方式就是赐予粟帛、减免赋役等物质赏赐，这往往也是最有效果的激励方式。如嘉靖三年（1524 年），颁授寿官时规定，"军民之家，有年七十以上者，许一丁侍养，免其杂泛差役。八十以上者，仍给绢一匹、绵一斤、米一石、肉十斤；九十以上者，倍之。其男子八十以上，为乡里所敬服者，加与冠带，以荣其身"①。永昌卫千户孙琦，"永乐八年（1410 年），与番寇力战当先，追至碳山口，单骑再战，殁于阵。赐祭锡粮钞布，以旌忠节"②。

随着儒家文化在河西地区的传播，以及明朝对德行兼备之人的旌奖，以忠义节孝为核心理念的儒家伦理道德价值观念在河西地区得到了深化。以至于在明末农民军攻陷河西时，河西地区出现了一批誓死不降的殉节者。仅《甘州府志》所载的殉节者就达四十余人。但即便如此，也只是"殉节官民，概多莫考，将可知者录之，亦千百之十一耳"③。其中较为典型的有甘州人王汝金，"即恸

---

① 明世宗实录 [M]. 卷 38，嘉靖三年四月癸丑.
② [清] 张玿美. 五凉全志 [M]. 第 3 卷：永昌全志，官师志·名宦.
③ [清] 钟赓起. 甘州府志 [M]. 卷 11，人物·忠节.

忠祠将军纲之裔孙也。以世勋积功，官宁夏总兵，见国势危，退居里门，在祖庙之右掖。尚廉洁，敦信义，邑人敬服之。值贺贼围城，汝金倡义固守，城陷自刭，曰：'吾誓死报国！'贼焚烧其庐，祠亦毁"①。甘州人赵宦，"累官总兵，致仕归里，年八十许。城陷，入火中自焚死"②。甘州人张圣翼，生员。"书衣袂曰：'玉碎'，骂贼见杀。"③ 山丹人王正，千户。"贼至，度不克全，举家五口自焚死。"④ 即使在明清易代之后，河西地区还存在着忠于旧朝的遗老遗少。如镇番人陈朝纪，"本卫指挥，管屯政，定水利时辰，人不敢违。明末闯寇犯河西，招降。伪牌至镇，朝纪碎之。后明鼎革，朝纪素布宽博，蓬头垢面，每晨赴城隍庙焚牒曰：'早求夫妇偕亡。'不肯苟延旦夕。后旬余，夫妇偕亡。或亦忠愤之感也"⑤。

第三节　明代河西地区正统祭祀体系的构建

在古代社会，限于对自然和世界的认知水平，"万物有灵"的有神论观念支配着人类的精神世界。即使是掌握了较高文化知识的儒家知识分子也不例外。早在夏商周时期，中央王朝就认识到对鬼神的祭祀对统摄人心和构建社会秩序所起到的重要作用，并逐步出现了儒家"神道设教"神道观。西汉时期，随着儒家文化正统地位的确立，董仲舒对"神道设教"的思想进行了一系列的阐述，极力鼓吹"君权神授"，为西汉政权披上了神圣的外衣。同时，在儒家神道观的指导下，汉朝建立起了比较完善的官方祭祀体系，对祭祀的内容、仪式都做出了详细规定。此后，历代王朝对代表着王朝统治理念和思想意识的官方祭祀都十分重视。每当一个新的王朝诞生之时，统治者都会按照自身的政治诉求，以儒家文化为指导，对官方祭祀的对象、仪式等内容进行整理和修订，并载录成册，作为国家礼制的重要内容，官方的祭祀是国家政治生活中的大事。

---

① ［清］钟赓起．甘州府志［M］．卷11，人物·忠节．

② ［清］钟赓起．甘州府志［M］．卷11，人物·忠节．

③ ［清］钟赓起．甘州府志［M］．卷11，人物·忠节．

④ ［清］钟赓起．甘州府志［M］．卷11，人物·忠节．

⑤ ［清］张玿美．五凉全志［M］．第2卷：镇番县志，人物志·忠义．

一、明代河西地区地方祀典建设的概况

明朝建立后，随着统治秩序的稳定，明太祖开设礼、乐二局，加强对国家祀典的建设。洪武元年（1368 年）三月，"上以祭祀为国大事，念虑之间，徵戒或怠，则无以交神明。乃命礼官及诸儒臣编集郊社、宗庙、山川等仪，及历代帝王祭祀感应祥异可为监戒者，为书以进"①。随后，明太祖令李善长、胡惟庸等人拟定祀典。明太祖在位的三十年时间里，在礼部的领导下，共编修《大明集礼》《孝慈录》《洪武礼制》《礼仪定式》《诸司职掌》《大明礼制》《太常集礼》《礼书》等一系列礼书，对官方祭祀活动的土墠庙宇制度、牲醴祭器体式等问题都作出了详细的规定，奠定了明朝官方祭祀制度的基础。此后，虽然明王朝的历任统治者，出于各自不同的政治目的，对祭礼和祭祀的等级等问题进行过一些调整，但总体而言，依然延续着洪武年间订立的官方正统祭祀制度。

早在洪武初年，明朝建设祀典之初，就对官方祭祀的对象进行了规定。洪武元年（1368 年）九月，"令郡县访求应祀神祇、名山大川、圣帝明王、忠臣烈古，凡有功于国家及惠爱在民者，具实以闻，著于祀典"②。"洪武初，天下郡县皆祭三皇。后罢。止令有司各立坛庙，祭社稷、风云雷雨、山川、城隍、孔子、旗纛，及厉。庶人祭里社、乡厉，及祖父母父母并得祀灶。余俱禁止。"③ 洪武二年（1369 年）春正月，"改于天神、地祇坛分类祭祀，太岁、风云雷雨诸天神合为一坛，岳镇海读及天下山川、城隍诸地祇合为一坛，春秋专祀，定以惊蛰、秋分日祀太岁诸神，以清明、霜降日祀岳读诸神"④。除此之外，历代君主还不断地将一些神灵纳入官方祭祀体系，使得官方祭祀对象的数量极为庞大，内涵极为复杂。按照祭祀对象的重要性，明朝又将其分为三个等级，"郊庙社稷、先农俱为大祀。后改先农及山川帝王孔子旗纛为中祀。诸神为小祀。嘉靖中，以朝日夕月天神地祇为中祀"⑤。不同等级的祭祀活动，主持祭祀活动的人员的等级也不同，"国初以凡郊庙社稷山川诸神，皆天子亲祀。国有大事，则遣官祭告。若先农、旗纛、五祀、城隍、京仓、马祖、先贤、功臣、

---

① 明太祖实录 [M]. 卷 31，洪武元年三月己亥.
② [万历] 明会典 [M]. 卷 93，群祀三.
③ [万历] 明会典 [M]. 卷 81，祭祀通例.
④ 明太祖实录 [M]. 卷 38，洪武二年正月戊申.
⑤ [万历] 明会典 [M]. 卷 81，祭祀通例.

太厉，皆遣官致祭。惟帝王陵寝及孔子庙则传制特遣。各王国及有司俱有祀典。而王国祀典、具在仪司"①。

为确保皇权威严和王朝正统在河西地方社会的彰显，提升任职期间的政绩等，河西地方官员往往十分重视治所内地方祀典的建设。在朝廷关于祀典建设的诏令和决议的指导下，河西地方官员新建和重修了一大批坛壝祠庙，从而构建了河西地区官方祀典的整体格局。综观明清时期河西地区地方志的编纂体例，关于政府认可并岁时致祀的正统神灵的记述一般集中在《建置志》或《营建志》下的《坛壝》《祠庙》，佛教、道教以及伊斯兰教的宗教场所则作为《寺观》附列于《祠庙》，或单独成节列于《祠庙》之后。《五凉全志》等地方志虽然将各类宗教祠庙统一载于《寺观》，但在排序上仍然是将地方祀典内的正统神灵列于前，以突出官方祀典的正统地位。

由于现存明清时期河西地方志中对坛壝祠庙的记载，多不载其具体的修建时间，笔者遂选择撰修于明末，重刊于顺治十四年前后的《肃镇华夷志》《重刊甘镇志》《凉镇志》的相关记载，对甘州五卫、山丹卫、高台所、肃州卫、镇夷所、凉州卫的正统祀典的情况进行了统计：

明代河西地区官方祀典建设概况

地区	地方祀典的建设概况
甘州五卫	社稷坛、风云雷雨山川坛、厉坛、宣圣庙、启圣祠、城隍庙、旗纛庙、马神庙、火神庙、忠节祠、武勇祠、许公祠、悯忠祠、汉壮候庙、清源庙、武烈候、八蜡祠、忠武王庙、甘泉祠
山丹卫	社稷坛、风云雷雨山川坛、厉坛、宣圣庙、启圣祠、城隍庙、旗纛庙、马神庙、真武庙、东岳庙、雷神庙、忠节祠、文昌祠、宁济公祠、汉壮候祠
高台所	社稷坛、风云雷雨山川坛、厉坛、宣圣庙、启圣祠、城隍庙、旗纛庙、三官庙、马神庙、龙王庙、武安王庙、八蜡庙、忠节祠
肃州卫	社稷坛、风云雷雨山川坛、厉坛、宣圣庙、启圣祠、城隍庙、玄帝庙、神机庙、东岳庙、马神庙、西岳庙、关王庙、火神庙、三官庙、雷坛庙、八蜡庙、梓潼庙、太监庙、刘师祠、名宦祠、乡贤祠、忠勇祠、襄愍祠、文魁祠
镇夷所	社稷坛、风云雷雨山川坛、厉坛、宣圣庙、启圣祠、城隍庙、关王庙、马神庙、龙王庙、晏公庙、三官庙、八蜡庙、东岳庙、灵官庙、忠勇祠
凉州卫	社稷坛、风云雷雨山川坛、厉坛、宣圣庙、启圣祠、城隍庙、旗纛庙、关圣庙、雷祖庙、真武庙、龙王庙、羊头神庙、三皇庙、火神庙、玄帝庙、马神庙、玉皇庙、三官庙、祖师庙、汉壮候庙、忠节祠、协副李公祠、劝忠祠、金山圣母祠

① ［万历］明会典［M］．卷81，祭祀通例．

从上表可见，由于官府的重视，明代上述卫所都建立起了数量众多的坛壝祠庙，形成了较为完整的地方祀典体系。镇番卫、永昌卫、高台所在明代修建坛壝祠庙的具体情况，虽然囿于史料已不能做出完整的统计，但从乾隆年间编修的《五凉全志》《甘州府志》中的记载情况来看，明代修建的坛壝祠庙数量亦不少，属于国家通祀系统的社稷坛、风云雷雨山川坛、文庙等必然是存在的。具体而言，明朝河西地方祀典的建设，主要分为国家通祀体系在河西地区的推广、对民间信仰的控制与改造两个方面。

二、国家通祀体系在河西地区的推广

在中央的要求下，明代河西地方官员根据礼制的要求，将国家通祀体系在河西地区进行了推广，建立了社稷坛、风云雷雨山川坛、厉坛、文庙、关帝庙、城隍庙、宣圣庙、启圣祠、名宦祠、节孝祠、乡贤祠等祠庙。根据祭祀对象的属性和功能，我们又可以将这些属于全国通祀系统的官方祭祀活动划分为坛壝祭祀、孔子祭祀、帝王名臣祭祀及护国佑民神灵祭祀四种类型。

（一）坛壝祭祀

明代河西地区的坛壝主要包括社稷坛、风云雷雨山川坛和厉坛祭祀。社稷坛是祭祀土地五谷之神的场所。作为农业大国，社稷之祀体现了以农为本的祭祀精神，受到了明朝的特别关注。洪武十年（1377年），社稷之祀就由中祀升为大祀。为了祈求土谷丰登，每年农作物生长及收获的春、秋二仲月的上戊日，京城的社稷坛由皇帝亲自致祭，地方则由各级政府主官致祭。风云雷雨山川坛是祭祀风云雷雨和山川等自然神的场所。风云雷雨山川之祀主要为祈求风调雨顺，希望自然神为农业生产和百姓生活提供庇佑。厉坛是专门祭祀孤魂厉鬼的地方，所谓厉鬼，即指死后为害于民的鬼魂。古人认为，人死后，其魂魄有所归，方不为厉害人。一些死于意外，死无所依，精魂未散，无人祭祀的孤魂野鬼，就会化作厉鬼，成为地方安全的隐患。按照明制，每年三月清明，七月望日及十月朔日各府州县都会在厉坛举行祭祀，以安抚无主之鬼，达到维护地方稳定的目的。明代河西地处国防前线，终明一代战事不断，死于兵刃者，水火盗贼者，或死后人烟断绝无人祭祀者，更是不计其数。同时，驻守河西的军士又多为外地人，在中国人落叶归根的传统思维模式下，客死异乡，无人祭祀会导致魂魄流移他乡，沦为孤魂野鬼。在这样的情况下，厉鬼之祀也就显得尤为重要，除了安抚厉鬼之外，还能起到抚恤士卒、安定民心的作用。嘉靖二十六年（1547 年），甘肃巡抚杨博为充实河西边防，在奏文中就专门提出："臣愚欲乞勋支官钱买办祭品，总于镇城无祀坛内，行都司掌印官量为致祭。以后果有与方照同事体相同者，岁终一次举行，庶足以俯慰幽魂，式昭明劝。"①

（二）孔子祭祀

孔子祭祀是指对孔子及孔门弟子、历代儒家圣贤的祭祀。洪武十五年（1382 年）四月，明太祖谕礼部尚书刘仲质："孔子明帝王之道，以教后世，使君君臣臣，父父子子，纲常以正彝伦，牧叙其功，参乎天地。今天下郡县庙学并建，而报祀之礼止行京师，岂非缺典卿与儒臣其定释奠礼仪，颁之天下学校，令以每岁春秋仲月通祀孔子。"② 由此确立了全国范围通祀孔子的制度。为了贯彻孔庙之祀的指令，明清两代各级官学都在空间上设计为学校和宣圣庙两个组成部分。学校即官学的教学空间，宣圣庙又称文庙，是奉祀孔子与历代贤儒的场所。其规制大抵为"左庙右学"，或为"前庙后学"。河西诸卫学虽然在规模上有大有小，但基本的空间布局亦大致如此。如《五凉全志·永昌县志》所载乾隆年间永昌县学宫的空间结构：

> 明正统中，都指挥宋忠建，巡抚徐廷璋修，参将李秉诚、指挥赵光远，游击任嵩重修。至圣殿五间，配哲东西分龛，东西庑十四间，神库、神厨各三间；殿左魁星楼一座，殿后尊经阁一座，启圣殿三间，南向，正殿东北，启贤东西分龛；敬一亭在尊经阁左，卧牌亭在尊经阁右；戟门三间；名宦祠三间，南向；乡贤祠三间，南向；忠孝祠三间，西向；东西碑亭二座，灵星门五间，泮池坊一座，文庙坊一座，圣道中天一座，东西角门二间；明伦堂五间，在正殿右，东西斋房十间，内宅十五间；仪门一间，东西角门二间，大门三间。③

永昌县学的前身即始建于明正统年间的永昌卫学。入清后，只在康熙年间，由游击任嵩主持了一次对永昌卫学的修缮，其空间结构与明代相比没

---

① ［清］杨春茂. 重刊甘镇志 ［M］. 建置志：第3，坛壝.
② 明太祖实录 ［M］. 卷144，洪武十五年四月丙戌.
③ ［清］张珺美. 五凉全志 ［M］. 第3卷：永昌全志，建置志·学校.

有大的变化。永昌县学的空间结构明显体现出了明代修建卫学时"左庙右学"的设计思路。在文庙内居于核心位置的至圣殿，又称大成殿，是文庙内供奉孔子以及复圣颜子、宗圣曾子、述圣子思、亚圣孟子的主殿。位于大成殿东西两侧的东西庑，供奉着公孙侨、林放、原宪、周敦颐、邵雍等先贤先儒牌位。明伦堂则是卫学内讲学、读书的场所。嘉靖初年，在大礼仪之争的背景下，河西各卫又在文庙内或文庙附近，增建启圣祠，专门祭祀孔子的父亲叔梁纥。

孔子作为儒家文化的开创者，具有至圣先师的崇高地位。孔子之祀对于统治者而言，具有崇道德、弘教化、正人心、成天下之人才的重要意义，被看作维护帝国教化的有效手段。各级政府主官以及官学生员都会不定期举行释奠礼、释菜礼。释奠礼有牲牢、有合乐、有献酬，其礼较重。释菜礼与之相较则更简便，"其礼比释奠为最简，不酌色，不列撰，不作乐，不授器"①。由于河西社会经济落后，各种祭祀孔子的仪式所要耗费的祭品给各卫带来了一定的经济压力。景泰五年（1454年）二月，明代宗下令对边卫的祭孔之礼给予了简化，"祭先师在诚不在物，今后边卫春秋止行释菜礼，不必用牲著"②。虽然经过简化后，河西诸卫的祭孔仪式只行较为简便的释菜礼，祭品也不用牲畜。对于统治者而言，更看重的并不是仪式本身，而是行礼中所体现出的对祭祀对象的尊重，以及祭孔活动在河西这样华夷混杂、文教不兴的地区所带来的教化作用。

（三）历代忠臣、烈士祭祀

本着崇德报功的立国思想，洪武初年，明太祖"又令天下学校各建先贤祠，左祀贤牧，右祀乡贤，春秋仲月亦得附祭庙庭。后乃更名名宦、乡贤"③。这使得早在汉代就已初露端倪的乡贤祭祀开始盛行，此后在经济、文教较为发达的地区建立起了一批以当地历史上有杰出贡献的官员、为国捐躯的军士以及有德业的士绅为祭祀对象的乡贤祠、名宦祠。嘉靖初年，以藩王身份入继大统的明世宗，为巩固自身统治，对礼制进行了一系列调整。嘉靖九年（1530年），"令各处应祀神祇帝王，忠臣孝子，利一方者，其坛场庙宇，有司修葺，依期斋祀，

---

① ［明］宋镰：《孔子庙堂议》，《文宪集》卷28，杂著.
② 明英宗实录［M］.卷238，废帝郕戾王附录第56景泰五年二月壬辰.
③ ［明］李之藻. 名宦、乡贤祠祭仪疏［M］//频宫礼乐疏：卷9.

勿亵勿怠"①。在明世宗的倡导下，全国范围出现了修建乡贤祠、名宦祠的风潮。嘉靖十年（1531年）前后，在甘肃巡抚赵载的主持下，河西地区修建了一批与名宦祠、乡贤祠同类型的忠节祠、忠烈祠、忠勇祠。如镇番卫忠烈祠，"明嘉靖中都御史赵载建"②。陕西行都司忠节祠，"儒学内西南，嘉靖十年，都御使赵载以旧地藏寺改建"③。山丹卫忠节祠，"嘉靖十四年（1535年），都御使赵载檄指挥郑纪建"④。忠节祠、忠烈祠、忠勇祠与内地州县常见的名宦祠、乡贤祠同属同一类型的祠庙，但在祭祀对象的选择上，存在着一定的差异。

如凉州卫忠节祠：

> 儒学泮池东，以文昌祠改建，祀汉五郡太守孔奋，护羌校尉皇甫规，太尉段颖，魏凉州刺史徐邈；晋武威太守马隆，凉州牧张骏，酒泉郡公贾疋，广平郡公段韶；隋泰州总管窦荣定；唐武阳公凉州都督李太亮、郭震，唐兵部尚书李抱玉；元淮南行省参政余阙；明都御使李淮，都督金事濮英，恭顺伯吴允诚，邠国公吴克忠，副总兵姜汉，镇国将军慕弘宜，都指挥金事丁刚，阵亡都指挥李晟，指挥包翼、戴宽，千户丁恺、候林、骆真，百户刘林夏伏，监生王泽。⑤

肃州卫名宦祠：

> 祀汉郑吉（西域都护），辛庆忌（酒泉太守），辛彤（敦煌太守），班超（西域都护、定远侯），耿恭（戊己校尉，骑都尉），翟酺（酒泉太守）；三国仓慈（魏酒泉太守）；晋马岌（酒泉太守）；唐薛仁贵（左武卫将军），苏定方（前军总管），王方翼（肃州刺史），袁光庭（伊州刺史）；明刘寅（肃州兵备副使），刘旻（肃州兵备副使），李端澄（肃州兵备副使），陈九畴（肃州兵备副使），陈其学（肃州兵备副使），孙坤（肃州兵备副使）。⑥

① ［万历］明会典［M］. 卷93，群祀三.
② ［清］许容. 甘肃通志［M］. 卷12，祠祀·凉州府.
③ ［清］杨春茂. 重刊甘镇志［M］. 建置志：第3，坛壝.
④ ［清］杨春茂. 重刊甘镇志［M］. 建置志：第3，坛壝.
⑤ ［清］苏铣. 凉镇志［M］. 建置志·坛壝.
⑥ ［明］李应魁. 肃镇华夷志［M］. 卷2，祠祀.

肃州卫乡贤祠：

祀汉盖勋（汉阳太守），张芝（处士），侯瑾（处士），晋索靖（关内侯，大将军），氾胜（举孝廉，为郎中），索袭（处士），祁嘉（处士），宋纤（处士），郭瑀（处士）。南北朝刘昞（西凉抚夷护军），张湛（赐爵南浦），令狐整（丰州刺史），索敞（中书博士），令狐熙（沧州刺史）。①

肃州卫忠勇祠：

祀汉浞野侯赵破奴，三国魏义士厐淯，晋宛戍校尉宋矩，金城令车济，义士索泮，明总兵王贵，防将姜显宗、杨耆，都指挥吴钊、刘兴，指挥胡麒、钟振，千户曹赟、符受、许钊、陈进、邊戚、王臣、李相、来斌、杨祥、董以忠，百户董和、黄义、田志深、张玺、吴英、陈泰、王忠、刘威、朱安、陈五、王贵、蒋忠、崔达、任虎、司彦明、钱济民、梁栋、刘端。②

镇番卫忠烈祠：

祀汉张骞、赵充国、辛武贤、孔奋、耿秉；晋索靖、马岌；唐袁光庭、王方翼、苏定方；明副使李端澄、李旻，都督王贵，防将吴钊、杨耆，都指挥胡麟、钟振，指挥陈恭、田英，千户曹赟、董和、许钊、刘伟、王让、王标、陈进、吴英、傅成，百户刘端、黄义汉、曾翟辅、王谅、任浒、孙堂、王忠、路俊、戈镇、罗锦、张玺、张寅、陈泰、马刚、华聪、马荣、危见，所镇抚□杰、张俸。③

陕西行都司忠节祠：

嘉靖十年（1531 年），都御使赵载以旧地藏寺改建。祀汉骠骑将军霍

---

① ［明］李应魁. 肃镇华夷志［M］. 卷2，祠祀.
② ［明］李应魁. 肃镇华夷志［M］. 卷2，祠祀.
③ ［清］许容. 甘肃通志［M］. 卷12，祠祀·凉州府.

去病、西域都护郑吉、骑都尉班超、张掖太守郭忠、张掖都尉安封侯窦融、唐甘州刺史李汉通，明宋国公冯胜，总制三边都御使王越，巡抚都御使马昂、徐廷璋、张海、徐进、徐铭、寇天叙、唐泽、陈九畴，乡贤都御使陈璞、镇守总兵官宋晟、任礼、蒋贵、卫颖、刘宁、彭清、毛忠、柳勇、刘文。从祀阵亡坚强太监阮和，甘州五卫指挥张瑾、王通、杨钺、王刚、周玺、祝泰、王佐、杨松、孙堂、蒋钦、孙淮，千户陆钦、徐聪、周佐、张锦、梅江，百户王爵、路保、刘汉、张玘、唐勇、陈月、徐英。①

山丹卫忠节祠：

祀汉伏波将军路博德，隋吏部侍佩矩，唐河西节度使王忠嗣，河西兵马使李光弼，河西节度使李嗣业，元丞相脱脱，明总兵武振，指挥庄得、郑通、杨善、郑伦，千户索雄、马月、梅全，百户王真、范荣、秦玉、尚名、尹果、顾谦、赵伏、张绣，凡二十二人。②

通过对各祠祭祀人员的观察，我们可以发现，忠节祠、忠烈祠、忠勇祠所祭祀的对象以武人为主，本朝能入祠者大多是为国捐躯的烈士。而名宦祠、乡贤祠所祭祀的基本上是文官或儒士。值得注意的河西诸卫只有肃州卫建有名宦祠、乡贤祠，而忠节祠、忠烈祠、忠勇祠则遍布各卫。即便在肃州卫，名宦祠、乡贤祠在规模上与忠勇祠也有着一定的差距。肃州卫名宦祠共供奉 18 人，乡贤祠共供奉 14 人，忠勇祠则供奉着 40 人。乡贤祠内供奉的 14 人止于南北朝，极度繁荣隋唐两朝以及"重归华夏"的本朝都无人入祠，也侧面显示了卫所官员对乡贤祠重视程度远不及忠勇祠。对于这样一种特殊的情况，究其原因，主要在于明代河西诸卫是以武人为主导的军事社区。同时在战争频繁的社会背景下，弘扬忠君爱国、舍生取义的精神对河西诸卫也更具现实意义。

（四）护国佑民神灵祭祀

这类祠庙主要是指除坛祀、文庙之祀、帝王名臣之外的神灵祭祀。这类神灵的来源极为广泛，有源自自然界的原始崇拜，有源自被神化的历史人物，有

①　［清］杨春茂. 重刊甘镇志［M］. 建置志：第 4，祠祀.
②　［清］杨春茂. 重刊甘镇志［M］. 建置志：第 4，祠祀.

源自道教神仙体系的神仙等。但这类神祇往往都具有护国佑民的特点。如城隍庙祭祀的城隍神，被看作维护一方安宁的保护神，在人类管理所不能达到的地方发挥着重要的作用，具备"护城佑民，御灾掉患"以及"监察民之善恶"的功能。通过对城隍的祭祀，一方面可以起到祈福消灾的作用，另一方面可以使官民知晓畏惧，加强对地方社会的管理和掌控。关王庙，祭祀武圣人关羽，被认为具有护佑百姓、助佑军事活动、规范商业道德等多种社会功能。在边境战争频繁的河西地区，关羽被视作战神。临战前，祭祀关羽，既可以祈求其在战争中给予庇护，又可以通过关羽作战勇敢、忠君爱国的历史形象来鼓舞士气。旗纛庙，祭祀旗纛。旗、纛都是象征军队作战所用的军旗。明代对于保佑战事顺利的旗纛之祀极为重视，"凡各处守御官、俱于公廨后筑台、立旗纛庙。设军牙六旗纛神位。春祭用惊蛰日、秋祭用霜降日。祭物用羊一、豕一、帛一、（白色）祝一、香烛酒果，先期、各官斋戒一日至日、守御长官武服行三献礼。若出师、则取旗纛以祭"①。在中央的倡导下，旗纛庙在河西诸卫所皆有分布，是各卫所进行军事性祭祀——祃祭的主要场所。马神庙，祭祀先牧、马祖、马社、马步等神。先牧是牧马的始祖；马祖是马在天上的星宿；马社为"始乘马者"；马步，是为害马匹的灾神。由于马在畜牧经济以及冷兵器时代中所起到的重要作用，马神祭祀在明代被视为象征家国安危的重要祭祀，备受重视。永乐年间，"天子遣太仆少卿主其祭祀，天下凡养马处皆有祠，遂为通祠"②。河西地区作为官马的主要养殖地和与游牧民族作战的前沿，马的重要性尤甚。因此，马神庙在河西诸卫所皆有设置。八蜡庙，祭祀八种与农业有关的神祇，具体而言，包括"一先啬神农；二司啬后稷；三百种为诸谷；四农为田畯；五邮表缀，为设亭舍，以标田畔相连之处；六禽兽为猫虎；七防为堤障；八水庸为沟道"③。在中国古代，八蜡被视为除虫抗灾御患的神祇。河西地区农业生产的基础较为薄弱，各种自然灾害频繁发生，属于典型的靠天吃饭，官员们希望通过祭祀八蜡，来祈求农业丰收与土地增产。龙王庙，祭祀司风管雨，掌管水中生灵的龙王。河西地区干旱少雨，农业生产的正常进行都仰仗于水利。鉴于水利与农业的紧密联系，河西地区的官民都期盼获得龙王的庇佑，并通过对龙王的祭祀活

---

① ［万历］明会典［M］. 卷94，礼部五十二.
② ［明］归有光. 震川先生别集［M］. 卷4，马政祀祠.
③ ［明］陈棐. 八蜡祠碑记［M］∥［清］钟赓起. 甘州府志：卷13，艺文上.

动来维护用水秩序。与龙王庙功能类似的还有镇夷所的晏公庙。晏公庙，祭祀元末江西临江府清江镇人晏戍子。"元初，输文锦于上都，因而尸解，人以为神立祠之，后显灵江湖间。"① 明初，由于朱元璋认为在关键性的鄱阳湖之战中得到了晏公的护佑，便册封晏公为"神霄玉府晏公都督大元帅"，命天下建庙祀之，使晏公从只在江西一带分布的地方小神，成了在全国广泛分布的大神。随着文教事业的恢复和发展，供奉文昌帝君的梓潼庙、文昌祠以及供奉魁星的文魁祠、文魁楼在河西地区也有了较为普遍的分布。在中国古代的民间信仰体系中，文昌帝君又称文昌星、文星，是主持文运功名的星宿，掌管士人功名禄位之神。魁星则是文昌帝君的侍神，同样主宰着文运的兴衰。文昌信仰在河西的广泛分布，一定程度上反映了河西地区文教事业的发展。地方官员以及应考士子都希望获得文昌帝君、文魁星的庇佑，能够在科场取得成功。

通过上文的梳理，我们可以发现与一般府州县不同，河西诸卫皆为军事性社区，且时刻面临着战争的威胁，以祈求战争胜利为目的旗纛庙、马神庙、忠勇祠、忠节祠、关帝庙等祭祀军事类神灵的祠庙就极为普遍。明朝中叶，随着文官阶层对卫所事务的介入、卫学的设立与儒学的传播，文庙、乡贤祠、启圣祠、文昌祠等属于儒学教化体系的祠庙开始兴盛，进一步完善了河西地区的国家通祀体系。

三、官方对民间信仰的控制与改造

除了将属于国家通祀体系的神灵在河西地区进行推广和扶持外，在地方官员和儒家士大夫的推动下，一些流传于河西一带的土神在经过官方的改造后，其合法性获得了官方的承认，被纳入官方的祭祀体系。

西夏土主是明代河西地区极为流行的民间信仰。甘州的忠武王庙、凉州的羊头神庙、肃州的西岳庙皆为西夏土主庙。② 西夏土主信仰的具体情况，据《肃镇华夷志》载：

> 西岳庙，俗曰羊童庙，内塑神像，为羊首人身，壁画破虏之状，有人

---

① ［清］沈翼机，嵇曾筠［M］. 浙江通志，卷217，祠祀一.
② 崔云胜. 酒泉、张掖的西夏土主信仰［J］.《宁夏社会科学》，2005（3）. 一文指出西夏土主信仰只存在于酒泉、张掖，武威不存在。但据《凉镇志》载，明代凉州卫城内建有羊头神庙，从名称上推测，其供奉的应为西夏土主.

首、羊首之异。询之父老传说，当时有大将统兵破虏，馘其首，又制羊头安于头上，再战获胜，尽酒泉之地，遂立庙焉。①

重刊《甘镇志》载：

> 忠武王庙，城西南隅，元季兵焚，洪武中建。旧碑载神乃西夏土主，祷无不应。姓氏封爵无考，天顺中，太监蒙泰重修，定襄伯郭登有祀。②

在天顺年间，郭登撰《重修甘州忠武王庙》时称：

> 城西南隅，有古祠，载祀明神曰"护国忠武王"，其徽号之崇，闬门之设，不知始于何时，志典缺文，漫无可考。神以羊首饰冠，朱衣端笏，仙妹吏兵，执枝戟、斋斧，列侍左右。惟其容貌伟异，遂致流俗怪骇，鼓辞相煽，端人病焉。是乌足以知神哉？
>
> 按老氏六阴，洞彻遁甲真文，所在六甲六丁之神，盖二气之往来，一机之妙用也。甲为阳，丁为阴，阳倡阴和，各以类应。故甲则配以子寅辰午申戌，丁则配以丑卯巳未酉亥，此固支干之想合。若夫元牝之互根。则申辰又以丁未为阴，丁未又以申辰为阳，六阴无形，用之则应，以其阳则可测阴，不可穷也。其丁未神恭号无比至，真军戴羊头冠，红粉朝服，以黄为裳，手执双戟，或仗剑。掌岳渎，化阴兵，助征战，救生育水火刀兵诸厄。其色黄，其天主土德，在人主脾胃，此其略也。③

从上述记载中我们可以发现，西夏土主信仰至迟在元代已经出现在了河西地区。西夏土主庙中供奉的神像为羊首人身的"护国忠武王"，在河西地区拥有着一定的影响力。但对于"护国忠武王"的姓氏、封爵等具体情况，河西本地的学者、官员却并不了解。以至于作为官方代表的郭登在为重修甘州忠武王庙作记时都无法考证出西夏土主信仰的具体由来，只能从道家"六丁六甲"的理

---

① ［明］李应魁. 肃镇华夷志［M］. 卷2，祠祀.
② ［清］杨春茂. 重刊甘镇志［M］. 建置志：第4，祠祀.
③ ［明］郭登. 忠武王庙碑记［M］//［清］钟赓起. 甘州府志：卷13，艺文上.

论出发，认为西夏土主庙中供奉的是道教中护法神的"丁未之神"。直到乾隆年间编纂的《甘州府志》才对西夏土主庙供奉神灵的具体情况有了进一步的认知，认为护国忠武王，即西夏齐忠武王李彦宗。"忠武王，王爵也；忠武，谥也。土主司土也，西夏国号也。《宋史》西夏有齐国忠武王李彦宗，系元昊之裔，子遵顼继夏统改元光定者。盖尊乃父，祀为土主耳。"①

按照儒家礼制，"祭祀，能御大灾，则祀之；能捍大患，则祀之。神有是二者，其享一方之祀，宜也"②。以此为原则，明初在制定祀典时，规定"凡有功于国家及惠爱在民者，具实以闻，著于祀典"③。具体而言，能够被列入国家祀典的民间神灵，一般情况下需要具备两个条件，一是有功于民，二是合乎国家法统。明代河西地方官员虽然对西夏土主信仰的具体情况并不了解，但仍然屡次为其修建庙宇，承认其合法性。究其原因，一方面在于西夏土主信仰由于"祷无不应"在河西民众中形成的影响力。另一方面，则是看中传说中西夏土主"忠勇爱国""护国佑民"的特质。郭登在《重修甘州忠武王庙记》中就对将西夏土主纳入官方祭祀体系的理由进行了阐述：

> 夫西陲用武之地，历代相沿，分合靡常。凿凶门者，忾敌而必争；袒金革者，丧元不悔。固土风之精强，亦人心之习尚也。位神储阳之精，合阴之妙，代天之功，顺帝之则，昭布显列，默相幽赞，干机运化，嘘炎吹冷，拯时艰而煦物，佐岁光而流泽。凡有血气者，举厥痛痒，悉轸神衷，感之于形声，应之于影响，若寒挟纩，若渴饮水。达俊功于四鄙，而群生殖；导灵命于一方，而诸殃散。虽建极以表功，尤执中而作宰，好是正直，拂彼回邪，响于德而不响于逆，歆于忠而不歆于凶。
>
> 若夫仰之于天，则日月星辰雷雨，可以俪其高；揆之于地，则名山大川岳镇海滨，可以班其秩；稽之于人，则百谷五祀八蜡三厉，可以齐其功。其护国之称，真君之谥，于义岂不昭矣哉?④

在上述记述中，郭登着重强调的就是西夏土主在作战中的英勇表现和在守

① ［清］钟赓起. 甘州府志［M］. 卷16，杂纂·西夏土主庙考.
② ［明］牟伦. 修上龙王庙碑记［M］∥［清］钟赓起. 甘州府志：卷13，艺文上.
③ ［万历］明会典［M］. 卷93，群祀三.
④ ［明］郭登. 忠武王庙碑记［M］∥［清］钟赓起. 甘州府志：卷13，艺文上.

卫河西中做出的巨大贡献，并指出西夏土主信仰合乎儒家礼制和国家祀典的要求。西夏土主神像"羊首人身"的造型，据当代学者考证羊首饰冠源于羌人的党项人，用羌人最崇拜的羊的图腾标志对李彦宗进行神化，其目的可能在于彰显其民族的根源与特性。① 但在明代，对于接受儒家文化浸染的士大夫而言，羊首人身的造型就难免显得流俗怪骇，以至于出现"鼓辞相煽，端人病焉"的情况。对此，为进一步使西夏土主信仰符合儒家礼制的要求，河西地方官员还对西夏土主的神像进行了改造。如肃州西岳庙，"嘉靖二十五年（1546 年），参将刘勋谒庙，询之，以所言不经，遂改羊首为人首"②。甘州西夏土主庙，据乾隆《甘州府志》载："今庙像已改，衮冕去羊首等饰。"③ 经过河西地方官员的推广与改造，河西地区的西夏土主信仰获得了一定的发展空间，成了河西地区具有重要影响的民间信仰。入清之后，西夏土主庙继续获得清廷的认可，各地的土主庙均得到多次修缮，进一步巩固了西夏土主信仰在河西的影响力。

平天仙姑是起源于今临泽县板桥镇，流传于甘州一带的土神。关于平天仙姑信仰的记载，最早见于立于西夏乾祐七年（1176 年）的《西夏黑水桥碑》。该碑碑阳为汉文，碑阴为藏文。现将其汉文碑文列于下：

> 敕镇夷郡境内黑水河上下所有隐现一切水土之主山神、水神、龙神、树神、土地诸神等，咸听朕命。昔贤觉圣光菩萨哀悯次河年年暴涨，漂荡人畜，故发大慈悲，兴建此桥，普令一切往返有情咸免徒涉之患，皆沾安济之福，斯诚利国便民之大端也。朕昔已曾亲临此桥，嘉美贤觉兴造之功，仍罄虔恳，躬祭汝诸神等，自是之后，水患顿息，固知诸神冥歆朕意，阴加拥佑之所致也。今朕载启神虔，幸冀汝等诸多灵神，廓慈悲之心，恢济渡之德，重加神力，密运威灵，庶几水患永息，桥道久长，令此诸方有情，俱蒙利益，祐我邦家，则岂惟上契十方诸圣之心，抑亦可副朕之弘愿也，诸神鉴之，毋替朕命。④

① 高荣. 河西通史［M］. 天津：天津古籍出版社，2011：604 - 605.

② ［明］李应魁. 肃镇华夷志［M］. 卷2，祠祀.

③ ［清］钟赓起. 甘州府志［M］. 卷16，杂纂·西夏土主庙考.

④ 王尧. 西夏黑水桥碑补考［M］//白滨. 西夏史论文集. 银川：宁夏人民出版社，1984.

文中修建黑水河桥的贤觉圣光菩萨，据《甘州府志》载即为平天仙姑。但从碑文中看，此时平天仙姑的故事还相当简略。但故事中隐约闪现的忠君、佑民的寓意，极易得到地方官员、士人的共鸣。至明万历初年，甘肃巡抚侯东莱重修甘州仙姑庙时，平天仙姑"设桥济人"故事的细节已相当完备，其情节也更加精彩：

> 甘镇北堡名曰板桥，境外庙曰仙姑。究所从来，自汉大将军霍去病和戎之继，百姓始得耕耰。见一女身体轩昂，宛然有不凡之像，因黑河之源水溢，非舟可渡，于是设桥以济人。斯民不患徒涉，而河西北亦且便耕，行称便利，而姑之功不在禹下。但时远水发，而桥崩定，姑亦随水而逝，踪迹则不昧。或显身于昼夜，或行施以风雨。民感其灵，寻尸而葬，故立庙以祀，而庙之设，由此以始焉。是以民间风波旱潦，祈福禳灾者，随祷即应，不啻影响。然时则钟鼓自鸣，空中恒有管龠之音。一日风雨大作，折木扬沙，斯庙前现一铁牌，上书"平天仙姑"，而仙站之名由此称焉。是以万古灵威，千载感应，时有北虏犯边，见其像，毁之，其人即毙。虏怒，以火焚之，其九人自死于火种。自此北虏至庙者，不敢正视，但以手加额，敬畏不暇。①

在《重修仙姑庙碑记》中，原本只有建桥之功的平天仙姑，又具有了地方保护神的色彩，甚至连善战的蒙古军队在遇到平天仙姑庙都"不敢正视，但以手加额，敬畏不暇"。以明初"凡有功于国家及惠爱在民者，具实以闻，著于祀典"②的标准来衡量，"生而有功于人，殁而显灵于世，御灾捍患，报国救民"③的平天仙姑显然符合被纳入官方祭祀体系的要求。万历六年（1578年），"抚台大司马候公下车巡行郊野，谒见是庙，悚然起敬。但规制卑狭，未足以满我公敬神之心，遂责委平川守备王经，命匠宏厂，添筑墙垣，续盖享堂三间，

---

① 重修仙姑庙记［M］张志纯，等校点//高季良. 创修临泽县志. 兰州：甘肃文化出版社，2001：461 - 463.

② ［万历］明会典［M］. 卷93，群祀三.

③ 重修仙姑庙记［M］张志纯，等校点//高季良. 创修临泽县志. 兰州：甘肃文化出版社，2001：461 - 463.

厢房四间，大门一座，彩绘侍卫，栽植树木，森然弱水合黎之胜境"①。天启三年（1623 年），守备徐承业再次翻修平天仙姑庙。徐承业重修平天仙姑庙的缘由以及过程，在天启三年（1623 年）甘肃游击将军陈洪范等人所立的碑文中有着详细的记载：

> 盖闻明禋肖像，崇祀报功，亘古今、率土滨之所不废。然未有如平天仙姑，河北一线殊方，无贵无贱，无遐无迩，肩尔往，肩尔来，咸竭诚奉祀，朝夕顶礼若弗遑者。盖谓仙姑，自汉以来，明禋唯谨，呵护屡彰，军民以安，封疆巩固，保釐嗣息，无处无地不沐其感格。第庙貌寝至颓圮，规模卑狭者多矣。兹惟徐公讳承业者，守戎于此，莅事而谒宇下，訏之曰："奉祀不虔，神之不格，神之不格，何以奠要荒而保士庶？"父老佥佥谓香资巳竭，募化惟艰，公遂捐俸金，举功德，主张束吾募化，王柏饰材鸠功，创建正殿抱厦三间，重建土地山神二祠，碑坊、石碣之类，悉命兵卒。而土木工紧，遂不月告成焉。轮换既饬，而俎豆时张，赫赫洋洋，其灵如在，足称一方之胜境矣。徐公之意，若曰鞁韅之士，日周旋于戎马之场，保疆御房，惟乃之职，非忠非勇，何以报国？而香火之奉，独隆于斯神，必有作其勇敢之气于居常者矣。爰磨贞珉，丐生记，何足以文？稔知徐公，忠义士也，其心不能一日忘报主，亦不能一日不扰民。是以仰契神明，而眷切于众庶之奉祀也如此。以故知徐公所见者明且远，而所望者宽且大焉。②

在侯东莱等人的倡导下，平天仙姑信仰得到了进入祀典的待遇。在官方的特殊照顾下，平天仙姑庙逐渐兴盛，获得了更广泛信徒的青睐，从一个"规模卑狭"的小庙逐渐发展成"香火日繁，人益信之"的大庙。③ 此后，在地方官员、士人的支持和渲染下，关于平天仙姑设桥救渡汉军、夷人焚庙、仙姑三次降灾于夷人等传说的演绎愈加丰富与生动。平天仙姑显灵地方、惩恶扬善等神

---

① 重修仙姑庙记 ［M］张志纯，等校点//高季良. 创修临泽县志. 兰州：甘肃文化出版
　 社，2001：461 - 463.
② 重修仙姑庙记 ［M］张志纯，等校点//高季良. 创修临泽县志. 兰州：甘肃文化出版
　 社，2001：463 - 464.
③ 重修仙姑庙记 ［M］张志纯，等校点//高季良. 创修临泽县志. 兰州：甘肃文化出版
　 社，2001：461 - 463.

异事迹的传说更是层出不穷。如：

> 却说明朝弘治年间有北边鞑子谋犯内地，从娘娘庙前经过，忽听庙内有刀枪剑戟格斗之声，那鞑子不知道是娘娘的灵感，只当有兵马在内埋伏，内心慌惧，遂把娘娘庙用火点起，一齐慌忙逃窜而去，并没动我内地一草一木。因为娘娘救了一方人民，有附近的居民齐心合力，与娘娘重修庙宇，但已没了原日的规模。嘉靖十七年（1538年），有巡抚杨博巡边从庙前经过，忽听声音嘹亮，半空中有笙箫笛管细吹细唱。抬头观看见云端里站着一位娘娘，头戴璎珞凤冠，身穿五色霞帔，渐渐向空中远处而去。这杨巡抚回到营中，方知此地有一仙姑庙，庙中娘娘甚是灵应，遂到庙里跪拜神像，于空中所见的一般无二。杨巡抚心中着实惊异，因见庙宇矮小，遂发愿心捐金银，将娘娘庙宇重新修盖了一番。①
>
> 却说天启四年（1624年），甘州有一位郭总兵，听见仙姑娘娘甚是威灵，求儿祈女者甚多。因想到自己已年过半辈，尚无子嗣，借名巡边往仙姑娘娘前祈祷一番。回到甘州城未到一月，妇人吕氏年已四十五岁，忽然有孕。到了次年四月二十一日果生一子。郭总兵喜从天降，感戴娘娘的灵感，于是亲来到娘娘的庙里叩谢。这夜梦见一位绯衣的娘娘端坐堂前，对他言道："你予我盖一个前殿。"郭总兵忽然惊醒，乃是南柯一梦，心中甚是惊异。遂即大发愿心，在此盖了正殿三间，两廊六间，塑一尊金像在殿内，这就是如今前殿的根由。郭总兵选了六月十五日良辰吉日在庙内庆贺完工，交还愿心，忽然三骑马来报说："老爷升了宁夏巡抚。"郭总兵双喜临门，喜不自禁。②
>
> 崇祯九年（1636年）巡抚白某因他女儿有病，命在旦夕。闻知仙姑娘娘甚是神灵，千祈千应，万祈万应，遂诚心祷祝，求娘娘保佑。祷告罢来到后堂，因为女儿病重，心中忧虑，独坐无聊，神思昏倦，只见一个青衣女童手捧仙盒一具，往后宅走去。白巡抚问："是哪里来的？"那女童道："我是差来与小姐送药的。"白巡抚正要问是谁差来的这话，忽然那女童不见了。白巡抚吃了一惊，走进房内，只觉得异香满室，其味非常，白巡抚也不说破，只叫妇人好好看守女儿，再不可给她什么药吃。到了次日，这

---

① 徐永成. 金张掖民间宝卷（一）[M]. 兰州：甘肃文化出版社，2007：38-39.
② 徐永成. 金张掖民间宝卷（一）[M]. 兰州：甘肃文化出版社，2007：39.

女孩儿眉开眼笑，渐渐把病减退，不到五日，全然康复，毫无病态了。白巡抚把娘娘感激不尽，先差人与娘娘挂了长幡，悬了金匾。又发愿捐俸予娘娘增修配殿三间，以及道房香厨之类。①

入清后，平天仙姑信仰获得持续发展，其影响力从今天河西地区中段的张掖、临泽、高台逐步扩大到酒泉、金塔等地，成了影响整个河西地区的重要信仰。康熙三十七年（1698 年），振武将军孙思克、吏部候诠同知谢尘等人更是将关于平天仙姑的各种神话传说汇集成《敕封平天仙姑宝卷》一书。《敕封平天仙姑宝卷》一书的刊刻，进一步促进了平天仙姑信仰对河西地方社会的渗透，甚至连婆媳间的家庭矛盾中都出现了平天仙姑的身影，据《甘州府志》载："仙姑系孝女得道，近村有媳逆其姑，经仙姑显灵惩殛，闻者无不感化。"② 可见，到了清代，平天仙姑信仰的社会功能也发生了变化，明代护国佑民的战争保护神，开始深入到了平民百姓的生活琐事。这样变化的背后，一方面是由于清代边疆军政形势的变化，频繁的战争已经远离河西地区的社会生活，战争的守护功能已不在为百姓所急需；另一方面，也说明在上百年的发展后，平天仙姑信仰的社会根基更加牢固，与百姓社会生活的联系更加紧密。

总之，随着统治秩序在河西地区的确立，明朝以儒家礼制为原则，向河西地方社会推行正统神明，以及控制与改造河西地区一些民间信仰使其符合国家正统思想的要求等方式，使得河西地区形成了较为完善的地方祀典体系。明王朝将地方祀典的建设作为其教化地方以及重构社会秩序的重要方式，试图利用神灵控制民众，向其灌输忠孝节义等正统思想，借此来达到国家权力向地处边陲的河西地区渗透的目的。客观上加快了长期远离中原王朝统治的河西地区重新被纳入以儒家文化为主导的主流社会的过程。

第四节　明朝对河西地区的宗教管理与控制

宗教是人类社会发展到一定历史阶段出现的一种文化现象，具有悠久的历

---

① 徐永成. 金张掖民间宝卷（一）[M]. 兰州：甘肃文化出版社，2007：40.

② [清] 钟赓起. 甘州府志 [M]. 卷16，杂纂·平天仙姑.

史和深远的影响。其特点是相信在现实世界之外，存在着超自然、超人间的神秘力量或实体，主宰着人类和社会的进程，从而使人对其产生敬畏和崇拜的思想感情，并由此引申出相关的信仰认知和礼仪活动。宗教通过"用神或神的诫命作为人们崇拜敬畏的象征性对象"，发挥"维系社会的稳定和一体性"的重要作用。① 由于特殊的历史发展轨迹和民族构成，汉传佛教、藏传佛教、道教、伊斯兰教等共同构成了河西地区的宗教信仰体系。明朝建立后，明廷逐渐认识到宗教在钳制思想、稳定社会秩序方面的强大力量，根据各宗教在社会生活中的不同重要性以及所承担的不同角色，制定不同的宗教政策，对其进行管理与控制，试图利用宗教维护和巩固其统治。

一、佛教

河西地处东西交通的要道，自古就是中西方文化交流的孔道，起源于印度的佛教就是经新疆、河西走廊传入内地的。在佛教向中原传播和发展的最初阶段，来自天竺、西域的名僧都曾在河西地区积极学习汉语和中原文化，并翻译佛经，讲经授徒。如昙无识（谶），"北凉时，于姑臧译《大方等集经》三十卷"。同时与河西本地僧人慧嵩，"在姑臧译《大般涅槃经》等四十卷"②。其中《大般涅槃经》在汉传佛教的发展中产生了重大影响。还有僧人将河西地区作为前往内地弘法的跳板。如鸠摩罗什于东晋太元十年（385 年）随前秦大将吕光从龟兹来到了姑臧（今武威市凉州区），在姑臧生活了十七年，并系统学习了汉语。后秦弘始三年（401 年）随姚兴入长安后，主持翻译了《大品般若经》《小品般若经》《妙法莲华经》等佛教经文。其所译经典内容信实，文字流畅，为中国佛教发展史做出了不可磨灭的贡献。在众多高僧的努力下，佛教文化在河西地区得到了迅速的发展，开窟建寺蔚然成风。北魏占领河西的初期，河西佛教经历了暂时性的衰落。随着北魏统治的加强，河西地区的佛教文化又逐渐恢复。隋唐至宋初，河西地区长期远离政治、经济、文化中心，佛教文化虽然不及十六国时期那么兴盛发达，但在统治者的倡导下，仍然取得了一定的发展。西夏统治河西后，由于西夏政府极力崇佛，河西地区的佛教盛极一时。立于西夏乾顺时期的《重修护国寺感通塔碑》就对凉州地区佛教信仰的状况进行了描述：

---

① 吕大吉. 宗教学通论 [M]. 北京：中国社会科学出版社，1989：57.
② [清] 钟赓起. 甘州府志 [M]. 卷 11，人物·仙释.

"况武威当四冲之地，车辙马迹，辐辏交会，日有千数。故憧憧之人，无不瞻礼随喜，无不信也。"① 元朝建立后，为巩固西北边疆，加强蒙藏团结，在河西地区大力扶植佛教，尤其是藏传佛教。从而促成了藏传佛教在河西地区的空前发展。

明朝建立后，佛教在河西地区信仰体系中仍然占据着的极为重要的地位。特别是在蒙藏等少数民族社会中，藏传佛教起着极为特殊的作用。正如《重修马蹄寺碑》所称："河西习俗多崇佛，西番尤为敬。"② 在《五凉全志·古浪县志》中记载的"扒沙梵僧"的故事从侧面证明了明代藏传佛教在河西地区的影响力。其详细记载如下：

> 僧梵修于扒沙寿国寺，番夷供养已久。明万历二十九年，田、达二公恢复松山，入寺见僧端坐，令斩之，血出如乳，操刀者立毙。后扒沙为大靖，屡被回禄，卜者以为枉杀高僧之故，乃立祠塑像，火灾果熄。像存，有碣记其事。③

在"扒沙梵僧"的故事中，显然存在着超乎常理的神异情节，其真实性无须考证。但透过神异的情节，"枉杀高僧"与"立祠塑像"两事件对地方社会产生的截然不同的影响，我们不难发现故事中隐喻着藏传佛教在河西地方社会中的重要影响。

基于佛教在河西地区的重要影响，以及佛教教义有益于稳定现存社会秩序的功用，终明一世，明廷对佛教都基本上保持着崇尚和扶持的态度，并试图借助佛教的力量强化自身统治。具体而言，明廷通过设置僧官、营造佛教寺庙、对藏传佛教僧团进行征召与封赐等方式对河西佛教进行了管理与控制，将其严格置于皇权的监控之下。

(一) 设置僧官

明初，为统制和整肃佛教僧团，明太祖建构了一整套由僧人构成的僧官司机构，用以贯彻执行皇帝的佛教政策和管理僧团事务。洪武年间，僧官机构经

---

① 罗福成. 凉州重修护国寺感应塔碑铭 [J]. 国立北平图书馆馆刊，1931，4 (3)：153.
② 重修马蹄寺碑记 [M] //陇右金石录：卷9，明三.
③ [清] 张珩美. 五凉全志 [M]. 第4卷：永昌县志，风俗志·仙释附.

历了善世院和僧录司两个阶段。洪武元年（1368 年），设善世院于南京天界寺内院，"置统领、副统、赞教、纪化等员"①。但洪武十四年（1381 年）十二月，善世院即被革除。② 洪武十五年（1382 年），明太祖诏令以宋朝制度为蓝本，另行设立了一套从中央到地方的体系严密的僧官体系。在京城，设僧录司，为正六品衙门，属礼部。设左右善世、左右阐教、左右讲经、左右觉义等职，专职释教之事，品秩从正六品至从八品不等。其衙门，初建于南京天界寺。永乐后，改建于北京大兴隆寺。③ 在地方，府一级设僧纲司，置正副都纲各一员；州一级设僧正司，置僧正一员；县设僧会司，置僧会一员，各掌一方教政。

僧官系统级别较低，在整个官僚体制中处于附庸地位。因此，在众多史籍中对河西诸卫僧纲司的记载极为少见。甘州五卫，据《明太宗实录》永乐五年（1407 年）三月乙丑条载："设陕西甘肃左卫及庄浪卫僧纲司。"④ 又据《明宣宗实录》宣德二年（1427 年）六月戊寅条载："置甘州左卫僧纲司。"⑤ 主要内容成书于明末的《重刊甘镇志》载："僧纲司，弘仁寺内。"⑥ 从上述记载可以推论，甘州左卫僧纲司在永乐至宣德初年间，经历了从设置到撤销再到重新设置的过程。同时，由于甘州五卫同城而治，寺庙归属难以具体划分，可能是同设一个僧纲司进行管理。因此，在《重刊甘镇志·建置志》中只记载了一个僧纲司，且未标明其属卫。肃州卫，据《明英宗实录》天顺四年（1460 年）五月甲申条载："设陕西行都司肃州卫僧纲司，置都纲一员。"⑦《肃镇华夷志》载："僧纲司，在吉祥寺内。嘉靖二十八年（1549 年）被火灾，今废。"⑧ 凉州卫僧

① ［明］宋濂. 送觉初禅师还江心序［M］//宋学士文集：卷8，銮坡集.
② 《明太祖实录》中关于善世院革废时间有洪武四年和洪武十四年两处记载。大陆学界多采信洪武四年说，但日本和我国台湾学界较早发现了《明太祖实录》中关于善世院革废时间的矛盾记载，并考定洪武四年十二月为十四年十二月之误。关于善世院革废时间的详细情况，参见何孝荣. 明初善世院考［J］. 西南大学学报（社会科学版），2009（2）.
③ ［万历］明会典［M］. 卷226，僧录司.
④ 明太宗实录［M］. 卷65，永乐五年三月乙丑.
⑤ 明宣宗实录［M］. 卷28，宣德二年六月戊寅.
⑥ ［清］杨春茂. 重刊甘镇志［M］. 建置志：第1，公署.
⑦ 明英宗实录［M］. 卷315，天顺四年五月甲申.
⑧ ［明］李应魁. 肃镇华夷志［M］. 卷2，公署.

纲司设置的具体时间未见相关记载，其地点据《凉镇志》载："僧纲司，大云寺内。"① 万历年间，甘肃总兵达云翻修凉州卫大云寺，"僧官洪铠，以公修庙余材构小祠于庙左，肖公像而香火之，匪祗为建庙举，缘公秉钺开疆，而为地方图永报也，亦义举哉"②。可见，明代凉州卫僧纲司设于大云寺，但具体设立的时间已经无法考证。

由于藏传佛教在河西地区的宗教信仰体系中的主导地位，明廷还特别任命"番僧"担任河西诸卫的僧官，借此来加强对边疆少数民族的管理。如正统四年（1439 年）十二月，"甘州左卫僧纲司旧任都纲沙加舍念、剌麻锁南监参、僧人真巴舍念等俱来朝贡马。赐织金袭衣彩币等物有差"③。成化十六年（1480 年）正月，"陕西凉州卫菩提等寺番僧都纲南葛藏卜等……各来朝贡马驼甲胄等物"。④

（二）对佛教寺庙的营造

寺院作为佛教信众供佛礼佛的净地，出家僧众持业修行的道场和住居生活的安身之处，是佛教进行宗教活动的中心。特别是藏传佛教寺庙，除了是一个地区的宗教中心外，往往还是该地区的政治、经济中心。对于少数民族与汉族杂居的河西地区而言，藏传佛教寺庙中略显神秘的宗教活动，更是官员眼中地方安全的不稳定因素。如肃州卫顺城寺，在"东关厢南城下。番僧所修，内住僧人俱是南山西番种族，与东关哈剌灰交相往来，关厢人有言说此寺番僧非以为僧，实欲探听中夏之虚实，凡城中事体，南山诸夷无不悉闻"⑤。基于上述问题，明廷通过重建、扩建已有的古旧寺刹的，新建佛教寺庙，向佛教寺庙赐额等方式，加强国家力量在佛教寺庙的渗透与扩张。

早在明初，明廷本着崇用佛教的立场，就十分重视佛寺的营造。在对河西的统治秩序逐渐稳定后，明廷便开始对一些古旧寺刹进行重修，并对其中社会影响力较大的寺庙赐予匾额，以此来加强政府与寺庙间的联系。如甘州卫宝觉寺，始建于西夏永安元年，其创设的过程与西夏国师嵬咩有着密切的关系：

① ［清］苏铣. 凉镇志［M］. 建置志·公署.
② ［明］赵完璧. 重修大云寺碑记［M］//陇右金石录：卷9，明三.
③ 明英宗实录［M］. 卷62，正统四年十二月乙酉.
④ 明宪宗实录［M］. 卷199，成化十六年春正月辛丑.
⑤ ［明］李应魁. 肃镇华夷志［M］. 卷2，祠祀.

（嵬咩）一日敛神静居，遂感异瑞，慧光奕煜，梵呗清和，谛听久之，嗖嗖非远，起而求之四顾无睹，循至崇邱之侧，其声弥近，若在潜翳之下者。发地尺余，有翠瓦罩焉。复下三尺，有金甓覆焉，得古涅槃佛像。时四境之内，僧行善信，传闻忻跃，奔走聚观，咸咨嗟曰："吾侪于此，睹光明，聆音韵，非一朝夕，顾以暗昧，莫加寻究，非师善力，曷致感通欤？仰惟上善与佛有缘，在我下愚，虽近弗遇。"于时，嵬师欣快灵遇，心在感激，欲建宏刹，用崇祗奉，殚厥劳勤，经营缔构，不逾期岁，岿然焕然。惟肖像未就，旋感神功，劾其妙技，不疾而速，中月以成。竣事之晟，大众咸集，瞻仰欣悦，合掌归诚，膜拜祝赞，诸天龙像，来共鉴观，花雨缤纷，祥云缭绕，其功德甚盛，无量吉祥者也。时燕丹国师求道天竺，至跋提之境，睹一石碑，载《如来昔记》云："甘泉有迦叶遗迹，当于来世释迦法中遇八地菩萨，显伽叶之真仪，益恢弘于慧叶。自兹以往，如复有善信能以一花一香，致瞻礼之诚者，必登佛果，复生天界。"燕丹览已，铭之心中。①

从文中的记载可见，宝觉寺的前身为迦叶如来寺，因为寺内供有巨型的释迦牟尼涅槃像，又被称为卧佛寺。在创办伊始，迦叶如来寺就有着浓厚的官方色彩。终西夏一朝，迦叶如来寺都与西夏皇室有着密切的联系，尤其是西夏梁太后，更是常到迦叶如来寺朝拜居住。在西夏皇室的扶持下，迦叶如来寺的规模极为宏大，成了西夏国首屈一指的名刹。但洪武初年，在元明交锋的战火中，迦叶如来寺受损严重。永乐九年（1411 年），在河西地方官员的主持下，迦叶如来寺获得了重修。永乐十七年（1419 年），明成祖敕赐寺额曰"宝觉寺"。

又如甘州卫普观寺，"城南一百三十里祁连山下。内有浮屠塔，故名马蹄寺，开创无考。有石门二十，石洞七，共三十余处。每洞广狭不一，俱凿大小佛像。永乐元年（1403 年），土人倚洞立为禅堂。永乐十四年（1416 年）敕赐今额"②。肃州卫大赫寺，"在城西南隅。俗呼石佛寺。先年此寺有石佛，正统

---

① 敕赐宝觉寺碑［M］//陇右金石录：卷 9，明三.
② ［清］杨春茂. 重刊甘镇志［M］. 建置志：第 4，祠祀.

间番僧释伽荣耐曾奉敕增修殿壁"①。肃州卫吉祥寺，"寺后有白塔高耸，相传创建于汉武时，盖最古刹也。景泰七年（1456年）继修。正统五年（1440年），太监刘永诚请于朝，敕赐额曰：'吉祥寺'"②。凉州庄严寺，"宣德四年（1429年），藏僧妙善通慧国师索南坚赞每来寺址，发愿募缘修复佛殿和宝塔。呈报朝廷，皇上赐名曰庄严寺"③。凉州卫广善寺，"番僧伊尔畸者，居于此，能以其法劝人，赐号通慧国师，赐寺名曰广善"④。

　　除由皇帝敕建、敕修、敕赐寺额的寺庙外，驻劄河西的地方官员以及奉旨在河西负责监军、监枪等任务的宦官，也积极地参与到佛教寺庙的营造。如山丹发塔寺，"宣德年间太监王安、指挥杨斌继建。正统十三年（1448年），指挥彭智增修"⑤。山丹土佛寺，"正统六年（1441年），太监王贵、杨斌建，内佛像高一十三丈，覆以重楼七层，凿山为之……万历九年（1581年），巡抚侯东莱重修"⑥。山丹西山寺，"亦名观音寺……明成化年太监鲁□□建"⑦。山丹卫胜缘寺，"天顺中，太监蒙泰建"⑧。山丹钟山寺，"明信士李大国重修，巡抚田乐、候东莱，都督同知张成发等列衔铸钟"⑨。甘州普门寺，"成化四年（1468年），镇守太监严义建"⑩。甘州白塔寺，"宣德中建，天顺壬午（天顺六年），宣城伯卫颖重修"⑪。甘州崇庆寺，"天顺癸未（天顺七年），宣城伯卫颖重修"⑫。镇夷弘善庵，"弘治十一年（1498年）千户葛琬建"⑬。高台普济寺，"正统四年（1439年）挥使邹公和葛公复俱领上命来守地方，既下车肆仪，于寺睹规模狭隘，意在改为，遂慨输己财，召彼工匠。赁其功役，不劳民力，不伤民财。可修者，因而补之，可建者，从而益之。又况巍然炳然，临而炙之，

①　[明] 李应魁. 肃镇华夷志 [M]. 卷2，祠祀.
②　[清] 黄文炜. 重新肃州新志 [M] //肃州册：第5册，祠庙、坛壝.
③　乔高才让.《重修白塔寺碑志》碑文考略 [J]. 中国藏学，1993（3）.
④　王尧，陈践.《凉州广善寺碑文》藏汉文释读 [J]. 中国藏学，1990（4）.
⑤　[清] 钟赓起. 甘州府志 [M]. 卷5，营建·坛庙.
⑥　[清] 钟赓起. 甘州府志 [M]. 卷5，营建·坛庙.
⑦　[清] 钟赓起. 甘州府志 [M]. 卷5，营建·坛庙.
⑧　[清] 杨春茂. 重刊甘镇志 [M]. 建置志：第4，祠祀.
⑨　[清] 钟赓起. 甘州府志 [M]. 卷5，营建·坛庙.
⑩　[清] 杨春茂. 重刊甘镇志 [M]. 建置志：第4，祠祀.
⑪　[清] 杨春茂. 重刊甘镇志 [M]. 建置志：第4，祠祀.
⑫　[清] 杨春茂. 重刊甘镇志 [M]. 建置志：第4，祠祀.
⑬　[明] 李应魁. 肃镇华夷志 [M]. 卷2，祠祀.

仍礼僧之戒行端谨，为住持曰清者居之，随移文于巡抚都督御史徐公廷璋具奏，赐名曰普济"①。

对于佛教寺庙而言，能够获得皇帝敕建、敕赐寺额，或地方权贵的施资助缘无疑都是一种巨大的殊荣，是其合法性的重要体现。对于皇帝以及地方官员而言，营建寺庙一方面可以满足自身信仰的需要，起到祝延圣寿、护国佑民的作用；另一方面，则可借此强化佛教对国家的依附性，将国家权力渗入佛教寺庙，发挥佛教作为文化力量在社会管理中的隐性作用。

（三）对藏传佛教僧人的优礼

明王朝看到蒙藏民众"重佛法，而尤重于国师"② 的宗教习俗，便因俗而用之，通过征召和封授上层僧人，允许寺院僧首定期入朝供纳等方式优礼藏传佛教僧人，试图利用其的社会地位和号召力，加强对蒙藏民众的控制。正如明人黄佐所说："凡胡僧有名法王者，若国师者，一入中国朝廷，优礼供给甚盛，言官每及之，而朝廷多不从者。盖西番之俗，有叛乱仇杀，一时未能遥制，彼以其法戒谕之，惟谨。盖以取夷之机在此，故供给虽云过优，然不烦兵甲刍粮之贝，而阴屈众丑，所得亦多矣。"③

所谓"征召"，是指主要以皇帝的名义征取或召请藏传佛教僧人入京朝觐、供差。而所谓的"封授"，主要指以皇帝的名义给藏传佛教僧人封授法王、西天佛子、大国师、国师、禅师等名号，以示尊崇。清初，朝廷令各地的僧人执信符敕札到理藩院登记，数年内注册登记的明封大国师、国师、禅师、都纲等就多达 400 多个。而事实上，通过检视《明实录》，我们不难发现明朝封授的大国师、国师、禅师、都纲等实际人数还要远大于这一数字。④ 这些受封的藏传佛教僧人绝大多数来自河湟洮岷地区，但亦有小部分来自河西地区。如在酒泉、武威两地方志中都有记载的班丹藏卜，"先从觉刺麻授秘密戒行，后升灌顶静觉弘济大国师，赐予甚厚，授金印一、银印一。谨守戒律，道

---

① 普济寺碑 [M] //陇右金石录：卷9，明三.

② [明] 李汶，田乐. 题为海虏被创远遁，设法招收番族以孤虏势，以保藩篱事 [M] // [明] 苏铣. 西镇志：艺文考·奏议.

③ [明] 张萱. 西园闻见录 [M]. 卷105，佛.

④ 白文固，杜常顺，等. 明清民国时期甘青藏传佛教寺院与地方社会 [M]. 西宁：青海人民出版社，2009：173.

行日彰。入觐太宗文皇帝，亲制赞偈以宠异之。今西人多向其化"①。《五凉全志·武威县志》中记载的失剌藏卜，"住菩提寺，有戒行。永乐七年（1409年），召至南京鸡鸣寺讲经"②。此外，还有见于《明实录》的凉州卫番僧锁南监参、索南巴于宣德、正统年间先后获封妙善通慧国师的名号。③ 凉州卫番僧剌麻绰失吉监粲，"于陕西广善寺（凉州大佛寺）修行，赐敕谕并图书其文曰：'广宣慈化'"④。

朝贡，顾名思义即为朝觐君王、贡纳方物，是古代中国处理民族关系、对外关系的制度，主要包括朝贡一方的"称臣纳贡"和宗主一方"册封赏赐"双重内容。⑤ 为稳定明廷在蒙藏地区的统治，明朝便允许藏传佛教的上层僧侣定期赴京朝贡，并采取"薄来厚往"的优渥政策，以此来笼络蒙藏地区的宗教上层人士，加强边疆少数民族与中央的联系。河西地区的僧人向明廷朝贡始于永乐初年，据《明太宗实录》载：永乐四年（1406年）十月，"陕西凉州僧曜师等贡马，赐钞币僧衣"⑥。《明实录》统计，有明一代，河西地区的僧人向明廷贡纳活动共计14次。这些河西地区的僧人，一般以三种名义向明廷朝贡。第一，以寺院名义进行朝贡。如正统四年（1439年）十二月，陕西凉州卫庄严寺番僧失剌省吉，来朝贡马。⑦ 正统七年（1442年）十二月，陕西凉州卫庄严寺僧人锁南巴著思吉坚，来朝贡马。⑧ 正统十年（1445年）十二月，陕西甘州左卫弘仁寺剌麻刳思巴领占，来朝贡驼马。⑨ 成化十九年（1483年）十二月，凉州卫庄严等寺番僧作巴藏，来朝贡马及盔甲等物。⑩ 嘉靖三十七年（1558年）

① ［清］黄文炜. 重新肃州新志 ［M］//肃州册：第12册，仙释.
② ［清］张珩美. 五凉全志 ［M］. 第1卷：武威县志，风俗志·士农工商执业.
③ 明英宗实录 ［M］. 卷101，正统八年二月戊子；明英宗实录 ［M］. 卷103，正统八年夏四月庚子.《重修凉州广善寺碑》碑阳的汉文中有载"番僧伊尔畸者，居于此，能以其法劝人，赐号通慧国师，赐寺名曰广善"。这里番僧伊尔畸，据碑阴的藏文载，即为锁南监参。参见王尧，陈践.《凉州广善寺碑文》藏汉文释读 ［J］. 中国藏学，1990（4）.
④ 明英宗实录 ［M］. 卷103，正统八年夏四月庚子.
⑤ 李云泉. 万邦来朝：朝贡制度史论 ［M］. 北京：新华出版社，2014：257.
⑥ 明太宗实录 ［M］. 卷60，永乐四年冬十月丁未.
⑦ 明英宗实录 ［M］. 卷62，正统四年十二月乙酉.
⑧ 明英宗实录 ［M］. 卷99，正统七年十二月丁未.
⑨ 明英宗实录 ［M］. 卷126，正统十年二月辛酉.
⑩ 明宪宗实录 ［M］. 卷247，成化十九年十二月己卯.

十二月，甘州弘仁寺法缘清净僧人番僧罗谷领真，进贡方物。① 第二，以某地僧人的名义进行朝贡。这部分僧人往往散处于部落中，不居寺院，甚至兼领部落首领，他们往往希望通过朝贡活动博得明廷的青睐，借此提高自身地位。如永乐四年（1406 年）十月，陕西凉州僧曜师等贡马。② 宣德二年（1427 年）四月，陕西凉州卫僧完卜耳禄等来朝贡马。③ 宣德九年（1434 年）二月，甘州卫高僧锁南领占等来朝贡马。④ 正统二年（1437 年）十二月，陕西凉州卫番僧刻巴坚昝等贡马驼。⑤ 正统四年（1439 年）十二月，陕西凉州番僧曷萨室哩等，俱来朝贡马及铜佛像舍利子。⑥ 第三，以国师、禅师、都纲等名义进行朝贡。如正统二年（1437 年）十二月，与陕西凉州卫番僧刻巴坚昝等一同来朝的国师锁南坚参。⑦ 正统四年（1439 年）十二月，与陕西凉州卫庄严寺番僧失剌省吉等人一同来朝贡马的甘州左卫僧纲司旧任都纲沙加舍念。⑧ 成化十六年（1480 年）正月，陕西凉州卫菩提等寺番僧都纲南葛藏卜等，各来朝贡马驼甲胄等物。⑨

二、道教

道教作为中国土生土长的宗教，早在两汉尚处于萌发状态时就已经传入河西地区。例如在《（道光）敦煌县志》中记载的东汉末年隐士矫慎，"少学黄老，隐遁山谷，因穴为室，仰慕松乔导引之术，马融、苏章咸乡里，并时皆推尊之，年七十余，不娶。忽归，自言宛日，至期而逝，后有人见慎于敦煌，故前世界之，传为神仙云"⑩。可见，东汉末年，方仙道或神仙家已经在河西地区有所传播。⑪ 东汉末至东晋初，随着众多中原人士避居河西，再次加速了道教在河西地区的发展。如荣新江先生所指出的："中原世家大族的到来，也把内地

---

① 明世宗实录［M］.卷467，嘉靖三十七年十二月庚申.
② 明太宗实录［M］.卷60，永乐四年冬十月丁未.
③ 明宣宗实录［M］.卷27，宣德二年夏四月乙亥.
④ 明宣宗实录［M］.卷108，宣德九年春二月壬子.
⑤ 明英宗实录［M］.卷37，正统二年十二月己卯.
⑥ 明英宗实录［M］.卷62，正统四年十二月己亥.
⑦ 明英宗实录［M］.卷37，正统二年十二月己卯.
⑧ 明英宗实录［M］.卷62，正统四年十二月乙酉.
⑨ 明宪宗实录［M］.卷199，成化十六年春正月辛丑.
⑩ ［清］苏履吉.敦煌县志（道光）［M］.卷5，人物志·仙释.
⑪ 姜伯勤.敦煌艺术宗教与礼乐文明［M］.北京：中国社会科学出版社，1996：280.

流行的道教传到敦煌。……敦煌西北长城烽燧下，曾发现一枚早期天师道的符录。《老子想尔注》写本，如果不是后代才传人的北朝抄本，那就更证明敦煌天师道的流行。从敦煌佛爷庙、新店、祁家湾等地出土的镇墓文，也可以看到民间的方仙道的影响。"① 河西地区还流传着有关晋代了一道人的传说故事，"了一道人，每好坐于墙头，日久竟悬坐大树梢上。后飞升江陵口，人始知其为仙"②。这亦客观证明了这一时期道教在河西地区的发展。到了唐代，由于传说中道教的创始人老子与唐王朝的统治者同姓，使得道教获得了官方的尊崇，得到了前所未有的发展机遇。有统计表明，"敦煌道教遗书，包括《老》《庄》《文》《列》诸子，道教经典、科戒、论著、类书即诗书变文等，共计约 800 余件，其中已考订或拟定经名的道书约 170 种、230 多卷。"在这些众多的敦煌道教文献中，《正统道藏》未收录者就多达 80 余种。③ 足见唐代河西地区道教之兴盛。安史之乱后，河西地区大部分时间处于崇佛的少数民族政权的统治中，道教的发展也随之式微。但由于道教与龙王信仰、关帝信仰等民间的相互渗透，道教仍然保持了一定的生命力。

明朝在河西地区的统治秩序确立后，随着大量汉族人口涌入，道教在河西地区的发展也重获生机。同时，由于法术及修炼长生不老等道教文化对皇帝的吸引力，使得皇帝个人往往对道士和方士有特别的青睐，尤其是宪宗、世宗两帝对道教更是极为崇奉，在朝廷中出现了陶仲文、邵元节等方士担任高官的情况。在这样的背景下，道教就在全国范围获得了较为宽松的发展环境。与佛教类似，虽然皇帝自身偶有惑于道教方术的情况，但明廷对道教始终保持着容纳、利用、控制的方针，使道教始终没有对国家的正常政治生活产生冲击。④

早在洪武元年（1368 年），明太祖在接见道教正一派首领张正常时，张正常沿用传统的说法自称为"天师"。但按照儒家传统的君臣观，皇帝被认为是"天子"。如果道教的教首被称为"天师"，那就无疑会造成教权凌驾于政权的之上的错觉。这绝对是明太祖朱元璋所不能容忍的，因此朱元璋就除去张正常"天师"称号，改封其为"正一嗣教护国阐祖通诚崇道弘德大真人"，从而进一

---

① 荣新江. 敦煌学十八讲 [M]. 北京：北京大学出版社，2001：38.
② [清] 张珩美. 五凉全志 [M]. 第 2 卷：永昌县志，风俗志·仙释附.
③ 李并成. 敦煌学教程 [M]. 北京：商务印书馆，2007：180.
④ 赵轶峰. 明代国家宗教管理制度与政策研究 [M]. 北京：中国社会科学出版社，2008：196.

步确立了教权从属于政权的关系。同时，为强化专制统治和统制道教，洪武元年正月，明廷立玄教院，以道士经善悦为真人，专门负责天下道教事务。① 洪武十五年（1382 年），改玄教院为道录司，设左右"正一"二人，正六品，左右"演法"二人，从六品，左右"至灵"二人，正八品，左右"玄义"二人，从八品。在府一级置道纪司，都纪一人，从九品，副纪一人，未入流，掌本府道教事务。在州一级置道正司，设道正一人。在县一级置道会司，设道会一人。② 道正、道会皆为不入流的杂职。自上而下完备的道教管理体制，使得道教的管理完全被纳入了世俗管理体制。由于河西地区道教宫观的数量和规模远不及佛教寺庙，道教事务没有佛教那般庞杂和重要。因此，道教衙门在河西诸卫的设置并不普及。从现有材料看，明廷只在作为明朝在河西地区统治中心的甘州设置过道纪司。甘州道纪司设置的具体时间，在史料中未有明确的记载。但据《重刊甘镇志》载，甘州道纪司置于佑善观内。而佑善观始建于洪武二十五年（1392 年）。③ 由此推论，甘州道纪司的设置时间当在洪武二十五年之后。

由于道教与民间信仰、儒家礼仪之间的密切联系，根植于中国传统文化的道教，在儒家士大夫眼中也不似其他宗教那般具有"冲击力"。同时，亦由于道教与民间杂神信仰、儒家礼仪之间纠葛，使得道教中人往往可以直接成为官方祭祀典礼中的专业人员，从而进一步扩展了道教在河西地区的生存空间。对于河西地区的官员而言，扶持道教的发展，一方面，可以利用道教教义来教化百姓，通过祭祀道教神祇来祈福避祸，并可以此作为其施政地方的善绩；另一方面，则可借道教文化来消减其他宗教在河西地方社会的影响力。基于上述认识，终明一世，河西地方官员都对道教宫观的修缮十分热心。在河西方志中明确记载建于明代的道教宫观，大部分在其创建的过程中都有着官方势力的参与。如甘州真武庙，"明正统十二年，指挥杨斌建"④。甘州东岳庙，"明永乐七年（1409 年）建，正统十二年（1447 年）指挥彭智修，御史牟伦碑记。万历二十二年（1594 年），指挥陈命爵修"⑤。甘州元帝庙，"明洪武年建，正统十三年（1448 年）指挥彭智，嘉靖元年指挥杨果俱重修，有碑记剥落。万历二年

① 明太祖实录 [M]. 卷29，洪武元年春正月庚子.
② 明太祖实录 [M]. 卷144，洪武十五年夏四月辛巳.
③ [清] 杨春茂. 重刊甘镇志 [M]. 建置志：第4，祠祀.
④ [清] 钟赓起. 甘州府志 [M]. 卷5，营建·坛庙.
⑤ [清] 钟赓起. 甘州府志 [M]. 卷5，营建·坛庙.

（1574 年）又修"①。肃州三官庙，"嘉靖二十六年（1547 年）参将刘勋建"②。肃州玄帝庙，"有二处，一在东郭外，楼官厅西，副使陈九畴重修；一在东城参府之西，嘉靖二十八年（1549 年）被火灾尽毁，嘉靖三十一年（1552 年）副使张玭、参将何淮重修"③。镇夷玄帝观，"成化元年指挥邹俊建"④。镇夷羲皇祠，"嘉靖四十五年（1566 年）操守汪舟建"⑤。在这些由官方倡建的道教宫观中，又尤以甘州佑善观的规模最大，地位最为尊崇。佑善观，原名玄真观，"洪武辛未（洪武二十四年），震方初动，郡人闻西北边鼓声震者三，俄而飘风飒至，沙石俱起，元云尽晦。又闻空中乐声飒飒。日亭午，风止云散，天宇晴朗，忽见西北出台址一所，中若有物然，急趋视之，得一木主，题曰'北极真武元天上帝'。其背则书'至正五年（1345 年）九月九日，脱罕丞相喜舍'。不知自何而至。盖鬼神所移者。众咸异之，以为神欲妥灵于此，以庇吾民，宜构宫祀焉。于是，仲真偕者老钱谷英倡其事，白于总兵都督宋晟。刘真舆谋既协，即其所建殿宇三楹，肖神像于中，而严其祀事"⑥。可见，在佑善观创建之初，就得到了河西地区权力最为显赫的总兵官宋晟的支持。同时，佑善观还成为甘州道纪司的治所，具有了官寺的特殊身份。此后，在永乐元年（1403 年）、洪熙元年（1425 年），佑善观先后获得扩建。尤其是洪熙元年的扩建活动，更是获得了大学士杨荣亲自撰记的殊荣，足见佑善观在当时社会的影响力。

在官方权威力量的支持下，道教在河西地区的社会影响力获得明显提高。河西地区出现了一些极具社会影响力的道教中人。如甘州正一派始祖康道宁，"洪武辛巳（建文三年）四月十五日午时生，生而颖异不凡，幼即好道，授业于天师张真人门下，传度给予乌巾赤服。于正统丁卯奉命颁《道藏》来甘，住于佑善观西星垣，安丹阐演道教，道化大兴。天顺八年（1464 年）甲申五月十九日午时，真人将羽化，召门人言曰：'吾今演教四十余年，丹大块劳我以生，休我以死，生寄死归，一而已矣。吾有道言二十字，代代相传力。'倡曰：'道得清征理，渊原寿昌，羲和开大有，仁德应元纲。'言毕，端坐而逝。忽有白鹤绕

① ［清］钟赓起. 甘州府志［M］. 卷 5，营建·坛庙.
② ［明］李应魁. 肃镇华夷志［M］. 卷 2，祠祀.
③ ［明］李应魁. 肃镇华夷志［M］. 卷 2，祠祀.
④ ［明］李应魁. 肃镇华夷志［M］. 卷 2，祠祀.
⑤ ［明］李应魁. 肃镇华夷志［M］. 卷 2，祠祀.
⑥ ［明］杨荣. 元真观记［M］∥［清］钟赓起. 甘州府志：卷 13，艺文志上.

轩，飞鸣而去，乡人望之，咸惊为异事。门人同乡民南门外五里之原，卜彭姓地安措为茔，建祠于西星垣，因名祠曰'素鹤祠'。且勒像于石，以垂永远不朽云而"①。康抱贞，"慕修炼术，屏居三皇庙为道士。有破衲道人授以内丹，隆冬跣露冰雪中，无寒色。至老面如童子，会坐而化去，眼微开，含笑如生，尸讫不仆"②。除了这些真实存在的历史人物，河西地区还出现了一些具有浓厚道教氛围的传说故事。如传说中的仙道张三丰在甘州的传说，"张三丰，名宗，辽东人。洪武二十四年，云游甘州，遇张指挥使家，因名张邋遢。寓十年去，莫知所之。舍之老妪尝伺其出，窃葫芦药一丸啖之。三丰归觉，谓妪曰：'汝窃食此药，益寿太多，奈所享不继。'后妪寿百余。舍内尝遗中袖一，葫芦一，居人患疾，火化中袖节服之，遂愈。成化初，定西候蒋琬会宴，守臣以葫芦搬三度杂剧，其葫芦即席自碎无迹"③。又如《肃镇华夷志》中两次出现的"张天师镇鼠"的神话传说，"张天师，不详何名，成化间戍肃州。旧肃州仓多鼠，卫官请禁法于张，鼠遂绝。今河西仓储独肃州无鼠。仓门有二石鼓，相传谓天师镇鼠石云"④。"此仓原多鼠患，昔张天师流寓肃州，被鼠啮衣，用二石镇之，仓无鼠焉。间或生之，大则眼自枯。先年参将云冒常以数鹅赶入仓，令吃地遗粮，不十日而眼俱瞎。"⑤

三、伊斯兰教

在蒙古大军三次大规模西征的过程中，来自中亚、西亚甚至欧洲地区的大量人口被俘或归顺于元军。这些人随着蒙古军队东来，参与了蒙古对西夏的征伐。攻灭西夏后，这部分阿拉伯人、波斯人、中亚人等便有相当一部分定居河西、宁夏等地"屯聚牧养"。这些来自异域的人口大多信仰伊斯兰教，从而使河西地区成了回族人口的重要聚居区，有着"元时回回遍天下，至是居甘肃者甚多"⑥的说法。明朝统一河西地区后，回族人仍然在河西有着广泛的分布。洪武二十五年（1392年），明廷一次就将河西地区的一千二百三十六名回族人遣

---

① ［明］郭登. 素鹤祠康真人碑迹［M］// ［清］钟赓起. 甘州府志：卷13，艺文志上.
② ［清］钟赓起. 甘州府志［M］. 卷11，人物·仙释.
③ ［清］杨春茂. 重刊甘镇志［M］. 人物志：第7，仙释.
④ ［明］李应魁. 肃镇华夷志［M］. 卷2，公署.
⑤ ［明］李应魁. 肃镇华夷志［M］. 卷4，流寓.
⑥ 明史［M］. 卷332，西域四.

返回西域。① 但在永乐八年（1410年），肃州卫寄居回族哈剌牙等人仍然有实力掀起叛乱，并一度占领肃州卫城，足见回族人的数量之大。此后，虽然明廷出于稳固统治的目的，多次将河西地区的回族人口迁往内地。但由于来自关外的穆斯林民族的不断迁入，河西地区的回族人口并没有大规模减少。由于众多的回族人口的存在，伊斯兰教在河西地区有着一定的社会基础。但由于伊斯兰教的信仰者和非信仰者之间，在生活习俗、居住社区上都有着明显的区别，从而又限制了伊斯兰教在河西地区的大规模传播。在现存的明清时期河西地方志中，对伊斯兰教的记载都极为罕见，尤其是关于宗教祠庙的记载中没有一所建于明朝的清真寺。在伊斯兰教影响力较为有限，且在内地的传播过程中没有呈现出引人注目的潮流的情况下，对于明朝而言，穆斯林只是一个民族群体，而不是宗教组织成员。因此，明朝对伊斯兰教实际上持不干预政策，在明朝的国家宗教制度与政策中都几乎见不到直接针对伊斯兰教的内容。

虽然明朝对伊斯兰教总体上持较为宽松的政策，但由于其特殊的教义、宗教仪式、风俗习惯与儒家传统文化之间的巨大差异，随着明中叶大量关外穆斯林民族的内迁，以及哈密危机的不断升级，仍然给河西地方官员带来了不安。嘉靖初年，甘肃巡抚陈九畴，"因肃州城西汉回子同西域回夷夜聚晓散，指为礼拜，俱谋不道"，将肃州回族进行宗教活动的礼拜寺拆除，改建为社学。② 此事件也就成为明代为数不多的政府与伊斯兰教之间的冲突。

总而言之，明朝在思想文化领域实行汉族文化本位主义，坚持儒家思想为主流意识形态，同时兼用佛教、道教"阴翊王度"的基本国策。在河西地区通过大力发展学校教育、推广儒家正祀体系以及对道德嘉善之人进行旌奖等方式，将儒家文化和道德价值观念在河西地区推广开来。同时针对河西地区具有一定社会影响力的佛教、道教以及伊斯兰教，基本采取了容纳、利用、控制的方针，使得三教获得了较为宽松的发展空间，促进了河西地区多元文化和谐共生局面的形成。

---

① 明太祖实录［M］．卷223，洪武二十五年十二月乙亥．
② ［明］李应魁．肃镇华夷志［M］．卷2，学校．

结　语

　　明朝建立后，一方面获得了元朝广阔的疆域，另一方面在这一广阔疆域的内部，还存在着大量与中央、区域行政中心关系非常疏离的"地理缝隙"①。这些地理缝隙大多处于边疆或交通不便、文教落后的山区，在社会历史条件、文化特征、生产方式、族群结构等方面与内地多有不同，甚至有相当部分人口仍然游离于官府的控制之外。明朝便以不同于府州县的卫所、土司等管理系统加强对这些地理缝隙的控驭。其中从东北到西北，以至西南的边疆地区，明朝设置了大量属于军事系统的都司（行都司）及其下属卫所，而不再设置府州县。这些实土卫一方面作为军事机构负责守御疆土，另一方面还要担负辖区内的行政管理工作，全面统辖界内的人口、田地，从而使得明朝的边疆地区出现了大量的军管型政区。如陕西行都司、四川行都司以及永乐十一年以前的贵州都司，所辖卫所全部为实土卫；陕西都司、万全都司、湖广都司、四川都司、山西行都司、北平都司、贵州都司为也都辖有大量的实土卫。② 明朝之所以设计这样一套军事系统的疆域管理机制，据相关学者概括："这种管理模式的建立，既表明明初以武功定天下后，行政机构的建立很可能依托于军事机构，也表明在一些地区，仍然需要驻扎军队来维持秩序。此外，明太祖认为，在经济相对落后的边地，设置行政官员会增加地方百姓的负担，而集生产与戍守于一体的军事系统兼及地方行政管理，不失为一条行之有效的途径。"③ 这些都司卫所在边疆

---

① 赵世瑜. 说不尽的大槐树——祖先记忆、家园象征、族群历史［M］. 北京：北京师范大学出版社，2018：114.

② 郭红. 明代都司卫所制度与军管型政区［J］. 军事历史研究，2004（4）.

③ 彭勇. 明代卫所制度流变论略［M］. 北京：民族出版社，2007：158.

地区的行政管理中发挥着与内地府州县类似的功能，但在职官体系、机构设置、人口结构等方面又与府州县多有不同。作为明朝九边之一的河西地区，就是众多军管型政区的典型代表。

　　明初的河西地区，地处极边，三面迎敌，是明朝重要的边防要塞，特别是蒙古各部盘踞塞外，不时南下侵扰，使得河西地区面临着极为严峻的国防形势。同时，由于地广人稀、经济落后，河西地区在人口、经济上的规模远远达不到设置府州县的标准。为巩固边防，随着军事行动的推进，明朝以嘉峪关为界，以西将元代以来活跃在这一地区的察合台出伯系诸王集团转化为羁縻卫所，以东的河西地区则裁撤了元代的甘肃行省及其下辖路、州，改设属于军事系统的陕西行都司及甘州五卫、凉州卫、永昌卫、镇番卫、肃州卫等十卫三所。作为军事组织的实土卫，陕西行都司及其下辖诸卫的职官和机构的设置具有较强的军事性色彩。明中期以后，随着卫所制的衰落、军事形势的好转、经济的发展以及民政事务的增多，卫所在行政管理中显现出了诸多弊端。明朝便尝试在部分边疆地区的都司、卫、所内划出一部分辖地设立州县，分割卫所的行政管理权，或将一部分卫所直接改设为府州县，由军事系统转入有司系统。河西地区由于特殊的地理位置、国防形势，有明一代都没有设置府州县。但明朝一方面通过加强按察司、巡按御史的权利，以及设置监收同知、水利通判、河渠提举司等属行政系统的文官，削弱了卫所的司法独立权和卫所武官的行政管理权。特别是同知、通判辖区的固定化和职权的扩大，使得河西地区实际上出现了厅制的萌芽。另一方面，在基层管理体系中，明朝将保甲、乡约在河西地区广泛推广，将河西地区的基层管理体系在形式上与内地进行了统一，从而促使河西地区的卫所管理体制出现了明显的有司化或者说民化趋势。

　　随着卫所的设置，数以万计的随征军士及其家属留戍河西，在河西地区掀起了以军事移民为主的移民潮。同时，为了便于管理，并保障兵源的补充，明朝还实施"籍民为军"的政策，将大量的河西土著居民及归附的少数民族部众编入军籍。这些卫所移民的不断迁入，即改善了河西地区长期以来人烟稀少的情况，又改变了河西地区的民族结构，特别是汉族人口的持续增加，使得河西地区初步形成了以汉族为主体，藏、蒙古、裕固、回等少数民族大杂居、小聚居的新格局。这些军事移民聚居于卫所城，以及堡寨、墩台等军事堡垒中，不仅担负着戍卫边疆的责任，还要从事屯田等繁重的社会生产活动。经过世代繁衍，这些明初从各地调来河西戍守的军户渐成土著，并形成了庞大的军户家族。明代中后期，随着营兵制的兴起，卫所的战斗职能逐渐削弱，营兵成为地方兵力的主体。卫所军户中除了袭替军役者，大量普通军余与一般百姓并无大的差别，他们虽然仍为军籍，但已摆脱了军事备御等军事性角色。同时，随着社会经济的发展，国家与百姓的人身依附关系进一步减轻，军户子弟得以广泛地参与务农、经商、入学出仕等各项社会事务中。对于大量滞留和归附的少数民族，明廷采取寄住和直接编充入卫所的方式进行安置。其中被编入河西诸卫所，并担任各级职务的少数民族武官，即被称为"土官"。这些土官与汉官一同构成了河西诸卫的武官系统。在河西土官群体，还涌现出了吴允诚、毛忠、达云等名镇西陲的高级将领。这些握有重兵的土官，在国家、个人、族群等多方面相互作用的复杂过程中完成了作为边缘群体对汉文化圈的融入。

由于众多军队的驻扎，明代的河西地区形成了一个庞大的军事消费区。为保障军队的粮食供给，明初形成了以屯田、民运粮、纳粮开中、京运物料为主的军粮供应体系。明中后期，在边饷转运制度难以为继和赋役货币化的时代背景下，民运粮、纳粮开中、京运物料皆出现了由"本色"向"折色"的转变，使得河西地区的白银在河西地区军饷结构中所占的比例不断提高，促使了河西地区边地米粮市场的形成与扩大。与军粮供应同样重要的是军马的供应。为保障军队的战斗力，明朝形成了官牧军马、茶马贸易、官方购买、战争俘获等多种方式构成的军马供应体系。以军粮和军马供应为中心的军需供给体系，对河西地区社会经济的发展起到了重要影响，促进了农业、畜牧业、商业的发展，巩固了河西地区农牧并重的经济格局。

对于汉族政权而言，地处北方少数民族与汉族交界地带的河西地区，在历史上曾游走于"界内"与"界外"之间。特别是安史之乱后，河西地区长期处于吐蕃、西夏、元等少数民族政权的统治，成为汉族政权的界外之地。在文化层面，以儒家文化为代表的中原文化在河西地域文化中的优势亦逐渐被诸少数民族文化所取代。明朝的建立，使河西地区重归汉族政权的统治。面对"俗杂羌夷，人性悍梗"的现实情况，为加强对河西地区的控制，变左衽而右衽，在思想文化领域，明朝就要提高儒家文化在河西地区的影响力，树立儒家思想为主流意识形态。基于学校教育对推广儒家文化的重要作用，明朝在河西地区设置了一所都司学、五所卫学、二所所学，形成了以卫学为体的学校体系。通过卫学的培养，河西地区涌现出了一批地方士绅，成为儒家文化和社会秩序在基层的推广者和维护者，使得河西地区以军户为主体的卫所社区出现了明显的"文化"趋势。同时，明朝还通过立祠祭祀、题建坊匾、刻碑写传等方式对民间善举之尤为卓著者进行表彰，构建以儒家文化为主导的社会道德体系和伦理秩序，从而在区域文化的层面，重新确立了汉文化的统治地位。为进一步通过文化思想控制达到加强统治的目的，明朝还以儒家礼制为原则，向河西地方社会推行正统神明，并且控制与改造河西地区一些民间信仰使其符合国家正统思想的要求，使得河西地区形成了较为完善的地方祀典体系。特别是长期流传在河西地区的平天仙姑信仰和西夏土主信仰，由于其本身所蕴含的忠君爱国的寓意，得到了地方官员、士人的认可。在他们的扶持、渲染以及改造下，平天仙姑信仰和西夏土主信仰在河西地区得到了进一步的发展。针对在河西地区具有一定社会影响力的佛教、道教以及伊斯兰教，明朝基本采取了容纳、利用、控制的方针，使得三教获得了较为宽松的发展空间，促进了河西地区多元文化和谐共生局面的形成。

总而言之，本书以卫所制度的推行及变革为主线，分别从行政、人口、经济、文化四个角度概括了明代河西地区的历史发展脉络。论述了明代这一历史长时段内，在国家权力主导下，河西地区所发生的社会变迁。作为明朝典型的军管型政区，河西地区的这一变迁轨迹是明代九边地区的发展缩影。其大体表现为那些地理缝隙或内部边疆被逐渐消解，或边疆社会重新被纳入以儒家传统为主导的主流社会的过程，呈现出明显地"内地化"趋势。但由于特殊的历史发展轨迹、行政建置，与北部长城沿线的其他军管型政区相比较，河西诸卫的"内地化"进程又具有一些自身的特点。一方面，河西诸卫在行政管理中受有司系统的影响最小。明代，在辽东、陕西、宁夏、山西等地都有实土卫辖区在"卫所"与"州县"两种管理体系中出现过摇摆。唯独河西地区自始至终没有出现过州县的身影。同时，河西诸卫皆为实土卫，其所属的陕西行都司也不管辖非实土卫，可谓长城沿线最典型的军管型政区。而陕西都司、山西行都司、万全都司等都司在辖有大量实土卫的同时，还或多或少辖有一些非实土卫，这就意味着这些都司在管理民政事务的过程中，要与有司系统发生更多的联系。如山西行都司在永乐元年后的军事辖区与大同府的行政辖区趋于重合，使得其所辖的实土卫在名义上失去了实土的色彩。虽然由于居民鲜少、地理位置偏僻，大部分卫所仍然在当地的管辖中发挥着实土卫的作用，但这种管理多少都要受到大同府的掣肘。另一方面，河西地区内地化的进程相对较慢，这主要表现在卫所管理体系州县化的程度上。明代中后期，明朝尝试在一些统治较为成熟的实土卫，分割辖地设置州县，使这部分军管型政区步入了郡县化的历程。至晚明，贵州的实土卫就大部分完成了这个变革。与河西地区临近的河州卫、岷州卫，也分别在成化九年、嘉靖三十八年设立州治，实行军民分治。虽然岷州在设立后不久，由于"民夷胥称不便，地方渐敝"①，即被裁撤，所属土地、人口仍归岷州卫管理。但地方民政事务的管理权已尽归不属于卫所系统的抚民同知，甚至"兵马""屯田"这些原属卫所的事务也由抚民同知管理，"抚民厅"几乎与正式州县无异。然而河西地区终明一世，"别无郡邑"，从未设置过任何的府州县。明中后期，被分派至河西地区的同知、通判等临近州县的佐贰官，虽然也代理了卫所武官的部分行政管理工作，大大削弱了卫所的行政管理权。但大多是分理钱粮、水利、屯田等专项事务，其权力还无法与一统民政的"抚民厅"相提并论。可以说，有明一代，卫所以军事单位形式嵌入了河西地区，成为河西地方社会重要的组成部分，而且始终是河西社会的主导性力量。卫所作为国家力量的代表深入河西地方社会，卫所军户构成了河西人口的主体，卫所军事屯田成了河西经济的基础，甚至国家文化政策的推行实施也须以卫所为凭借。

　　入清之初，清朝虽然通过对卫所武官的改制等方式进一步削弱了卫所的军事职能，但在河西地区仍然保留了实土卫军民共辖的管理模式。在统治逐步稳定后，随着疆土在西北的扩张，河西地区在地理上逐渐由边疆转变为腹里。在战略地位上，由明代的军事边塞，变为清朝维护西北稳定的后方基地。与此同时，经过清初的休养生息，河西地区的人口和经济规模也取得了一定的发展。在此情况下，以卫所代管民政的管理模式就显得不合时宜。雍正初年，在年羹尧等人的倡议下，清朝陆续将嘉峪关以东的河西诸卫改设为府州县。河西地区的行政管理体系最终完成了在明代中期就已经出现萌芽的由卫所到州县的转变。

---

　　① 明世宗实录［M］.卷497，嘉靖四十年闰五月乙巳.

在明代具有军事防御任务的堡寨、墩台，也彻底淡去了军事性色彩，成为普通的村镇。但限于篇幅和主旨，本书没有详细讨论清初河西地区卫所改设州县过程中的种种问题。诸如军户身份的转变，赋役征收和土地管理体系的变化，新设府州县管辖区域的划分等问题都深刻影响了河西地域社会的形成和发展。这些问题都值得学者进一步发掘史料加以揭示。

参考文献

一、古籍

1. 明实录 [M]. 影印本. 台北: "中央研究院" 历史语言研究所, 1962.

2. 万历起居注 [M]. 北京: 中华全国图书馆文献缩微复制中心, 2001.

3. 申时行, 等. 明会典 (万历朝重修本) [M]. 北京: 中华书局, 1989.

4. 张廷玉. 明史 [M]. 北京: 中华书局, 1974.

5. 陈子龙, 等. 明经世文编 [M]. 北京: 中华书局, 1962.

6. 张溥. 七录斋文集 [M]. 四库禁毁存刊集部 182 册.

7. 王世贞. 弇山堂别集 [M]. 北京: 中华书局, 1985.

8. 李梦阳. 空同集 [M]. 撷澡堂四库全书荟集部 70 册.

9. 张四维. 条麓堂集 [M]. 续修四库全书.

10. 杨一清. 杨一清集 [M]. 唐景绅, 谢玉杰, 点校. 北京: 中华书局, 2001.

11 王琼. 王琼集 [M]. 单锦珩, 辑校. 太原: 山西人民出版社, 1991.

12. 郑晓. 吾学篇 [M]. 上海: 上海古籍出版社, 2002.

13. 魏焕, 郑晓. 皇明九边考、皇明四夷考合订本 [M]. 台北: 华文书局, 1968.

14. 张雨. 边政考 [M]. 台北: 华文书局, 1968.

15. 明兵部. 九边图说·开原图说 [M]. 冯瑗, 辑. 台北: "中央图书馆", 1981.

16. 许论. 九边图论 [M]. 四库禁毁书丛刊史部21册.

17. 瞿九思. 万历武功录 [M]. 呼和浩特：内蒙古大学出版社，2007.

18. 雷礼. 南京太仆寺志 [M]. 四库全书存目丛书本.

19. 张学颜. 万历会计录 [M]. 北京：书目文献出版社，1989.

20. 王圻. 续文献通考 [M]. 北京：现代出版社，1991.

21. 余继登. 典故纪闻 [M]. 北京：中华书局，1981.

22. 刘侗，于奕正. 帝京景物略 [M]. 上海：上海远东出版社，1996.

23. 严从简. 殊域周咨录 [M]. 北京：中华书局，1993.

24. 黄训. 皇明名臣经济录 [M]. 台北：文海出版社，1984.

25. 顾起元. 客座赘语 [M]. 北京：中华书局，1987.

26. 黄金. 皇明开国功臣录 [M]. 台北：明文书局印行，1991.

27. 方逢时. 大隐楼集 [M]. 沈阳：辽宁人民出版社，2009.

28. 王直. 抑庵文后集 [M]. 四库全书本.

29. 叶相高. 四夷考 [M]. 北京：中华书局，1991.

30. 梁道生. 九边图考 [M]. 民国八年石印本.

31. 徐日久. 五边典则 [M]. 呼和浩特：内蒙古大学出版社，2009.

32. 孙岳. 御定佩文斋书画谱 [M]. 四库全书本.

33. 孙承泽. 春明梦余录 [M]. 南京：江苏广陵古籍刻印社，1990.

34. 梁份. 秦边纪略 [M]. 赵盛世，王子贞，陈希夷，校注. 西宁：青海人民出版社，1987.

35. 汤斌. 汤斌集 [M]. 郑州：中州古籍出版社，2003.

36. 魏禧. 魏叔子文集 [M]. 北京：中华书局，2003.

37. 谷应泰. 明史纪事本末 [M]. 北京：中华书局，1977.

38. 查继佐. 罪惟录 [M]. 北京：北京图书馆出版社，2006.

39. 李贤，等. 大明一统志 [M]. 西安：三秦出版社，1990.

40. 赵廷瑞. 陕西通志 [M]. 马理，吕楠撰，董健桥，总校点. 西安：三秦出版社，2006.

41. 龚辉. 全陕政要 [M]. 济南：齐鲁书社，1996.

42. 李应魁. 肃镇华夷志校注 [M]. 高启安，台惠莉，校注. 兰州：甘肃人民出版社，2006.

43. 钟赓起. 甘州府志校注 [M]. 张志纯，等校注. 兰州：甘肃人民出版社，2008.

44. 杨春茂. 重刊甘镇志 [M]. 张志纯，等校注. 兰州：甘肃文化出版社，1996.

45. 苏铣. 凉镇志 [M]. 甘肃省图书馆藏照片还原本.

46. 许容. 甘肃通志 [M]. 四库全书本.

47. 杨应据. 西宁府新志 [M] //中国地方志集成·青海府县志辑：第1册. 南京：江苏古籍出版社，2008.

48. 黄文炜，等. 高台县志辑校 [M]. 张志纯，等校注. 兰州：甘肃人民出版社，1998.

49. 黄文炜，沈青崖. 重修肃州新志 [M]. 翻印. 酒泉：甘肃省酒泉县博物馆，1984.

50. 张珫美. 五凉全志 [M]. 台北：成文出版社，1976.

51. 张澍. 凉州府志备考 [M]. 西安：三秦出版社，1988.

52. 南济汉. 永昌县志 [M]. 嘉靖十四年刊本.

53. 许协. 重修镇番县志 [M]. 兰州：兰州古籍书店，1990.

54. 升允，长庚. 甘肃新通志 [M]. 清宣统元年刻本.

55. 高季良. 创修临泽县志 [M]. 张志纯，等校注. 兰州：甘肃人民出版社，2001.

56. 谢树森，谢广恩. 镇番遗事历鉴 [M]. 香港：香港天马图书有限公司，2001.

二、档案、碑刻

1. 中国第一历史档案馆、辽宁省档案馆. 中国明朝档案总汇59 [M]. 桂林：广西师范大学出版社，2001.

2. 张维. 陇右金石录 [M]. 甘肃省文献征集委员会印，1943.

3. 甘肃省图书馆. 甘肃金石志 [M]. 兰州：甘肃省图书馆，1964.

4. 王其英. 武威金石录 [M]. 兰州：兰州大学出版社，2002.

三、族谱

1. 甘肃省满氏家族联宗修谱理事会. 甘肃满氏嬗衍史 [Z]. 2012.

2. 甘肃省满氏家族联宗修谱理事会. 甘肃满氏族谱 [Z]. 2009.

3. 高存志, 高氏族谱编纂委员会. 永昌县将军碑高氏族谱 [Z]. 2008.

4. 黄氏族谱编写小组. 天祝藏族自治县祁连乡、武威市凉州区新华乡黄氏族谱 [Z]. 2011.

5. 毛氏族谱编辑委员会. 毛氏族谱 [Z]. 1996.

6. 唐树科. 唐氏族谱 [M]. 兰州：兰州读者时代图书有限公司, 2007.

7. 祝巍山, 祝军年. 祝氏家土志 [Z]. 1998.

四、今人著作

1. 贡德·弗兰克. 白银资本 [M]. 北京：中央编译出版社, 2001.

2. 拉铁摩尔. 中国的亚洲内陆边疆 [M]. 南京：江苏人民出版社, 2010.

3. 前田正名. 河西历史地理学研究 [M]. 北京：中国藏学出版社, 1993.

4. 寺田隆信. 山西商人研究 [M]. 太原：山西人民出版社, 1986.

5. 韦思谛. 中国的大众宗教 [M]. 南京：江苏人民出版社, 2006.

6. 白文固, 杜常顺, 丁柏峰, 等. 明清民国时期甘青藏传佛教寺院与地方社会 [M]. 西宁：青海人民出版社, 2009.

7. 曹树基, 吴松弟, 葛剑雄. 中国移民史·第五卷：明时期 [M]. 福州：福建人民出版社, 1997.

8. 杜斗城. 河西佛教史 [M]. 北京：中国社会科学出版社, 2009.

9. 傅九大. 甘肃教育史 [M]. 北京：甘肃人民出版社, 2002.

10. 郭红, 靳润成. 中国行政区划通史·明代卷 [M]. 上海：复旦大学出版社, 2007.

11. 黄志繁. "贼""民"之间：12—18世纪赣南地域社会 [M]. 上海：上海三联书店, 2006.

12. 李并成. 河西走廊历史时期沙漠化研究 [M]. 北京：科学出版社, 2003.

13. 刘景纯. 明代九边史地研究 [M]. 北京：中华书局, 2014.

14. 李新峰. 明代卫所政区研究 [M]. 北京：北京大学出版社，2016.

15. 梁志胜. 明代卫所武官世袭制度研究 [M]. 北京：中国社会科学出版社，2012.

16. 彭勇. 明代北边防御体制研究：以边操班军的演变为线索 [M]. 北京：中央民族大学出版社，2009.

17. 田澍，何玉红，马啸. 西北边疆管理模式演变与社会控制研究 [M]. 天津：天津古籍出版社，2012.

18. 温春来. 从"异域"到"旧疆"：宋至清贵州西北部地区的制度、开发与认同 [M]. 上海：上海三联书店，2008.

19. 吴艳红. 明代充军研究 [M]. 北京：社会科学文献出版社，2003.

20. 武沐. 甘肃通史·明清卷 [M]. 兰州：甘肃人民出版社，2009.

21. 王毓铨. 明代的军屯 [M]. 北京：中华书局，2009.

22. 肖立军. 明代省镇营兵制与地方秩序 [M]. 天津：天津古籍出版社，2010.

23. 徐永成. 金张掖民间宝卷（一）[M]. 兰州：甘肃文化出版社，2007.

24. 杨际平，郭锋，张和平. 五—十世纪敦煌的家庭与家庭关系 [M]. 长沙：岳麓书社，1997.

25. 于志嘉. 卫所、军户与军役——以明清江西地区为中心的研究 [M]. 北京：北京大学出版社，2010.

26. 张金奎. 明代卫所军户研究 [M]. 北京：线装书局，2007.

27. 赵俪生. 古代西北屯田开发史 [M]. 兰州：甘肃文化出版社，1997.

28. 赵世瑜. 小历史与大历史：区域社会史的理念、方法与实践 [M]. 上海：上海三联书店，2006.

29. 张士尊. 明代辽东边疆研究 [M]. 长春：吉林人民出版社，2002.

30. 梗一雄. 明末的肃州 [M] 辛德勇，译//刘俊文. 日本学者研究中国史论著选译：第9卷. 北京：中华书局，1993.

31. 藤井宏. 明代盐商的一考察——边商、内商、水商的研究 [M] 刘淼，译//徽州社会经济史研究译文集. 合肥：黄山书社，1988.

32. 中山八郎. 开中法与占窝 [M] //池内弘历博士还历纪念东洋史论丛.

座右宝刊刊行会，1940.

33. 马顺平．明代甘肃镇分守、分巡、兵备道考［M］//中国社会科学历史研究所明史研究室．明史研究论丛：第十一辑．北京：故宫出版社，2013.

34. 彭勇．从都司含义的演变看明代卫所制与营兵制的并行与交错——以从"都司领班"到"领班都司"的转变为线索［M］//中国社会科学历史研究所明史研究室．明史研究论丛：第十一辑．北京：故宫出版社，2013.

五、学位论文

1. 邓庆平．州县与卫所：政区演变与华北边地的社会变迁——以明清蔚州为中心［D］．北京：北京师范大学，2006.

2. 范传南．明代九边京运年例银及其经管研究［D］．长春：东北师范大学，2011.

3. 郭红．明代都司卫所建制研究［D］．上海：复旦大学，2001.

4. 韩涛．明代食盐专卖制度演进研究——历史的制度分析视角［D］．沈阳：辽宁大学，2009.

5. 李媛．明代国家祭祀体系研究［D］．长春：东北师范大学，2009.

6. 邹春生．王化和儒化：9—18世纪赣闽粤边区的社会变迁和客家族群文化的形成［D］．福州：福建师范大学，2010.

7. 赵现海．明代九边军镇体制研究［D］．长春：东北师范大学，2005.

8. 卜凯悦．明代河西达官吴允诚家族研究［D］．银川：宁夏大学，2017.

9. 胡睿．明代河西走廊学校教育研究［D］．兰州：西北师范大学，2014.

10. 龙小峰．明代陕西行都司市场研究［D］．西安：陕西师范大学，2011.

11. 马顺平．明代陕西行都司卫所建置考实［D］．北京：中央民族大学，2005.

12. 宋建莹．明代陕西行都司历史地理研究［D］．西安：陕西师范大学，2010.

13. 苏明波．明代陕西三边军粮补给体系探析［D］．西安：陕西师范大学，2010.

14. 吴艳艳．中国古代旌表制度研究［D］．哈尔滨：黑龙江大学，2009.

15. 杨维. 明代北方五省民运粮研究 [D]. 长春：东北师范大学，2013.

六、期刊论文

1. 藤井宏. 开中的意义及起源 [J]. 加藤繁博士还历纪念东洋集说，富山房，1941.

2. 白丽娜. 论五代宋初的凉州六谷番部联盟 [J]. 西北民族大学学报（哲学社会科学版），2013（2）.

3. 程利英. 明代关西七卫内迁去向和内迁人数探 [J]. 贵州民族研究，2005（4）.

4. 陈亮. 回族名将达云事辑 [J]. 回族研究，2014（3）.

5. 陈尚敏. 明代甘肃书院述略 [J]. 甘肃高师学报，2007（3）.

6. 陈文俊. 军卫体制下陕西行都司土官身份考察 [J]. 吉林师范大学学报（人文社会科学版），2017（2）.

7. 曹永年.《明后期长城沿线的民族贸易市场》考误 [J]. 历史研究，1996（3）.

8. 崔云胜. 西夏黑河桥碑与黑河流域的平天仙姑信仰 [J]. 宁夏社会科学，2006（4）.

9. 崔云胜，秦弋然.《平天仙姑宝卷》中的河西历史 [J]. 河西学院学报，2012.

10. 崔云胜. 酒泉、张掖的西夏土主信仰 [J]. 宁夏社会科学，2005（3）.

11. 杜常顺. 明清时期黄河上游地区的畜牧业 [J]. 青海师范大学学报（哲学社会科学版），1994（3）.

12. 杜常顺. 论明代西北地区的私茶 [J]. 青海师范大学学报（哲学社会科学版），1995（3）.

13. 杜常顺. 史籍所见明清时期西北地区的土人与土达 [J]. 青海社会科学，1998（2）.

14. 杜常顺. 明清时期黄河上游地区的民族贸易市场 [J]. 民族研究，1998（3）.

15. 范中义. 论明朝军制的演变 [J]. 中国史研究，1998（2）.

16. 顾城. 明代的疆域管理体制 [J]. 历史研究, 1989 (3).

17. 郭红. 明代卫所移民与地域文化的变迁 [J]. 中国历史地理论丛, 2003, 18 (2).

18. 高春平. 论明中期边方纳粮制的解体——兼与刘森先生商榷 [J]. 学术研究, 1996 (9).

19. 高启安. 肃州南山的"哈剌秃"——以裕固族研究为中心 [J]. 西北民族研究, 2005 (1).

20. 高自厚. 明代的关西七卫及其东迁 [J]. 兰州大学学报, 1986 (1).

21. 高自厚. 明代中后期的撒里畏兀儿 [J]. 西北民族研究, 1999 (1).

22. 胡铁球. 明代九边十三镇的月粮折价与粮价关系考释 [J]. 史学月刊, 2017 (12).

23. 胡小鹏. 试揭"尧呼儿来自西至哈至"之谜 [J]. 民族研究, 1999 (1).

24. 贾学锋. 藏传佛教在河西走廊的传播与发展 [J]. 西藏研究, 2003 (2).

25. 罗福成. 凉州重修护国寺感应塔碑铭 [J]. 国立北平图书馆馆刊, 1931, 4 (3).

26. 李军. 明代断事司考述 [J]. 故宫学刊, 2011 (7).

27. 李龙华. 明代的开中法 [J]. 香港中文大学中国文化研究所学报, 1972.

28. 李龙潜. 明代军户制度浅论 [J]. 北京师范学院学报, 1982 (1).

29. 吕美泉. 明朝马市研究 [J]. 求是学刊, 1999 (5).

30. 梁四宝. 明代"九边"屯田引起的水土流失问题 [J]. 山西大学学报, 1992 (3).

31. 李三谋. 明代食盐贸易与边防边垦 [J]. 盐业史研究, 2006 (1).

32. 刘森. 明代势要占窝与边方纳粮制的解体 [J]. 学术研究, 1993 (3).

33. 梁淼泰. 明代"九边"饷中的折银与粮草市场 [J]. 中国社会经济史研究, 1996 (3).

34. 吕卓民. 明代河西、河湟屯垦区的水利建设 [J]. 中国历史地理论丛,

1999 (3).

35. 梁志胜. 洪武二十六年以前的陕西行都司 [J]. 中国历史地理论丛, 1999 (3).

36. 穆德全. 回族大散小聚分布特点的形成 [J]. 西南民族学院学报（社会科学版）, 1986 (2).

37. 孟凡港. 从碑刻看明清时期张掖的民间信仰 [J]. 世界宗教文化, 2012 (2).

38. 彭勇. 建文政局与明前期都司卫所管理体制的变革 [J]. 中州学刊, 2016 (6).

39. 钱伯泉. 明朝撒里畏兀儿诸卫的设置及其迁徙 [J]. 西域研究, 2002 (1).

40. 乔高才让.《重修白塔寺碑志》碑文考略 [J]. 中国藏学, 1993 (3).

41. 唐景绅. 明代河西的军屯 [J]. 敦煌学辑刊, 1980 (1).

42. 唐景绅. 明清时期河西人口辨析 [J]. 西北人口, 1983 (1).

43. 唐景绅. 明清时期河西的水利 [J]. 敦煌学辑刊, 1983 (4).

44. 田澍. 明代甘肃镇边境保障体系述论 [J]. 中国边疆史地研究, 1998 (3).

45. 田澍. 明代甘肃镇与西域朝贡贸易 [J]. 中国边疆史地研究, 1999 (1).

46. 田澍. 明朝对河西走廊的财政政策 [J]. 甘肃社会科学, 2001 (2).

47. 田澍. 明代河西走廊境内的西域贡使 [J]. 中国边疆史地研究, 2001 (3).

48. 韦祖松. 明代边饷结构与南北转运制度 [J]. 盐业史研究, 2005 (2).

49. 吴疆. 民勤历史上的赛驼习俗 [J]. 体育文史, 1990 (5).

50. 王军涛. 元、明、清时期河西走廊汉传佛教"藏化"现象浅析 [J]. 西北民族大学学报（哲学社会科学版）, 2006 (1).

51. 王莉. 明代营兵制初探 [J]. 北京师范大学学报, 1991 (2).

52. 王培华. 元明清时期的西北水利议 [J]. 北京师范大学学报, 1996 (6).

53. 王尧，陈践．《凉州广善寺碑文》藏汉文释读［J］．中国藏学，1990
(4)．

54. 王迎喜．明清时期河西走廊水利开发概况及其效果［J］．开发研究，1988 (5)．

55. 徐凯飞．明初北方边粮的运输［J］．史学集刊，1991 (2)．

56. 谢继忠．明清以来张掖的龙王信仰研究——河西走廊水利社会史研究之四［J］．河西学院学报，2013 (6)．

57. 姚继荣．明代西北马市述略［J］．青海民族学院学报，1995 (2)．

58. 闫天灵．明清时期河西走廊的寄住民族、寄住城堡与寄住政策［J］．中国边疆史地研究，2009 (4)．

59. 余同元．明后期长城沿线的民族贸易市场［J］．历史研究，1995 (5)．

60. 于志嘉．明清时代军户的家族关系——卫所军户与原籍军户之间［J］．"中央研究院"历史语言研究所集刊，2003，74 (1)．

61. 张金奎．明代卫所经历制度浅析［J］．故宫博物院院刊，2007 (2)．

62. 张景平，王忠静．从龙王庙到水管所——明清以来河西走廊灌溉活动中的国家与信仰［J］．近代史研究，2016 (3)．

63. 张磊，杜常顺．明代河西走廊地区达官家族的历史轨迹——以伏羌伯毛氏家族为例［J］．内蒙古社会科学，2017 (4)．

64. 赵全鹏．明代北部地区粮食市场分析［J］．河南师范大学学报（哲学社会科学版），1996 (1)．

65. 周松．入明蒙古人政治角色的转换与融合——以明代蒙古世爵吴允诚（把都帖木儿）为例［J］．北方民族大学学报（哲学社会科学版），2009 (1)．

66. 周松．明代达官民族身份的保持与变异——以武职回回人昌英与武职蒙古人昌英两家族为例［J］．西北民族大学学报（哲学社会科学版），2012 (3)．

67. 左书愕．明代甘肃屯田述略［J］．西北史地，1987 (2)．

68. 张士尊．明代辽东都司军政管理体制及其变迁［J］．东北师范大学学报（哲学社会科学版），2002 (5)．

69. 张文德．明代西域入附回回人口及其分布［J］．内蒙古社会科学，1990

（2）.

70. 张文德. 入附明朝的撒马儿罕回回 [J]. 西北民族研究, 2003 (3).

71. 赵现海. 明初甘肃建镇与总兵官权力、管辖地域之考察 [J]. 明史研究论丛, 2010.

72. 赵一匡. 元代永昌路与明代永昌卫、清代永昌县的关系 [J]. 西北史地, 1985 (1).

73. 张正民. 明代北方边镇粮食市场的形成 [J]. 史学集刊, 1992 (3).

后 记

本书是由笔者的博士学位论文修改而成。论文是在导师杜常顺教授的指导下完成。在读博与留校工作后，杜老师对我的教导、关心与帮助，实在不是我拙劣的言语所能穷尽的。对于这篇论文，他更是尽心竭力。大到论文的框架结构、观点视角，小到行文用字、标点符号，都凝聚了他的心血。"仰之弥高，钻之弥坚，瞻之在前，忽焉在后。夫子循循然善诱人，博我以文，约我以礼，欲罢不能。既竭吾才，如有所立卓尔。"杜老师不仅是我学术的导师，更是人生的楷模，在此，我向杜老师致以衷心的感谢！同时，感谢师母郭凤霞老师，是郭老师的热心与关爱，让我在初来乍到时就迅速消除了对新环境的陌生感。

在论文的开题、写作以及后期修改中，南开大学何孝荣教授，中山大学温春来教授，青海师范大学魏道明教授、戴燕教授、丁柏峰教授、李健胜教授、李少波教授，青海省社会科学院张生寅研究员都提供了很多中肯的建议，令我受益匪浅。在此并致谢忱！

还要感谢我的硕导新疆大学姚勇教授。姚老师不仅带我走入学术之门，更给了我继续求学的勇气。在我离开新疆后，她还一如既往的关心着我的生活与学业。这份厚重的师生之情，让我终生难忘。

王道品、梁妍、岳宗霞、刘海燕、宿爱云、高强、张中磊、张森、薛一鸣、周敏、许若冰、屈嘉文等同门师兄弟，在生活与学习中给予了我很多帮助与照顾。我的研究生同学巴依尔彩次克博士多次抽空为我的小论文、大论文翻译摘要。还有我的好友郭晓欢、王鹏，早在我的硕士阶段就多次陪我在甘肃省档案馆、图书馆查阅资料，充当我的助手。在此，对他们给予我的温暖与力量表示感谢。

当然，博士论文能够顺利完成，离不开我父母的全力支持。正是他们在物质上给予我的支持，精神给予我的理解，才能让我免去后顾之忧，继续享受无忧无虑的校园生活。他们以我为骄傲，这将是我前进之路上不竭的动力。